风定落花

品三代文化人

姚锡佩——著

生活·读书·新知
三联书店

图书在版编目（CIP）数据

风定落花：品三代文化人 / 姚锡佩著. —北京：生活·读书·新
知三联书店，2020.11
ISBN 978 – 7 – 108 – 06861 – 3

Ⅰ．①风… Ⅱ．①姚… Ⅲ．①文人－人物研究－中国
－近代 Ⅳ．①K825.4

中国版本图书馆 CIP 数据核字（2020）第 074679 号

责任编辑　麻俊生
封面设计　储　平
责任印制　黄雪明
出版发行　生活·讀書·新知 三联书店
　　　　　（北京市东城区美术馆东街 22 号）
邮　　编　100010
印　　刷　常熟市文化印刷有限公司
排　　版　南京前锦排版服务有限公司
版　　次　2020 年 11 月第 1 版
　　　　　2020 年 11 月第 1 次印刷
开　　本　880 毫米×1230 毫米　1/32　印张　15.625
字　　数　347 千字
定　　价　68.00 元

前言

　　近偶见易安居士《好事近》上阕"风定落花深，帘外拥红堆雪。长记海棠开后，正伤春时节"，不由怦然心动。一个早已过了伤春悲秋年岁的老人，缘何动心？

　　恐怕这还要归于我所就职的鲁迅博物馆，命吾辈早已退休的研究员整理旧作，以备后用。如此好意，当遵令。不料把散落在犄角旮旯儿的旧文搜集在一起，大小文章竟亦有百来篇，俨然可自夸为拥有百余万文字的"小富翁"了。归纳起来，如论考或介绍鲁迅及其家族、同时代人，鲁迅所收藏的西方文学和哲学等，是与鲁迅研究密切相关的；有不少是谈其他人物，有近现代中国著名文化人，也有聂绀弩和他的友人，还有赛珍珠、斯诺等异邦人，大都是我退休后的随心之作。

　　面对这些专而杂的文字，很庆幸自己真正投入研究、写作的40年，是一个风波略定、人心渴望改革开放的小阳春。那些曾被风浪几度吹皱的人、事、书，或还在枝梢，或已落地，或早就"零落成泥碾作尘"。现在回想起来，怎能不庆幸在我四十郎当儿，眼帘尚能呈现"拥红堆雪"景象，且闻香如故。我也时时被暗香吸引，不由细细赏析，孜孜挖掘，一得己见即自言自语品评，有幸被力举"百家争鸣"和"百花齐放"的专业期刊、各色杂志刊登或转载，继而有的与同人合集存世，有的被同好收集留藏，有的为专人专集序言，有的入《名家推荐2003年最具阅读价值人物印象》，乃有宝岛出版人约我出版一册记五人的《一代漂泊文人》，一切随缘而行。今耄耋暮年，又有亲吾者，力推编辑《品三代文化人》文集出版，姑且以动吾心语"风定落花"命题。至于所论人物和评述"深"否，当请读者批评。

　　《品三代文化人》收录我曾品赏的部分人物30余位。拙于本人学识浅窄，集内学人多与章太炎学派相关，为人处世、学术思想和方法颇可见传承；然又禀先驱之教，独立于世。太炎先生亲传弟子鲁迅尤为后人景仰，故论述有鲁迅与同时代学人的比较，有尊鲁迅为师的后生艰难的跋涉颠簸和探究，其中有我的恩师、学术引路人和同辈，有我对三代文化人的深深思念。唯一与诸学人大不同的，是我心心念念的越剧表演艺术宗师尹桂芳，她没有进过正规学堂，留世文字不多，但她是最早教我理解人世间善恶爱恨的艺术家，是启发我崇尚纯洁良好审美观的戏剧家，是我一生褒爱的文化人。

　　这部"落花"文集，权当抛砖引玉，谨望世人对本集人物有更多更深入的研究。

目录

跋　涉

颠　簸

探　究

先驱

百年传承
——章太炎·鲁迅·徐梵澄

朴学大师章太炎和新文学大师鲁迅都逝世于1936年，他们离开我们已80多年了。我家藏有一部由著名学者徐梵澄首次从梵文直译出版的86.4万字的巨著《五十奥义书》，这部书被人称为我国改革开放后的学术研究瑰宝，并被中国社会科学院授予翻译成果优秀奖。虽然徐梵澄也已于2000年作古，但依旧常让我想起他和章太炎、鲁迅二位大师的师承关系，想起他们对佛学研究的独特见解，想起太炎先生发愿译介《奥义书》，召周氏兄弟学习梵文的往事。徐梵澄跟两位先师一样，学术著述丰富，研究范围涉及文字学、文艺学、史学、哲学、宗教诸多方面。细考章太炎、鲁迅、徐梵澄的学术思想、精神，竟十分相通，"依自不依他"可谓近百年来这三代人共同的思想出发点并有各自的发展。

章太炎首提"依自不依他"

"依自不依他"一语出自1908年章太炎《答铁铮》，因铁铮认为他提出的"佛教救中国"论不可行，"何异待西江之水以救枯鱼"。太炎先生回答说："仆非敢以大将临河讲诵《孝经》之术退黄巾也。顾以为光复诸华，彼我势不相若，而优胜劣败之见，既深中于人心，非不顾利害、蹈死如饴者，则必不能以奋起，就起亦不能持久。故治气定心之术，当素养也。明之末世，与满洲相抗百折不回者，非耽悦禅观之士，即姚江学派之徒。日本维新亦由王学为其先导，王学岂有他长，亦曰自尊无畏而已。其义理高远者，大抵本之佛乘，而普教国人，则不过斩截数语，此即禅宗之长技也。仆于佛学岂无简择，盖以支那德教，虽各殊途，而根原所在，悉归于一，曰依自不依他耳。"如何利用佛学来增进国民道德？佛教唯识宗以"本识"破"我""法"二执，章太炎也认为：一切"人我""法我"，都是幻化出来的假象，人只有破此二执，才能抛弃物欲，有助于人们"排除生死，旁若无人，布衣麻鞋，径行独往，上无政党猥贱之操，下作懦夫奋矜之气"。因此，他企图从佛教的种子说中演化出一种新的无神的却有"依自不依他"主观精神的宗教，而这又与本国王阳明"心学"的自尊无畏相契合，以此增进、净化国民道德，鼓舞斗志，服务于民心、民生、民族革命的需要。这正是他对当时革命党人的希望和要求。

因此，鲁迅在《关于太炎先生二三事》中所说的先生"视为最紧要的'第一是用宗教发起信心，增进国民的道德；第二是用国粹激动种性，增进爱国的热肠'"。可见"依自不依他"的观念旨在激发革命志士的"勇猛无畏之气"；虽则在辛亥革命之后先生"仅止于高妙的幻想"，但鲁迅仍尊称早年的太炎先生是一位有学问的革命家。诚如周作人在《知堂回想录（八三）》中说："太炎先生以朴学大师兼治佛法，又以依自不依他为标准，故推重法华与禅宗，而净土真言二宗独所不取，此即与普通信徒大异。""且先生不但承认佛教出于婆罗门正宗，又欲翻读吠檀多奥义书，中年以后发心学习梵天语，不辞以外道梵志为师；此种博大精进的精神，实为凡人所不能及，足以为后世学者之模范者也。"太炎先生为增进国民的道德，在寻根究源的同时，又不囿于国度、传统和宗派，这一博采众长的气度，乃出自他的革命思想。周作人所回忆的太炎先生欲译《奥义书》的梦想乃其一例。

1908 年，在日本进行革命活动的章太炎目睹国事愈坏，党人又无远略，因而更潜心于佛法，购得对佛教和印度、西方文化曾有重大影响的古印度精神哲学典籍《奥义书》10 种，大都是英、德、日译本，欲请其弟子周作人译出一二；后来考虑此为转译，恐有讹误，便想组织弟子们学习梵文。因为他已感到："亚洲语言文字，汉文而外，梵文及亚拉伯文最为成就，而梵文尤微妙，若得输入域中，非徒佛法之幸，即于亚洲和亲之局，亦多关系。"（致苏曼殊函）为此，他积极访求在日本的印度梵文老师。

当时，鲁迅和周作人正受业于太炎先生，听讲《说文》《尔雅》等。至今在北京鲁迅博物馆还藏有 1909 年春夏之间章太炎致周氏兄弟信，内云：

> 梵师密史罗已来，择于十六日上午十时开课，此间人数无多，二君望临期来赴，此半月学费弟已垫出，无庸急急也。

从中可见先生求学的急切之心和对学生的殷殷之情。可惜，原已约定听讲的弟子如鲁迅等，都已准备回国，所以梵文班在东京"智度寺"开学之时，前往听讲的只有先生和周作人二位。听了两次后，周作人也畏难而退了。

但章太炎犹不甘心，转而求助于国内金陵刻经处杨仁山居士，一是请他接纳印度婆罗门师前往中国传布古印度吠檀多哲学，二是请其设法资遣小沙门东渡共学梵文。在杨仁山遗著《等不等实录》卷八中尚存章太炎给他的信，可见其孜孜以求传布吠檀多哲学的原因，是出于"婆罗门正宗之教，本为大乘先声，中间或相攻伐；近则佛教与婆罗门教渐已合为一家，得此扶掖，圣教当为一振，又令大乘经论得返彼方，诚万世之幸也"。

杨仁山是深受章太炎敬重的佛学家，但是他对婆罗门教颇不以为然。他拒绝了章太炎的建议，认为"以婆罗门与佛教合为一家，是混乱正法而渐入于灭亡"，又以经费不足为由不办梵学班。

由于我国懂梵文者寥若晨星，所以《奥义书》始终未能系统地译成汉文。直到 1978 年末，侨居印度三十三载的徐梵澄先生回国，将其《五十奥义书》旧译稿，交由中国社会科学出版社于 1984 年出版。而徐梵澄执着地研究、译述《奥义书》等异国精神哲学及故国的"儒、释、道"经典著作，又与传承章太炎"依自不依他"思想最优秀的弟子鲁迅有关。

鲁迅呼吁"尊个性而张精神"

在太炎先生提出"依自不依他"的哲学思想和人生态度后不久，鲁迅撰写和发表了《文化偏至论》《摩罗诗力说》《破恶声论》

等一系列论文，批判洋务派和改良派重"物质""众数"而抑"个人"的思维方式，明确提出国家振兴"首在立人，人立而后凡事举；若其道术，乃必尊个性而张精神"，"掊物质而张灵明，任个人而排众数"，并系统地介绍了19世纪以斯蒂纳、叔本华、克尔凯郭尔、易卜生、尼采等为代表的重"主观意力"的新哲学思潮。诚如他在《文化偏至论》中说："意盖谓凡一个人，其思想行为，必以己为中枢，亦以己为终极，即立我性为绝对之自由者也。"这可以视为当时鲁迅对其师"依自不依他"思想的更进一步的"现代化"超越。

对宗教，鲁迅早年就曾追随章太炎的《四惑论》而发表《破恶声论》，表达了与其师相同的意见，认为当时越来越高的"破迷信"呼声，并没有分清"正信"和"迷信""荒诞"之别，强调倘若人不安于物质的生活，产生精神上的需求，"吾则谓此乃向上之民，欲离是有限相对之现世，以趣无限绝对之至上者也。人心必有所冯依，非信无以立，宗教之作，不可已矣"，肯定了人的精神世界对信仰、宗教的需求。

在辛亥革命后政体、国事、社会一切趋于专制复旧的寂寞环境下，鲁迅也曾一度潜心研究佛经，虽有太炎先生的影响，但其归结却不同。章太炎主张从法相、禅宗大乘佛法中探出救中国之良方；而鲁迅则洞察到"释迦牟尼出世以后，割肉喂鹰、投身饲虎的是小乘，渺渺茫茫地说教的倒是大乘，总是发达起来"的细微征兆，反倒使他择取"割肉喂鹰、投身饲虎"的勇气，更坚定了他早年所选择的"立意在反抗，指归在动作"的"摩罗诗派"文学。这也导致了他和其师走向不同的革命道路。

如上节所言，章太炎的"依自不依他"的观念旨在激发革命志士的"勇猛无畏之气"，希望所有的革命者都是有道德的革命者；他也加入了不少曾寄予厚望的政党。如他加入1904年蔡元培、陶成章等组建的光复会，因该会的宗旨是无私的"光复汉族，还我河山，以身许国，功成身退"。1905年光复会与兴中会、华兴会联合成立同盟会，不到两年，章太炎、陶成章等就与孙中山、黄兴交恶并退出同盟会，起因即质疑所筹募的经费被私人挥霍了。在辛亥革命后更反感于革命派内部充满会党色彩的争权夺利等派性行为，他又提出了解决之道："革命军兴，革命党消。"主张革命党人要转变为执政的建设者，以此达到解散原有的涣散的革命党，各人可按自己的政治主张另建参与国事的政党之目的。他自己与立宪派人联合组建了统一党、共和党，宗旨是"巩固全国之统一，建设中央政府，促进共和政治"，在政治上拥护袁世凯的统治；在1913年5月又组成进步党，成为国会仅次于他所不满的国民党的第二大党。然而不久，袁世凯残酷镇压了国民党人的二次革命，8月章太炎进京要和袁世凯说理，遭拒见，乃如鲁迅所赞"以大勋章作扇坠，临总统府之门，大垢袁世凯的包藏祸心者，并世亦无第二人"，遂遭长期囚禁。而后这位曾作《中华民国解》的太炎先生，自认为是"民国元勋"，却不承认南京国民政府。他退居于宁静的书斋，在手定的《章氏丛书》内，不收录昔日的攻战文章。因为他面对世风时局种种乱象，认为是中国历史演进中各种消极因素交织而成的。所以晚年研究国学，力倡"修己治人"之学的重要性。当日本侵华时，他依然奋起，不顾年迈体衰，为宣传团结抗日而四处奔走。

　　章太炎的"依自不依他"的思想和文章，激励了晚清以来的几代学人。尽管后来因为历来痛恨沙俄对中国的侵略，他不仅反对孙中山的"联俄、联共"政策，还认为中国共产党是借着俄人的势力，压迫我们中华民族，也就不把有"左翼"思想的鲁迅列为他的得意弟子。鲁迅也无意列名"太炎学派"，但世人认为他俩在精神气质上有更多一脉相承之处，只是内涵和表现形式很不相同。

青年时代就怀抱"我以我血荐轩辕"的鲁迅，几乎和章太炎同时加入了由陶成章组织的"浙学会"及其后来发展成的"光复会"。他也曾代陶成章收藏秘密文件，但不愿接受当刺客的任务。他始终对暗杀之类的行为持保留态度，也没有投身反清武装斗争第一线，更无意亲自去创建或领导某个政党，着意的是通过论述和翻译，宣传西方先进的政治哲学乃至科学、文学。他回到故乡后，也参加了与"南社"会员有密切联系的"越社"，在辛亥革命时组织武装演说队，带领学生欢迎光复绍兴的王金发革命军。但是很快如他在《呐喊·自序》中所言："见过二次革命，见过袁世凯称帝，张勋复辟，看来看去，就看得怀疑起来，于是，失望，颓唐得很了。"他像章师一样陷入四顾彷徨之境，也尝试"回到古代去"，探寻中国民族国民性的病根。最终，他在学友钱玄同的鼓励下，为唤醒铁屋中的沉睡者，写下第一篇小说《狂人日记》，"意在暴露家族制度和礼教的弊害"——"吃人"的历史：人人冷漠地"吃"和"被吃"，"我"也曾"吃"过，由此发出振聋发聩的呼声："救救孩子！"自此他走上了一条完全不同于太炎先生的救国之路——用现实主义文学进行国民性的思考与批判，而且不仅解剖国人，也解剖自己。

所以尽管他也曾彷徨、苦闷、绝望，但他凭着对包括自己在内的个体生命的不断解剖，就如他在《写在〈坟〉后面》所说的：

"我的确时时解剖别人，然而更多的是更无情面地解剖我自己。"不论《呐喊》还是《彷徨》中的作品，都贯穿了反省这一主旋律，形成一系列灵魂的质问，导致他在1927年从坚信进化论到接受马克思主义的转化。而1934年以后他又因不断受到"友军中的从背后来的暗箭"，心情极为复杂，难以摆脱"阴暗和颓唐"的心绪；幸而他从不轻易地放弃自己的批判立场，促使他不断思考"革命阵营内的工头"问题，最终形成在《答徐懋庸并关于抗日统一战线问题》的信中对"工头"，也是对自个情绪的猛烈反抗。由此可见，鲁迅从不以各种主义、标准来规范自己，而是通过无情的解剖，洗涤了自己的心。"尊个性而张精神"的意志，使他始终没有陷入他的老师章太炎哲学思想后来所持有的相对主义、虚无主义和神秘主义的观点，而是坚持以战斗精神的新文艺救中国。这一思虑也影响了崇敬他的后辈徐梵澄。

徐梵澄坚持"不断超越自己"

徐梵澄与鲁迅结识于1928年。当年这位名为诗荃的湖南青年在鲁迅主编的《语丝》上发表文章《谈谈复旦大学》，揭其腐败，因此受特务监视。这促使他去德国留学，鲁迅即托他代购德文书刊及木刻作品等，以新文艺"救荒"于中国文坛。1932年回国后，徐梵澄写了不少揭露时弊的杂文，并出于对野蛮和奴才相的警惕，他翻译了肯定"生之意志"的德国近代哲学家、自由思想家尼采的一些作品。鲁迅颇看重这位既有旧学根底，又精通德文的译者，积极向出版社推荐；并指导这位年轻人从留学德国开始的佛学研究，使

风定落花

曾经思想好走极端、激烈的徐梵澄，感受到鲁迅高深的佛学造诣，尤服膺于先生"能入乎佛学，亦能出乎佛学"的思想境界。1945年，徐梵澄被国民党教育部派往印度泰戈尔大学任教，后又辗转进入以印度圣哲阿罗频多命名的修道院（又称法属国际教育中心），潜心钻研精神哲学。他不仅注重探讨法相宗解释宇宙的唯识之学，更重在索求诸教派的源流及对世界文化发展的影响。他与章太炎一样对印度上古时期文献《吠陀》的最后一部分《奥义书》产生浓厚兴趣，执着地研读这一宣扬"梵我同一"（即宇宙灵魂就是梵，梵就是来自宇宙的个体灵魂我）观点的印度古代哲学典籍。他凭借院内藏书，遍识百家《奥义书》的各种版本，择自古推重者，不乏精义者50种，陆续从印度古雅语梵文中译出，采用的是接近这种雅语的汉语古文体，浅近而又质朴，终于成全了太炎先生发自20世纪初的心愿。

继《奥义书》后，徐梵澄又研究、翻译圣哲阿罗频多（系印度"三圣"之一，与圣诗泰戈尔、圣雄甘地齐名）的超心思哲学。据徐梵澄说，这一"超心思"名词的确立，亦远托尼采之"超人"——精神成就者，像我们古时的圣人。阿罗频多幻想通过这种"精神进化"，达到人和人之间、国与国之间的和谐统一。徐梵澄翻译、疏释他撰写的《赫那克莱妥斯》（译书名《玄理参同》）的目的，就是将世界五大文明系统尚存的希腊、印度、中国三派中的精神哲学作一比较，参会其相同处。正如他在该译本《序》末所言："现代人盛言世界大同，理想实为高远。然求世界大同，必先有学术之会通；学术之会通，在于义理之互证。在义理上既得契合，在思想上乃可和谐。不妨其为异，不碍其为同，万类攸归，'多'通于'一'。"

为了这一理想，他又努力以英语译介中国古代文化的精华，出版了《孔学古微》《小学菁华》《周子通书》等，要让印度乃至世界了解中国。晚年又撰写《老子臆解》《陆王学述》，一则因为老庄思想及陆象山、王阳明的"致良知"学说，跟《奥义书》的精神哲学颇多相通之处；二则以此克服国人、民俗、信仰及其思想界对外国的盲目崇拜，在学术上却无所自立；三则以此否定西洋至今仍持的愚昧偏见——认为"中国是一无宗教之国"，即无高尚的宗教追求。徐梵澄认为"自古及今，宗教对人类的福赐是大的，但其遗的祸患亦复不小。读西洋史及南亚史及现代各地宗教战争的情况是可明了的"。而"五千年中国文教精华原自有在，不得不推孔孟所代表的儒宗"。所以国人应"继续一贯发扬我们的孔、孟之学，以近人新眼光有所拣择而作为精神追求"。徐梵澄以自身对世界史、宗教史、哲学史的全面考察体验，不再像章太炎、鲁迅早期那样出于对一味尊孔崇儒的复古守旧派的批判而"贬孔"，而是接受章太炎晚年的看法，更客观地有所选择地引导读者重温专务虚静、完养精神的"致良知"学说。

徐梵澄跟他的两位前辈大师迥然不同的是，鉴于对本国各党派的"派异性"有所警惕，所以从德国留学归来后，他独来独往，凡著述诸事，只委托于他绝对信任的鲁迅；抗战时期，他也拒绝执政权威相邀，更无结党之举；去到异国，虽受到极端民族主义的排斥，唯以勤奋博学而受人尊敬。他对精神哲学的研究，绝不是要求人去独尊某教某派，他自己也不以某教派自居，多次告诫说，无论治何学，当作"永远的超上"，一是要不断地超越自己；二是对研究的学问，到了某一限度，也要超越。也就是说"你是你自己的主人"。他推重的尼采、阿罗频多、老子、陆王等，都是先有所得于心，见道真切，含有独立自主，不依傍他人门户的意识。"超越自己"是继鲁迅"尊个性而张精神"之后，对太炎先生提出的"依自不依他"哲学思想、人生态度的最好继承和发展。

"依自不依他"思想，100年来以各种形式影响着我国几代学人，但它又不断受到相似的专一思想的挑战和束缚。我们的文化先辈，包括我的师友和我自己，几乎都经历过从不自觉到自觉地摆脱桎梏的过程，其中的痛苦和教训又岂能忘却？这也是我自1980年代开始不断走近我的先辈和师友生平思想的原因之一吧。

（作于1986年，修改于2018年2月）

越中三杰之一许寿裳

　　许寿裳，浙江绍兴人，生于 1883 年。在他 110 周年诞辰时，绍兴举行纪念他的一系列活动，把他和蔡元培、鲁迅并称为绍兴近现代史上的"越中三杰"，出版了《许寿裳纪念集》和《许寿裳诗集》。自古以来，人杰地灵的稽山鉴湖名士辈出，近代就有为国洒热血的响当当英雄——"辛亥三杰"徐锡麟、秋瑾、陶成章，而蔡元培、鲁迅和许寿裳跟他们颇有关系。他们都是光复会成员，不过，后三者对革命的贡献，重在开创并坚守文化教育事业。比许寿裳年长 15 岁的蔡元培乃是他少年时就读的绍郡中西学堂的创始人，也是他从事教育工作的指路人，他的一生与这位享誉中华的学界泰斗息息相关。而年长他 3 岁的鲁迅则是他青年时代留学日本的同窗好友。凡了解鲁迅生平者，对这位鲁迅终生的挚友不会陌生；他所写的《我所认识的鲁迅》《亡友鲁迅印象记》等回忆文字，已经历了大半个世纪的考验，被公认为极具史料价值，真实可信；他为研究一代文豪鲁迅，也为中国近现代的革命史、教育史乃至留学日本史，留下了弥足珍贵的感性材料。同样，他写其师长、革命元勋的《章炳麟传》和清末国学大师的《俞樾传》都是极具历史和文学价值的"传记文学"作品。许寿裳的声誉虽不及他的师长和好友，但自有他可骄傲的人生，其贡献岂能被国人所忘却？

中国近代教育先觉者、先行者

许寿裳可谓中国近代教育的先觉者、先行者，为中国的教育事业做出了开拓性的贡献。他是蔡元培推行新教育的得力助手和真诚的实践者。1912年1月中华民国临时政府教育部在南京成立，他即受教育总长蔡元培召唤，任教育部部员，并推荐鲁迅来部共事；5月南北议和告成，同迁北京办公。他作为教育部普通教育司第一科主任，受总长委托草拟《中华民国教育宗旨》和《新教育意见》，以部令颁行全国。

早在民国元年1912年1月19日，蔡元培总长就颁布了《普通教育暂行办法》，并主持、制定了中国第一个《大学令》和《中学令》，强调要把中学和大学建造成健全国民的学校，主张采用西方教育制度，废止祀孔读经，实行男女同校等改革措施。许寿裳以蔡元培所提出的"军国民教育、实利主义教育、公民道德教育、世界观教育、美感教育"五育并举思想为指导，制定教育宗旨为："中华民国之教育，根据三民主义：以充实人民生活，扶植社会生存，发展国民生计，延续民族生命为目的，务期民族独立，民权普遍，民生发展，以促进世界大同。"附有八点实施方针，旨在强国，力求使民国人的发展符合民族共和精神。这正确地体现了蔡元培的社会教育思想，认为教育旨在立人，人立则国强。"人类所最需要者，即在恪守尽种种责任之能力无可疑。由是教育家之任务，即在为受教育者，养成此种能力，使能尽完全责任，亦无可疑也。"所以教育部不仅设立社会教育司，10 月又设"读音统一会"。

1913 年，许寿裳参与"读音统一会"的工作，与朱希祖、马幼渔、鲁迅等六人联名提议并通过以章太炎先生所制定的元、辅音字体为蓝本，创制国语注音字母的议案，为推广国语，发展白话文，普及文化教育创造了必要的条件。

许寿裳对蔡元培思想的认同，乃建立在他们对民族振兴问题的共同认识上。这也是他与鲁迅友谊的基础。许寿裳曾回忆说，1902 年在日本弘文学院他和鲁迅结识后，见面时每谈中国民族性的缺点，以为"我们民族最缺乏的东西是诚和爱——换句话说，便是深中了诈伪无耻和猜疑相贼的毛病"。后来许寿裳和鲁迅兄弟俩在河南留学生办的《河南》月刊上联手发表以"立人"为主题的文章。他们放眼世界，看到了西方 18 世纪以来的"物质文明"和"立宪国会"派生的偏颇，即吸取欧美之强，根底在"人"的经验，分别从各个角度阐明这一兴国的战略方针。鲁迅在该刊第 7 期署名迅行的论文《文化偏至论》中说："是故将生存两间，角逐列国事务，其首在立人，人立而后凡事举；若其道术，乃必尊个性而张精神。"许寿裳则在第 4、7 期发表的未完文章《兴国精神之史曜》中，开宗明义："兴国不在政府而在国民，不在法令而在自觉，非然者虽有政府，而民与国未尝有毫发系焉。"该文署名旒其，据周作人在《知堂回想录（八一）》中说，这是经鲁迅提议而取的笔名，是俄文 Люди 的音译，是"人"的意思。他们心目中的"人"，乃富有自觉精神的国民。而诚和爱，恰是人的自觉精神的根底，所以他们后来在文化教育和为人处世上力求唤醒人心的诚和爱。

但是在清王朝乃至民国后的北洋政府和国民党统治下，他们都难以实现自己的追求。当年他们同在浙江两级师范学堂执教时，因大刀阔斧地进行教育改革，遭到尊王尊经的新任监督夏震武的训斥，便团结一致掀起驱逐"夏木瓜"的斗争；最后胜利了，但清廷又委派了另一个思想顽固的监督。作为教务长的许寿裳及鲁迅等有新思想的教师只得相继辞职。民国后，许寿裳亲自参与制定的《中华民国教育宗旨》，尽管其中的教育改革方案很多以议案的形式在国会表决通过，但在实行时受到种种阻碍，蔡元培也因不少阁员无所作为而愤慨，力辞教育总长之职。许寿裳在教育部曾以自己的工作能力很快被提拔为参事，4 年后却被外放江西，也是出于守旧派的排斥。许寿裳和鲁迅对教育部的腐败现象多有不满，但在当时情况下，他们无力改变全局，只得在自身的权力范围内，开拓社会教育，提倡美育；同时在学校兼课，以新的思想传授学术。如许寿裳在出任江西省教育厅厅长和江苏义务教育委员会委员期间，大力开发社会教育，设立地方博物馆、通俗图书馆，培养义务教育的师资，为提高全民族的文化素质而殚精竭虑。

诚和爱的身体力行者

许寿裳和蔡元培、鲁迅一样，认为教育者本人首先应有诚和爱，才能培养出富有诚爱之心的国民。许寿裳曾在北京大学、北京高等师范学校、中山大学、台湾大学等 10 余所高等院校任教，以深博的学术根底讲授佛学、教育学、心理学、文字学、西洋史、中国史学名著、传记研究、中国小说史等多种课程。当他有机会执掌学校时，便力求革新。如 1922—1924 年担任北京女子高等师范学校校长时，他不仅在生活中关怀学生，不惜借债为学生宿舍安装热水汀，而且多方延聘学者专家来校讲课，云集了众多的北大教授，包括请鲁迅讲授中国小说史。由此大大提高了女高师的教育质量，不久升格为女子师范大学，成为我国最早的女子最高学府，培养了一大批高素质的女性人才。许寿裳却因支持北大校长蔡元培所发表的《不合作宣言》，抵制复古的教育总长彭允彝，对立方即鼓动某些职员和学生散布谣言，许寿裳与蔡元培一样，守真抱朴，以辞职洁身引退。继任的新校长杨荫榆竟全盘推翻新的措施，甚至阴谋阻止学生参加纪念"五七"国耻和追悼孙中山的活动，已萌发觉悟和勇气的女师大学生因此爆发了愈来愈激烈的"驱杨风潮"。起初，许寿裳为避嫌而未表态，后见杨荫榆联络教育部官员、"正人君子"乃至各式打手对学生大施压迫，不由得愤起发表宣言，反对司法总长兼教育总长章士钊解散女师大、非法罢免鲁迅在教育部的职位。他虽因此也被免职，却更加义无反顾地支持学生组织临时学校，义务身兼校长、教务长、教员数职，直至胜利复校。由于许寿裳坚决站在反对北洋政府的立场上，在"三一八"惨案发生后，又不顾个人安危，亲自为死难学生料理丧事，成为被通缉的 50 名"暴徒"之首领，不得不离开北京。

在许寿裳的执教生涯中，始终面临两方面压力：一是与执掌教育权的守旧派的较量，二是面对各式学生风潮。前者只需把握自己的立场和斗志，后者则存在不尽相同的复杂情况，需慎重行事。如1937 年许寿裳出任北平大学女子文理学院校长时，也曾遇到学生罢考的风潮。当他在会上提议开除一个学习成绩甚好的学生时，眼泪直流下来，口中连连说："我实在不愿意开除她，可是不能不开除她。"学生们知道内情后大受感动，情愿考试，而那个学生也未被开除。对学生中的不良现象，诚需严格管理，包括必要的处分，但不能使阴手段，因为根本的目的是在教育人。他挺身支持女师大学生斗争的原因之一，也在于章、杨等人身为教育者，竟"秘密行事，如纵横家"，与他所追求的诚爱原则背道而驰。

1927—1934 年，他作为国民政府大学院的秘书长，及后来的中央研究院干事兼文书处主任，常驻南京，为住在上海的蔡元培院长和杨诠总干事处理日常院务，主要是支持我国学术文化的开发工作。如蔡先生倡议大学院设特约著作员，"聘国内在学术上有贡献而不兼有职者充之，听其自由著作，每月酌送补助费"。鲁迅也在受聘之列，每月 300 元的补贴，是当年鲁迅能定居上海从事写作的重要经济基础，而受益者又岂止鲁迅一人。

许寿裳的诚和爱，已化为对教育事业终身不移的信念。"七七"事变发生后，许寿裳离别家人，与学生一起过着颠沛流离的生活。他赴西安，入汉中，后又奔波于川滇之间，对教学工作，始终孜孜不倦。正如他的学生所说，在那外侮与内争并烈的年代，"许师是一座进步与自由的灯塔，使在暗夜海上的船舶有所归往，不致泊没于风涛"。（引自袁珂《悼忆许寿裳师》，载于陈漱渝主编《现代贤儒——鲁迅的挚友许寿裳》，台海出版社 1998 年版）

台湾文化建设的献身者

许寿裳虽为同盟会元老、国民党党员，但不愿与弄权者同流合污，又坚持宣传鲁迅的思想，积极参加救亡座谈会，因此深受排挤。抗战时，西北联合大学已任命他兼任法商学院院长，教育部长陈立夫却密令"主法商院长须超然而接近中央者"，指定亲信担任；后来甚至猖狂到不准聘请许寿裳在公立乃至私立大学任教。抗战胜利后，已是64岁高龄的许寿裳，决意接受老友台湾省行政长官陈仪的邀请，独身飞赴刚回到祖国怀抱的宝岛，协同宣扬中华民族的传统和新文化，肃清日本殖民文化的遗毒。

他被任命为台湾编译馆馆长后，即广招台湾本省和大陆的人才，在馆内设置台湾研究组、学校教本组、社会读物组、名著翻译组等。鉴于台湾民众在长达半个世纪中，被强迫使用日语，许寿裳亲自编著了《怎样学习国语和国文》一书，努力推广国语。然而未及半年，因陈仪被撤，编译馆停办，许寿裳无奈地"坐看前功付陆沉"。当他被聘为台湾大学教授兼中国文学系主任后，一如既往，经常在比较开明的《台湾文化》上发表宣传"五四"历史和论述新文化的文章，反动报刊《正气》《中华日报》《平言》因此大肆攻击他，并连带诬蔑他的子女。

1948年2月18日夜，一生仁厚慈祥的许寿裳竟在睡梦中被刀斧砍杀。台湾警方起初阴谋栽赃于他女儿的男友；事败后，又指称是小偷"图财害命"，凶手则是时常受到许先生接济的原编译馆的青年电工高万伫，其实清贫的许先生家中仅有1 000台币。在作案现场发现的包凶器的报纸，却是在台湾买不到的军方出版物——武汉《和平日报》。从事发前后的种种迹象来看，高万伫是被台湾省警务处和台北市警察局特务利用的愚民，最后他被五花大绑，口塞棉花，匆匆地送上了刑场。而"凶手"诉说的作案时的帮凶，竟不为法院和警方所查缉。

一个毕生致力于开发民智的教育家竟为愚民所杀，令人疾痛，至有无言的悲哀；而被反动政客所利用的愚民也无声地死在他的谋主所制定的法律下，人们恨其不争时，当再思许寿裳早年的警言："有国家而无国民，有法令而无自觉，人道无光，性灵悉死，兽界耶？枯骨耶？"

1982 年浙江人民出版社出版了罗慧生撰写的《鲁迅与许寿裳》，1986 年文学史家林辰编的《许寿裳文录》，得到湖南人民出版社的赏识而被推出。1993 年在他的家乡绍兴举行纪念他 110 周年诞辰的活动，日本东京大学东洋文化研究所也刊行了《许寿裳日记》（1946 年 8 月 1 日—1948 年 2 月 18 日），并举行了发行座谈会。在台湾，许寿裳惨遭奇祸，沉冤难白，冷寂了 36 年后，他对台湾文化建设的贡献及他的道德文章，又激起了人们深深的赞赏和怀念。1982 年台湾各界人士纪念许寿裳的九九冥诞，曾排斥许寿裳的陈立夫，在历经种种变迁后，也醒悟似地写下了对许先生的颂词："名垂庠序，亮节高风，典型永式，德音靡穷。"1998 年是许先生在台湾遇害 50 周年，台海出版社刊印了由陈漱渝主编的《现代贤儒——鲁迅的挚友许寿裳》一书，较完备地收录了许寿裳的生平行状和有关的回忆文章。同时在 3 月 26 日—27 日，由鲁迅博物馆和台盟联合举行了怀念许寿裳的纪念会和学术讨论会。亲朋、学生、研究者的回忆、感念和评论，再现了一个栩栩如生的许寿裳。

（写于 1998 年）

彪炳史册的朱希祖、朱偰父子

世有父子双雄，多为生前即名震四海。而本文赞叹的父子俩，钟爱杏坛书斋，心寄古迹遗址，创举名著颇多，然遭变幻莫测风云之湮没。今喜其贡献终载史册，不由撰文传播。

中国现代史学开创人朱希祖

1980 年代我曾因 1981 年新版《鲁迅全集》对朱希祖的注释多有舛误，特地写了一篇《朱希祖生平考略》。朱希祖和鲁迅的交往可谓不浅。

朱希祖，字逷先，又作迪先、逖先，1879 年生于浙江海盐。其家族为书香世家，明清两代，朱家共有进士 13 人，翰林 1 人，状元 1 人。出身浙西望族的他，14 岁即由父亲教授《左传》，但未及半年，父亡；幸"乡里故人情好"（见朱希祖 1938 年 3 月 28 日日记，载于《朱希祖日记》），边学习边谋生，得以 17 岁中秀才，1905 年考上官费留学日本早稻田大学，攻史学专业。恰遇孙中山在东京成立中国同盟会，多次以 16 字政纲"驱除鞑虏，恢复中华，创立民国，平均地权"演讲"民族、民权、民生"的三民主义，朱希祖经常前往听讲。次年，章太炎从上海西牢刑满出狱，孙中山派人接他到日本东京，请他担任同盟会机关报《民报》笔政。这时鲁迅也弃医从文，离仙台来到东京进行文学活动，和年长他2岁的朱希祖同样关心民族革命，尤服膺于太炎先生的精神和学问。1908年，他俩和许寿裳、周作人、钱玄同、钱钧甫、龚未生、朱蓬仙等同赴"民报社"，听章太炎讲解文字学，遂成同门学友。他是这帮学友中年龄最大、听讲时笔记最勤的一个，人又厚道，故学友称他为老大哥。1909年，他和鲁迅先后返国，又相遇于杭州浙江两级师范学堂，因反对封建顽固的监督夏震武（外号夏木瓜），协力发动了辛亥革命前教育界的一场反封建的斗争——"木瓜之役"。其后两人分别回到自己的家乡，鲁迅执教于绍兴府中学堂，朱希祖则在嘉兴府中学堂任教。辛亥革命后朱希祖被公举为海盐县首任知事，积极推行剪辫放足、破除迷信、禁止鸦片、兴办学校等新政。但他觉得学人从政并非夙愿，半年后辞职，前往杭州浙江省教育厅任事。

我那篇小文考证之一，即查实朱希祖在浙江省教育厅工作后又去北京的时间。不过那时有关他的资料甚少，只能从他好友周氏兄弟等人的日记、回忆和北京大学纪念刊、台湾出版的《革命人物志》中找蛛丝马迹。21世纪以来，随着他的后人整理出版了他现存的部分日记和文集（计有：朱元曙、朱乐川整理《朱希祖日记》《朱希祖书信集》《朱希祖文集》，朱希祖《郦亭诗稿》，朱偰《先君逖先先生年谱》等，均为中华书局2012年出版；朱元曙、朱乐川编纂《朱希祖先生年谱长编》，中华书局2013年出版；朱元春、朱元智、朱元曙编《朱希祖朱偰父子与故乡海盐》，西泠印社 2013 年出版；朱元曙、朱学范编《朱希祖及海盐朱氏人文》，中国文联出版社 2015 年出版）。有关这位杰出的历史学家的研究也增多，不仅为我提供了新的证据，还看到了朱希祖更多的贡献。

提倡注音字母、新式标点符号，沿用至今

从朱希祖《癸丑日记》中得知，他第一次进京，并和鲁迅等章门学友重聚的机缘巧合，是 1913 年初教育部在北京召开的国语读音统一会，与会人员由各省代表 44 人（每省各派 2 人）及教育部延聘之人组成。各省派出的代表须"精通小学，且旁通两门外语"，浙江省派出的便是精于语言文字之学的太炎弟子——朱希祖与马幼渔（名裕藻），由会长吴稚晖发出邀请。会议代表多为江浙籍，浙籍又多为章门弟子，其中就有上一年就任职于北京教育部的许寿裳、鲁迅等。会议在审核音素、采定字母时众说纷纭，久争不决。据鲁迅在《门外文谈》中说，有的代表"为了入声存废问题，曾和吴稚晖先生大战，战得吴先生肚子一凹，棉裤也落了下来"。朱希祖也独有主张，他赞同章太炎晚清时创制的以篆、籀（大篆）古文径省之形作为注音字母。他在 1913 年 3 月 10 日的日记写道："作读音统一会提议案一篇，五点钟誊清，偕马幼渔同至许季绂、周豫才处，均允签名。""十一日上午至许季绂处即托其将议案并纽文韵文之篆母（系章太炎师所定者）与钱稻孙一阅，即送至议长处。此议案六人具名：朱希祖、马裕藻、陈濬、许寿裳、周树人、钱稻孙。"经激烈辩论，次日最终多数通过纽文（声母）二十四、韵文（韵母）十二、介音三，共计三十九个注音字母。其《癸丑日记》

还记载了章太炎闻讯后写信给他："闻以读音统一会事入京，果为吾道张目，不胜欣跃。"这套以章太炎的注音字母做蓝本的汉字标音符号，1918年由北洋政府教育部修订正式发布。1930年中华民国政府又将注音字母改称为"注音符号"，经过百年演变，目前仍旧为台湾地区所应用。

可惜后人谈到这最初提案时，时常略去了朱希祖名。不过，这位被当时教育部委派起草国语注音字母方案的学者，及他们章门弟子在会上的表现，随之声名鹊起，促使国立北京大学马上聘他和马幼渔为预科国文教员。当年夏他就回浙江迁家定居北京。1915年他改任本科国文门教授，不久任北京大学文科国文研究所主任，还一度代理国文学系主任；又曾兼任清史馆协修，因馆长赵尔巽赞成袁世凯称帝，他愤而辞职。在此前，章太炎也因在总统府之门，大诟袁世凯包藏祸心，被软禁在龙泉寺。朱希祖奔走营护，并和鲁迅、沈尹默等人相约前去拜访以绝食相抗的师长。从他们的日记中可见鲁迅住在绍兴会馆时，朱希祖时常和许寿裳等一起登门造访。他们在酒酣耳热之际，无话不谈，或诛伐袁世凯和北洋军阀政府，或商议文学文字革命。这一时期，他们这群浙江书生可称是莫逆之交。

他除了在北大教学，还在北京高等师范学校兼课。"五四"时期，他也曾在《新青年》上刊载《白话文的价值》等文章，提倡白话文，鼓吹科学思想。1919年11月，他与北大马幼渔、胡适、周作人、刘复、钱玄同等教授联名上书教育部，提出《请颁行新式标点符号议案（修正案）》。教育部于次年2月通过该议案，自此全国正式启用新式标点，中国新式标点自此始。1920年末，他和沈雁冰、周作人、郑振铎、叶圣陶等 12 人共同发起成立文学研究会。朱希祖是我国语言文字改革的先行者,功不可没。1919 年 12 月在蔡元培校长的举荐下任北京大学史学系主任。

我国史学革命的创导者、组织者、建设者

朱希祖任史学系主任期间,广揽人才,对各种学术观点、不分派系,兼容并蓄。如开史学理论课程,他聘用李大钊、何炳松同时讲学,李大钊讲史学思想史和唯物史观研究,何炳松依据美国鲁滨孙的《新史学》,讲授历史研究法、历史教学法等。他为 1923 年何炳松翻译的《新史学》作《序》,说:"我国史学界总应该虚怀善纳,无论哪一国的史学学说,都应当介绍进来。何先生译了这部书,为我国史学界的首倡者。我很望留学各国回来的学者,多译这种书,指导我国史学界。"他这种提倡各种理论并行,大胆引进和吸收西方史学理论的做法,对我国史学的发展产生了积极作用。1930 年代,史学理论著作大量涌现,著者很多即出自北京大学。

他十分自觉地推进史学革命,建立新史学。为了史学的科学化,他将西方的社会学理论引入史学研究。在史学系把社会学、社会心理学、人类学、人种学、政治学、宪法学、经济学之类规定为史学系的必修课。史学史及史学原理等也被定为必修课,如中国史学概论、中国史学名著评论、欧美史学史等。出于对原始史料的重视,他支持北京大学设立研究所国学门,建立考古学研究室;为北大接收历史博物馆残存内阁大库档案 62 箱 1 502 麻袋,于研究所国学门设明清档案整理会,拟定整理办法,领导史学系学生整理研究。北大史学系的教学、研究成绩,使中国史学跻于国际社会科学之列,培养了不少史学名家，也使北京大学形成了最有成绩的文、史、哲三门学科的优良传统。1929年，他联合北京大学、清华大学、北京师范大学、燕京大学、辅仁大学、北京女子师范大学等6校相关师生组织了中国第一个大型史学会，并被推为中国史学会的首任主席。

朱希祖在北大任教前后约有18年，其间曾一度离校。那是在1926年夏，奉系军阀张作霖入关，进京大肆复辟：取消北京大学，将北京的国立9所高等学校合并成立所谓的"京师大学校"；颁布"大元帅令"，声称要整肃校风；强迫学生读经义，做八股文，甚至下令男女学生要分座听训；学生中原有的各种社团组织也都被解散，谁要反抗，即遭暗算。对这种封建专制、复辟倒退的行径，朱希祖义愤填膺，羞与为伍，遂辞职改任清华、辅仁两大学教授。

无论在北京女子师范大学学生反对专制校长杨荫榆的斗争中，或是在抗议北洋军阀政府屠杀革命青年的"三一八"惨案时，朱希祖都和鲁迅等进步师生站在一起。当女师大学生胜利复校后，他和鲁迅、沈尹默等一起被聘为教授。

直到1928年北伐胜利后，朱希祖才重新回到光复后的北京大学，仍任史学系主任。未料1930年底，又暗遭留学英美派年轻教授的排挤，后来才知其中有曾是他学生的傅斯年的布局，不禁愤懑记道："不料自民国十九、二十两年遭傅斯年逢蒙之祸，北京大学及中央研究院两被夺位。"（见朱希祖1938年8月7日日记）

但这更激励他开创新的史学研究方向。

调查文物古迹，研究南明史，力主建立国史馆

1930年他辞职离开北京大学，改就中央研究院研究员。次年，日本关东军发动"九一八"事变，东北沦陷，朱希祖深忧国事，重新研究南明史书，以发扬民族精神。1932年他辞职去广州中山大学执教，兼任文史研究所主任。他讲授的"中国史学概论"，推动了中国史学史的早期研究。又先后撰写《南明之国本与政权》《南明广州殉国诸王考》《中国最初经营台湾考》《屈大均传》《明广东东林党传》等数十篇论文，成为研究南明史的权威。

1934年他受聘为南京中央大学历史系主任，同年任中央古物保管委员会委员，举家迁居南京。次年任高等考试典试委员。时值日本侵华日烈，朱希祖怀着爱国之情，在教学之余，携其子朱偰及滕固等调查湮没在荒草之中无人问津的六朝古墓遗迹、石刻，写出维系中国文化血脉的《六朝陵墓调查报告》等专著，在其报告的《序言》中指明调查目的是"杜外人之觊觎，扬先哲之耿光"，也为研究南京历史文化奠定了基石。令人瞩目的成就，使北京大学又聘请朱希祖为名誉教授。

1936年3月，章太炎约他至苏州国学讲习会讲学。自此以后，每月往讲一次。是年6月13日太炎先生逝世，他襄理丧事，并撰挽联云："一代通儒尊绛帐，千秋大业比青田。"章太炎曾在《自撰年谱》中赞朱希祖"邃先博览，能知条理"，对这位学生的史学素养给予很高评价。朱希祖不负乃师教导，治史主张"以搜集材料、考订事实为基础，以探索历史哲学、指挥人事为归宿"，认为这是"史学主体之大用也"。即使在战乱时期他也坚持这一学术主张。

1937年，全国抗战开始，南京中央大学奉命西迁。是年11月，朱希祖随校到了四川重庆。当教育部拟颁布大学课程标准征求意见时，朱希祖提出将中国史学史定为大学史学系必修课之一。在四川

7 年中，他深恨民族败类在东北、华北、南京组织伪政权和日寇的操纵，因而钩稽两宋史料，撰《伪楚录辑补》6 卷、《伪齐录校补》4 卷、《伪齐国志长编》16 卷，揭发敌人奸谋，暴露汉奸秽迹，以昭告国人，亦明学以致用之旨。朱希祖尝论"借历史以说明国家之绵延，鼓励民族之复兴"，深知保存历史对国家和民族兴亡的重要意义，故敦促政府设立国史馆，建立总档案库，以保存民族文化。1940 年 2 月国民政府接受朱希祖提议，在重庆歌乐山设立国史馆筹备委员会，聘请朱希祖为总干事。致使今日台湾"国史馆"拥有丰富的两岸近代史学资源。

他为了把主要精力用于著作，辞去中大历史系主任之职，并迁居歌乐山向家湾。后又因多病，遂辞国史馆职务，专任考试院职，后兼任考试院公职候选人检核委员会主任。

1944 年他突发心脏病，并发气喘，治疗无效，于 7 月 5 日病逝，享年 65 岁。悼者颂者甚多，连昔日曾暗中排挤他的傅斯年也致悼词云："缅想遏先先生在史学上之建树，当世无多，诚足以上追前贤，下示来许。"（见朱之曙《朱希祖与傅斯年》，载于《朱希祖及海盐朱氏人文》）

藏书万余，忧心奔波，不愧"读书藏书家"

朱希祖一生好收藏古书，周作人在《北大旧感录》中谈到他时曾说，他"对于此道很是精明，听见人说珍本旧抄，便揎袖攘臂，连说'吾要'，连书业专门的人也有时弄不过他"。他收藏书大致始于日本求学时代，到北京执教后，更是南北奔走，东西驱驰，节衣缩食，以求善本。最初藏书是为研究晚明史搜集资料，所收稗官野史资料甚富，有明清珍刻、宋季野史、南明野史、地方志乘、抄本秘籍等。1919 年在北京置产安家后，他的藏书也至全盛期，达 25 万册 100 余万卷，其中不乏善本。因有明抄本郦道元的《水经注》，版本极珍，遂命其藏书楼为"郦亭"，并请太炎先生为其书额。经长年精心搜购，郦亭藏书在学界享有盛名。后因日寇入侵，国难当头，他为藏书免遭兵燹而忧心奔走。据他的孙子朱元曙《郦亭藏书的艰辛与悲凉》一文所记：1933 年 1 月初日军侵入山海关，平津危急，在粤任教的他不仅嘱咐家人速将善本寄粤，半年间，邮寄 760 余包；又请夫人去北平处理并再携回书籍 15 箱，暑假又亲自返北平整理藏书，选择部分重要者携至广州；1935—1936 年间眼见时局岌岌，多次赴北平携藏书回南京，又再三寻觅藏书安全地；1937 年"七七"事变后决定藏书于安徽歙县。不料"八一三"淞沪战役爆发，他冒着酷暑，急携 60 大箱藏书东奔西走寻找藏书之地："9 月 16 日开始运书至徽州，暂存徽州师范学校。19 日，朱希祖先生返回南京参加中央大学教授会，途中遭遇轰炸。20 日，连夜抵宣城，督运书籍。10 月 2 日，运书完毕，赴徽州。时上海战事，日趋危急，敌机四处轰炸，朱希祖恐徽州亦被波及，乃决计迁屯溪，并由水路运书前往，存三门呈洪宅。后因发现洪宅有白蚁，乃于 18 日至隆阜，与戴伯瑚商议，戴伯瑚为清代著名思想家戴震后人，最后议定将书藏于戴震藏书楼，托戴伯瑚保管。"但众多藏书未及运出，星散南北各地，著述蒙受影响，至为可惜。而留在南京的一半藏书，均毁于战火。（载于朱元春、朱元智、朱元曙编《朱希祖朱偰父子与故乡海盐》，西泠印社 2013 年版）

其子朱偰曾在《天风海涛楼札记》第 12 卷《浮生哀乐》中叹

道："今日尚余有十七万册者，先人之遗也。"（引自中华书局2009年版）据1962—1963年朱偰整理的《郦亭藏书目录》统计，藏书分经、史、子、集四类，总数5 000余种，另有海盐地方文献、地方志1 000余种，多有藏书题跋；不少是经再三探访购得；一些甚难求购的古籍，由他亲手抄录或请人代抄；藏书印有"朱希祖印""逖先读过""郦亭"等，故人赞其为"读书藏书家"。其藏书不论数量还是质量，都闻名天下，尤其是其所藏南明史籍，号为"全国公私第一"。1949年后，私家收藏甚难，1950年、1954年、1956年先后有柳亚子及文化部副部长郑振铎和国家文物局局长王冶秋出面联系征集，朱偰慨然将所藏南明史料中最珍贵的部分5大箱、朱希祖全部手稿（仅保存日记数十册，及郦亭诗稿原稿数十页），及善本、孤本（包括收藏于香港朱希祖之女朱倓家的珍本）捐给北京图书馆。而一直放在北京老宅的4万余册藏书，则在1953年以一角钱一本出让给北京图书馆。剩下的郦亭藏书于1965年捐给南京图书馆，数量惊人，其中的方志、南明史籍及明清未刻过的诗文集等都为南图填补了诸多种类上的空白。

郦亭藏书的内容、史料价值和版本价值，本人学识浅陋难言。在朱元曙写的《朱希祖的郦亭藏书》中可见其种种列举和诸专家的评说。（载于《朱希祖朱偰父子与故乡海盐》）藏书人的博学高见，精诚搜求的良苦用心，吾辈岂能不珍惜！

如上所述，朱希祖是我国20世纪前期影响深远的重要历史学家。他研究领域宽广，除史学外，在小学、音韵及文学、经学、考古诸领域，均有深厚造诣，著有《中国史学通论》《六朝陵墓调查报告书》《西魏赐姓源流考》《汲冢书考》《杨么事迹考证》《明季史料题跋》等，深得学界好评。是以，他逝世时国民政府颁发《褒扬朱逖先先生令》，赞其"生平专研历史，旁搜远绍，考证精勤。著述流传，成就甚伟"。

经济学家、文物保护专家朱偰

在我略识先辈学者朱希祖伟业后，不意与其孙女朱元春相识。那是在中国社会科学院宗教所举行的纪念徐梵澄聚会上，我们才知道她的父亲朱偰是徐梵澄、冯至在德国留学时的好友。在国庆60周年前夕，朱偰被评为新中国成立以来感动南京的30位人物之一。对前辈共同的敬崇，让我们走到一起来了。朱元春和她弟、妹元曙、元智承继家风学风，辛勤编辑出版了他们祖父和父亲的珍贵书籍和资料，并撰写了不少回忆文章，我也因此对朱希祖、朱偰父子俩的丰功伟绩有了更多的了解。特别是朱偰，除了他在1957年为保护南京古城墙而付出的巨大牺牲，还得数他一生的追求、奋斗和重大的贡献。

青年才俊，学贯中西，敏思笃行

朱偰，字伯商，1907年4月15日出生，是朱希祖长子。他自幼随父受到良好的国学教育，通文史，爱古典诗词；其母张维早在1908年就在海盐创办了第一所女学，家庭平等、自由，好学氛围浓厚。他1919年入北京第四中学，始学德文；1923年考入北京大学预科，1925年入本科读政治，以史学为辅科。课余致力文艺，不到20岁就发表二论《五言诗起源问题》，出版译作《漪溟湖》《燕语》，及小说《泡影》《怅望》等。1929年毕业赴德国入柏林大学攻经济，兼修历史、哲学。在国外，让他最开心的事，莫过于跟几位搞文艺的朋友相聚文艺沙龙，其中有他在北京四中的校友冯至——早就出版了诗集《昨日之歌》和《北游及其他》，因而被鲁迅誉为"中国最杰出的抒情诗人"；有已在鲁迅主编的《语丝》等杂志上发文，并为了替鲁迅选购木刻版画亦学画自娱的徐梵澄；有已是"五四"时期重要作家的朱自清；有擅昆曲的蒋复璁，好粤剧的梁宗岱；还有学美术、文史的滕固、陈康、姚从吾等至交。诚如后来徐梵澄在为他的《行云流水》作的"序"中说，他们不时聚在一起，抒发对祖国的怀念和期待，"同看一份国内寄来的报纸，或谁带来的一本中文书。也啜着绿茶，故意用毛笔写写字"，大家都好像很有些努力于创作，"写东西最有成绩的，要算伯商兄。他的确努力！论文之外有诗歌，诗歌之外有小说，小说之外有散文和翻译……"，在他回国这一年就将这些作品集印为《行云流水》出版。"此中几篇记述都是很忠实且真切的写欧洲风土的文章。……文笔很和谐而且清丽，所写小说也很动人，至如一些旧诗，虽然功力还不太深，然在这书里看来，正如疏干上添的几朵胭脂似的红梅，也显得更妩媚了。"（载于海盐县政协文教卫体与文史委员会编《孤云汗漫——朱偰纪念文集》，学林出版社2007年版）这些作品，既是他的兴趣所致，又是他因1931年"九一八"事变日本侵占我国东北领土，导致西伯利亚邮路阻断而收不到家中汇款，只能卖文为生。他早在1925年就曾激于义愤，举旗参加反对关税会议，要求取消帝国主义不平等条约的示威游行；1930年还出版了《日本侵略满蒙之研究》专著；现在更以急迫忧国之情，组织"旅德华侨抗日救国后援会"，积极演讲宣传，争取国际支持。

1932年他获经济学博士学位后即归心似箭。回到祖国的他任国立中央大学经济系教授，兼国立编译馆编审，讲授财政学、世界经济、经济名著选读等，深受学生欢迎。次年26岁便升任系主任，在国内高校极为难得。他竭力整顿课程，聘请有名学者担任教授，还成立经济资料室，提倡自由深入调查研究风气。在教学方面采取引导式之研讨，以学识渊博、联系实际、口才绝佳而大受学生欢迎。授课之余，他又针对当时我国的经济现实做专题讲座，发表论文，出版《中国财政问题》《中国租税问题》《生活最低限度与累进税问题》等专著，使本人和中央大学经济系声誉大增。

在专业之外，他又不忘自小对文艺的爱好，有志于学他所敬仰的北魏和明朝的地理学家、旅行家、散文家郦道元和徐霞客，开始随父调查金陵六朝古墓遗迹、石刻。在调查中他更加深了责任感，认为在最著名的中国古都长安、洛阳、金陵、北京"四都之中，文学之昌盛，人物之俊彦，山川之灵秀，气象之宏伟，以及与民族患难相共、休戚相关之密切，尤以金陵为最"，然"独少考察古迹之著作"，近又面临着国民政府建新都拆旧物的政策，"其间变化之繁，新旧递嬗之剧，实其他都城所罕有。新都之气象，固日新月异；然古迹之沦亡，文物之丧失者，乃不可胜计"。他"深惧南都遗迹，湮没无闻，后世之考古者，无从研求"（《金陵古迹图考·自序》，载于《孤云汗漫》），便在百忙之中，背着照相机，考察、测量、拍摄南京及周边的古代城郭宫阙、陵寝坟墓、玄观梵刹、祠宇桥梁、园林宅第，积三四年之功，最后在2 000余幅图片中精选

317 幅，印成《金陵古迹名胜影集》；又编写《金陵古迹图考》20
万字，对金陵的山川、河流、城池详加考证，记述了从秦汉以前直
至近代的各类遗址，一图一考，两书相辅而行。另外又有专述《建
康兰陵六朝陵墓图考》，记录六朝陵墓 28 处，并摄影 100 余幅。以
上构成金陵考古 3 种，由商务印书馆 1936 年推出，即广为传播，
至今尤为珍贵，后人尚可借此真实的图景和生动翔实的考证文字，
得识古之文化瑰宝。当年血气方刚的朱偰眼看日本侵略者步步紧
逼，北平危急，深恐古都文献不保，自感"还我河山，固我边圉，
保我文献，宏我民族，则我国人之公责"（见《北京宫阙图说·自
序》，载于《孤云汗漫》）。他利用暑期，专程北上，以 2 月之力，
在古都内外摄影 500 余幅，原想汇成古都纪念集 5 种出版，但在战
乱中只陆续出版了《北京宫阙图说》《元大都宫殿考》《明清两代宫
苑建置沿革图考》等 3 种。

学者从政，严于守己，出国受降

1937 年国势日益危急，群起抗战，面对民族生死存亡之际，朱
偰决定以个人的专业特长为国效力。他冒着日机对南京的狂轰滥
炸，应财政当局之请，草拟战时财政计划：以租税支持公债，公债
保证通货，避免通货膨胀过速；以筹措战费，保证战时财政供应。
直至 9 月 23 日仓促随中央大学西迁重庆沙坪坝。

随着战局的恶化，物价飞涨，他身为大学教授，也难以维持一
家 8 口生计。他教学之余埋头写作，据不完全统计，发表的文章仅
1938 年就有 23 篇，1939 年 18 篇。恰好其安定金融的主张被当时
财政部长孔祥熙认同，要聘他为财政部"简任秘书"。此正中其所

学本在用世的目的，但又恐投身四大家族之门，且财政部声名狼藉，有惭于清议，乃商之于父亲。果然老父写信劝他："汝学政治及财政，自当所学所用，然汝之声誉，正以身为教授，言论文章，较可自由发表，起社会之崇敬；一入财政部，则不能自由发表言论矣。秘书与部长共进退，较近于私人方面，现任部长贪污为全国之冠……不可以家用支出大而欲急进也。"（见《从政杂忆·一、从政之始》，载于《天风海涛楼札记》）然经再三考虑，终被一展抱负，为国效力，严于守己，不同流合污的思想所折服。

他于 1939 年 10 月从政，又曾任专卖事业司司长、关务署副署长。其间有《中国战时税制》《中国货币问题》《中国信用货币发展史》《所得税发达史》《关税讲义》等专著出版。同时他还到处演讲，重在解决实际问题，以唤起民众，奋起抗日，内容有《如何与敌人争取游击战区的经济资源》《中国战时财政之出路》《中日经济战争决胜之关键》等。可惜当局对他再三申述的增加税收稳定货币、提高所得税率、举办战时利得税、试办遗产税、奖励反走私等措施均未采纳，由此也使他了解到黑暗重重的官场内幕和官僚资本的垄断。

从政时期唯一让他有所安慰和骄傲的是代表国人出国受降。1945 年 9 月 3 日，日本向同盟国家无条件投降，我国政府派遣第一方面军司令官卢汉，率六十军、六十二军及九十三军入越南，接受日军投降；同时由国民政府 6 个部各派 1 名代表组成行政院越南顾问团，随军进驻河内。朱偰是顾问团的财政部代表，负责处理受降期间有关金融及占领军军费等问题。他 1945 年 9 月 21 日飞抵河内，在越前后有 6 个月零 7 天。当时越南的原法国殖民者企图仍掌握操纵越南金融的东方汇理银行，在各国矛盾错综复杂的严峻形势下，朱偰作为战胜国唯一的财政金融代表，与法方进行多次反复谈判，以极大的胆识和魄力，实现了东方汇理银行的交接和对横滨正金银行的查封，维持了金融的稳定，保证了军费之需求，在一定程度上保护了华侨和越南人民的利益。在繁杂公务的间隙，他夜晚坚持日记每天的工作、所见所闻，又搜求史籍，考证越史、越风俗宗教，并探访民情和名胜古迹，乃至发为优美的诗文。回国后他即整理出版《越南受降日记》（商务印书馆 1946 年版；又列入《民国史料笔记丛书》，中华书局 2017 年版），为后人留下了珍贵的史料。后来的关于中国近代首次以胜利者身份跨出国门到越南受降的回忆文章，亦多引用这本书的内容。此书以其不可替代的史料价值和文学价值垂留人间。

保护文物，不遗余力

　　1949 年春，目睹国民党政权腐败的朱偰拒绝去台湾。4 月 23 日，南京解放；中小学只停课一两天，解放军进城以后立即复课；全市供水供电一切正常；城里没听见枪声，秩序井然。8 月 8 日，中央大学改名为国立南京大学。据朱偰《回忆录的补充章节》手稿写道：8 月底，"南京大学经济系的两位学生代表来找我，他们表示全系同学的意思，要我回到南大担任教授。由于我解放前在这所大学里教过书，学生对我还有比较好的印象，所以他们想到了请我去讲学。我十分感谢他们的盛意，表示愿意为人民教育事业服务"。9 月初，"南京大学的军事代表徐平羽，教务长潘菽，也来同我接洽，要我担任经济系教授。于是，我接受了南大的聘书，重新讲起财政学和赋税论。不久，我担任了经济系主任"。这时政务院任命他为南京市财经委员会委员。（以上均引自朱元春《曾经的南大经济系主任——朱偰》，载于《南大校友通讯》第75期，2017年夏季号）

　　然而，次年国庆节后，南京大学领导宣布，所有文、法、经三院，二、三、四年级的学生以及教员，都要参加土改工作3个月。朱偰去了皖北的涡阳县，然后又参加了"三反""五反"运动和知识分子思想改造运动。1952年下半年，高等院校实行院系调整。南京大学法学院取消，经济系归并到上海的复旦大学。那时已把原先的政治、法律、经济等视为资产阶级学科，朱偰等12位教授暂留校听命，直到1953年初，他被任命为新成立的江苏省人民政府参事室参事，不由在1953年2月23日日记中自叹："余又放弃教学重入幕府矣。"（见《朱偰先生日记摘抄》，载于《孤云汗漫》）

　　直到1955年他才被任命为省文化局副局长，分管文物保护和博物馆、图书馆，兼负省国画院筹建任务。他毫无怨言地积极工作，乃出于对南京这座古都的热爱；也想在新社会中，尽自己的力量，做一点有益于人民的事；也许还有点不负新政权的知遇之恩吧。因为1951年9月22日，时任南京市委书记兼统战部长的刘伯承和华东军区司令员陈毅曾特意派车接他去畅谈，刘伯承还欣喜地回忆在延安边区读他的名著《金陵古迹图考》时，就想一见作者，"今日书与作者俱在面前，可谓如愿以偿"。二人又约请他同"赴清凉山绝顶望莫愁湖，观石头城，继又赴凤凰台吊瓦官寺遗址及阮籍衣冠冢。下午又登紫金山，北望六合、八卦洲一带。不久刘、陈二将军又同他一起参观了南唐二陵"。（见凌也徽《金陵图考寄深情》，载于《孤云汗漫》）所以一心想为国效力的他又一次努力从政。和以前一样，他不改学者本色，经他的坚持和督办，维修了名闻中外的苏州虎丘塔；修复保存了珍贵的六朝古墓石刻，包括已埋在土中的石麒麟、辟邪等石兽；进行了全省文物普查，有陈文帝陵等新发现；把濒临灭绝的文物古迹一个个立碑，不少定为省级文物保护单位。同时他勤奋地书写出版了《南京的名胜古迹》《苏州的名胜古迹》《江浙海塘建筑史》《大运河的变迁》《中国人民开发台湾反抗侵略斗争史略》《郑和》《玄奘西游记》，及有关郑和、郑成功的传记和剧本等。

朱偰也一如既往直言不讳，批评工作中的问题。据朱元春在写其父《曾经的南大经济系主任——朱偰》一文中记述："1956 年 4 月底，南京市政府为某单位基建用砖批准在太平门已拆 200 米缺口处，再拆 100 米，当时父亲就提出不同意见。南京市约集各界人士勘查拆太平门西一段城墙，他大声疾呼：为要城砖而拆城是'败家子思想'。六七月间，父亲接到中华门内瓮城（即俗称中华门城堡）即将被拆毁的紧急报告，立即赶到毁城现场一看，发现城墙已经拆到中华门内瓮城附近，中华门眼看就要成为一堆瓦砾废墟。另外草场门以南、芦柴厂以北的石头城遗址，也已拆得面目全非，幸好作为石头城最有代表性的部分——鬼脸城还未破坏。他立即赶到南京市政府，对此提出批评，并加以制止。鬼脸城和中华门总算保住了。但是到了 8 月下旬，南京市某副市长召开会议决定：'在市委城建部领导下成立拆城小组，要求有多少力量拆多少砖，由拆城小组统一领导，分工拆除。'为了筹集救灾赈济款，在'古为今用'的旗号下，他们把古城墙当成摇钱树，一块城砖卖一毛钱。父亲四处奔走、联合社会各界共同呼吁，以阻止这种无知的行为。1956

年 9 月 23 日，父亲在《新华日报》上发表《南京市城建部门不应该任意拆除城墙》一文，对南京市有关部门提出严厉批评。该文先后被《光明日报》《文化新闻》等报刊转载，省市电台广播，在市民中引起强烈反响。南京的拆城风潮因此被暂时阻止……父亲还电告中央文化部，请求制止拆城。"如此，终于保全了具有千年城市标志的石头城中最有代表性的"鬼脸城"，及有"天下第一瓮城"之称的中华门瓮城。

生性耿介、敢言天下事的朱偰，在 1957 年初省委统战部召开的党外人士座谈会上，对南京大学对待知识分子采用的分化师生的斗争策略，致著名教授欧阳翥自尽；江苏省文化工作的领导者的宗派主义作风，导致江苏省戏剧事业倒退等提出批评。于是乎，到了该年反右斗争时他就成为江苏省文化局的头号"右派"，上述发言连同他的反对拆毁城墙，都被视为"反党反社会主义"而加以批斗，工资降了两级，撤销一切职务，只保留了他省政协委员的名称。后调他到江苏人民出版社当编辑，1961 年 9 月摘"右派"帽，次年调到南京图书馆工作。

鞠躬尽瘁，坚持真理

在他被贬黜，强制自我批判时，他也坦陈自己所受的家庭士大夫教育和资产阶级自由主义思想，及留学时接触的多为改良主义和社会民主党人物，故主张一点一滴的改良，然而这些究竟何罪之有？他沉思着，前几年创作的章回小说《玄奘西游记》就寄托着他的思索。在 1956 年的日记中他写道，描写玄奘的"追求真理，尽瘁学术研究的精神，和他冒险牺牲、百折不回的顽强斗争和刚毅的性格"，使"余家""艰苦奋斗之传统精神"复活在心中。（见《玄奘西游记·出版说明》，载于《玄奘西游记》，中华书局 2007 年版）正是这一精神激励他在贬屈中坚持学术研究。

从他现存的日记看，1962 年 9 月 10 日，他正式赴南京图书馆办公，主要从事研究古籍工作，第一步是与钱海岳合作，整理"南明史料丛书"，准备由上海中华书局出版。1963 年这年岁首，他在日记上写道："余在南京，时任人民政治协商委员会江苏省委员，中国史学会南京分会理事，南京图书馆馆员，担任主编南明史料丛书。余年近六十，饱经沧桑，但愿有一安定环境，可以从事研究工作。"年末总结自己的工作，写道："本年工作方面成绩巨大。校注明季史料二十五种，并各作序言。"1964 年 2 月 20 日日记："下午补充修改《行朝录序言》，此为余精心之作，虽为一篇序言，然综合介绍南明史料，具有特别重要意义。"22 日"上午校阅《行朝录校注》全书至终，并装订成册，至是全书整理告一段落，计自 1 月 27 日开始校注以来，历时将近一月，至是完成"。整理校勘"南明史料丛书"的工作 1962 年 9 月起至 1964 年 9 月整满 2 年，因出版社一时不能出版，暂告一段落。后来其女朱元春苦涩地写道："这些倾注了父亲与钱海岳先生共同工作了两年的文稿，却不知落于何处。"（以上均摘自朱元春未刊稿《朱偰先生在南京图书馆的岁月》）

其后他的工作是编制《江苏地方文献目录》《江苏水利专题目录》《南京地方文献目录》。从 1965 年日记片断来看，为此他与人共同研究南京沿革地理，还亲自去遗址考察明清两代宫苑建置沿革，仔细研究南京下水道工程计划、秦淮河勘查小组工作报告及座谈会记录，并慷慨地把自己的资料和所藏古书供年轻人研究。又编制《马克思列宁主义经典著作专题汇编目录》《帝国主义对江苏经济侵略史料汇编》，以及《有关史可法的史料汇编》等。据他的妻子凌也徽在《金陵图考寄深情》中说："1965年初冬，他利用工作余暇，跋涉于南京城郊，奔走于各古迹遗址。深夜灯下，绘制成《金陵古迹图》《南京近郊名胜古迹图》《明代宫城复原图》，写出论文《从一篇新发现的明人故宫记中研究明故宫的制度和建筑》。可惜，后来随着十年动乱的开始，他费尽心血绘制成的这三张古迹图及论文，都荡然无存。"想来有良知的国人都会为此扼腕长叹。

此外，他又写了一些回忆性的文字，补充到写于1947年、1948年的《天风海涛楼札记》中，可惜原拟的第9卷《人海沧桑》要写64人，现存的只有17人的片段，其他是未及写，还是像他精心研究、绘制的《南京古迹图》及各类颇具价值的文字一样，毁于前所未有的"文革"中？

他在《天风海涛楼札记·代序》中写自己曾梦想在先父所爱的家乡永安湖的环山最高顶云岫峰上建天风海涛楼，"倾听天风海涛，坐对云帆沙鸟，并聚集南北藏书七十万卷，辟为图书馆，以竟先人未成之遗志"。他以"天风海涛楼"为自己的书斋名，然梦想早已被人间的风浪所吹醒；但他从未想到在"文革"中，家里所藏书籍、字画、古钱币、信札、手稿、日记，乃至瓷器、家具几乎全被抢走、烧毁、砸掉；连早已确定捐给南京图书馆而未及全部运走的大量藏书，竟被红卫兵烧了3小时，在通报"南图"后，才以可悲的"抄家"名义用大卡车运走三车半；家被掘地三尺查抄，妻儿被赶出家门；他本人也多次惨遭毒打、批斗、游街，还被诬为国民党潜伏特务，隔离审查却又没收了他所有以回忆录形式写的"交代"。

1968 年 7 月 15 日凌晨，人们发现朱偰仰面躺在文化殿堂——南京图书馆大门口水泥地上，留下了他的遗书："我没有罪。你们这样迫害我，将来历史会证明你们是错误的。"是年 61 岁。

1978 年 11 月，朱偰得到平反昭雪，恢复了名誉；他生前好友刘海粟送来一副挽联："真理长存，铁骨丹心昭百世；是非论定，文章经济耀千秋。"（见凌也徽《金陵图考寄深情》）

1994 年 3 月 3 日《新华日报》发表江苏省作家协会原主席艾煊的文章《帽子与城墙》，说："只有朱偰直接拿'帽子'换来的这座中华门城堡，到底没有被拆被毁，今天依然巍巍耸立。覆舟山以北直到神策门，那条玄武湖水边的堞影美景，依旧令人心旷神怡。这座门、这道墙，竟没有被毁，也许是人们慑于朱偰的正气、傲骨和勇气，也许是出于对朱偰悲惨命运的怜悯或同情。若在古代，人们会把朱偰视为护城之神而去敬重他。""因此有人提议，南京人是否可以用社会集资的方式，在中华门城堡上，为朱偰立一座塑像？"（载于《孤云汗漫》）

1988 年，中华人民共和国国务院立碑"南京城墙"，是为全国重点文物保护单位；由朱偰领导修复、保存的六朝陵墓石刻之代表——镇墓神兽"辟邪"造型，被南京市政府选做市徽主图案。

2006 年，南京和西安、荆州、兴城等 4 座古城明清城墙同列入《中国世界遗产预备名单》，其中南京城墙原始长度和现存长度为最长，且是唯一的京师城池。

2007 年，南京举办朱偰先生百年诞辰纪念活动，学者和文保志愿者呼吁，为朱偰先生立纪念塑像。

2009 年，朱偰名列"30 位新中国成立以来感动南京人物"。

2014 年，南京启动自古代至 1949 年南京传世名著评选活动，经大众点赞和专家推荐，最终从上万部作品中层层筛选出 24 部，朱偰的《金陵古迹图考》名列其中。

2015 年，报刊和网上数万人"加砖"呼吁为朱偰先生塑像。

在民意不断呼吁下，据 2018 年 1 月 25 日南京《现代快报》报道，得悉南京城墙改扩建工程方案，计划在城墙博物馆前的绿地广场上立朱偰先生的雕像。历时 24 年的提议似乎有所落实，此乃民心所向矣！

（写于 2018 年春）

君子之交淡如水
——鲁迅和宋紫佩

    鲁迅结交的挚友，天长日久者，首为交往30余年的留日同学许寿裳，其次堪数绍兴辛亥时期的风云人物宋紫佩了。然而，宋紫佩很少为人所提及，这大概因为他一非名人，二未跻身文坛，三在鲁迅死后未写过点滴纪念文字，四虽然他俩通信频繁，鲁迅日记中所记致宋紫佩信，即有100余封，可惜只保存了最后2封，据说有不少为友人李宗武索去，至今下落不明。所以尽管许广平等在回忆中透露过他俩交谊中的一段佳话，但因语焉不详，有关宋紫佩的生平资料又极少，在为数不多的研究中就出现了不少纰漏。几年前，笔者从宋紫佩之子宋舒处，得幸见到一份作于1914年的宋紫佩自述手稿《二十年来之回首》及其予友人李宗裕、陈子英、张铁峰等信函（以下简称《紫佩自述》，载于鲁迅博物馆《鲁迅研究资料》第10辑，天津人民出版社1982年版），方知他和鲁迅结交的时间及越社、南社的关系，也使我对鲁迅和宋紫佩的友谊基础及其思想有了进一步的了解。本文仅就二人的君子之交，探讨两个异趣者的心灵是如何沟通的。

变敌为友　致力教育

鲁迅和宋紫佩相识，并非如有人所说是在绍兴府中学堂，而是在鲁迅就教的杭州浙江两级师范学堂。他俩本是一对师生，但结交之始，却处于敌对位置，后来成为同事，情谊胜似兄弟。联结他俩感情的纽带是什么呢？

他俩都是浙江绍兴人，虽是师生，但宋紫佩仅小鲁迅 6 岁。两人都生活于祖国风雨飘摇的年代里，几乎在同时从不同的途径获得了民族主义的思想。

不过，鲁迅和宋紫佩的经历和所受的影响有很大的不同。鲁迅从小生活在城镇，出身书香门第，祖父的入狱、家庭的破落、世态的炎凉，促使他走异路，进了洋务学堂，继而留学日本。在异国，他接受了西方民主主义思想，参与留学生的反清爱国运动，加入了革命组织光复会。但他对当时政党的一些暗杀活动，始终不感兴趣，而志在以科学救国，最后又因有感于中国民族的愚弱，便以为"第一要著，是在改变他们的精神"（《呐喊·自序》），所以弃医从文，提倡新文艺。这些经历使鲁迅见多识广，学问精深，思路敏捷，性格刚毅。

宋紫佩乃生于偏僻的山乡宋家店，祖辈世代务农，唯有他读了书，得中秀才，并在乡试中名列一等。只因清末废除了科举，他才进入传授新知识的绍兴府中学堂学习。就在鲁迅加入光复会的 1904 年，宋紫佩结识了反清志士徐锡麟，由此萌发民族主义的思想情绪。他早就佩服明末清初爱国思想家王船山，至此更感到在这风云丕变的时代里，大丈夫应执戈托枪，投笔从戎，便进入徐锡麟创办、秋瑾主持的旨在培养起义军事人员的大通学堂。1907年，徐锡麟、秋瑾被害，学堂被抄，他虽然幸免于难，但同志们的流血牺牲，唤起了他更强烈的民族革命的要求。当他再度进入绍兴府中学堂学习时，适遇同盟会老会员陈去病任该校国文教员，受其熏陶，被介绍参加同盟会，又一起在青年同学中成立反清组织"匡社"。然而，不到半年，陈去病因受秋瑾案牵连逃亡，宋紫佩为了避祸，考入杭州浙江两级师范学堂优级科，学习数理、化学。1909年秋，鲁迅从日本回国，应聘为该校初级化学和优级生理学教员。从此，二人以师生相称。但就在这一年的冬天，他们之间发生了矛盾。

事情起因于浙江巡抚为了控制该校，委派夏震武任监督，这是一个以道学自命，尊王尊经的封建顽固派。他下车伊始，就通告全体教职员、学生随他排班"谒圣"，在对学生的训词中大谈"廉耻教育"，辱骂革命党，否定新教育。当时浙师的教职员大部分是留日的富有民主主义思想的革命党，于是以教务长许寿裳为首的革命师生罢教罢课，掀起了一个驱夏运动。因为鲁迅斗志坚定，被拥夏分子称为"拼命三郎"。在这场教育战线上的新旧斗争中，宋紫佩却站在进步学生的对立面，反对罢课。

为何在革命党人宋紫佩的身上竟出现这种对立情绪？因为他长期所受的是科举教育，虽然对八股文很反感，但对尊孔读经的旧教育却习以为常，他参加反清革命，也是志在光复旧物。所以，一时未能认清打着复古旗号的夏震武的反动性，倒认为与他年岁差不多的年轻老师们做得太过分了。

宋紫佩的这种不觉悟反映了当时一大部分旧民主主义者思想深

处的问题。正如鲁迅所说："中国最初的排满革命，所以易得响应者，因为口号是'光复旧物'，就是'复古'，易于取得保守的人民同意的缘故。"（《二心集·习惯与改革》）这种保守性在轰轰烈烈的民族革命运动中不易暴露，但遇到对旧风俗、旧习惯、旧思想、旧文化的些微改革时，他们就疑惑了，后退了。

不同思想基础的人却产生了友谊。宋紫佩和鲁迅的正式结交，是在他1910年参加南社以后。那一年，他毕业了，带着发展南社的使命回到绍兴，任教于山会初级师范学堂。当时，鲁迅正担任绍兴府中学堂的学监（即教务长），为了使学校办得更坚实，他到处物色人才。宋紫佩虽然曾一度错误地反对他，但看到其人有着山里人的亢直脾性，政治上又是要求进步的，任人唯贤的鲁迅决定聘请这个学生来校担任理化教师，宋紫佩也爽然应诺。事实证明，宋紫佩确实工作踏实。鲁迅在1911年3月7日致许寿裳信中说，所聘数人，"大氐憧憧往来吴越间，不识何作。今遂无一存者，仅余俞乾三，宋琳二子，以今年来未播迁耳"。宋琳即宋紫佩之名，他不仅担任教职，而且负责学校的校务，成了鲁迅的一名得力助手。共同的革命愿望，相似的刚直不阿的性格，一样的脚踏实地的工作作风，使他们二人终于变敌为友，在教育事业上携手合作。

在共事中，他们的意见也并非完全一致。如在1911年初，学生中忽然掀起一个剪辫风潮，宋紫佩是其中的鼓动者之一。但鲁迅却不同意这样做。因为在上一年11月1日《绍兴公报》上就公布了清政府勒令学生"不得自行擅剪"发辫的规定。鲁迅是校中为数很少的无辫者，一直受到官方严防，被诬之为"里通外国"。尽管鲁迅不予理会，但鉴于环境险恶，在圣诞日，他也会戴上假辫子，

风定落花

率领学生跪拜。他之所以不同意搞什么剪辫风潮，原因也在此。他深知，"一剪辫子，价值就会集中在脑袋上"（《且介亭杂文·病后杂谈之余》），很可能带来清政府的血腥镇压，使学生做出无谓的牺牲，而革命所需要的却是切切实实的工作。当时学生和宋紫佩他们却不理解，倒认为鲁迅言行不一。然而，事情果不出鲁迅所料，山会初级师范学堂开除了6个剪辫者，省提学司又下了一道"限期蓄发"的命令。为了保护学生，鲁迅代表校方机敏地予以应付，在向学生宣读通告时说："上面讲不蓄开除，只要现在蓄，就行了。"（据《吴耕民先生的谈话》，见鲁迅博物馆编《鲁迅研究资料》第4辑，天津人民出版社1980年版）在校方和鲁迅的掩护帮助下，府中学堂的剪辫学生得以继续学习，迎接革命。

鲁迅对敌斗争的灵活战术，工作上的求实精神，使宋紫佩心悦诚服地把鲁迅引为可以信赖的领袖和同志。

协力擘画　迎接革命

鲁迅和宋紫佩进一步增进友情，是在越社成立以后。明确的革命目标、紧迫的革命形势促进了二人友谊的发展。

从《紫佩自述》中可以确定，越社成立于宋紫佩任教于绍兴府中学堂时，即1911年春夏之间。鲁迅在越社筹建之初，就予以积极支持。越社对鲁迅有何影响呢？

一、越社的成立，使鲁迅当时整理古代文化遗产的工作，有了鲜明的革命倾向。

诚如前言，宋紫佩返回绍兴是想发展南社的革命事业，成立一个与南社相呼应的越社，"以益智辅仁兼敦友睦任恤之风为主义"（见《越社第二次修改章程》，载于1912年2月《越社丛刊》第1集），也就是以文字鼓吹革命，重点在挖掘、发扬绍兴地方爱国学者的著作。谁能领导这项工作呢？他首先想到的便是鲁迅。

宋紫佩的设想得到了鲁迅的赞助，鲁迅在1911年4月12日致许寿裳信中说："迩又拟立一社，集资刊越先正著述，次第流布，已得同志数人，亦是蚊子负山之业，然此蚊不自量力之勇，亦尚可嘉。"整理古代文化遗产谈何容易，但鲁迅认为很有必要。他本人早在少年时代就着手搜集整理会稽古籍，留日返乡后又重操旧业，其中有记录会稽郡山水风土的名胜传说，也有表彰古代会稽郡杰出人物的事迹小结，目的是供人们学习，不忘过去的优良传统。越社决定流布越地古代优秀学者著述的宗旨，使鲁迅这一发扬祖国文化遗产、奋发人民精神的工作有了更加明确的目标，成为越社以文字鼓吹革命的计划之一。

鲁迅，成了越社有力的支柱。当宋紫佩请鲁迅编辑《越社丛刊》时，他欣然同意，可惜第1集在次年2月出版时，越社已面临分化的局面，鲁迅也因故乡环境险恶，愤而北上。所以《越社丛刊》只出了这一集。而越社当初欲出版的绍兴先正著述，也因革命迅速到来，工作重心转移而未能实现。

二、尽管宋紫佩组织的越社存在的时间十分短促，但它在辛亥革命时期的一系列活动，给鲁迅的生活带来了新的气息，打破了他回绍兴以后沉寂的生活，使他又一次投入革命的洪流中去。

鲁迅在1910—1911年致许寿裳信中，屡次诉说自己内心的苦闷，故乡闭塞的社会环境使他感到窒息，只见"人人心中存一界或"，相互间隔膜得很；自己"闭居越中，与新颖气久不相接，未二载遽成村人"！不禁发出"悲悼"的叹息。1911年夏，他决定辞去教职，在家专心于辑录古籍。及至武昌起义爆发，他又被府中学堂学生请回学校主持校务，同时积极参加越社在光复绍兴前后的一系列活动。这些活动的主要筹划者，便是宋紫佩。

《紫佩自述》中详述了辛亥革命时期的越社活动：

> 及武昌起义，主动者多南社巨子。密檄传来，同志皆跃跃欲试。爰密议于兰亭，谋所以影响。时全城警队长官，多越社同志，能为我用。惟防营一队，颇称劲旅，管带王国治，不晓大势，未敢即发。会省城光复，汉奸某某等惧遭显戮，首先怂恿清吏程赞清宣布独立，组织军政分府，派予担任教育行政，其意实不可测。予斯时亦无暇顾问，唯以保安秩序为己任，立集越社同志，开正式大会。佥以人心浮动，疑惧参半，宜先设武装演说队，以镇人心，一面更集同志组织学生军一队，举予为之长，有周豫才、陈子英诸君子赞襄擘画，以统其成。

这一自述与鲁迅在杂文《论"费厄泼赖"应该缓行》和散文《范爱农》中回忆的绍兴光复前后的形势一致，与许广平、周建人记叙的鲁迅辛亥时期的活动基本相同。

对绍兴旧乡绅组织的军政分府，鲁迅一眼就看透它"内骨子是依旧的"（《朝花夕拾·范爱农》）。宋紫佩虽感到其意不可测，但也引起了警觉，并自觉地担负起保卫革命胜利果实，预防敌人袭击，维持治安的责任。他的这些行动深得鲁迅赞许。在他组织的越社大会上，鲁迅被公推为主席，并经鲁迅提议通过了几件事，"一件就是组织武装演讲队，宣传革命意义，使大家了解。但须若干人组成一队，武装的，以防万一有反革命进行袭击时，可以抵挡"。（周建人：《绍兴光复前鲁迅的一小段事情》，见《人民文学》1960年第7、8期）鲁迅还亲自组织府中学堂的学生武装上街巡行。据许广平说，鲁迅后来每逢谈起这件事，"总带着不少的兴趣描述当时的情景，就好像刚刚出发回来的那么新鲜、感动"。（许广平：《民元前的鲁迅先生》，见《抗战文艺》1940年第6卷）

在辛亥革命中，鲁迅仿佛又恢复了青春的活力。他连续两夜与越社同志、青年学生及群众一起赶到江边去迎接秋瑾的战友王金发率领的革命军队，前来接管旧乡绅的军政分府。

在这些活动中，宋紫佩始终和鲁迅在一起，而且是重要的组织者。因此，从客观上来看，他在鲁迅参加辛亥革命活动中起了媒介作用，而这些活动之所以获得成功，又和鲁迅的赞襄擘画分不开。

三、这种合作关系，在共同创办《越铎日报》的过程中，得到进一步发展。《越铎日报》可以说是鲁迅参与编辑并正式出版的第一张报纸；它的诞生，使鲁迅继在日本的文学活动之后又一次驰骋在文坛上，并孕育了他那种明快、犀利、短小精悍的文体和文风。

关于《越铎日报》的创办过程，鲁迅在《范爱农》一文中有详细的回忆。《紫佩自述》也谈到王金发做了都督后，欲解散学生武装，特招他参加军务，他"以所见不同，辞不就职，而学生军终以种种掣肘，不得不出于解散之一途，于是与周豫才组织《越铎报》，代表舆论，谋为军府之监督"。这办报的想法最初起于宋紫佩及年轻的越社社员们，他们想：背枪不行，那就执笔——办报。宋紫佩则提出，办报事要和豫才先生商量；在得到鲁迅的首肯后，他们敦请鲁迅、陈子英、孙德卿为发起人，宋紫佩任经理。后又聘请陈去病任笔政，鲁迅则为"名誉总编辑"。实际上，《越铎日报》最初的办报方针是鲁迅决定的。

鲁迅积极赞同办报，是因为他对革命后的政局也十分忧虑，所以他给报纸命名为《越铎日报》，取义于"报为遒铎，亦为警钟"之意，欲借此向绍兴的执政者敲起政治上的警钟。鲁迅以黄棘为笔名给1912年1月3日出版的创刊号撰写了《"越铎"出世辞》，声明办报主旨是"抒自由之言议，尽个人之天权，促共和之进行，尺政治之得失，发社会之蒙复，振勇毅之精神"，这些观点正是他在留日时期确定的民主主义政治理想的再现和发展，也是他对长期探求的"国民性"改造途径的一次实践。

鲁迅在日本已看清资本主义社会共和政体所谓的"众治"，实际上"压制尤烈于暴君"，因此他在1907年作的《文化偏至论》中提出吸取西方文化，必须了解中国优秀的民族文化，"固有之血脉"，也须洞达世界大势，"去其偏颇，得其神明"，建立一个空前的、崭新的"人国"。培植人才的方法是"尊个性张精神"，让每个"人"都自觉地冲破种种恶习的罗网，从历史的重负中解放个性，充分发挥人的才能，唯有如此，"沙聚之邦，由是转为人国。人国既建，乃始雄厉无前，屹然独见于天下"。

辛亥革命的现实，更使他看到中国"专制永长，昭苏非易"，封建"桎梏顿解，卷挛尚多"（见《"越铎"出世辞》），要实现真正民主自由的共和体制，重要的仍在改变国民的劣根性，根本仍在"立人"。不过，他根据当时中国革命的实际，把"尊个性张精神"

这一抽象的立论，化为具体的内容，即培养人们的"自治精神"，也就是要树立国家主人翁的责任感，享受一切公民应有的权利，敢于评论国家大事，勇于保卫祖国的安全。正是在这种思想指导下，《越铎日报》开辟了《黄钟》《自由言论》《禹域秋阳》《稽山镜水》等专栏，启迪人们思想，振奋群众精神，针砭当局时政，反映地方问题，成为辛亥革命时这张地方报纸的重要特色。

在上述专栏上，鲁迅发表了不少短论，如《痛言军界》等，或抨击所谓的"革命军队"的腐败现象，盼望建立一支"完全义勇之军队"；或揭露军政界派别之林立、钩心斗角的实质，乃是国民劣根性的反映，提醒人们记住"会稽乃报仇雪恨之乡，非藏垢纳污之地"，不要背离革命，走上"毒于国"的道路。这些思想和他在日本写的那些长篇论著是一脉相承的，但在文风上呈现出另一种犹如匕首和投枪的杂文特色。这是在革命疾风迅雨中的产物。可以说，鲁迅以杂文进行社会斗争，乃始于辛亥革命。这些文言杂感和他以后更趋成熟的白话杂文一样，饱含战斗的激情。鲁迅能以这种新型的文体，继续他在日本开创、回国后中断的文学事业，显然和宋紫佩创办的《越铎日报》分不开的。

在和鲁迅的亲密合作中，宋紫佩的思想觉悟也有了迅速的提高，使他在动荡不定的政治风云中，在南社和越社的激烈分化中，始终站稳革命立场。

共同的斗争，把宋紫佩的命运和鲁迅联结在一起了。王金发的军政分府因屡遭《越铎日报》批评，他便扬言要杀害该报的主要负责人。于是鲁迅愤而北上，去南京中华民国临时政府教育部任职。宋紫佩也避祸于南社社员集结的上海太平洋报社，直到袁世凯取消了军政分府，王金发离开绍兴后，他才回到绍兴。但此时《越铎日报》早已被劣绅所收买，成为拥护袁世凯、反对孙中山的反动报纸。越社内部也像南社一样分化了。耿直的宋紫佩自然不能容忍这种情况，他决定另办《天觉报》。在《天觉报出版露布》中他分析了绍兴光复后纷乱的局势，认为"民智幼稚，更始匪易，外侮频乘，建设綦艰"；所以该报宗旨为"凡振兴教育，提倡实业，指导社会，匡辅政府以及鼓吹尚武精神，发展民主主义诸大端，皆当竭尽绵力，敢以所觉者觉人"。这一办报方针得到鲁迅的支持。在1912年11月1日《天觉报》创刊号上，刊有鲁迅的祝词："敬祝天觉出版自由。北京周树人祝。"

宋紫佩在《天觉报》上坚持贯彻鲁迅的观点，宣传自治精神。鲁迅曾在1912年1月19日《越铎日报》上发表过一篇《维持小学之意见》，其中强调："共和之事，重在自治，而治之良否，则以公民程度为差。故国民教育，实其本柢。""今之所急，唯在能造成人民，为国柱石，即小学及通俗教育是也。"宋紫佩在"自述"中说他担任绍兴县教育会会长后，首先抓的一件事，就是将原来散漫的绍兴十三乡自治会联合起来，组成统一的稽山公会，并通过《天觉报》灌输自治知识，提倡自治精神；同时查禁绍兴城内演出猥亵、庸俗剧目的戏院。因此，遭到地方恶势力的忌恨，只得弃家北上。

这一时期，鲁迅和宋紫佩都看到了"立人"的重要性，但仅局限于通过教育，使每个人懂得发扬个人主观精神的重要性。事实上，在当时保守思想当道的社会中，"尊个性张精神"者只能被扼杀。鲁迅和宋紫佩都被迫背井离乡，正说明此路不通。

同乡常互助　异趣却知己

　　1913 年 3 月 30 日，宋紫佩到达北京，与鲁迅同住绍兴会馆。
不久，即应南社社友高天梅、田梓琴之约，任天津《新春秋报》笔
政，但不到半年，该报倒闭，宋紫佩依然回到北京，生活无着。鲁
迅便代为设法，介绍他去教育部所属的京师图书馆分馆任掌书员。
《鲁迅日记》1913 年 10 月 17 日载："晚关来卿先生来，少顷偕去。"
所记的便是向分馆主任关来卿（名维震）推荐宋紫佩之事。10 月
26 日又记："往前青厂图书分馆访关来卿先生，见之，子佩外出。"
可见鲁迅对宋紫佩的就业问题十分关注。一直到 1923 年，当教育
部及附属的图书馆等机关裁员时，鲁迅见到所裁之人都是"日日真
来办事者"，而留者，竟是"于发薪时或偶见其面"，这种裁撤，根
本不论年数和劳绩，只是为了排斥异己而已。鲁迅深恐不善奉承的
宋紫佩被裁，便在 12 月 14 日写信给许寿裳，托他为宋紫佩谋女子
高等师范学校管理注册的职务。后宋紫佩幸而免裁，才作罢。

　　那时，图书馆的工资极低，宋紫佩生活窘迫，鲁迅虽然也不宽
裕，仍时常借钱给他，直到 1919 年宋紫佩任北京第一监狱教诲师，
经济上好转为止。以后宋紫佩也在经济上对鲁迅有所帮助。如鲁迅
安家北京时，曾托宋紫佩在监督所办的工厂里买了 19 件便宜的家
具。其时，教育部经常欠薪，鲁迅则要维持全家费用，而周作人夫
人羽太信子的恣意铺排，1921 年的周作人生病，1924 年的兄弟分
居，另置新宅，这些都造成了入不敷出，鲁迅只得向宋紫佩等好友
借贷。据《鲁迅日记》记载，借宋紫佩的钱，直到 1926 年 1 月 11

日，才"旧欠俱讫"。

在异乡客地，鲁迅和宋紫佩结为知己，除了因为乡情和过去的战斗友谊，还由于北方的所见所闻，使他俩都意识到以袁世凯为首的北洋军阀窃取了革命的果实，封建复辟势力已粉墨登场，他们对辛亥革命后的现实都怀有强烈的不满和反抗情绪。但是这两位政治立场基本一致的朋友，却因为他们的学识水平和思想深度不同，造成行动上和思想发展上的很大差异。

首先表现在学习上。鲁迅不仅勤于学，而且善于从古今文化中总结中国革命的教训。宋紫佩却因悲观失望而荒废学业。

在袁世凯的专制独裁下，鲁迅曾对中国革命的前途感到迷惘、失望、颓唐，但未沉落。他不像有些悲观失望的革命者那样逛妓院、赌博、玩古董，而是把主要精力专注于学习中。他一贯"以为一无根柢学问，爱国之类，俱是空谈；现在要图，实只是熬苦求学"。（1920 年 5 月 4 日致宋崇义）而且他认为学习要义，"以养成适应时代之思想为第一谊"，"思想能自由，则将来无论大潮如何，必能与为沉瀣矣"。（1919 年 1 月 16 日致许寿裳）所以他的学习重在研究中国政治、思想和文化方面的历史，考察现社会的本质，探寻解放和发展的道路。尽管在那个时代环境下，他学习研究的对象跟朋友们一样，不外是搜集金石拓片、抄古碑、校古籍、读佛经，但归结却大相径庭。即以读佛经来说，他并没有皈依佛门，而是积极地把"佛经当作人类思想发展的史料看，借以研究人生观"；在认真钻研后，他曾不无感慨地说："释迦牟尼真是大哲，我平常对人生有许多难以解决的问题，而他居然大部分早已明白启示了，真是大哲！"（许寿裳：《亡友鲁迅印象记·看佛经》）佛学的法义不仅使他在黑暗的环境中获取精神力量，更重要的是帮助他认识社会上出现的一些现象，写出了诸如《庆祝沪宁克复的那一边》这样的警世雄文。正是这种有效的学习，使鲁迅的思想与时代同前进。

宋紫佩虽然在 1914 年时，也曾在鲁迅的思想影响下，认为"佛学主清净无为，尚有至理，吾辈韬光养晦，正可借此以修养身性"（宋紫佩 1914 年 9 月 20 日致李宗裕），有志于研究佛学，购读了《大乘起信论》诸书。但由于强调基础差，"读之不解者十八九"（宋紫佩 1914 年 9 月 29 日致陈子英），终于没有坚持下去。其实，终止学习的主要原因，还在于他主观上存在着悲观愤激的思想，不明确学习的长远目的。如他也曾接受鲁迅的建议，想学好一门外国语，每日往青年会学习英文 2 小时，然而，最后却因事业失败，经济拮据。"受种种刺激，觉着人生不必读书，一读书就没有饭吃，想吃饭就不必读书，英文更无读之必要，举世皆不学无术，读书者宁有立足地耶？"（宋紫佩 1914 年 9 月 29 日致陈子英）这种悒郁的情绪，使他身在图书馆，有书可读，却无心读书。学识思想未能日臻进步，势必限制了他接受新事物的能力，甚至连白话文都不作。所以他虽然不甘失败，企图重整旗鼓，改革社会，但思想一直停留在原先的政治见解和不满中。他的这一弱点，鲁迅深有所知，因此，每当他来商量从政之事，鲁迅"终以不劝人出山为言"（宋紫佩 1914 年 9 月 20 日致李宗裕），认为凭他的气质在此潮流汹涌的复杂环境中，是无立足之地的。

这种距离反映在对待辛亥革命失败的历史总结上，他们观察的角度及认识的深度就很不一样。

鲁迅痛心地看到辛亥革命后的 10 余年中，中国固有的精神文

风定落花

明，非但并未为"共和"二字所冲击，反而成了已获取地位的共和党人所膜拜的对象，有的则被它所吞噬。自己也感到受了原先奴隶的骗，变成他们的奴隶了。他看到许多民国国民，竟是民国的敌人，他们踏没了烈士的鲜血，然而又不是故意的。怎么会造成这一结局的呢？这促使他在过去"立人"思想的基础上，着重考察领导这场革命的政党和革命者的性质。在冷静的观察中，他一方面深深钦佩孙中山、秋瑾、陶成章等革命志士的英雄业绩，同时也感到他们思想中尚存旧意识，勇猛有余，深沉不足。在 1925 年写的《补白》中，他既痛惜陶成章在革命党人的派系斗争中遭暗害，又颇有讽刺意味地指出，这位革命家的"神主"依然热闹地入了祠，"捧香茶的士绅和商人尚有五六百"。他认为革命党人内部气质上的弱点，乃出自中国国民性堕落的病根：眼光不远，加以卑怯和贪婪，这又是历史养成的，一下子不容易去掉。因此，他不再单纯地强调发扬个人意志，培养自治精神，而是着眼于改造整个社会，决心采取"韧"的战术，从切实的点滴做起，先对于思想习惯加以明白的攻击。而且开始突破原有的进化论观念，他不再只是攻击旧党，还要攻击青年所沾染的旧习，因为唯有如此，方能期望青年担负起创造一个不是奴才主持家政的"第三样时代"的使命。（《坟·灯下漫笔》）在他接受马克思主义后，他的认识又产生了新的飞跃，认定"惟新兴的无产者才有将来"（《二心集·序言》），因为"无产者的革命，乃是为了自己的解放和消灭阶级"。（《南腔北调集·辱骂和恐吓决不是战斗》）到抗日战争前夜，他已断言：在那切切实实，足踏在地上，为着现在中国人的生存而流血奋斗的中国共产党人身上，寄托着人类和中国的将来。他自身的全部工作，也成为中国新民主主义革命的一个重要组成部分。

宋紫佩和鲁迅一样，看到辛亥革命后，"朝野上下，竞尚巧作，廉耻二字荡然无存"。（宋紫佩1916年9月15日致《社会星报》）当他看到《社会星报》提出改良社会的根本办法是廓清嫖赌等社会罪恶时，立刻投书表示支持，同时指出应研究何以有此种罪恶，造成这种不良社会的原因，应当首先注意到那些所谓代表国民的国会议员与当局的大人先生们，就是日日争逐嫖赌场中者，他们就是社会罪恶的制造者。不过，宋紫佩提出的解决办法，依然是他过去的主张，提倡廉耻教育。

"廉耻"二字，自古以来为多少仁人志士所提倡，又有哪个统治者不晓。当年被鲁迅讥为"木瓜"的夏震武，因提倡廉耻，曾一度得到挥霍无度的慈禧太后的青睐。后来的袁世凯、段祺瑞等北洋军阀无不向臣民晓谕廉耻。新军阀蒋介石更是在青天白日党旗上高悬"礼义廉耻"之明镜。然而，他们眼中的"耻"又是什么呢？夏木瓜把革命者宣传的平等、自由、剪发变服均诬之为无廉耻；辛亥革命后的复古派也是攻击民主革命运动使风俗人心大坏。鲁迅在小说《肥皂》《高老夫子》和许多杂感中把此辈"口上仁义礼智，心里男盗女娼"（《坟·论"他妈的"》）的假道学刻画得入木三分。鲁迅后期又从阶级斗争的实质上去考察蒋介石喧嚣一时的"新生活运动"，揭示其一面制礼作乐，尊孔读经，控制人们思想；另一面横征暴敛，蹂躏百姓，讽刺他们的"廉耻"教育，只不过是行将就木的封建说教，是统治者的"自寻枯槁之道也"。（宋紫佩1935年2月4日致杨霁云）历史证明，无论哪家的廉耻教育，都未达到过改造社会之功效，连宋紫佩自己在晚年，不是也曾陷入嗜赌的污泥中而不能自拔吗？

当时宋紫佩却对"廉耻教育"念念不忘。他任《新春秋报》主笔时曾竭力提倡，失败后，仍把振兴教育一职寄托于明智的统治者。1916 年 6 月袁世凯暴毙，7 月宋紫佩在致杭州教育厅罗扬伯的信中振奋地报告，北洋政府内阁有改组的消息，教育总长将由汤化龙或范源濂担任，他感到政局将为之一变，颇有乐观气氛。自己也想应友人之邀，重作冯妇，组办《新报》，鼓吹社会改良。

事实上，不管是改良派汤化龙，还是元老派范源镰出任教育总长，无非是代表各个派系出来争权夺利而已。鲁迅在做了 10 多年教育部部员，目睹一打以上的教育总长后，已把这一点看得十分透彻。后来他在《反"漫谈"》一文中就一针见血地指出，有些人迂执地和"教育当局"谈教育，其根本误点是在将这 4 个字的力点看错了，以为他要来办教育，其实不然，大抵是来做"当局"的。不过，为了"做"，就要发指令。北洋政府前后换了 30 多任教育总长，而他们的"教育宗旨"如出一辙，都是反反复复强调"注重道德教育"，其核心又都是"法孔孟"。范源镰在 1912 年初次出任教育总长时，鲁迅已从他自相矛盾的演说中，感到"其词甚怪"（1912 年 9 月 6 日《鲁迅日记》），因此，当他在 1916 年 7 月再次出任时，鲁迅没有宋紫佩那样的乐观心理。而宋紫佩也因为把希望寄予改良主义的道德教育中，失望也就更加深重。

尽管他俩在思想意识方面有较大差距，但是在和北洋军阀的斗争中是相互支持的。不过，这一阶段的鲁迅，趋于深沉的总结和思考，支持青年的斗争。宋紫佩则更倾心于参加政治活动，尤其是在国民党改组后，他以同盟会员的资格转为国民党党员，心中又燃起了革命的热情，他向党内同志表示："愿很忠诚地为本党尽一分子义务。"（1925年致曹翼如）1925年3月，他参与国民党在北京的机关报《民国日报》经理部的发行业务。不久，该报因转载《上海国民会议策进会宣言》而遭北京警察厅查封。继而，他又因反对段祺瑞的卖国外交政策，参加"国民议会后援会"而受到北洋政府的监视。在他处境险恶，难以活动的情况下，依然无畏地支持鲁迅对教育总长章士钊的斗争。

这时，鲁迅因支持女师大学生反对校长杨荫榆的奴化教育，被章士钊非法免除教育部佥事的职务。为了揭露这位号称"老虎总长"的真面目，鲁迅决定主动出击，向北京平政院提出对章士钊的控诉。从《鲁迅日记》中看到，这一行动最早得到宋紫佩的大力支持，而且全部过程几乎都由宋紫佩代为奔走。

1925年8月14日，鲁迅的免职令发表，当日宋紫佩即来，估计就在那一天商量好向平政院投控诉状。所以，隔日由宋紫佩约来他和鲁迅少年时的塾师，时任平政院记录科主任并文牍科办事员的寿洙邻，进一步研究起诉的法律根据。此后，鲁迅和宋紫佩几乎隔日相见，22日鲁迅赴平政院投递的诉状，便是前两天由宋紫佩送来的。10月13日，鲁迅收到平政院送来的章士钊答辩书的副本，并要求五日内予以答复。鲁迅即将此件寄宋紫佩。15日宋又来和鲁迅详商互辩书的内容，次日即将写好的互辩书送交鲁迅。这份署明"10月16日"草拟的互辩书现存，其所用纸张系法政学堂校外自修科的笔记本，从字迹上推断系由宋紫佩代拟。由于他们在起诉书和互辩书中巧妙地以北京政府自己制定的法令来揭露章士钊有恃无恐，以权迫害下属的非法行为，抓住章士钊答辩书中的漏洞和自相矛盾处予以反击，终于使鲁迅在这场与权贵的斗争中，出奇制胜，迫使北洋政府教育部撤销了对鲁迅的免职令。宋紫佩老到勤快的办事能力，对保证这场斗争的胜利起到了重要作用。他也因此受到北洋军阀政府更深的仇视，但他义无反顾，决定将妻儿送回绍兴老家，以迎接更艰苦的斗争。

1926年"三一八"惨案后，鲁迅遭段祺瑞政府通缉，决定离京去厦门教学。临行前，宋紫佩与友为之饯行，并帮助料理出京事务。鲁迅将其在京的老母弱妻、房舍书画均托付于这位忠厚可靠的莫逆之交。8月26日，宋紫佩与许钦文一起将行李押至车站，送鲁迅前往南方开创新生活。

南北各一方　情谊胜兄弟

在鲁迅离京后的10年中，除了1929年和1932年鲁迅返北平"探亲"，1924年宋紫佩回乡途经上海外，两人难得见面。宋紫佩在北洋军阀政府垮台后，一直担任北平图书馆财务科科长；1929年又兼《华北日报》地方新闻编辑，此报为国民党在华北地区的机关报，鲁迅的老友沈尹默为社长。宋紫佩后又参加国语罗马字促进会，1934年9月21日，该会在郑州举行第一次全国代表大会时，宋紫佩为北平代表之一，讨论国语罗马字推行事宜。

对《华北日报》，鲁迅除了因《红笑》问题与其副刊上的一篇文章发生文字交锋外，一直不太关心。对文字改革，鲁迅的意见也和国语罗马字促进会有些相左。他曾在该会召开代表大会的前夕，在8月24日—9月10日的《申报·自由谈》上以华圉之名发表的

《门外文谈》一文中说：用世界通用的罗马字来拼音，固然较为精密，"但繁得很，就又变了'难'，有些妨碍普及了"。他认为要将文字交给大众，需另外研究一种简而不陋的新的"拉丁化"法。鲁迅的建议显然是比较实际的，这已为今天的事实所证明。

看来，这两位同乡分居南北，各做各的事，各有各的观点和立场，似乎互不相关。但是，他们的友谊，依然像昔日那样胜似兄弟。宋紫佩总是默默地十年如一日地支持鲁迅的生活和事业。

宋紫佩不仅受托照管鲁老夫人和朱夫人的生活费用和一应杂事，结成通家之好，解除了鲁迅的后顾之忧，而且积极支持鲁迅和许广平的婚姻。据其子宋舒对我说，当时他经常随父母去看望二位夫人。朱夫人膝下无子，视他为义子。他和母亲对朱夫人的处境深表同情，对鲁迅和许广平颇有不满之词，而宋紫佩却认为鲁迅需要一个助手和伴侣，许广平是最合适的人选。他十分尊重这位景宋夫人，并使自己的妻儿和不理解鲁迅的人，改变了看法。

鲁迅把宋紫佩作为自己在北平可信托的挚友，事不论巨细，他都放心地委托宋紫佩代办。不仅装修书籍、邮寄旧书、代向亡故亲友祭奠等琐事，连一些有较强政治色彩的事，他也信任地请宋紫佩这位国民党党员去办。1933 年 4 月 23 日，北平群众在中国共产党地下党支持和领导下，为 6 年前死于军阀手下的革命先驱李大钊举行公葬，在移柩途中，遭国民党军警特务枪杀。事出之后，鲁迅仍应承为准备出版的《守常文集》作题记。在 5 月 11 日，又给宋紫佩寄上祭李大钊的赙仪 50 元，托其转交。他深知宋紫佩虽迂执地对国民党存在幻想，但富有正义感，明大义，是完全可以信托的。

宋紫佩当时虽然为了生计，服务于国民党党报，但也已觉察到

风定落花

蒋介石的反共政策，已违背他曾忠诚地宣传过的国民党的三民主义和联俄、联共、扶助农工的政策。因此，他一如既往地支持鲁迅抨击蒋介石的黑暗政治。1934年，鲁迅欲购《清文字狱档》，以揭露国民党的法西斯文化统制。宋紫佩很快地为他配齐寄出，鲁迅在6月1日、2日收到后，即在10日和17日分别写出《隔膜》和《买〈小学大全〉记》两篇锐利的杂文，以该书所收的案例和史料，揭露古今反动统治者的凶残和狡诈，同时讽刺某些文人欲做尽忠的奴才，妄自进谏而获咎的可悲下场。

鲁迅对宋紫佩不露声色的支持和帮助感念至深。1936年2月1日他在庆贺宋紫佩50岁生日的信中说："我以环境，未能北归，遥念旧游之地与多年之友，时觉怅怅。"表达了他对这位多年故友的怀念之情。他也一直殷殷关切这位学生兼知交的生活和思想。自离北平后，他一直把自己的文集和所编的《语丝》等书刊寄赠宋紫佩，并关心他的子女的成长。宋舒告诉笔者，他的名字就是鲁迅取的。因为他出生时不足月，父亲很焦虑，鲁迅宽慰他父亲说，先天不足，后天调养就行，是能发展的，便给孩子取名为舒，号大展。他小时爱画画，鲁迅见到时总鼓励说，马画得很好，有发展前途。对宋紫佩禁止孩子读《红楼梦》也颇不以为然。1931年鲁迅将孙用译的《勇敢的约翰》寄赠宋舒。这位少年得到尊敬长者的馈赠，满怀喜悦写信致谢，不意又得到鲁迅的回信，并以"兄"相称。直到现在，宋舒回想起鲁迅平易近人的言谈，还十分感慨。

宋紫佩对鲁迅的眷念之情，也可见于鲁迅死后1937年2月25日他给许广平的信，他说："大先生生前待琳如家人，常愧无以报答，其身后一切，自当竭尽绵力，以大先生之意志为意志。"他得闻自己列名于鲁迅纪念委员会成员，在 7 月 15 日致许广平信中谈自己的心情，"深为荣幸，但恐无甚贡献，未免抱愧耳"。他因时局和路途关系，只能请许广平代表出席成立大会。但他及时从故居检出鲁迅日记和文稿若干，供纪念委员会编辑《鲁迅全集》。在鲁迅逝世后的漫长岁月里，他一直努力沟通鲁迅的北京故家和上海许广平之间的联系，悉心照料鲁老夫人和朱夫人的生活，妥善地安排好她们的后事，竭尽力量保存了故居中鲁迅的遗物。

人们会奇怪，这样一位交遇不浅的故交，何以在鲁迅逝世后，未有只字悼念呢？从宋紫佩的为人来看，似乎颇守"君子之交淡如水"的古训。尤其对鲁迅这样一位生前死后都曾掀起热潮的名人，作为鲁迅的学生和挚友，他宁肯在鲁迅遭攻击时雪中送炭，却不愿在颂歌四起时锦上添花。

宋紫佩是一个普通人，曾战斗，也曾消沉，时时想为国竭尽绵力，却因受旧思想影响较深，终受其累。他崇敬鲁迅，也和周作人交厚。在汪伪时期，周作人出任北平图书馆馆长，一度欲拉宋紫佩下水。其时宋紫佩尽管经济拮据，仍不为所动，保持了一个中国人的气节。抗战胜利后，他一直为北平图书馆编修，任会计科科长。1949 年后，曾得到许广平和周建人的关怀。后经柳亚子建议，被聘为中央文史馆秘书，但因病而未出任。1952 年在京悄然病逝，身后清贫。然而，人们不会忘记他和鲁迅的君子之谊，并从中有所感悟。

（写于 1982 年）

风定落花

柳亚子和鲁迅
——兼谈南社与越社

　　柳亚子性情率真，评说世人，不顾面子，于鲁迅却在其生前死后，均寄予热烈而又深刻的仰慕之情。鲁迅对柳亚子尽管接触不多，风格迥异，但参加过与柳亚子创立的南社有着密切关系的越社，他对南社的精当评价，亦为柳亚子所折服；而柳亚子深厚的旧学根底和不保守的革命精神，又为鲁迅所钦敬。在 1930 年代的白色恐怖中，二人曾有诗词往来并参与共同的斗争，从中可见他们坦荡的胸怀。此种情谊的根基，即在于他俩早在 20 世纪初就自觉地投身于民族民主革命，并立志不折不挠地寻求真理；面对政治上或文学上的逆流，虽也曾产生苦闷和彷徨，甚至有柳亚子自谓的那种"神经麻木"的痛苦，但他们仍不时奋起，高擎叛帜。通读这两位 20 世纪巨人的诗文，回顾他们奇逸卓荦的学识和操持，以及他们在不同时期的相互影响，中国 100 年来的历史又纷呈在眼前，前辈相异而又相通的探索，令后人再思。

同是章门弟子　各尊卢梭尼采

　　柳亚子小于鲁迅 6 岁，但投身革命的时间几乎在同时，还都曾是章太炎的学生。柳亚子在 1907 年怀章太炎诗中云"却愧鳅生百无似，也曾立雪到程门"，便是指他 1903 年首次离乡入上海爱国学社，求学于章太炎等人之事。正是在这位民族民主革命先行者的影响下，他以一颗赤子之心投入反对保皇派改良主义的行列，并慷慨资助刊印邹容的《革命军》和章太炎的《驳康有为政见书》。

　　鲁迅则是在 1908 年才正式投于章太炎门下，听讲的虽是《说文解字》，崇拜的却是一位有学问的革命家。早在 1902 年鲁迅初到日本留学时，就遇到了章太炎等在日本筹备举行"支那亡国二百四十二年纪念会"的活动，这股反清的民族革命热潮对鲁迅影响颇大，次年 3 月他毅然剪掉发辫并写下"我以我血荐轩辕"的誓言。他和柳亚子一样，非常钦佩章太炎驳斥康有为的那些政论和为邹容《革命军》作的序，从那里接受了强烈的民族主义思想。章太炎在 1906 年赴日任中国同盟会机关报《民报》笔政后和保皇派《新民丛报》展开的论战，鲁迅更觉得"所向披靡，令人神往"。

　　明治维新后的日本是西方资产阶级各种思想的汇集地，当时章太炎便把佛教哲学和西方资产阶级哲学加以研习和比较，在批判封建专制、揭露君主立宪的同时，也开始意识到卢梭等主张的以"最聪明的少数人"为领导，充分体现"共同意志"的共和政体的偏颇。对此，鲁迅也有同感。他广泛地学习西方自然科学、哲学、政治、文艺等方面的知识，在 1907 年连续撰写长篇论文。在《文化偏至论》中以充分的论据，批判了盲目崇拜西方"物质"和"众治"的错误，指出"托言众治，压制乃尤烈于暴君"，所谓"人权平等"也有"以多数临天下而暴独特者"，如此压制个性发展的弊病。因此他推崇德国尼采的学说，提出"掊物质而张灵明，任个人而排众数"的主张，幻想通过个性解放而达到合乎人的"本性"的国家的建立，即所谓"国人之自觉至，个性张，沙聚之邦，由是转为人国"。因此，他在《摩罗诗力说》中着重介绍了19世纪以拜伦为首的8个浪漫主义诗人及其作品。如何改变国民性的缺点，如何立人，乃是鲁迅毕生关心的问题。尽管鲁迅在日本留学时即参加了"光复会"，但他热心的并不是党派活动，对一些慷慨激昂的口号乃至革命党人的暗杀活动，更不以为是良策。他所关注的是唤起民众的觉悟，因此毅然"弃医从文"，企求以文艺来改变国人的精神。

　　处于国内黑暗专制环境中的柳亚子，则一心推崇法国早期资产阶级启蒙思想家卢梭的"天赋人权"说。1902年，僻居江苏吴江县的16岁的柳亚子，也从风行一时的《新民丛报》中看到了卢梭否定君主专制的学说，他不禁兴奋地以亚洲的卢梭自命，将原名"慰高"改为"人权"，号"安如"改为"亚卢"。他参加蔡元培等创立的中国教育会，在诗歌创作上也一改昔日之艳词。1903年他在《放歌》一诗中历数封建专制之残酷，列强瓜分中国之罪恶，讴歌卢梭、斯宾塞的学说使百年来欧洲大陆"幸福日恢张"，"公理方翔翔"，他呼吁中国"安得有豪杰，重使此理彰"。他热情地支持一切捐躯献国的行动，当听说万福华、徐锡麟等暗杀清吏失败，在哀悼之余，他又幻想以日本"樱田门"这样的"椎埋"暗杀活动，把革命推向高潮。1906 年，他参加了同盟会和光复会，也曾想学造炸弹，以身献国。后自愧一介儒生，决定以文字鼓吹革命，出任《复报》笔政，支持出版宋明忠良义士佚良遗民之书。这一时期柳亚子的思想多种族主义的意识，因此限制了他的革命视野。他把革命的希望主要寄托在志士仁人英雄领袖的身上，在社会政治观上逐渐形成了他所谓的"开明专制"（据柳亚子 1924 年 3 月 1 日致许豪士，见上海图书馆编《柳亚子文集·书信辑录》，上海人民出版社 1985 年版）的政治理想，这一观点在他接受马克思主义影响后，也依然存在。而实行民生主义又是他几十年来一贯的主张（据柳亚子《我对于南社的估价》，见柳无忌编《柳亚子文集·南社纪略》，上海人民出版社 1983 年版），这也是他后来接受社会主义的思想基础。

尽管鲁迅和柳亚子在投身民族民主革命之初，已显示了思想、性格上的差异，但共同的革命要求，使他们在辛亥革命时期都集合在孙中山提出的三民主义旗帜下，为创建合乎他们各自理想的共和国而桴鼓相应。

南社越社　遥相呼应

1909 年 11 月 13 日，由陈去病（巢南）、高旭（天梅）、柳亚子 3 人发起，在苏州虎丘成立南社。最初社员 17 人，有 14 人是同盟会会员，其宗旨是反抗清廷。他们以文章气节相标榜，抨击时政，宣传民族民主思想；一时间，各方响应，到辛亥革命前夕，社员已达 200 余人，分布各地，并开始酝酿成立分支。

鲁迅是在南社成立那年夏天从日本回国的，初在杭州浙江两级师范学堂任教，次年回故乡任绍兴府中学堂监学。1911 年春，他聘请了几个具有革命思想的教员，其中担任理化教学和庶务的，便是他原先的浙师学生宋紫佩（名琳，字克强）。不久，宋紫佩成了鲁迅的得力助手，并成为鲁迅与南社呼应的中间人。

原来宋紫佩早年在绍兴府中学堂学习时，得遇同盟会会员陈去病来校任国文教员，受其熏陶，被介绍参加同盟会，并在校成立反清社团"匡社"。1910 年他又经陈去病函招加入南社，于是萌发了在绍兴发扬南社精神，组织越社的想法。他首先找的便是鲁迅。

关于越社成立的时间和背景，1981 年发现的宋紫佩写于 1914 年的自述手稿《二十年来之回首》已有明确的答案。其自述："二十五岁（引者按：即 1911 年），去浙江第五中学校（引者按：即绍兴府中学堂）任理化讲席。时革命思潮贯注于人人之脑海，而吾越为尤甚。予因征集匡社旧同志，另设越社，遥与南社相呼应，社员以数百计，一时名流如周豫才、陈子英、范爱农、李宗裕诸君子皆与焉。"越社成立之际，南社元老陈去病为之作《越社叙》，首刊于 1911 年 5 月 26 日北京《帝国日报》上，由此可确定越社成立于 1911 年春，而且成立之初，鲁迅（周豫才）即已参加了。

不久，宋紫佩去上海愚园参加 1911 年 9 月 17 日举行的南社第五次雅集。在这次集会上制定了《南社第四次修改条例》，第十四条要求："社友有于所在地组织支社者，须于成立以前报告本社，由本社认可。"第十五条："支社书记须将社友姓名、住址及一切社务情形，每半年于雅集前一月报告本社。"正是在这次会上确认了

越社为南社的分支。（据柳亚子《我和南社的关系》，见柳无忌编《南社纪略》）

越社和南社的关系，以及鲁迅与越社的关系，也十分清楚地保留在现存的《越社丛刊》第 1 集中。

《越社丛刊》出版于民国元年（1912 年）2 月，编辑者署名越社，总发行所为《越铎日报》，分发行所为南社。卷首有陈去病的《越社叙》，又刊有辛亥（1911 年）十一月十二日制定的《越社第二次修改章程》，开宗明义第一条："本社由南社分设于越故以越名。"第七条："本社书记应将社友姓名、住址及一切社务情形于每年季夏季冬报告南社书记员。"卷末还刊有南社高旭作的《南社启》和上述的《南社第四次修改条例》。编辑体例也和《南社丛刻》类似，分文录和诗录两部分，作者大都是越社社员，但也收有南社社友的作品，如诗录中有柳弃疾（亚子）作于 1911 年歌颂反清勇士、哀悼广州起义烈士的诗篇 3 首：《新中华报出版寄楚伧》《次韵答楚伧》《哭天水王孙，用楚伧韵》。

据周建人回忆，这期丛刊是鲁迅替越社编的，而且文录中署名周作人的《古小说钩沉序》和署名周建人（乔峰）的《辛亥游录》，实为鲁迅所作。（据周建人《绍兴光复前鲁迅的一小段事情》，载于《人民文学》1961 年第 7，8 期。又据周启明《鲁迅与歌谣》，载于《鲁迅的青年时代》，中国青年出版社 1957 年版）

由于鲁迅很清楚越社和南社的亲缘关系，所以他的妻子许广平在《民元前的鲁迅先生》一文中说宋紫佩介绍鲁迅加入南社，又说："对于南社的作风，先生似乎不赞同，所以始终是一个挂名的社员，没有什么表现，甚至连许多社员也不大知道他是同志之一。"

若说鲁迅和南社的关系，确是如此，在南社社友通讯录上没有鲁迅的名字（列名的越社社员，仅宋紫佩一人）。但鲁迅和越社的关系，则不是没有什么表现，而是起着极其重要的领导作用。而辛亥革命时期越社的活动又是南社革命工作的一个重要组成部分。此可见于宋紫佩的自述《二十年来之回首》和本集《鲁迅和宋紫佩》一文。

开新文学之先河　赋旧诗词以新声

1929 年，鲁迅重新估价了文艺与政治的关系，认为"各种文学，都是应环境而产生的，推崇文艺的人，虽喜欢说文艺足以煽起风波来，但在事实上，却是政治先行，文艺后变"。其论据之一便是对南社在革命后沉默原因的分析，他指出："清末的南社，便是鼓吹革命的文学团体，他们叹汉族的被压制，愤满人的凶横，渴望着'光复旧物'。但民国成立以后，倒寂然无声了。我想，这是因为他们的理想，是在革命以后，'重见汉官威仪'，峨冠博带。而事实并不这样，所以反而索然无味，不想执笔了。"（《三闲集·现今的新文学的概观》）后来在中国左翼作家联盟成立时的演说中，也以南社社员在民国后的失望以至有些人的反动来告诫左翼文学家。

柳亚子对鲁迅的这一分析和评价认为是很持平的，虽然他又强调南社在反清成功以后还有反袁的一幕，并非寂然无声。他之所以同意鲁迅的评论，因为在民国后南社确实像同盟会那样，发生了激烈的分化。诚如柳亚子自己所言，民国成立时"少年同社，尽庆弹冠了"。（《我和南社的关系》）不少社友成了党国要人和党报的喉舌，不再发革命之声，有的则投靠军阀买办，逆社会潮流而动；也有的因未能峨冠博带或不满现实，因而消沉，或钻入故纸堆，或沉湎酒色，或遁入空门。但也有从沉沦中崛起的，柳亚子便是其中最突出的一员。

临时政府成立之初，柳亚子也曾应邀到南京担任总统府秘书，实际上无事可干，于是3天后他便谢病回到上海，进《天铎报》以"青兕"为笔名做文章，反对当时以袁世凯当大总统为条件的南北议和。他气愤地感到"夙有澄清志，而今事总非。沐猴民主贱，烹狗党人悲"。（1912年《岁暮杂感》）他拼着性命要求为被清吏杀害的烈士们昭雪冤狱，惩办凶手，矛头直指袁世凯。结果，袁世凯依然阴谋称了帝。他瞻顾前途，不免陷入极度颓唐之中，"佯狂失路阮生涕，行乐及时杨恽歌"。（1915年《文章》）他在家中组织"酒社"，一面对酒无端狂笑痛哭，一面编辑烈士遗著，常常"宵来忽作亡秦梦，北伐声中起誓师"。（1915年《孤愤》）1916年，他支持吴江讨袁军，虽然事败，但他反对北洋军阀，揭露封建顽固派的诗文不断。

尽管柳亚子是中国近世旧诗词的盟主，但是他的文艺观点、创作内容和他的政治立场一样，总是和中国进步的力量相一致，和中国新文化运动主将鲁迅也不断取得同一步调。

新文化运动时期，鲁迅以他的小说和杂文开新文学之先河，从各个方面沉重地打击了复古的顽固派，其中也不乏南社中人，如鲁迅不遗余力与之战斗过的学衡派，其领袖之一便是顽固维护文言、反对白话的南社社员胡先骕。

作为南社主任的柳亚子，跟胡先骕们的文艺观点也多有不同。在新文化运动萌发的1917年，他因反对社友胡先骕、姚鹓雏、闻野鹤等吹捧拟古的形式主义诗派同光体和江西派，朱鸳雏竟作《论诗斥柳亚子》《斥妄人柳亚子》，对他肆行人身攻击；柳亚子一时性起，便在报上刊登广告，宣布将朱鸳雏以及支持他的成舍我"驱逐出社"。这一带有个人意气的决定，虽然有点偏颇，导致后来南社的分裂，但是柳亚子声势凌厉、别具一格的战斗，却横扫了长期统治诗坛的拟古主义、形式主义的诗风，实际上和新文化运动的战斗方向是一致的。朱鸳雏后来也不得不赶"新思潮"，借重"时贤"，把鲁迅反封建的白话诗《他》编入自己充满轻薄气的著作《普通情诗三百首》中，惹得钱玄同在给鲁迅兄弟的信中对他大加嗤笑。（钱玄同1920年5月7日致鲁迅、周作人，载于周海婴编《鲁迅、许广平所藏书信选》，湖南文艺出版社1987年版）

对于白话和新体诗，柳亚子在新文化运动初期虽也曾怀疑，然而一经认真思考，便转变为白话和新诗的积极拥护者。1923年他和叶楚伧、胡朴安、陈望道、曹聚仁等人组织"新南社"，在宣言中特别强调："新南社的孵化在世界潮流引纳的时代。南社的一部分人，断不愿为时代落伍者。"不久，廖仲恺、何香凝、沈雁冰、刘大白等都参加了新南社。除了出版内容崭新的《新南社社刊》外，柳亚子还在故乡黎里镇出版鼓吹新文化的《新黎里》半月刊，用白话文写文章，宣传社会主义和劳工问题，因此遭官厅封禁。

在诗歌创作上，柳亚子和鲁迅一样，更谙于以旧体诗来抒发胸怀。柳亚子曾认为鲁迅的旧诗是"不可多得的瑰宝"。（《我对于创作旧诗和新诗的感想》，载于《创作的经验谈》，天马书店1933年版）诚然，鲁迅的旧诗不多，而柳亚子则以旧诗著称，但他和鲁迅一样维护新诗的发展，批驳那些攻讦新诗的论调。鲁迅曾作《儿歌之反动》，讽刺南社社员鸳鸯蝴蝶派文人胡怀深（寄尘）改削新诗，横加诘难的行为。而柳亚子对自己的老友也不护短，由于熟悉，所以更具体地指出胡的思想在半新半旧之间的病根——"常常在一般文丐里面来往"，"为经济问题而做小说"。他批评那些文丐，"他们一点学问都没有，一点道德都没有，却横七竖八，来反对新人物，反对新文化，一开口便是冷嘲热骂"，希望他的朋友不要做这样的"文丐"。（柳亚子 1924 年 3 月 3 日致任梦痴，载于《柳亚子文集·书信辑录》）

他对新诗的态度，也可见于 1924 年 6 月 16 日致吕天民的信，这封信公开发表在同年 8 月 1 日出版的《新黎里》上。该信在逐一批驳了这位南社老社友对新诗的攻击之后说："我有一句忠告的话，二十年前，我们是骂人家老顽固的，二十年后，我们不要做新顽固才好。"又说："溥泉（引者按：即张继）反对青年文学专讲恋爱，我是相当赞成的。他反对白话文，我却不赞成了。精卫（引者按：即汪精卫）是赞成白话文而反对白话诗的，我也不以为然。我以为我们自己欢喜做旧诗，尽做也不妨（我自己就是只会做旧诗而不会做新诗的一个人）。至于因为自己欢喜做旧诗，或者是擅长于旧诗，而就反对新诗，那未免是太专制了。"最后他强调新诗的发展是符合文学变化原则的，"少数人的反对是没有效力的"。

柳亚子始终随着历史潮流前进，不保守、不倒退的革命精神，曾赢得鲁迅的钦敬和感慨。他在跟友人谈到文言和白话之争时说：柳亚子先生的旧体诗、文言文做得这么好，旧学根基这么深厚，但他仍然反对文言，提倡白话，相比之下，那般浅薄小子还谈什么文言，什么国粹呢？（转引自熊融《柳亚子为鲁迅所作的赠诗、悼诗

风定落花

及其他》，载于《湖南师院学报》1979 年第 3 期)

柳亚子从 1904 年自题诗稿为"磨剑室诗集"以来，他倾全部心血，赋旧诗词以新声。他做的是旧体诗，但大部分诗词的内容、意境、格调都充满了时代的革命精神；在每个革命斗争时期，都显示了他的峥嵘剑气。诚如毛泽东所评价的："慨当以慷，卑视陆游、陈亮，读之使人感发兴起。"（1945 年 10 月毛泽东致柳亚子）人称他的诗为"史诗"，郭沫若把他誉为"今屈原"，民众则直呼他为"诗人"，柳亚子以此感到无限的欣慰！

漫漫长夜　高擎叛帜

辛亥革命失败后，鲁迅和柳亚子都在寻找能领导中国革命继续前进的政治力量。俄国十月革命的胜利，使鲁迅看到了"新世纪的曙光"。（《热风·"圣武"》）性格开放坦露的柳亚子也在 1924 年对马克思主义做出高度的评价："能持主义融科学，独拜弥天马克斯（思）!"（《空言》）在反北洋军阀的第一次国内革命战争中，他们又看到了共产党人坚韧不拔的精神。作为国民党的左派，柳亚子坚决拥护孙中山的联俄、联共、扶助农工三大政策。1926 年 3 月，他耳闻北京发生"三一八"惨案，在革命的广州也发生了中山舰事件，4 月 1 日他给正在清华大学学习的儿子柳无忌写信，愤叹："清华韦烈士死难，我已见报纸，惨极！"又说明广州事变的真相，指出："真实情形，恰和报纸所载相反，报上说共产派倒蒋，完全是胡说。但反动派陷害共产派，是确实的。"4 月底，他去广州出席国民党第二届第二次中央全体会议，初识共产党人毛泽东、恽代英等，相交甚欢，同时敏锐地感到革命内部隐伏的危机，忍不住在会上高声骂蒋介石是新军阀，但未被重视。及至"四一二"反革命清党时，柳亚子成了蒋介石军警搜捕的对象，幸而藏身复壁才免于难，举家隐名逃亡日本。两年后方始回国，定居上海。他在《4月26日重过秣陵谒中山先生陵寝，感赋二绝》中誓言"承平歌颂吾何与，地老天荒证此情"，表达了诗人坚决不与独裁的蒋介石国民党政府妥协的决心。

鲁迅则是在南方革命发源地广州目睹屠伯们血的清洗后，比柳亚子早一年来到上海的，他们俩第一次同住在一个城市中。1928年经北新书局老板李小峰介绍，他俩见面了，这一年8月19日，鲁迅在日记中写道："晚柳亚子邀饭于功德林，同席尹默、小峰、漱六、刘三及其夫人、亚子及其夫人并二女。"他们相见之时，鲁迅正处在革命文学论争中，受到创造社、太阳社的攻击，但鲁迅并不因此而走向反面，倒是促使自己认真地学习马克思主义的文艺理论，搞清了先前纠缠不清的疑问，更信服马克思主义是"最明快的哲学"，反而前进了，而且后来在任何压迫下始终不变。柳亚子对鲁迅的气节和学问大为钦佩。

但是，他的朋友中却有对鲁迅大为不满的，林庚白便是一个。1929年12月24日林庚白去访鲁迅，因未见到便连日写了讽刺诗寄去漫骂，其中有句云："垂老终为吴、蔡续。"柳亚子对林的狂妄和看法大不以为然，曾与之辩论。待到1931年传来"左联"五烈士被害的消息，柳亚子在悲愤中口占一诗，寄怀活着的"左联"领袖鲁迅和他那死去的学生柔石，开首便是"垂老能游年少群，论才低首拜斯人"，恰恰和林庚白的漫骂唱了反调，表达了对鲁迅衷心的敬仰。

在上海期间，他们共同参加了共产党领导下的反对国民党法西斯独裁的斗争。1933年10月5日他们又在郁达夫的宴请中会面了。席间他们谈笑打油，鲁迅为郁达夫书一联"横眉冷对千夫指，俯首甘为孺子牛"，回去后即在12日续成《自嘲》诗，书赠柳亚子，同时寄去自费印成的《士敏土之图》一本。次年1月10日又致函郁达夫，"乞于便中代请亚子先生为写一篇诗"。柳亚子即书赠1931年所作的一首怀鲁迅的七绝，诗中称赞鲁迅"能标叛帜即千秋"，对鲁迅与反动势力斗争的功绩做出了历史性的评价。

从这些诗词的唱和中，可见他们已成为可以互通心曲的知友。此后，他们虽未能再晤，但仍通过不同的方式，参加同一的活动，如1933年丁玲、潘梓年等被绑架，他们分别通过"左联"和民权保障同盟进行援救并作诗怀念被害者。

1936年鲁迅溘然长逝。继而抗日战争爆发，上海沦陷。柳亚子闭门研究南明史，寄托他的兴亡之慨，并为历史剧提供明末抵抗倭寇的史料。其间又立下遗嘱一份，"余以病废之身静观时变，不拟离沪，敌人倘以横逆相加，当誓死抵抗"（转引柳无忌编《柳亚子年谱》，中国社会科学院出版社1983年版），表现了崇高的民族气节。南社社友柳非杞把他比作鲁迅，他却在1940年1月13日的复信中非常坦率地解剖自己，自愧弗如鲁迅的学问、人格和气节，他已知毛泽东称鲁迅是"中国现代的圣人"，真诚地说："我看他是当之无愧色的。"

1940年底他终于脱险离开孤岛前往香港，积极支持中国共产党的抗日民族统一战线政策，严厉抨击国民党制造皖南事变，破坏抗战的罪行，乃至被国民党开除党籍也在所不惜。在鲁迅逝世5周年之际，他登台演讲，赋诗纪念"民族魂"。

在整个抗日战争时期，柳亚子不时举起鲁迅的旗帜，鼓励人们坚持鲁迅的方向。除发表纪念性的诗文外，在他自己写的论文中，也常常引述鲁迅的文字来阐明自己的观点，如 1943 年为纪念儿童节作《我的儿童教育观》，提出："近世对于儿童教育最伟大的人物，我第一个推崇鲁迅先生。"针对某些党国要人提倡在小学读经的荒谬主张，他大声疾呼"救救孩子"，不要开倒车，不要做青年的绊脚石。次年，又在《纪念诗人节》一文中以鲁迅的话提醒人们，坚持改革依然是摆在中国人民面前的一项艰巨的工作。

抗战胜利后，柳亚子在重庆会见了前来参加国共和谈的中共领导人毛泽东，他庆幸国共两党再度合作。他经常去曾家岩中共八路军办事处谈诗议政。1945 年，他在纪念鲁迅诞辰 65 周年的诗歌中，欢欣鼓舞地写下"禹甸尧封笔阵昌"的文化繁荣景象；不料，两星期后，他的义婿，共产党员李少石在送他回家后折返曾家岩的途中误遭国民党兵狙击身亡，柳亚子悲恸万分。时值鲁迅逝世 9 周年，他即在《大公晚报》副刊编辑的敦请下，含悲负痛写下纪念诗文。他再一次以毛泽东的评价，论定鲁迅在中国历史上的地位，警诫人们在此抗战方胜利，和平乍萌芽之时，切不能当鲁迅所批评的那种空头文学家，做出"有悖于现代中国人为人的道德"的事情，要坚持鲁迅的方向，不辞艰难曲折的道路，为实现中国光明的前途而奋斗；同时，他联系柔石和少石的被害，愤怒控诉国民党特务横行的黑暗政治，喊出了"血荐轩辕吾岂吝，伤心无地用英雄"的悲愤之音。然而，连发表这样的诗文也是不行的，邀他撰稿的《大公晚报》编辑因此受到了警告。（据柳亚子 1945 年 11 月 11 日致陈迩冬，载于《柳亚子文集·书信辑录》）他不管敌人的忌恨，依然在纪念鲁迅的大会上朗诵他的诗篇。血的教训促使他以实际行动和谭平山等创组"三民主义同志联合会",在漫漫长夜中,坚持不懈地争取民主,反对内战。

中华人民共和国的成立,实现了他半个世纪来的理想。他把自己长期积累的丰富藏书和手稿悉数献给了他为之奋斗了一辈子的祖国。1954年,他又以中国国民党革命委员全体同志的愿望,将珍藏20余年,悬诸座右的鲁迅赠他的墨宝献给中央人民政府人民革命军事委员会毛泽东主席、朱德总司令,这幅表现鲁迅"横眉冷对千夫指,俯首甘为孺子牛"伟大精神的条幅,成了中国亿万人民的精神财富。

柳亚子正是从自己长期的革命实践中,深切地认识了鲁迅的伟大,并以此作为平生最大的快慰。1950年,他在南京开往上海的火车上听到报告:有人窥探他,敌人可能想加害于他,以破坏民主党派和中国共产党的合作。为防万一,他在10月24日清晨4时手书遗嘱,除严词揭露敌人阴谋外,唯求死后火葬,"立碑曰'诗人柳亚子墓'足矣!",仅希望"地点能在鲁迅先生附近最佳,我生平极服膺鲁迅先生也"。(转引自柳无忌编《柳亚子年谱》)

柳亚子和鲁迅一样,同属一代背着黑暗历史重负的探索者,他们的心灵承受过形形色色思潮的冲击。然而,他们虚怀若谷,敢于解剖自己,善于总结经验;面对黑暗势力,勇于高擎叛帜,终于行走在同一征程上,完成了历史赋予他们的使命,成为同时代人和后人永远怀念的革命先行者。

(写于1987年4月)

柳亚子与妻室儿女

　　1987年我因撰写《柳亚子和鲁迅》，受邀参加在苏州召开的纪念柳亚子先生100周年诞辰暨南社发起80周年学术讨论会，得以初识柳亚子先生长子无忌、长女无非。在会上，从美国回到家乡的无忌先生，既有欧美学者之风度，又承续其父潇洒的诗人气息，毫无拘束地即兴发言。谈到南社成立时，他针对新编的史书、词典和人们的言谈，习惯于把柳亚子名列于南社发起人之首，纠正说，南社发起人的正确提法，应该是陈去病、高天梅和柳亚子，显示了一个学者严谨的实事求是的学风。我对此十分感慨，因为时人多为自己或先人争名排座位而争论不休，而柳亚子家属却反行其道。这不仅因为陈去病和柳亚子的父亲一同受业于名儒诸杏庐，因此亚子一直尊去病为长辈，称赞他是一位"以文才著称，意气不可一世"的大学问家，而且生于1887年的亚子，不仅小于去病（1874年生）、天梅（1877年生）二位先生，参加社会、革命活动的时间亦晚，高天梅在1905年即加入同盟会，而陈柳二人一年后才入会，所以发起南社之时，晚辈亚子自然名列第三了。无忌先生对历史的尊重亦促使人们历史地回顾南社成立及其活动的成绩和教训，给予南社正确的评价。

会后我又因王晶垚的策动，参与中国南社暨柳亚子研究会的筹组工作，因此和无非女士有了较多的接触。她酷似其母，温柔敦厚，从未见她颐指气使地讲话，她总是专心地听大家的发言，轻声细语地谈自己的意见。我对她的大家之风深为钦佩，心中不由得想起亚子所主张的开放、民主的家庭生活，并让全家都参与南社的活动，孕育了良好的家风和子女们的立身之道。这在当今不是仍亟待提倡吗？在此纪念南社成立 100 周年之际，特此撰文纪念南社这一家社员。

尊重女性，"平生不二色"

柳亚子所提倡的民主、平等、自由的家庭关系，来自他最初接受的朴素的天赋人权学识。

柳亚子本名慰高，字安如，然而处于时代大变动的他，自少年时代起，思想就不能安分。1898 年戊戌政变时，这个已能作诗写文的 12 岁少年就受到父亲维新思想的影响，撰文支持康、梁、痛骂那拉氏。到了 1902 年，他考取秀才，思想却跃入革命之路，读卢梭《民约论》，始信仰天赋人权之说，旋即更名为人权，字亚卢，以亚洲之卢梭自励。他先后加入同盟会和光复会，结交章太炎、邹容、蔡元培、马君武、苏曼殊诸君。后因高天梅戏呼其为"亚子"，他也自恨文弱，便以此为号，奋励一生。

亚子在革命路途上曾有种种冲动，包括入理化速成科学习，思制炸弹，搞暗杀，又想去日本学陆军，均因体弱而未果，而他自始至终坚持不懈的即是天赋人权之说。为了开启民智，他和姑丈同在故乡创立中国教育会黎里支部，又入上海的爱国学社；而且认为首先要解放受压迫最深、毫无人权的妇女，以务实的精神支持成立"黎里不缠足会"。从他代为撰写的《黎里不缠足会缘起》中可见此会不仅鼓吹铲除残害妇女的恶习，同时以茶话会、恳亲会、学术讨论会等形式团结妇女，交换知识，相互砥砺。（载于1904年《女子世界》第3期）他的支持绝不是空言。那时他的9岁妹妹平权正面临着被缠足的厄运，柳亚子竭力反对，他的母亲便要已留发反抗清政府的亚子剃头，作为平权放足的交换条件。为了解除妹妹的痛苦，他妥协了。因为正如他在《女子世界》上发表的《哀女界》《论女界之前途》等文章中所说，要真正实行女权较之于男子取得政治上的主权更为艰难。他尤其厌恶那些口喊改革，却仍然奴役、玩弄女性的男子。所以他并不是简单地呼吁发展女子教育，而是强调女子教育只有在真正实行男女平等，女子有自由权利的基础上才能取得实效。

对自由、人权的渴望，深深根植于柳亚子的思想中。他追求恋爱、婚姻的自由，更尊重女性，并身体力行男女平等之主张。早在他情窦初开时，他就有了自己择偶的标准，从最初的才貌双全到理想的知书识字的天足女学生，后来更希望找一位懂得革命，或能够实行革命的知己。他因此巧妙地以离家出走的愤言拒绝母亲所物色的三寸金莲姑娘。1903年父亲为他订下了同邑富家之女郑佩宜。最初亚子也不乐意，因为这也是一个未上学的缠足姑娘。其实比他小1岁的佩宜，自小丧母，看起来十分柔弱，内心却十分坚强。郑父是一个开明商人，为开发民智，在宅内开办郑氏小学，却不允许女儿混迹于男孩群中。佩宜便设法在门外偷听，又向哥哥学习，竟然粗通文墨，甚至学得一点英语；当她耳闻放足的风潮，不由心动，怕家庭反对，便自行在一夜间拆掉了裹足布，成了一个畸形的"解放脚"。亚子得悉后很感动，便同意订这门亲事，但仍提出要求，让佩宜去上海求学。郑父对此却犹豫不决。不料2年后，当亚子在上海健行公学边讲学边办《复报》时，竟被城东女学的L女士一见钟情，非他不嫁。原来她是为了解除与一个无赖的婚约而逃到上海来的。亚子很同情她，也很谈得来，他想断了和佩宜的婚约，便写了一封长信给她。不料此信被家里所截获，请出颇有威信的大姑母劝说亚子履约，强调拒婚会害了郑家性格刚烈的姑娘、祖母、父亲3条性命；又把亚子带到郑家，让两个年轻人有了更多的接触和了解。惘然的亚子终于只要求破除习俗：婚礼在女家举行，新娘不戴头面，不盖红巾，双方唯向长辈三鞠躬，再互相同时三鞠躬，礼毕一起赴宴。1906年10月这一开地方风气之先的文明婚礼，在镇上传为佳谈。1909年11月南社成立，郑佩宜即成为该社第5名社员，经常和丈夫同赴雅集。

婚后，柳亚子把"平生不二色"镂刻为一方印章，成为他的座右铭。尽管在柳亚子的一生中，周围有不少品貌出众的才女，最为著名的是他的两位"义妹"和三位"义女"，即他称之为"祥妹"的陈去病之女陈绵祥，称之为"淞妹"的林庚白之妻林北丽；分别取字为"无恙""无双""无畏"的廖仲恺之爱女廖梦醒、女作家谢冰莹及就读于上海大学的杨瑾英，他们之间多有唱和，书信不断。索隐派看了，或以为其中的绵绵柔情，互通心曲，均发于男女情爱，却不知亚子为"真宝玉"矣。他与才女们均有丰富的才情，惺惺惺惜惜，这般突破男女界限的真诚关切，亦让其妻佩宜越来越有了深切的了解，才女们也成了她和儿女的挚友。

　　然而，柳亚子究竟是一个不安分的人，经常来往于苏沪一带，除办报结社外，写诗饮酒乃至嬉笑怒骂，放浪不羁。这不能不使夫人担忧，因此时常规劝丈夫，自己在生了一子二女后，操劳添病，日益加重。亚子虽有愧色，再三赔礼谢罪，但名士脾气依然难改。如他在1921年作的《偕佩君就医吴门，舟次赋呈》中云：

> 嫁得狂奴孽早成，篷窗聊复絮三生。
> 家常慧骨磨真惜，精力韶年减暗惊。
> 多病自难离药物，工愁毕竟误聪明。
> 好求玉体长生术，容我疏慵谢世情。

幸好亚子颇能以诗慰妻，在《将赴东江，书慰佩君》中自责自辩云：

> 宵来枕席有违言，日上犹怜拥被眠。
> 龙性难驯原我罪，鸡鸣能戒感君贤。
> 耻为天下负心子，好作人间忍辱仙。
> 沥血刳肝书作誓，倘回电笑宥狂颠。
>
> 吴门归棹晚寒天，又泛东江一舸烟。
> 湖海栖栖成浪迹，襟怀郁郁渐中年。
> 难销碧血千秋恨，忍见红闺尺涕涟。

风定落花

东市朝衣原自负，那禁小别总凄然。

"碧血千秋恨"使亚子不能忘情于江湖，他只能把妻儿全都带入他热衷的江湖，于是一家都成了南社和后来的新南社社员。深明大义的佩宜亦以妻子和同志的身份时时在他的身旁，关心他，保护他。

1927年蒋介石叛变革命后，柳亚子写了一篇讨伐蒋介石的檄文，蒋介石便密令张群带领一团兵，在5月8日晚上把黎里的柳宅包围。郑佩宜果断地让亚子藏身于楼房夹壁中，致使国民党士兵遍搜不得而退去。次日亚子乔装成乡下人，坐小船至上海。15日郑佩宜与长女无非一起陪同丈夫亡命日本；直至7月，无忌和无垢才在姨妈佩亚带领下从上海来到东京团聚。

此后，佩宜一直追随于亚子左右。他们分离最长的是在抗日战争期间，亚子夫妇避居香港，不料珍珠港事件发生，情况紧急，车舟有限，柳亚子和廖夫人何香凝必须先行撤退；佩宜只得让小女无垢陪伴父行，她自己则带着无垢的孩子光辽辗转惠阳、龙川、曲江，历时半年，在1942年6月17日终于来到桂林与柳亚子重聚。本来因挂念妻子、孙儿而"夜思梦想日忧虑，无心于众多社交"的亚子，见到脱险的妻子，不由"执手浑疑梦，开颜足破愁"。

在佩宜58岁生日时，他更是以诗为寿，第一首即表感激之情："莱妇鸿妻未报恩，提携长拟北堂萱。"第二首更将妻与马克思之妻燕妮相媲美："怀抱平生马克思，最难燕妮共艰危。"诚如他后来在回忆他俩婚姻时所说："不是我自吹自捧，佩宜确是个了不起的人物。她天资聪慧，个性极强，而待人接物却很和婉有礼节，讲起人情世故来，比书呆子半神经的我，自然要高明得多了。"因此，他在家中称妻子是校长，他是大学生，3 个孩子是小学生，相聚融融，堪称中国家庭的楷模。

尊重子女，"略分自应呼小友"

1923 年 11 月柳亚子在一首《11 日自海上归梨湖，留别儿子无忌》的诗中云：

狂言非孝万人骂，我独闻之双耳聪。
略分自应称小友，学书休更效乃公。
须知恋爱弥纶者，不在纲常束缚中。
一笑相看关至性，人间名教百无庸。

一切爱情，包括婚姻、妻室子女，都不受纲常的束缚。他言之则行。在家中，他不仅尊重妻子，也十分尊重子女，称自己的孩子为小友。他的长子无忌 10 岁即随父母参加南社雅集，现今留下的1924 年 10 月 10 日在上海新世界的新南社第三次雅集的全体社员照上，出现了柳亚子一家，最小的无垢此时也年仅 10 岁。据无忌回忆，他幼年时，担当南社主任的父亲为了筹备雅集，忙不过来时，就要请小友无忌帮忙，坐在书桌旁为他粘信封，贴邮票；稍大时，也会帮助父亲抄写收集到的吴江文献，其中有不少是前辈文人所写的诗文；亚子也亲自为他讲授《楚辞》《文选》等；父亲闲时还会与他一起集邮、对弈。1921 年暑假，无忌从上海圣约翰青年会中学回家，为补习国文，遵师嘱，练就多篇短文，其中有一篇题为

《闲庭纳凉图》，绘声绘色如下：

> 图曰纳凉，避炎暑也；曰闲庭，志地也。柳子有祖母，有父，有母，有妹，天伦全也。庭中有几有榻，图史陈于前，棋琴陈于后，消遣之物毕具也。池菏著花，丛竹翳阴，凤仙、鸡冠之属争妍斗媚，生机畅而凉意袭也。慈颜和悦，执纨扇中坐者，祖母也。衣浅绿，曳长裙，侍祖母而侧坐者，母亲也。敲棋石上，沉沉若有思者，柳子也。捧书旁立，若欲援疑质问者，二妹无非也。坐于柳子与二妹之间，左授棋而右授书，作口讲指画之状者，柳子之父也。倚母亲膝下拈花而微笑者，三妹无垢也。祖母春秋五十有六，父亲行年三十有五，母少父亲一岁，无垢甫八龄，无非长于妹三龄，少于兄亦四龄也。中华民国十年端午后十日柳子记。柳子名无忌，时年十五龄也。

在这一幅阖家乐融融画面中，最令人注目的是那位居中"左授棋右授书"的三十有五者，他便是不拘纲常，却为子为夫为父都有着一颗赤子之心的柳亚子。在留存的柳亚子众多的书信和诗词中，有不少是家书和写给亲人的诗文，我每读之，必为其感动。

1920 年 9 月，他和夫人亲自送无忌到上海入中学，归来后他几乎每日一封信嘘寒问暖。他关心地问学校的学习课程，包括体操课内容；他常纠正孩儿来信中的错别字，同时谦虚地说自己信中"用的新标点，恐怕靠不住；因为我没有弄懂。你懂吗？"。这种亦师亦友的态度也包含在他写信的署名上，总是只写自己的名字"亚子"或"老亚"。他也希望孩子天天给家中写信，但以为这一切都要以快活为前提，即便自己的信，也不希望让孩子厌烦。如他在当年9月30日信中说："你思念家中要我时时写信，这是很可以的。我便天天写一个明信片给你如何？但恐怕你又要讨厌哩。哈哈，我亲爱的无忌，祝你进步和健康。"又在10月9日信中说："但是我要不要每天写信给你，请你告诉我！因为你的讨厌，我就不写。你如不讨厌，我就天天写。随你的便就是了。"同月5日信中说："你说到校以后，天天思念家中。这很不必。家中各人都很好，很用不着挂念。一个人生在世界上，少年时代要读书，成人的时代，要替社会做事情，总不能守着家庭不离开，守着家庭不离开的，便不是有志气的人，这个道理，你须明白。"写信的目的是为了相互关心，有更多的交流。所以他经常督促作为哥哥的无忌要给两个妹妹写信，为二妹改英文信，这不仅使他们都提高了文字水平，还促进了兄妹间深厚、诚挚的感情。

柳亚子对孩子们的发展十分关心，但不是给予压力。面对孩子在学习和思想上的畏难情绪，他总是友善地提出自己的看法。如当时无忌因为未考上理想的圣约翰中学，只得进入同一教会办的较低一级的青年会中学，所以对升班缺乏自信。为此父亲在他入学不久的9月30日信中说："暑假升班甚难，但不必去怕他。你只要尽你的力量去做，肯努力去做，便不升班也不要紧。不肯尽力量去做，就升班也没有什么稀奇的，你知道吗？"见到儿子有了较好的成绩，即鼓励说："国文是三圈，我很快活，比你自己还要快活，你知道吗？"对于儿子为是否加入童子军而举棋不定时，他也把自己听到的利害关系告诉儿子，在10月16日信中说："你的事情，我是向来主张不干涉的，由你自己做主，但是你总要仔细想一下子才好。"

诸如此类的开导，使儿子有了自己的主见，并加倍地努力，最终得到好多奖章和奖状，以第一名获全部奖学金入圣约翰中学。

无忌不仅英文高于上海滩洋学堂的学生，而且数学各项也都十分优异。但是1925年发生"五卅惨案"，他和同学们抗议租界当局的镇压，参与游行，教会竟解散了学校。幸好他在二舅的帮助下，父母倾囊使他破格进入清华学堂高等科三年级。在清华期间，他开始向《语丝》等刊物投稿，介绍英国浪漫派和德国歌德。他又想研究父亲的已故好友苏曼殊的生平和作品，自此开始了父子俩研究苏曼殊的合作；他本人亦有独自著作：评价苏曼殊《潮音集》英文自序，《苏曼殊年谱》，一直到晚年撰写的《苏曼殊传》英文稿，共10多种，这一研究几乎贯于他的一生。

2年后他在清华毕业，得以赴美留学。他获取耶鲁大学英国文学博士学位后，又赴英国伦敦不列颠博物馆深造。1932年4月他与在美国留学的高醴鸿女士结婚，去法、德、瑞、意蜜月旅行后回国，即应约到天津南开大学英文系任教。次年任系主任，广泛罗致人才，扩展课程，加强演剧、办报等社会实践活动，在国难声中造成南开英文系5年鼎盛时期，人称无忌为"开系元勋"。1937年全面抗战爆发，他随校辗转于长沙、昆明、重庆，始终坚持于教育岗位，培养了大批英语人才。其间出版了《曼殊大师纪念集》，诗集《捃砖集》和《印度文学》等。抗战胜利后，他与妻子应约赴美国任教。

亚子每每提起儿子、媳妇，总是夸赞他们是佳儿佳妇。中华人民共和国成立时，亚子很希望儿子一家能回国执教。他在1950年12月18日致无忌信中说："你们回国的问题，我是主张愈早愈好的。现在人家问起我,你在哪儿,我好像很不好意思似的,怎么样好呢?"尽管这样,亚子还是尊重儿子的意见。无忌终究因中美关系恶化而滞留美国。但中国人要在美国大学教英国文学,极易受歧视。他便充分发挥自身兼有西洋文学与东方文学功底的优势,终于开拓出一条向西方传播中国文化的道路,在美国的耶鲁、匹兹堡、印第安纳各大学讲述、研究中国文学和东西方文化的比较,开创了东亚语言文学系,出版了英文著作《中国文学概论》等有影响的著作。正如印第安纳大学校长在给无忌先生的女儿柳光南的信中赞扬其父说:"他在沟通传统中国与现代、中国文化与西方文化所做的贡献,使他的学生和同事乃至整个国际社会获益匪浅。"

无忌有此成就,成为享誉中外的著名学者,正是从另一方面更加理性地继承了乃父率真、特立独行的风格,而这也是柳亚子不拘一格培养子女,不干涉子女选择,唯要求他们行事"总要仔细地想一下子"结出的硕果。

爱女如子,"虎父从来无犬女"

柳亚子对待孩子,绝无重男轻女的思想,他对兄妹 3 个分别昵称为大鼻头、二鼻头、三鼻头;在教育上也无轻重之别,让他的两个女儿跟兄长一样接受完整的现代化教育。她们在家乡上完小学后即被送到上海完成中学教育。1927 年她们陪伴父亲亡命东瀛而失学时,柳亚子亲自给她们上课,因他将全家难得团聚的异国栖身处命名为"乐天庐",所以亦戏称这学习为"乐天大学",讲授的有《左传菁华录》《曼殊诗集》《定庵词》等。他亲自为她们改诗,在父亲的诗文熏陶下，2个女孩也写下自己的随感，后来和哥哥无忌的3篇少年作一起，集为《菩提珠》，卷首题词为"献给我们最亲爱的父母"。（北新书局1931年版）

回到上海后，父亲仍常对她们的诗文提出中肯的意见，父女间总能像朋友般的谈心。如1928年8月他去南京，以中央监察委员身份出席国民党第二届五中全会。其间他给在上海大同中学附中读书的无非、无垢姐妹俩的信中，不满地称这个到处吃喝玩耍的会是"断命的魂灵头会"，可能女儿因此劝他亦可"享福"，他便在8月6日的信中说："你说'有福不享，也是呆子'，此语甚然，我现在正持享福主义，不过良心未死，有时总觉愤懑不平而已。"不过又告诫女儿说："你们年纪都轻，似乎不怕没有福享。现在还是用心读书为是，不必悲天悯人，也不应穷欢极欲，你们以为然否？"就在此信中还不忘批评无垢的诗"三鼻头诗不好，公子美人太俗。大有唱片之风"。正是在这种严格的批评下，女儿的文字进步很快。1930年4月15日他在信中禁不住称赞小女无垢的信："写得很好，很有文学气味。"

由于两个女儿个性不同，父亲的要求便不尽相同。无非比较内向，所以柳亚子更多地鼓励她走出校门，参加社交。如听无非说礼拜天清心学校做的影戏是讲人类互助的，他就怂恿说："人类互助，是应该的事。我很赞成你去看一下，出几个钱呀。"柳亚子夫妇也曾希望学习成绩不错的无非出国留学，"从学问方面走出一条康庄大道来"。但无非却因身体不好而消极地怀疑自己的命运，不敢出国。对此，柳亚子一方面严肃地批评她不该相信命运，但同时他也很犹豫，"我究竟不知道我们对待她的态度是对不对？她到美国去

究竟是幸福不幸福？我日夜在踌躇着"。(1930 年 8 月 6 日致无垢)

后来，无非最终因为身体的缘故，没有完成在美国的学业。不过，她也接受了父亲的批评，不再因相信"命运"而自陷于绝望中。1933 年她回国治病，次年即与在美结识的大哥同学陈麟瑞（字林率，笔名石华父）结婚，找到了自己的终身伴侣。据熟知其夫婿的杨绛说，这是一位少有的忠厚长者，谦和君子，也是一位颇有才华的戏剧家，他先后留学美、英、法、德，回国后在上海暨南、复旦、光华、震旦各大学任教授，曾翻译、改编剧本多种，其创作的《职业妇女》《尤三姐》等演出后颇受好评。柳亚子在多首赠无非、麟瑞诗中，欣慰地夸赞他们美满的婚姻，如 1934 年在杭州杂诗中就有《林率、无非自海上来会，喜占两截》，其一云："跨凤乘龙古艳称，冰清玉润更难能。向平有愿吾粗了，撰杖从游兴踔腾。"

抗战胜利后，陈麟瑞在上海担任联合国国际劳工部中国分部主任秘书。1949 年后从事新闻、编辑工作，曾任《中国建设》副总编辑，全国政协第四届委员会委员。不料，在"文革"中不堪屈辱而身亡。无非面对此大难，坚强地与一子一女共同维持生活，并尽力帮助被摧残的亲友。如当她听说世交陈去病之女、父亲的义妹陈绵祥一家被造反派驱赶，即让儿子君石前去帮忙搬家，后来天气炎热，又请绵祥夫妇离开 8 平方米西晒的小屋去她家小住。改革开放后，无非更是走出小家，不仅整理出版了《石华父戏剧选》，还参与南社与柳亚子研究会的活动，撰写了不少回忆文章；继过去曾和无垢合编《柳亚子诗词选》后，又与无忌、无垢共同署名出版《我们的父亲柳亚子》，与无忌合编了《柳亚子年谱》，并被选为中国妇联委员和全国政协委员。她没有辜负父亲的期望，在历经艰辛后弥显坚韧。

其妹无垢的性格却与姐姐相异，柳亚子在诗文中不时流露出对幼女的格外爱怜。无垢从小就显露出要强的性格和出众的才华。她在中学的学习"成绩都是'最优'"，惹得她老爸在信中大呼"佩服佩服"。（1930年7月29日致无垢信）三兄妹的散文合集《菩提珠》，17篇中她独占9篇，且都富于思想和激情。她很热心各种社会活动，以至乃父在信中不得不提醒她："你为什么这样的'野心'？好好收拾一下，认真读书吧。"（1930年11月11日）尽管如此，仍不能抑制她那活跃的思想。她喜欢在信中与老爸讨论所看的小说中的人物，如对茅盾《虹》和《蚀》中女性的看法；她也因体弱而烦恼，但是年仅十五六岁的她，却要和父亲讨论健康和思想孰为重要？"在现代的中国，学哪一科最好？"她的父亲也乐意在信中和她作种种探讨，细说"所谓'最好'者，是有益于社会乎，抑适宜于自己乎？讲有益于社会，我以为大思想家（包括社会科学家与文学家），大发明家（自然科学家），很难轩轾。讲适宜于自己，也许学实业工程和政法等容易找出路，但亦不免有替人家当奴才的苦痛。（除非你能做一发明家，而现在可以不受人家利用，但这又牵涉到'有益于社会'的一路上去了。）文学不免清苦，但也许高尚一点。我看，这还是讲就自己性之所近，就去学那一科，较为妥当吧。"（1930年11月14日）

无垢后来确实"就自己性之所近"选择自己的生活。其中有一人对他的影响不下于其父，那就是福建才子林庚白。此人也是南社诗怪，自号摩登和尚，素以写性灵、讲星命之学、恃才傲物闻名，虽是国民政府的立法委员，却和柳亚子一样推崇马克思和列宁，所以结为好友，来往密切。他在诗词和生活中对小他整整 14 岁的无垢表示了特殊的关切，如 1932 年 9 月送无垢入北京清华大学社会系学习，又鼓动她去闽西考察等。柳亚子对无垢和林庚白的接近和远行，本也不在意，只是在 1932 年《别兄垢》中，难舍这个能与之"谈兵说艺"的幼女，同时嘱咐芳龄二九的小女不要迷信林庚白所说的："一言记取林庚白，可语人间事本难。"在 1933 年《7 月 5日夜，送垢儿赴闽西，次庚白韵》中，也表达了类似的复杂心情："祥金跃冶愁非福，矛盾中怀意未明。"

后来，柳亚子得知林庚白对无垢的追求，传说他愤怒地杖逐林庚白，直至消除了这非分之想，两人才和好如初。3 年后，林庚白终于追到了一个比无垢更小 2 岁的林北丽，柳亚子还给他们证婚。1940 年林庚白竟在太平洋战争爆发时被入侵的日本军队枪杀于香港，柳亚子从此呼林北丽为淞妹，与她共编《丽白楼诗集》，纪念这位死于国难的诗狂。

面对中华民族的危亡，无垢和千万热血青年一起，参加进步团体的活动。1935 年初被捕，幸得柳亚子四处托人营救，方得释放，同年 9 月去美国求学。在美国期间，她积极介绍中国的学生运动，宣传抗日主张。

1937 年无垢在芝加哥结婚。不料遇人不淑，坚强的无垢独自回国，于是年 9 月 18 日生下一子。恰巧其兄嫂也从天津回沪，3 天后产下一女。时值日本发动"七七"卢沟桥事变和"八一三"进攻上海后，柳亚子即为其外孙和孙女分别取名为光辽、光南，以示光复南北全中国的决心。

柳亚子对爱女的不幸婚姻，既恨无赖人，又痛怜女儿和外孙。他和夫人佩宜担负起照顾外孙诸事。无垢始在上海中华女子职业学校任职，后入上海国际劳工局中国分局任研究员。1939年9月，受邀前往香港任宋庆龄秘书，于是把小儿委托父母照料。柳亚子夫妇对外孙"甚膺钟爱"，又考虑"无忌无男子，余终当抚光辽以承宗祀也"。

　　从无垢1940年给父母的信中可见她对儿子的深切思念，对父母的感激和关心，唯希望不要在经济上给父母增加负担。她感觉在香港的工作比在上海劳工局愉快，坦言和同事间的友善的关系，尤和前来担任保卫中国同盟英文宣传工作的美国人爱泼斯坦很谈得来，甚至产生了隐微的爱情，但由于对方还可能与妻子和好，所以她明白这"算是生活中的一幕小小插曲，又重酿一会人生的悲、喜、爱、温柔、苦恼"。"我相信自己够强壮，能照常生活下去。所希望的，是把心暂时约束在工作上。"（4月7日）她除了日常的工作，还不断翻译小说，"总设法让自己增加自信：看书、译书，在精神上得到安慰"。（9月5日）然而，有时不免觉得自己的生活"的确太孤单一点了。所求不多，只一二个朋友而已，可以散散步，谈谈天"。（9月19日）也许，这和她的做人有关，她自己也明白："像我们这种人，做事太老实，太守信，有时便免不了太吃亏。要守信，但是不必太认真了，在某些地方！然而自己的性子不易改的。"（9月12日）

　　正是出于这样的"性子"，她后来的生活都是在动荡和忙碌中度过。1940年底她接父母和儿子来到香港同住，但是，1年后，她带病陪伴父亲逃离沦陷的香港，跋山涉水，历经半年，才至桂林。

她先在桂林中学高中部任英文教师，1945年，入美国战时情报局工作，继而在重庆将毛泽东的《论持久战》译成英文。抗战胜利后，她带着儿子回到上海，任职于美国领事馆。1949年，她充当宋庆龄和毛泽东、周恩来的信使，将宋庆龄的自由体英文诗《向中国共产党致敬》译成中文，由邓颖超在纪念"七一"的晚会上朗读，并陪伴宋庆龄到北京参加第一届中国人民政治协商会议和开国大典。

1949年后，柳无垢调到外交部政策委员会任秘书长，后又在中华全国民主妇女联合会国际部任联络秘书。1954年参与了宋庆龄文集《为新中国而奋斗》的翻译工作。她曾在给她称之为"亲爱阿姨"的宋庆龄的信中表示自己更有兴趣在中国福利会工作，希望能改变工作和环境。但她后来一直在外交部的政策委员会、研究室和新闻司等部门任秘书科长。也许，这些未能"就自己性之所近"的繁杂工作，加重了生活的孤独感，原有的痼疾越发厉害，使她陷于绝望中，最后竟在49岁壮年时结束了自己的生命。

才华丰茂的无垢和她的父兄一样，为人们留下了丰富的精神财富，著有《现代英语会话》，译著《人类的喜剧》《阿莱罕姆短篇小说集》《大年夜》《再会》及《裘儿》等。

诚如柳亚子经常自夸的那样："虎父无犬女"。无非和无垢都在时代的风云中，显示并发挥了自己的才能。

（写于2009年）

"徽骆驼"陶行知和胡适

陶行知是我国现代伟大的人民教育家,胡适则是我国新文化运动的先锋,这两位在国内外享有盛名的巨人,在人生的道路上竟多有相似之处。其一,他们是1891年同年生的徽州同乡,后来都成为具有儒家风度的学者。其二,他们又都是学贯中西的现代知识分子;20世纪初,同时作为美国现代哲学家、教育家杜威的门生,杜威的实验主义是他们俩终身的治学之道。其三,他们早年在改造中国社会的思想和方法上有许多一致的看法,在新文化运动和教育改革中他们互相支持,相得益彰;为了争取办学和言论的自由,又各自遭到国民党蒋介石政府的通缉和警告。其四,他们性格开朗,不知疲倦,广为交游,擅于演讲。在国难当头时,以抗日救亡为己任,分别接受救国会和政府的委派,作为"国民外交使节",游说世界各国人士,为争取抗日战争的同情和支持,立下了不朽的功勋。其五,他们原都是无党派人士,社会改良主义者,后陶行知因绝望于国民党蒋介石政府,成为一个党外布尔什维克;而努力做一个独立评论人的胡适,最后随国民党出逃大陆,以国民党当局的诤臣终其一生。中华人民共和国成立后,胡适的思想学术遭到声势浩大的系统批判，陶行知则在批判电影《武训传》和杜威实验主义教育思想中陪绑，否定之风波及他的生活教育、活教育的理论和实践。直到"文革"后，人们在痛定思痛的反思中，不仅推翻了强加在陶行知身上的一切不实之词，也开始对胡适的言行和事业做出重新认识和客观评价。

回顾他们俩在人生、思想、事业诸方面执着的追求，包括他们俩最后在政治上的分道扬镳，无不使人感到他们身上都有股强烈的"徽骆驼"精神。有人曾说，天下哲学家没有哪一个是能脱离他的文化传统而从事思考的。陶、胡二人正是渗透了传统色彩的哲人。但毕竟他们是深受西方文明教育的现代学者，又是积极引进外来文化，开拓中国文化新运动的著名人物。本文即旨在探讨这两位徽州人如何在世界文化大潮下，富有创造性地吸收西方先进的思想方法，开辟具有中国特色的文化、教育事业，最后又何以导致思想隔阂、行动歧离。

徽州乡土文化的熏陶

1891年10月18日，陶行知生于安徽省南部黄山之麓——歙县西乡黄潭源村。2个月后，即12月17日，胡适诞生于上海大东门外，襁褓中由父母带往台湾，4岁随母回到离歙县几十公里的老家——绩溪县城西上庄村。

古时，绩溪与歙县、休宁、黟县、祁门和婺源，统称徽州府，故六邑人历来视为同乡。因其地处于黄山群峰和新安江水系的环抱之中，山多水多耕田少的自然环境，迫使徽州人如骆驼般成群结队外出经商。徽商除养家糊口外，又以商养学，继续走学而优则仕之路。儒、商并重的乡俗，产生了众多儒商、徽商，造就了不少富有竞争、创新意识的徽士，形成明清之际徽州文化繁荣的局面：讲学、科举盛行，仅清代休宁一县便有 13 名状元，为全国之冠；更有新安学派、新安医学、新安画派、新安版刻、新安园林，以及徽墨、徽砚、徽剧、徽菜等，享誉海内外。

对徽州文化、思想、学术影响至深至广的，莫过于继承了北宋二程（程颢、程颐）理学大成，被封建王朝封为"徽国公"的南宋大理学家朱熹（晦庵），和被维新派梁启超誉为"发二千年来未所发的清代思想家戴震（东原）"。程朱理学宣扬的宗法观念渗透了徽州的山水，但讲求实效的徽商、徽士也吸收了理学的自然主义宇宙观，注重"格物穷理"之道。乃至清初涌现一批反对宋明理学玄谈的汉学者，兴考据、详博之学，形成以江永（慎修）"不疏园"书院为主体的"徽州朴学"（又称"皖派朴学"），戴震便是其中的佼佼者。他不迷信古人，勇于怀疑，以严密的考证，揭露宋儒鼓吹的"存理灭欲"之说，实为"以理杀人"。这一振聋发聩之声，遍及徽学界，以至后人称道："求是"二字乃徽州学者治学之精神；敢于怀疑，敢于推翻旧籍，则足以表现徽人之特征。陶行知和胡适都以此种乡风自豪。陶行知在答吴立邦小友信中说："我们徽州的土产本来不错，你看朱晦庵、江慎修、戴东原诸先贤哪一位不是土产？"胡适更是在他的学术研究中扬戴颂朱之语不绝。

徽州地方重文化、求实效的乡风熏陶着幼小的陶行知和胡适，深刻地影响着他们后来的立身处世之道。

他们俩出自山乡僻壤，又值家道中落，但都获得读书的机会，接受了严格的儒家教育。陶行知的父亲是一位秀才出身的商人，后破产务农，无力供儿子读书。邻村蒙童馆的塾师见行知天资聪慧，破格免费收为弟子。稍长，行知又不辞路远，常去离家15公里的前清贡生王藻处听讲"四书""五经"，并留下了"王门立雪"的敬师勤读的美谈。胡适的祖辈为上海茶商，其父则是崇奉宋儒的秀才，后官至台东直隶州知州，不幸在胡适5岁那年，殉职于台湾的抗日战争中。守寡的年轻母亲每日天色未亮便训勉儿子遵从父亲遗嘱："努力读书上进。"胡适学习的开蒙课本，即父亲自编的四言韵文《学为人师》，教导"为人之道，在率其性"，"义之所在，身可以殉"，"因爱推爱，万物同仁"，"穷理智知，返躬践实"等理学家"居敬穷理"的功夫；加上慈母身体力行的教化，胡适深得儒家"恭敬自持"的涵养。他好"率性而言"，凡事多有不同意见，亦反对恶言伤人，力求尊重朋友。他的名言是："做学问要在不疑处有疑，待人要在疑处不疑。"他对李大钊、陈独秀、鲁迅等持不同政见者，都抱着诚意的敬重。同样，凡与陶行知交往者，也都感到他是一位既坚持原则，又善于和不同人交往的汇纳百川、包容众家的谦谦君子。他后来在育才学校提出"智仁勇合一"的办学方针，强调"智仁勇三者是中国重要的精神遗产，过去它被认为'天下之达德'，今天依然不失为个人完满发展之重要的指标"。他本人就是智仁勇合一的真善美典型，比"穷理明道"的胡适更为真实地看重"求是践实"。正是出于这种乡土文化潜移默化的影响，使这两位徽士日后成了杜威实验主义在中国最有力的推行者。

他们自小就接受了宋儒不言怪力乱神，不信和尚、道士的训诫。徽州理学家的大门上大都贴有"僧道无缘"的纸条。因此，虽然乡民中也盛行迷信活动，但小小的胡适，自见到范缜的《神灭论》后，便敢于打神像了。少年陶行知更因厌恶和尚利用宗教鱼肉乡民，曾联合同学把寺庙中的木雕菩萨摔入河中。后来他虽然一直在教会学校读书，家中堂屋始终挂着耶稣基督的受难像，但他从未入教。胡适在美国留学时，也曾一度几乎做了基督徒，最后却仍为儒家不迷信的思想所主宰。不过，陶行知始终赞赏奉行耶稣的教士们的博爱思想和献身精神；胡适则随教友派崇仰耶稣的不争、不抵抗的教导。同样，陶行知以佛祖的"我佛不入地狱，谁入地狱"自勉，为超度众生而肩负起任重道远的平民教育；胡适也曾以此语，慰藉自己在抗日之初为避免更多的牺牲而鼓吹不抵抗主义所招致的批评。由此可见，他们都以朴素的自然主义宇宙观否定了宗教消极出世的人生观，因为他们是积极的入世者。这种既不迷信又有信仰的文化倾向，使他们在人生的道路上反对盲目，多有追求。

陶行知和胡适在个人家庭生活上都遵从了旧式的婚姻传统，这在 20 世纪初中国留学生中不可多得，所以颇为人奇怪。其实，这正是徽州的乡俗在他们的婚姻家庭生活中打下的烙印。

徽州是聚族而居的宗法社会，但男子少小便离家学徒经商。陶行知和胡适在十二三岁时都曾一度辍学务农经商，唯因天资聪明而有幸得到资助外出读书。但他们仍得像徽州男子那样，婚事由家乡父母包办。按乡俗，未婚妻可常到夫家服侍公婆；完婚后，丈夫在婚假 3 个月后外出从商，以后每隔 3 年回家探亲 3 个月，直到有了钱才把家眷接出家乡。因此，徽州男子养成"重利轻别离"，"在家靠娘子，出外靠徽帮"的观念。陶、胡二人也不能摆脱这乡俗的影响。他们俩都十分孝顺父母，为了减轻老人的家务和心理负担，不违约成亲，唯竭力赋予家庭新的意识，以减少旧式婚姻所带来的不幸。

陶行知22岁时与同乡女子、他妹妹的同学汪纯宜完婚，次年即渡洋留美，一家老小全靠妻子、妹妹照料。他回国后为开展平民教育，常年奔波在外，他的妻子了无怨言，还接受他的动员，试验家庭连环教学法，帮助婆母、儿子学习"平民千字课"；然因长年生病，于1936年逝世。3年后，陶行知与同乡、学生、上海中法大学药学专修毕业生吴树琴结婚。一首《结婚歌》唱出他的心声："天也欢喜，地也欢喜，欢喜他和你。如鸟比翼，如枝连理，共造新家庭。相敬相爱相扶持，在工作上协力。"他的新妻不仅是他生活教育事业的得力助手，同时又在晓庄研究所从事医学研究；而陶行知为帮助她研制成功治疗疟疾的中药，亲自陪同她访查秘方乃至制作，可谓一对志同道合的佳侣。

胡适的一辈子却以"胡适大名垂宇宙，小脚太太亦随之"而为人或褒或贬。胡适在美国留学时，也曾对慈母在他13岁时订下的亲事委婉地提出意见，要求未婚妻江冬秀放脚读书。怎奈女方年龄已大，很难改变。胡适怕伤母亲和他人之心，只得排除现代女性如美国痴情韦莲司和中国才女陈衡哲对自己的吸引力，接到家乡寄来的江冬秀站在母亲身旁的照片，不由题诗"……归来会有期，与君老畦亩。筑室杨林桥，背山开户牖。辟园可十丈，种菜亦种韭。我当授君读，君为我具酒。何须赵女瑟，勿用秦人缶。此中有真趣，可以寿吾母"，幻想有一个"夫妇耕读和美"的东方式家庭。1917年，已是北京大学教授的他返乡完婚，唯在结婚仪式上，破除了旧式礼节，如向长辈行礼和新夫妇交拜礼，都是以鞠躬代替叩头。他未料因此不断被人大加称赞，以至在1921年8月30日的"日记"上自嘲说："这种精神上的反应，真是意外的便宜。"但也有不少人认为他是为了爱惜面子而委屈了自己。其实他在1923年也曾克制不了情感，与三嫂的妹妹——颇有才华的杭州女子师范学校的学生曹诚英（珮声）发生关系，几成婚变；只因发妻的大吵大闹才割断情丝，忍痛劝情人堕胎，并力荐其赴美国就读于康奈尔大学农学院。曹诚英终成为我国第一位女子农学家，唯遗嘱死后葬于绩溪旺川的公路旁——一条通往胡适故居的必经之路。而"在家靠娘子"的胡博士终与识字不多的小脚太太生死与共，亦因江冬秀是一位难得的刚柔相济，善厨艺、理家的徽州女子。

跟不少徽州人一样，陶行知和胡适都很重视外乡的徽帮组织，和各地的徽州同乡会及大小同乡保持着联系。不过，这种乡帮已不是旧有的无原则的维护同乡的利益，而是发挥集体的力量为家乡、乡人所在地乃至全中国的文化建设做出贡献。他们俩曾多次联合发表对安徽省教育的意见。1923年陶行知还和安徽旅宁同乡会、同学会联合创办安徽公学；1929年又应淮安县徽州同乡会和当地群众之请，委派晓庄师范3位学生前往建立新安小学；他本人多次去各地徽州同乡会宣讲平民教育，致使徽州各县人民纷纷主动开展平民教育活动。

胡适也一贯热情地参加同乡会的活动。早在1918年，他就担任北京绩溪会馆董事。在新文化运动中，他和陈独秀一起协助同乡汪孟邹开设亚东图书馆，成为传播新时代精神文学的根据地。1924年，他与梁启超等发起纪念近代徽州伟大哲学家戴东原200周年诞辰的活动，撰写《戴东原的哲学》《戴东原在中国哲学史上的地位》

等，第一次以现代的历史眼光总结以戴东原为代表的新安学派在反玄学运动中所起的转移风气的巨大作用。他也很重视故乡续修绩溪县志的工作，提出要立"大绩溪"一门，强调若无向外发展的"大绩溪"，小绩溪早已饿死，早已不成局面。

正是这种既尊重乡土的传统文化，又不囿守旧风陋习的人生态度，使陶行知和胡适面对 20 世纪新风新潮，善于把外来的先进思想和传统的优秀文化遗产，在比较中融合。

王阳明、戴东原和杜威

陶行知和胡适的青少年时代正处于中国清末社会政治大动荡中。1905 年，清政府正式废除科举制，就在此前后，他们俩分别在家乡和上海接受"新学"的教育。

失学的陶行知在 15 岁那年，因常去教堂帮母亲做杂务，十分勤快认真，被英国教士唐进贤所看重，允他免费进入崇一教会学校学习。他由此学习了英语和各种近代自然科学知识，同时受到唐教士献身基督拯救人类的博爱精神影响，本能地和他所关心的民间疾苦结合起来，不禁在学校的墙壁上写下自己的誓言："我是一个中国人，我要为中国做出一些贡献来。"毕业后他一度去苏州浸礼会学堂，过着忍饥挨饿的走读生活；后又幸得唐教士的帮助，1909年考入南京汇文学堂文学系预科（1911 年改名为金陵大学）。

在南京，陶行知受到辛亥革命的洗礼。共和思想冲击着被程朱理学鼓吹为"天理"的"三纲五常"：急于改变中国政治、经济、文化落后现状的革命家，反对宋儒"即物穷理""先知后行"的学说，倾向于明末清初的"经世致用"之学，乃至推崇那主张"人皆可以为圣人""圣人可学而可致"的王阳明（守仁）的学说。陶行知也由此开始赞赏并研究王学。他在1914年写的毕业论文《共和精义》中，按自己的理解阐释"王学"，说："阳明予人皆可以为圣贤之义，实隐符近世共和对于个人之希望。"他认为民国后的中国不能实现共和政治的原因，在于国民素质不够，缺乏现代政治意识，以致伪领袖、党祸横暴，人民的意见得不到发表的机会。因此，他呼吁"必昌大于教育"，即要普及教育，也就是王阳明所谓的人人"切己自反""致良知"。从此他信仰王学的"知是行之始，行是知之成"之说，还把自己原名"文濬"改为"知行"，并以此为笔名，在他倡议出版的《金陵光》中文版上发表《金陵光出版之宣言》等多篇鼓舞人心的文章。不过，到1927年前后，他又一反王阳明之意，提出"行是知之始，知是行之成"的看法，1934年便改名为"行知"。从他2次改名中，可见"知"和"行"的关系，一直是陶行知在普及教育中思考的问题。尽管他后来的意见已不同于王阳明，但王学强调善的教育，始终是陶行知追求的目标之一。

王阳明的思想同样启迪着胡适早年的思想。他比陶行知早离开故乡。1903年他便在二哥支持下去上海梅溪学堂读小学，次年转入澄衷中学，增加了对自然科学知识的学习，还在老师引导下读了严复译的英国赫胥黎《天演论》。那时，"物竞天择""适者生存"之语已成知识分子的口头禅，胡适也在二哥建议下，取表字"适之"，并以"适"为笔名，后来便取代了"嗣穈"这个原名。

当时，对胡适影响最大的乃是推崇王阳明的梁启超及其所办的《新民丛报》。后来他回忆说：读了《新民说》，方知在中国之外世界上还有其他优秀民族，同时接受了梁任公的改造国民性思想；读了《中国学术思想变迁之势》，才明白"四书五经"之外，中国还有学术思想，萌发了要做中国哲学史的心愿，开始读中国上古、中古几位非儒教和新儒哲学家的著作。博览，更使他感到理学家程颐所说的"学原于思"是"千古至言"，认为中国国民愚弱的原因，即在于随波逐流，随声附和，不善思想，"独立思想"便成了他日后安身立命的支柱。首先，就反映在对待孟子的"性善说"和荀子的"性恶说"的传统争论上。他颇同意王阳明的"无善无恶，可善可恶"之说。所以他也积极主张以教育来启发智慧。

1906 年，胡适考入革命者汇集的中国公学，又加入"竞业学会"，不久担任白话《竞业旬报》的编辑。这张以"振兴教育、提倡民气、改良社会、主张自治"为宗旨的报纸，成为他锤炼思想、发挥才能的第一个阵地。他在其中发表了众多作品，如宣传地圆说的《地理学》，破除迷信的白话小说《真如岛》等。他不遗余力批判求神拜佛的活动，此乃继承了他那笃信理学的父亲对宗教的怀疑和批评。不过，他的批判武器已是赫胥黎所宣传的以人类经验为实证的社会进化论。这一理论与客观唯心主义的程朱理学有某种相通之点，即都重于理性，所以很容易被从小就爱好"即物穷理"的胡适所接受，乃至形成他后来竭力推崇前辈乡贤戴东原的原因。

胡适日后愈来愈强调戴东原本是躬行理学"致知穷理"的大学者，其功即在于以这种"剖析致微"的治学方法超过并反击程朱理学：认清理学的病根在于不肯放弃那违反人性的中古宗教学，第一个大胆地控诉程朱理学"详于论敬而略于论学"，这恰恰和陆王派（陆九龄、王阳明）嫌程朱论学太多的观点有根本不同。因此胡适

风定落花

在《戴东原的哲学》中强调，尽管戴学和王学都是反程朱的，都认为性无善恶，唯男女饮食而已，但戴东原论性，"却要人'由博学，审问，慎思，明辨，笃行，以扩而充之'，'至于辨察事情而准'，这种纯粹理智的态度是与'良知'之学根本不同的"。胡适即志在做一个戴东原式的"论学明道"的理智主义者。

然而，在 20 世纪初，不论赞赏王学的陶行知，还是信仰戴东原的胡适之，都接受了美国杜威的实验主义。

1910 年，胡适由美庚款官费资助，考入美国康奈尔大学农学系，1912 年改入文学院，1915 年又慕哥伦比亚大学教授、哲学泰斗杜威之名，考入该校研究院专攻哲学。同一年，已获美国伊利诺伊大学政治学硕士学位的陶行知也转到哥大师范学院研究院研读教育学，杜威在此兼教。两位同乡在异国同师一门，倍感亲切，这可见于《胡适留学日记》，其中有 2 幅照片，一幅文字说明："下附图乃杜威先生及安庆吴天滐合影，陶知行（文濬）所摄。杜威为今日美国第一流哲学家，其学说之影响及于全国之教育、心理、美术诸方面者甚大，今为哥伦比亚大学哲学部长，胡、陶二君及余皆受学焉。"另一幅说明："上图右为歙县陶文濬（知行），左为天津张彭春（仲述）。两君皆今日留学界不可多得之人才也。"在现存的陶行知遗物中也保存着当年和胡适等 6 位同学的合影照。

胡适和陶行知缘何都服膺于杜威的实验主义哲学？

实验主义哲学的显著特点之一，是无权威，不仪他。它不承认有先天存在的事物、原则和范畴，提倡人们按实际利益的可能条件进行点点滴滴的实践，一切以效果、功用为验证的根据。这对当时急于学成回国改造社会的中国留学生来说，有相当的吸引力。尤其是像陶、胡这样的早就有志于建立新教育的青年，他们从这一理论中感应到与王阳明"知行说"相通的内涵。胡适后来在《实验主义》一文中就把这一哲学概括为"处处是行，处处是知，知识从行来，知在行里，行即从知来，又即是知"。当时哥大师范学院研究院院长孟禄也说："杜威一派的实验主义，即注重实行之哲学，与王学知行合一之说相同。"当然两者的内涵不完全一样，但东西方文化间，毕竟心有灵犀一点通，这激励着青年陶行知和胡适回国后努力以各种方法实践普及教育的理想。

杜威实验主义哲学的另一显著特点，即它不刻意制造系统的理论，而是把哲学问题归结为方法问题——一种进行哲学思考的特殊方法。胡适曾转述杜威 1910 年在《我们怎样思维》一文中总结的 5 个思考步骤：一、疑难的境地（暗示）；二、指定疑难之点究竟在什么地方（问题）；三、假定种种解决疑难的方法（假设）；四、把每种假定所含的结果一一想出来，看哪一个假定能够解决这个疑难（推理）；五、证实这种解决使人信用或证明这种解决的谬误，使人不信用（试验）。这与陶、胡二人自小接受的徽州学者"怀疑""求是"暗合，更与戴东原的"论学明道"法则一致。后来胡适在《口述自传》中自豪地说："在那个时候，很少人（甚至根本没有人）曾想到现代的科学法则和我国古代的考据学、考证学，在方法上有其相通之处，我是第一个说这句话的人；我之所以能说出这话来，实得之于杜威有关思想的理论。"又说："近十年来我总欢喜把科学法则说成'大胆的假设，小心的求证'。我总是一直承认我对一切科学研究法则所共有的重要程序的理解，是得力于杜威的教导。事实上治学方法，东西双方原是一致的。"他和陶行知正是以这一既新鲜又熟悉的思维术，去思考、开发中国文化教育上的一个个问题。

共创文化教育新运

杜威的实验主义对陶行知和胡适的思想、事业产生的重大积极影响，至少表现在下列方面。

首先，杜威实验主义哲学重实用的价值观，切合徽州乡土重实利的观念，使陶、胡二人既重视功名，又在不同程度上摆脱了中国读书人热衷虚荣的传统心理。所以当1917年他们俩在哥伦比亚大学完成学业后，都没有为最后考取博士学位而滞留美国。那时陶行知已获得哥大政治学硕士和都市学总监资格的文凭，他便抱着"我要使全中国人都受到教育"的宏愿回到国内，受聘于南京高等师范学校，任教育学专任教员。在他回国前，哥大根据孟禄院长的建议，同意为他安排一场争取博士学位的初考，待他回国后搜集有关资料再完成博士论文。可惜他后来在实践中写成的论文《中国教育哲学和新教育》，毁于1920年南高师的一场大火中。鉴于他在中国教育革命方面的举世瞩目成就，1929年10月上海圣约翰大学特授予他科学博士荣誉学位。

胡适却为提前用了博士头衔，生前死后受尽褒贬。其实，他也是一位既重视博士学位，又不为学位所囿的真正学者。胡适毕业时以《中国古代哲学方法之进化史》这一长篇论文参加博士学位的最后考试，但由于主考老师均为异国人，不明他这篇纯汉学论文的价值，只给予"大修通过"，即尚需大修改后来校参加补考。其时，国内北大校长蔡元培已应陈独秀的推荐，拟聘请胡适为教授。所以尽管他当初入哥大，是奔着博士学位而去的，但在考试前，已在致母亲信中强调这几年"颇能读书求学问。即此一事已足满意。学位乃是末事耳"。在前一年1916年1月25日致友人许怡荪信中提出要"为祖国造不能亡之因"，其因即兴教育、树人才。所以在博士考试后的一星期内，即向杜威教授辞行回国。这位年方26岁的归国学子，公然享用他认为理该得到的"博士"头衔，这在当时与死守传统文化的顽固派的斗争中，确实也起到了先声夺人的效果。况且，2年后他出版的那本有划时代意义的《中国哲学史大纲》（上卷），其雏形即是他那篇"大修通过"的博士论文。因此，1927年哥大欣然破例免除胡适的补考，授予他哲学博士学位，此后他所得的荣誉学位，更多至35个。

其实，他们俩在教育实践中已把分数、文凭、学位看破，在用人上不拘一格。陶行知就曾公开号召打破对文凭的迷信，乃至请有实践经验的工人、农民走上讲台。胡适也曾多次录取像吴晗这样的某科考分不够，但学有所长的学生；他还不拘资历，破格聘请自学成才的作家沈从文为中国公学"小说习作"课的教授，收效甚佳。这些都已成为中国现代教育界的美谈。

陶行知、胡适归国后运用实验主义的最大贡献，即在于开创了中国文化教育的新局面。胡适因提倡文学革命，在我国"五四"新文化运动中声名鹊起；又因他首先把"整理国故"和"再造文明"联系起来，创导疑古主义，以实验主义为理论指导，给古代哲学史和传统小说的考证输入科学的精神和方法，写出创纪元的《中国哲学史大纲》（上卷）和《白话文学史》（上卷），成为开一代文化新运的宗师。而他最大的实验，便是对白话诗的试验。因有人以"白话"不能做诗为理由而否定"白话文"，他努力做白话诗，即旨在证明他的假设："白话"可以替代"文言"，且足可以做中国文学一切门类的工具。所以他把诗集名为《尝试集》。

胡适把他提出的"文学革命"概括为"八事"，即一、须言之有物；二、不模仿古人；三、须讲求文法；四、不作无病之呻吟；五、务去滥调套语；六、不用典；七、不讲对仗；八、不避俗字俗语。这在当时和后来都曾被人批评为是形式主义。其实，这"八事"中的一、二、四、五事都与内容有关。不过，胡适考虑问题的方法确实得之于实验主义的"思维术"。他在假设各种解决问题的方法时，力求从实际出发，寻找一种可行的办法。他提出"八事"，主要是针对古文中那些显而易见的已泛滥的程式化的弊病，这在当时有着十分重要的特殊意义。又如他认为若要造成一种有现代思想和现代精神的活文学，必须有活的工具，而且是要一种易行的、规范化的工具，所以他在文字改革中选择以国语为基础的白话文，而不太热心于拉丁字母化，更反对另创一种大众语。从近1个世纪的实践来看，他的思考和主张是符合中国国情和语言文字变迁规律的。

陶行知是胡适提倡白话文运动的积极响应者。读一下他留下的千首诗，即可见他那执着创作白话诗的精神可以和胡适媲美。他们俩做白话诗，都不是意在做诗人，而是以诗言志，并且要让大多数中国人都看得懂。所以他们的诗的优点都在于文字流利、清新、明白，富有韵味，还含有浅近的哲理和谐趣。较之胡适的诗，陶诗还有意吸收民歌体的成分，在内容上更有着丰富的生活气息，并富有浪漫主义激情。所以，陶诗不仅和胡适体同开白话诗之新风，而且独创大众诗歌之先声。诚如陈子展在《最近三十年中国文学史》中评《尝试集》所言，他们的真价值，"不在建立新诗的轨范，不在与人以陶醉于其欣赏里的快感，而在与人以放胆创造的勇气"。

在教育革命的实验中，陶行知和胡适也是志同道合，南北联手并进。在论资排辈的堂堂学府里，这两位年轻的教授都以坚韧的毅力，冲破层层阻力，推出一台台崭新的教学方案。胡适一回国，即在教育部召开的改革大学章程的会议上，建议废除分年级制，采用选科制，吹响了中国学制上的革命。作为"中国新学制"起草委员之一的陶行知，在《我们对于新学制草案应持之态度》一文中，特别指出要避免走模仿他国的老路，应以科学方法考察，创制"适合国情，适合个性，适合事业学问需求的学制"。在他们联合拟定下，终于在 1922 年 11 月 12 日以总统令的形式公布"学校系统改革案"（即"壬戌学制"，定小学初级四年、高级二年；中学六年，三三制或四二和二四为变例；大学四到六年，实行选科制），奠定了民国时期的学制基础，长期应用到中华人民共和国成立后。陶行知又不顾守旧派的反对，率先将南高师全部课程的"教授法"改为"教学法"，为突破中国教学传统迈出一大步，可谓我国新教育的教学合一的起源。

他们俩又是女子教育的积极呼吁者，1920 年春，联合促成北京大学和南高师共同首先开放女禁，招收女生。陶行知更进一步提出中学男女同学，并支持成立女子教育委员会，任副主任职。

在文化教育上，他们俩都很重视提高与普及的问题，但努力的重点又各有侧重。胡适强调北大师生应努力于提高，"创造文化"

"创造学术"，他认为高等教育办不好，低等教育也办不好。他一直努力把我国高等教育提高到世界水平上，为此他多次拒绝各种官职。他在北大工作的 19 年里，除担任过校长外，还做过文学院院长、教务长，并兼任过 5 个系主任。1928 年他又接手濒临破产的中国公学院，进行大刀阔斧的改革。在他的培养下，造就了顾颉刚、傅斯年、罗尔纲、吴晗、吴健雄等一大批日后闻名天下的学者。

陶行知则早在 1918 年讲演《教育研究法》时就阐明高等人才教育与普通教育的关系，指出："完美之人才教育，始能产生正当之国民领袖。""又当以普通教育为根本，以造成健全之公民。"为提高中国的教育水平，他在 1922 年与王伯秋联名提议"创立青岛大学案"，并与蔡元培一起提出"国立大学与省立大学分别设立案"，形成高深学术研究与普通教育事业分头加速并进的局面。他本人则更关心中国的普及教育事业。他引导学生走出校门，进行有关社会教育的各项调查，利用南高师的校舍创办暑期学校；他作为中华教育改进社的主任干事和《新教育》的主编，组织全国教育界分项研究，推广普教方案；他与朱其慧、黄炎培等发起成立中华平民教育促进会，分别在北平、南京成立多处试验性的平民学校；他与朱经农合编的"平民千字课"，发行达 300 万册；他又创造"连环教学法"和"平民读书处"，乃至一家、一店、一班、一庙都成了一个有效的教学单位。胡适很支持他的普教事业，认为自己家中的车夫也可当教员教别的用人，陶行知马上给胡夫人寄去识字课本，动员组织一个包括夫人、公子在内的连环教学的读书处。为了专心于普教工作，他力辞东南大学教育科主任和教育系主任职，拒绝武昌高等师范学校（武汉大学前身）和金陵大学校长职，而致力于创办挽救失学青年的南京安徽公学，积极改造、发展乡村教育，逐渐形成"教学做合一"的教育理论。1927 年，他成立了以培养新型乡村教师为目的的晓庄师范，并以此为中心，开办了新安小学、劳山中学及各级试验性的学园，同时以教育改造乡村，成立晓庄医院、联村救火会等。陶行知的平民教育开创了中国教育的新纪元，影响遍及世界。

不同的反思，不同的追求

陶行知之所以献身于平民教育事业，其一，因为他所推崇的杜威教育理论，系主张发展平民主义的公共教育。杜威强调，平民教育的目的与贵族教育固定的目的不同，它重在应变，所以因材施教，依时势施教，而不是划一机械的，以发展社会上个人的智心精神为最大的宗旨。其二，陶行知从自己的变化中意识到贵族教育的弊病。他在 1923 年 12 月 12 日给妹妹文渼的信中说："我本来是一个中国的平民。无奈十几年的学校生活，渐渐地把我向外国的贵族的方向转移。学校生活对于我的修养固有不可磨灭的益处，但是这种外国的贵族风尚，却是很大的缺点。好在我的中国性、平民性是很丰富的，我的同事都说我是一个'最中国'的留学生。经过这一番觉悟，我就像黄河决了堤，向那中国的平民的路上奔流回来了。"

这一觉悟大概是自小被称为糜先生的白面书生胡适至死都未曾有过的。相反，他和大部分留美学生一样，从杜威对民主、教育和科学内在关系的阐释中，形成了人才贵族主义的观点，以至晚年仍迷恋那富有诗意的留学生生活，以及对美国政治诸如竞选总统之类

风定落花

的无穷兴趣。所以连他晚年的"忘年交"唐德刚为他的《口述自传》记录到此点时，也不禁在注中大发感慨道："就在全美排华最烈之时，也正是胡适之这一辈'庚款留学生'大批来美之时，而这批少爷小姐留美期间，对上层白种美国人，真是桃花潭水，一往情深！而对在此邦受苦难的最下层黄皮肤的自己同胞，却未听过他们说过一句话，或写过一个字！也真是咄咄怪事！"

正是出于对美国学校贵族教育的越来越不同的反思，导致陶、胡二人教育、政治理想的日渐分离。然而，历史却无情地宣判，他们各自的理想在专制的中国都行不通。

1929—1930 年，胡适因与他的"新月派"朋友大谈人权和宪政，触犯了蒋介石国民党政权，上海市党部没收了他们的《新月》杂志，胡适本人则被政府的教育部训令警告。与此同时，陶行知也因晓庄师范实行兼容并包、自由发展的办学方针，形成校内师生各有信仰，分属不同党派。蒋介石政府因忌恨校内有共产党人，便借口学校曾接受与蒋争战的冯玉祥的资助，勒令停办。陶行知也在通缉声中逃往日本。

尽管专制的政治已使陶行知意识到单靠教育救国是行不通的，但他开辟教育新途径的心不死。他考察了日本的教育，感到要破除专制迷信，需在普通大众中宣传科学知识。他在 1931 年潜回国内后，便由《申报》总经理史量才出面支持，开展"科学下嫁"运动，包括创立"自然学园"，编辑"儿童科学丛书""儿童科学指导丛书"等。他又在农村创办了按农民不同农活组成的多种教育活动形式——山海工学团。他继续实验"小先生"制，支持新安小学的学生组成"新安旅行团"，边宣传抗日，边学习知识，行遍半个中国。在抗战时期，他推行国难教育，为抢救有特殊才能的幼苗，他创办因材施教的育才学校。战后，他又计划开展"社会大学"运动，欲创建一个 400 万学生的真大学。

胡适却在教育普及问题上与陶行知的分歧越来越大。最明显的是 1935 年 1 月 6 日胡适在香港华侨中学的演讲，报载他在讲话中说："我说东亚大陆有一个地方可以强迫教育普及的，便是香港。因为香港这地方有钱，治安也好，接近外人，可借镜的地方很多。"胡适的看法有一定的道理，但论调过于片面。陶行知不禁作《胡适的普及教育理论》，愤激地批判这种论调简直是要"先把中国一起变成香港"这样的殖民统治地。陶行知的原则是：没有钱也要想尽办法把教育搞上去。他在 1934 年就曾提出："要想普及教育，也得学武训。"1941 年当育才学校面临物价飞涨、反动派压迫的艰苦局面，陶行知号召师生做集体的新武训，获得各方支持，创造了坚持开办私立进步学校的奇迹。然而，对诸如此类的向少年儿童过分宣传武训精神的做法，鲁迅曾作杂文《难答的问题》，提出自己的困惑；1949 年后，也曾遭批判。

对立的思路，相通的精神

有人认为导致陶行知和胡适在教育思想和政治追求方面最后分道扬镳的原因，是由于陶行知对杜威实验主义的否定。事实上，如前所述，杜威实验主义最本质的内容，如思维术、平民主义教育观等，始终为陶所遵循。而且世人公认他最能体现实验主义哲学所强调的行动、实践、生活的意义，正是由此形成了他和胡适等其他实验主义者不同的思路。他们的分歧究竟是什么？

　　实验主义有一条重要的原则，即提倡以点点滴滴的改良来推动社会的进步。所以，杜威提出"教育即生活，学校即社会"，企求以教育改造生活和社会。陶行知却从实践中看到教育脱离不了现实的生活和社会，社会的中心问题已成为学校的中心问题。1929年他在晓庄师范的寅会（晨会）上总结自己如何从现代教育思潮的中流——杜威的教育理论中转化出来的，他说："我陪着这个思潮回国，八年的经验告诉我说'此路不通'。在山穷水尽的时候才悟到教学做合一的道理。所以教学做合一是实行'教育即生活，学校即社会'碰到墙壁把头碰痛时所找出来的新路。现在我把它翻了个筋斗，改为'生活即教育，社会即学校'。"也就是说，不再是被动地采取点点滴滴的改良去适应恶生活、恶社会。他还举出杜威本人在1928年参观苏联回去后，主张也有所改变，因为这位教育家已感到"美国是一个资本主义的国家，他们是零零碎碎的实验，有好多教育家想达到的目的不能达到，想实现的理想不能实现。然而在苏联，已经有的达到了，实现了"。由于陶行知已把他所创办的晓庄师范和其他学校看作改造社会的革命工作的一部分，尽管他不是一个共产党人，也反对党化教育，却支持校内共产党人的革命活动。

　　而胡适最不能容忍的便是马克思主义和无政府主义对学校的影响。尽管他始终真诚地敬重共产党人李大钊、陈独秀等，他本人在1926年7月也曾去莫斯科作了为期3天的参观，对苏共和人民建设新俄的热情和意志的专笃，"不能不十分顶礼佩服"。对苏俄的教育尤多赞叹，如在给友人张慰慈的信中说："我看苏俄的教育政策确是采取世界最新的教育学说，作大规模的试验。"又说："我是一个实验主义者，对于苏俄之大规模的政治试验，不能不表示佩服。"但在10月14日致徐志摩信中又强调"我是不信'狄克推多'（引者注：'专政'的英语译音）的"。鉴于对马克思主义无产阶级专政的否定，他坚持走"论学明道"的路，认为"我们要救国，应该从思想学问下手，无论如何迂缓，总是逃不了的"。所以，他虽然也和陶行知一样主张学校思想教育应该兼容并包，自由发展，但反对任何党化教育，一旦学校发生反对腐败政府和帝国主义侵略的风潮时，他便归罪于马克思主义和无政府主义者的煽动。早在1919年五四运动发生的次日，他特地撰文号召"多研究些问题，少谈些主义"，由此挑起"问题与主义"的论争。此后每遇学生运动，他不是超然于外，便是强调"读书救国"。"九一八"事变后，面对民族生死存亡的紧急关头，他在《领袖人才的来源》一文中依然坚持说，要救国，"只有咬定牙根来彻底整顿教育，稳定教育，提高教育的一条狭路可走"。所以不论对北洋政府还是国民党当局，他始终一心指望政府发展教育，专家治国，以促进民主政治的实施。1922年，他曾联络16位大学教授和社会名流，签名发表宣言《我们的政治主张》，其一即建立"好人政府"，直至1930年代，他还不断老调重弹。

陶行知原也是主张"好人政府"的签名者之一，但很快就失望了。他曾在1937年作的《好人政府最后之一幕》中回顾说，后来签名者中的王宠惠、罗文干、汤尔和分别做了北洋政府的国务总理、财政总长和教育总长。这时"好人们"以为时机成熟，便组织几次政治讨论会。一次，胡适要求王总理宣布他的大政方针和计划。王宠惠却发了一大套牢骚，最后大声说："胡适！你要我计划，我没有计划！没有计划，就是我的计划……"最后不欢而散。好人政府不久也以失败而告终。后来唐德刚在《胡适杂忆》里一语中的指出："其实胡先生的政治言论在理论上和实际上都是相当空泛的，甚至是一些没有经过'小心求证'的'大胆假设'！"对胡适这样的好在书斋客厅里生搬西方现代文明政治遑论国事的留学生，陶行知在《留学生治国》一诗中讽刺他们"好比请乡下人吃大菜"："乡下佬，吃大菜，刀儿当做筷。我的妈呀！舌头去了一块。"

他们对中国的社会问题和解救的意见越来越格格不入。如1927年8月26日胡适作《拜金主义》，认为"一切罪恶差不多都缘于贫穷，所以当今的要务是充分提倡拜金主义，提倡人人要挣饭吃"。陶行知看了即写信给他，指出："我赞成你提倡人人要挣饭吃，决不承认人人能挣饭吃是'拜金主义'……适之，我不愿意你做'拜金主义'的教主，倘使你以为我是'迷了心头'，还请你指点。"又如1930年胡适作《我们走哪条路》，宣扬中国真正的敌人既不是帝国主义，也不是封建主义，"我们的真正敌人是贫穷，是疾病，是愚昧，是贪污，是扰乱"。次年，陶行知作《贺胡适先生四十岁》，批评他"明于考古，昧于知今，拉着五个小鬼，放走一个大妖精"。

胡适何尝没有看到鸦片战争以来列强对中国的侵略，他的言论乃鉴于跟他国的比较。1930年7月29日他在答梁漱溟信中说："帝国主义者三叩日本之关门，而日本在六十年之中便一跃而为世界三大强国之一。何以我堂堂神州民族便一蹶不振如此？此中'症结'究竟在什么地方？岂是把全副责任都推在洋鬼子身上便可了事？"他表明自己的根本主张："只是责己而不责人，要自觉的改革而不要盲目的革命。"

胡适的思想表现形式看似十分矛盾，无论在内政外交问题上，都呈现出"争"和"不争"两个负面。如对国内问题，他力争做"独立评论人"，他一生致力于鼓吹宪政、民主、自由和人权，然而一旦个人遇到政府的压迫，不论是1930年受到国民党政府的警告，还是1956年他所支持的《自由中国》发行人雷震被台湾国民党当局逮捕，他都采取了无可奈何、偃旗息鼓的态度。同样，他一贯恨中国人不争气，不自强，不作彻底的反省改革，但又反对国人的武力抗争，暴力革命，力主教育促文明，以求文治。

在对待日本帝国主义的侵略上，胡适更是从留学生时代起，长期主张"不争"的"不抵抗主义""和平主义"政策，唯寄希望于国际联盟的调解。1932年3月12日作《日本人应该醒醒了》，更幻想于日本军国主义放下屠刀，文中说："是的，日本决不能用暴力征服中国。日本只有一个法子可以征服中国，就是悬崖勒马，彻底停止侵略中国，反过来征服中国民族的心。"这种委言相劝，引起舆论界的普遍批评。瞿秋白以鲁迅的笔名何家干发表杂文《出卖灵魂的秘诀》，讽刺"胡适博士不愧为日本帝国主义的军师"。胡适文章的主题也许是说明中国民族是决不会在暴力下屈服的，所以日本只有走议和之路。他曾多次解释自己为什么唱低调，是鉴于当时中国的实力与日本太悬殊，如1933年4月11日在《我的意见也不过如此》（答徐炳昶）中说："我不能昧着我的良心出来主张作战……我极端敬仰那些为祖国冒死拼命作战的英雄，但我的良心不许我用我的笔锋来责备人人都得用他的血和肉去和那最残酷残忍的现代武器拼命。"事实上他也未丧失民族气节。他为抗日战死将士的公墓撰写碑文，歌颂他们是"中国好男子"。1937年7月卢沟桥事变后，他意识到和谈无望，在"敌氛日深，受逼日甚"的困难时，他毅然受命奔走于欧美各国，力争世界人民对中国抗日战争的同情和支持。并且违背自己"不谈政治""不入政界"的誓言，于1938年7月出任驻美大使，用他自己的话讲："做了过河卒子，只能拼命向前。"

胡适在《口述自传》中曾分析自己"不争"思想产生和发展的过程。他说自己在19岁时，便深受老子"不争"和墨子"非攻"的影响，即以柔克刚，以非攻反好战。在美国留学时又接受了"不抵抗"的基督教义和"世界主义""新和平主义""国际主义"的思潮影响，深信杜威所说的"在一定条件下，消极的抵抗比积极的抵抗更有效"。由此可见，胡适的消极抵抗，非为不抵抗，而是作坚韧的长期的抗拒。

胡适这种柔韧性之秉承，更可见于他1936年1月9日致周作人的信，他说："生平自称为'多神信徒'。我的神龛里有三位大神：一位是孔仲尼，取其'知其不可而为之'；一位是王介甫，取其'但能一切舍，管取佛欢喜'；一位是张江陵，取其'愿以其身为蓐荐，使人寝处其上，溲溺垢秽之，吾无间焉，有欲割取我身鼻者，吾亦欢喜施与'。"胡适正是以孔子、王安石、张居正这3位古代政治家为楷模，抱着积极的、乐观的、有为的、入世的人生态度，不管自己的思想、观点能否为世人所接受，他始终如一地执着宣传，保持着思想和行动的一贯性和稳定性。他在1953年1月为绩溪旅台同乡会所写的题词"努力做徽骆驼"，不正是他自勉的心声吗？

这种"徽骆驼"精神，也体现在陶行知身上，唯神形俱异。胡适的外表爱热闹，谈笑风生，实际上如唐德刚所言，"是一个冷静到毫无火气的白面书生"。而凡是认识陶行知的人，都会有茅盾所感到的那样，初见以为是位古板的老先生，来往多了，便知他本质上是个"浪漫诗人"。他充满理想，兼有儒家的谦逊，墨家的兼爱，基督的亲民、爱民、救民的思想。他提出教育的最高目的，"止在人民幸福"，由此产生鲜明的爱憎观念。为了普及教育，他抛弃个人名利，甘愿自讨苦吃，以致他那些留洋的同学称他是"迷了心头"的"陶呆子"。但他不屑讥笑，不畏艰难，一往直前，充满了牺牲精神和苦干实干的坚韧性。世评陶行知最能体现杜威实验主义创造的真谛。杜威曾称赞他说："陶行知是我的学生，但比我高一千倍。"这位不问政治的老学者也受到陶行知的影响，多次主动联合爱因斯坦等世界知名人士致电蒋介石，强烈要求撤销对陶行知的"通缉令"，释放"七君子"；还联名发表宣言，声援中国抗战，谴责日本侵略，呼吁对日禁运。

陶行知曾在《题黄山游记》中写道："人生为一大事来，丈夫志在探新地。"他在赠绩溪某同伴《游牛首山》诗的"注"中说："吾乡称绩溪人为绩溪牛，人以为侮辱，我以为是尊敬，因为牛是农家之牛，没有牛，我们那里来的饭吃呀。"他一生甘愿做人民的牛。

1946年7月25日，人民教育家陶行知为推进民主和教育，日夜奔波而又身受反动派的高压，终因劳累过度，患脑溢血逝世。16年后，作为台湾"中央研究院"院长的胡适，因发表《科学所需要的社会改革》而遭到各方围剿，最后竟在欢迎新院士的五代同堂的酒会上，激动过度而猝然谢世。尽管他们的理想和事业，至今尚未在神州大地完全实现；他们的思想和行动，在过去、现在和将来，也未必成为人们的共识；但他们那种独立特行的追求，长途跋涉的"徽骆驼"精神，必将促使人们不断深入地去思考他们身上所具有的传统和现代的两个文明；他们在实践中的经验和教训，则将伴随中国人民去实现几代人梦想的真正现代化。

（初稿于 1990 年代，修改于 2017 年 7 月）

文坛双星——鲁迅和茅盾

世人说，"英雄所见略同"，中国现代文坛上的两颗巨星——鲁迅和茅盾，恰恰应了这句名言。说来也巧，他俩都是我国著名的文化之乡浙江省人，只是茅盾小鲁迅 15 岁，他的家庭环境、生活经历、思想气质以至个性习惯、创作风格都和鲁迅不尽相同。然而，无论是在早期或晚年，不管是在文学事业或政治斗争中，他俩经常勠力同心，互为辉映；他们的友谊，也在长久的相互支持中与日俱增。

志同道合的新文学之友

茅盾和鲁迅第一次见面，是在 1926 年 8 月 30 日，因鲁迅由北京赴厦门途经到上海，郑振铎设宴，茅盾是陪客之一。《鲁迅日记》载有此事。据茅盾回忆，那天在宴席间，他们俩只是寒暄几句。其实，在此以前，他们早已是开创新文学的同志。

鲁迅和茅盾最初发生关系，应回溯到 1921 年文学研究会成立时。研究会的发起者有沈雁冰（茅盾）、郑振铎、叶绍钧、周作人

风定落花

等 12 人，宣言由周作人起草，据说经鲁迅看过并修改。然而鲁迅始终不是该会成员，那时他任北洋政府教育部佥事，政府文官法规定，各部官员不能参加社会上的各种团体。尽管有这样的阻碍，但鲁迅那意在"揭出病苦，引起疗救的注意"（《南腔北调集·我怎么做起小说来》）的创作目的，与该会"为人生的艺术"主张是基本一致的。他们都深恶先前的称小说为"闲书"，反对把文学当游戏，对"为艺术的艺术"也不以为然。因此，他很自然地和文学研究会发生了密切的联系，其主要联系人之一就是茅盾。

作为文学研究会代用机关刊物《小说月报》主编的茅盾，在研究会成立之初，即本能地把鲁迅视为该会的重要成员。1921 年《小说月报》第 12 卷第 2 号所载同年 1 月 10 日茅盾致郑振铎信，就是一个例证。在这封信中，茅盾强调《小说月报》"如欲求创作之真为创作，并发挥我们会里的精神"，必须有严格的审稿。他提议：

> 此后朋友中乃至投稿人之创作，请兄会商鲁迅、启明、地山、菊农、剑三、冰心、绍虞诸兄决定后寄申，弟看后如有意见，亦即专函与兄，供诸同志兄审量，决定后再寄与弟。

其中提的审稿人除鲁迅外，都是文学研究会成员，而鲁迅却列于众人之首。由此可见茅盾已完全把鲁迅视为同志，并十分重视鲁迅在文学研究会中的作用。

鲁迅和茅盾的通信，则起于 1921 年 4 月。那年周作人去北京西山养病，文学研究会主要负责人茅盾的来信均由鲁迅转复；同时，鲁迅本人也开始接受茅盾自 1920 年末连续发出的约请，为

《小说月报》撰稿，并成为它的强有力的支持者。

鲁迅最早寄给《小说月报》的是译稿，即俄国阿尔志跋绥夫的《工人绥惠略夫》。接着在该报号外《俄国文学研究》中发表了所翻译的同一作者的小说《医生》。阿尔志跋绥夫的这几篇"革命的故事"，茅盾也很喜欢，虽然他对这位作家的创作和鲁迅的看法略为有别。鲁迅早期颇欣赏被人称为颓废主义文学代表的阿尔志跋绥夫，其原因就跟他爱好具有伤感情绪的象征主义作家安特莱夫一样，认为其作品是"如实描出"，其作风本是"时代的肖像"，最重要的是作者是一位有着锐敏感觉的"描写现代生活的作家"。所以他连续翻译阿尔志跋绥夫的作品，同时也明确指出他的著作"是厌世的，主我的；而且每每带着肉的气息"（《幸福·译者附记》，载于1920年12月《新青年》月刊第8卷第4号），以及其他一些缺点。茅盾则在推崇这类作家时，更多地强调上述缺点，认为他们的作品是属于"讽刺体的及主观浓的作品"，"给现在烦闷而志气未定的青年看了，要发生大危险——否定一切"，因此，他主张翻译时要少取这类作品，"多取全面表现的，普通呼吁的作品"。（1920年12月31日致周作人，载于1921年《小说月报》第12卷第2号）

尽管两人的选译原则稍有不同，但他们的翻译目的却是完全一致的。鲁迅"别求新声于异邦"（《坟·摩罗诗力说》），是为了唤醒中国人民的觉醒，茅盾也是要"借外国文学作品来抗议，来刺激将死的人心"，"足救时弊"。（《介绍外国文学的目的》，载于1922年8月《八学旬刊》第45期）因此，他们俩都既重视创作，又看重翻译，在介绍上重于19世纪的俄国文学、被压迫民族的文学，以及19世纪各国的批判现实主义作家的作品。共同的文学理想，使茅盾很快把鲁迅引为志同道合者，《小说月报》第12卷第10号，就是他和鲁迅兄弟最初的友谊结晶。

　　1921年7月20日，茅盾致函周作人，提出："《小说月报》十月号拟出一个'被压迫民族号'。"敦请周氏兄弟酌定名称并译文介绍。这一建议获得鲁迅的积极响应，他应承翻译《近代捷克文学概论》。但由于原文艰深，工作很不顺手。8月29日，他在给周作人的信中叹道："我大为捷克所害，'黄胖舂年糕'，'头里忒罗卜'。"意思是吃力不讨好，自己也有些茫然不知所以。9月4日致周作人信中又谈到茅盾还约他译《小俄罗斯文学概论》，自己"实在已无此勇气矣"。不过，这仅是感慨而已。事实上，为了实现出版这一专号的计划，他不仅竭尽全力完成了上述2篇，而且提供了自己所译2篇小说，即芬兰明娜·亢德的《疯姑娘》和保加利亚跋佐夫的《战争中的威尔珂》，还分别写了"译后附记"。此外，他又为这一专号中的周作人译著查资料、改稿、抄写、校对。3个月后，被正名为"被损害民族的文学号"如期与读者见面了。其中共收译文17篇，周氏兄弟占8篇，茅盾及其弟沈泽民占7篇。其出版之迅速，内容之丰富，无不凝聚着鲁迅和茅盾的心血和汗水。

　　如《小说月报》这样集中、广泛、声势赫赫地刊登被压迫民族的文学，在中国期刊出版史上是头一遭。其意义如鲁迅后来所总结的，这些作品虽然离无产者文学还很远，大抵是叫唤、呻吟、困苦、酸辛，至少，也不过是一点挣扎，但已经招来了反对"为人生的文学"的人们的围剿，"然而还是有着不少共鸣的人们，所以它在中国仍然是宛转曲折的生长着"。（《南腔北调集·〈竖琴〉前记》）1935年，茅盾所译的弱小民族短篇小说集《桃园》，作为

"译文丛书"出版时，鲁迅亲自为其校字。正由于两位文化巨人都致力于对被压迫民族文学的介绍，使这些被人轻视的小国文学在中国产生了巨大的影响，给中国现实主义文学的肌体输入了健康的养料，促使中国的新文学更自觉地和本民族的解放运动结合起来，并成为中国现代文学发展的主流。

不谋而合的战略战术

鲁迅和茅盾的友谊，也是建立在与反动文化共同斗争的基础上的。他们都十分关心现实的斗争，参战及时，对各种派别的文化逆流的本质有着一致的认识，所制定的作战方针常常不谋而合。

如文学研究会在成立后不久，即遭到"学衡派"的进攻。"学衡派"是一批从欧美留学归来的东南大学教授，他们标榜"学贯中西"，强调"昌明国粹，融化新知"，反对新文学，鼓吹所谓的"国粹"。就在他们的高论出现之初，鲁迅和茅盾便不约而同地抓住了他们自炫渊博的特征，采取相似的以子之矛攻子之盾的战术，予以致命的打击。1922年2月9日，鲁迅发表著名的杂感《估"学衡"》，以犀利的笔锋，剖析"学衡派"所作的古文中文理不通的毛病，一下子就"估"出了这批"于旧学并无门径"，却要"张皇国学"的"假古董"的铢两。12天后，茅盾发表的《评梅光迪之所评》一文，则从"西学"方面，揭露"学衡派"企图卖弄"洋典故"来论证其复古的理论，却处处暴露了自己对西欧文学的无知和妄说。鲁迅和茅盾与"学衡派"的初次交锋，即以各自精深的学识，揭出这批中西杂糅，貌似不偏不倚的"学者"，原来只是文理不精，适应北洋军阀政府政治上复辟需要的新复古主义分子。

鲁迅和茅盾对"五四"以来文化逆流本质的考察，始终不离中国的国情。他们既讽刺其腐朽性，又悉知其有着反动政治力量的支持和根深蒂固的社会基础，所以他们在战略上是极端藐视守旧的顽固分子，但又十分重视战术，尤其注重实力的较量。这一显著的特点，也表现在对鸳鸯蝴蝶派的斗争中。

鸳鸯蝴蝶派是民初上海出现的一种文化派别，尽管其经典作品也含有进步思想，但基本意识是视小说为"闲书"，表达现代都市商业文化中病态的小市民阶层的艺术趣味。与这一派的斗争，是茅盾和文学研究会主要成员早期活动的一个重要方面。鲁迅和他们站在同一条战线上，写的批判文章富有启发性。对《小说世界》的批判即为一例。

《小说世界》是鸳鸯蝴蝶派在1923年1月出版的一种杂志。它在商务印书馆当权的保守势力掩护下，取得一些新文学的稿件，企图鱼目混珠地杂售旧小说。它的出笼，使旧小说似乎一时间大显神通，倾销泛滥。这引起了新文学工作者的愤怒和担忧。

怎样才能战胜《小说世界》？对这个问题鲁迅有独到的看法，他在1月15日《晨报副刊》的通信栏，发表了一封题为《关于〈小说世界〉》的信。信中首先揭示："凡当中国自身烂着的时候，倘有什么新的进来，旧的便照例有一种异样的挣扎。"《小说世界》企图借助于白话文来推销腐朽的旧小说，以对付新的《小说月报》，这正是鸳鸯蝴蝶派在穷途末路中的挣扎，其性质"已由他自身来证明"。同时又强调，对它的危害也不必过分夸大，以为它的出笼就要毒害中国青年和社会了。因为鲁迅并不孤立地去认识这一刊物的性质，他明白这是旧中国土壤中的必然产物，与《小说世界》气类相同的在"国内非常多"，即使没有它，也足以使中国人堕落，因此必须从根本上战胜它。鲁迅指出："新的年青的文学家的第一件事是创作或介绍，蝇飞鸟乱，可以什么都不理。"

以实际的成绩来战胜旧势力，是鲁迅的一贯思想，对待没有什么理论，影响却广的旧小说，更其需要发表大量中外优秀的新小说，以争取读者，提高中国人民的思想水平和欣赏水平。鲁迅本人就是以其特有的创作，显示了文学革命的实绩。他的小说和杂文，从内容到技巧，都对中国社会起到振聋发聩的作用，影响了整整一代人。翻译外国文学和引进新的绘画艺术，也是他毕生致力的一项工作，其成果几与创作相等。他还积极扶植青年作家的创作和翻译，鲁迅所创办的、支持的文艺社团及刊物，也居现代作家之首，而且这些社团都成了击退旧文化的有生力量。

茅盾和鲁迅一样，在与鸳鸯蝴蝶派的斗争中，也十分注重双方实际力量的对比，他写了不少论文，揭露旧小说在技术上的种种弊病，更在实际工作方面取得了对鸳鸯蝴蝶派的决定性胜利。是他抓住战机，打进旧小说盘踞了 10 年之久的顽固堡垒——《小说月报》；是他以大刀阔斧的魄力，灵活的战术，在 1 年时间内，把《小说月报》彻底革新，办得卓有成效，畅销全国，以压倒优势战胜了旧小说，成了新文学运动的重镇之一。这一时期，他一方面坚持倡导现实主义的创作原则；另一方面又广泛地介绍东西方各种文学流派，以便对文学艺术进行系统的研究，使新文艺吸收多种养料，救治旧文学造成的种种流弊。他对国内出现的新小说的及时介绍和中肯的评论，有力地支持了新进的年青作家的创作，对发展现实主义新文学具有一定的指导意义，也造成了他日后巨大的文学成就。茅盾正是以自己的业绩敲响了旧小说的丧钟，因此，他在当时文坛上赢得了很高的声誉，成为中国新文学的开拓者之一。

在和守旧的文化进行斗争的时期，鲁迅和茅盾并没有什么通信联系，两人分居南北，地各一方，但共同的文学主张，相似的社会政治理想，使他们采取了一致的行动，协调作战，大大推动了"五四"以来的新文学运动。

相得益彰的创作和评论

就在他们共同为发展新文学而呐喊的过程中，茅盾深为鲁迅的创作而倾倒。1921 年，他在《评四五六月的创作》一文中，称赞鲁迅前一年创作的《风波》，是"把农民生活的全体做创作的背景，把他们的思想强烈地表现出来"的佳作。他又说，在四、五、六这3 个月的创作中，最佩服的是鲁迅的《故乡》，他准确地分析了作品的中心思想，并说自己怀着和鲁迅同样的理想，"盼望这'新生活'的理想也因为'走的人多了，也便成了路'"。茅盾的评论和鲁迅的创作都执着一个强烈的愿望，要在荆棘遍布的旧中国开辟一条新的生活道路。

共同的愿望，以及对鲁迅创作现实意义的深刻认识，促使茅盾渴求鲁迅的创作。在近年发现的茅盾致周作人的一批信件中，有不少是他转托周作人代向鲁迅索稿的内容，其中恳切之情溢于言表。如 1922 年 6 月 6 日信中写道：

鲁迅先生如有创作，极盼赐下。《月报》中最缺创作，他人最不满意于《月报》之处亦在不多登创作，其实我们不是不愿意多登，只是少好的，没有法子。所以务请鲁迅先生能替《月报》做一篇。

鲁迅爽然应诺，《端午节》《社戏》《在酒楼上》等小说即在《小说月报》发表。由此可见他们当时为发展我国现实主义的新文学，亲密无间的合作关系。

茅盾又是以笔墨去积极支持和维护鲁迅创作的第一个人。除上述他对《风波》和《故乡》的评价外，他也是《阿Q正传》创作的最早捍卫者。

当鲁迅的《阿Q正传》在《晨报副刊》出现时，一方面引起了上层社会中各种人物的恐惧和不安，以为在揭自己或某人的隐私，同时在评论界也发出了种种议论，毁誉不一，称赞的也仅仅认为它是一部讽刺小说而已。如在它尚未全部发表完时，有一读者给《小说月报》写信说，《阿Q正传》也算不得完善的作品，因为鲁迅的笔"太露锋芒了，稍伤真实，讽刺过分"。对此，茅盾即在该报第17卷第2期《通信栏》中回复说：

《阿Q正传》虽只登到第四章，但以我看来，实在是一部杰作，你先生以为是一部讽刺小说，实未为至论，阿Q这人，要在现社会中去实指出来，是办不到的；但是我读这篇小说的时候，总觉得阿Q这人很是面熟，是呵，他是中国人品性的结晶呀！我读了这文章，忍不住想起俄国龚伽洛夫的 Oblomov

（引者按：即冈察洛夫的《奥勃洛莫夫》）了！

　　而且阿Q所代表的中国人的品性，又是上中社会阶级的品性！

　　从现有的资料中，我们看到正是茅盾，首先把鲁迅这部现实主义杰作的创作思想比较准确地介绍给了读者，沟通了读者和作者的心灵，使鲁迅的创作更快更广地发挥作用。

　　对阿Q的典型性问题，茅盾曾多次谈到，在提法上也略有不同，这些都说明茅盾一直在思索产生阿Q性格特征的社会土壤。其目的也和鲁迅一样，是要医治造成这品性的病根。因此，他的一些见解总是那样发人深思。如在《读〈呐喊〉》中，他说：

　　　　我又觉得"阿Q相"未必全然是中国民族所特具，似乎这也是人类的普通弱点的一种。至少，在"色厉而内荏"这一点上，作者写出了人性的普遍弱点来了。

这一看法不是已在世界上引起了共鸣，已成为世界研究《阿Q正传》的一个重要课题了吗？

　　就在《读〈呐喊〉》这篇文章中，茅盾又一次以正确的阐述，捍卫了鲁迅创作《阿Q正传》的意图。当时有不少人认为《阿Q正传》对于辛亥革命侧面的讽刺，是作者抱悲观主义的缘故，茅盾断然否定了这种看法，指出：

　　　　这正是一幅极忠实的写照，极准确的依着当时的印象写出来的。作者不曾把最近的感想加进他的回忆里去，他决不是因为感慨目前的时局而带了悲观主义的眼镜去写他的回忆；作者的主意，似乎只在刻画出隐伏在中华民族骨髓里的不长进的性质，——"阿Q相"。我以为这就是《阿Q正传》之所以可贵，恐怕也就是《阿Q正传》流行极广的主要原因。不过同时也不免有许多人因为刻画"阿Q相"过甚而不满意这篇小说，这正如俄国人之非难梭罗古勃的《小鬼》里的"丕垒陀诺夫相"，不足为盛名之累。

茅盾真不愧是鲁迅著作的知音。鲁迅写《阿Q正传》，不正是如他在《俄文译本〈阿Q正传〉序》中所说，"要画出这样沉默的国民的灵魂"，要写出在他"眼里所经过的中国的人生"吗？需注意，茅盾是在鲁迅自叙这些创作意图的前两三年就写下了上述的精辟见解。恰如鲁迅曾在该《序》中所说："看人生是因作者而不同，看作品又因读者而不同。"茅盾之所以能和作者鲁迅的思想相通，是因为他们对中国的社会和人生有着共同的认知。

茅盾的《读〈呐喊〉》也是第一篇全面评论《呐喊》的文章，发表于《呐喊》出版后的第3个月：1923年10月。其影响还在于他比同时期的人更准确地点明了这部小说集的意义。在这篇文章中，茅盾欣赏、惊叹鲁迅创作的现实主义精神和创造的新形式，指出，《狂人日记》是一部"前无古人的文艺作品"，使"久处黑暗的人骤然看见了耀眼的阳光"，"中国一向自诩的精神文明第一次受到了最'无赖'的怒骂"。茅盾十分精确地估计了《狂人日记》对青年的影响，"分明给青年们一个暗示，使他们抛弃了'旧酒瓶'，努

　　　　　　　　　　　　　　风定落花

力用新形式，来表现自己的思想"。他盛赞鲁迅是中国新文坛上
"创造'新形式'的先锋；《呐喊》里的十多篇小说几乎一篇有一篇
新形式，而这些新形式又莫不给青年作者以极大的影响，必然有多
数人跟上去试验"。他表示十分钦佩鲁迅的这种"天才"和"勇
气"。

　　深邃的眼力，精到的总结，使茅盾的《读〈呐喊〉》成为史
论；它指导、激励同时代的青年作家去向鲁迅学习；而且，它首次
用文字形式肯定了鲁迅在中国现代文学史上的地位，其精当的评
语，也一直为后来的文学史家们所采用，甚至得到了鲁迅的首肯。
鲁迅后来在《〈中国新文学大系〉小说二集序》中总结"五四"时
期的创作影响时说，《狂人日记》等小说"因那时的认为'表现的
深切和格式的特别'，颇激动了一部分青年读者的心"，这一结论，
就含有上述茅盾的论断。

　　不过，茅盾早期对鲁迅本身思想的认识，也存在着当时一些评
论者所共有的局限，把鲁迅在小说中表现的悲愤和失望，归结为鲁
迅思想上悲观主义的反映。这种误解产生的原因，除了因为他们俩
分居南北，从未直接接触等客观因素外，主要还由于两人的境遇很
不一样。茅盾虽然具有观察事物细微的深刻眼光，对旧社会的弊病
也有着透彻的了解，但他的经历毕竟比鲁迅顺利，特别是早在中国
共产党酝酿成立的时候，就结识了不少共产党人，并参加了上海马
克思主义小组。在党成立后，他又担任了党中央联络员的职务，直
接参加了党领导下的工人群众活动。而且通过翻译马克思主义的理
论著作，使他初步了解到共产主义的内容；资本主义必然灭亡的规
律，使他意识到解放中国只有进行无产阶级革命。他热烈向往共产

主义，充满信心地宣传革命的理论。因此，他一方面凭着比较正确的文学观和深刻的解剖力，看到了鲁迅作品的强大的现实主义生命力，看到了鲁迅在描写"旧中国的灰色人生"时，依然闪耀着希望的理想之光，就像茅盾自己所说的那样："我和他没甚关系，从不曾见过面，然而很喜欢看他的文章，并且赞美他。"（《鲁迅论》，载于 1927 年 11 月《小说月报》第 18 卷 11 号）但另一方面，他对于鲁迅在怀着希望的同时，为什么又不断说出"悲观而沉痛"的话，隐含着对"希望"的怀疑，还不能做出正确的解释，于是也发出了"鲁迅君或者是个悲观主义者"的疑问。

在此后的一段时何内，由于茅盾被选为中国共产党上海地方兼区执行委员会执行委员，承担了党内多种实际工作，直接投身于大革命的洪流中，紧张的革命生活，使他暂不能深入地研究鲁迅。

知人论世的《鲁迅论》

茅盾对鲁迅的进一步了解，是在 1927 年大革命失败后。由于身负蒋介石政府的通缉令，茅盾蛰居上海，除搞创作外，开始写现代作家论，发表的第一篇就是《鲁迅论》。

其时，对鲁迅及其著作的评论颇为对立、纷乱，尤其是现代评论派的文人和创造社的革命文学家们，都从不同的立场来贬褒鲁迅。究竟应该怎样认识鲁迅？茅盾在认真阅读了那时已出版的全部鲁迅著作后，写下了对鲁迅的全面评论。

《鲁迅论》首先针对某些人歪曲鲁迅只是对生活"老实不客气的剥脱"，是"沉默的旁观"等言论，强烈地反驳说：

然而我们也不要忘记，鲁迅站在路旁边，老实不客气的剥脱我们男男女女，同时他也老实不客气的剥脱自己。他不是一个站在云端的"超人"，嘴角上挂着庄严的冷笑，来指斥世人的愚笨卑劣的；他不是这种样的"圣哲"！他是实实地生根在我们这愚笨卑劣的人间世，忍住了悲悯的热泪，用冷讽的微笑，一遍一遍不惮烦地向我们解释人类是如何脆弱，世事是多么矛盾！他决不忘记自己也分有这本性上的脆弱和潜伏的矛盾。

　　茅盾引述鲁迅《写在〈坟〉后面》的话，"我的确时时解剖别人，然而更多的是更无情面地解剖我自己"，指出鲁迅的这种自我批评精神，直接体现在《一件小事》《端午节》等作品中。如《一件小事》中虽然"没有颂扬劳工神圣的老调子，也没有呼喊无产阶级最革命的口号"，但令人看到劳动者的"一颗质朴的心，热而且跳的心"。茅盾说，在这面前，鲁迅感觉到自己的"小"来，同样，也使他自己读了这篇作品后，"感到深厚的趣味和强烈的感动"。在分析《端午节》这部作品时，茅盾认为"作者很巧妙地刻画出'易地则皆然'的人类的自私心来，并且很坦白地告诉我们，他自己也不是怎样例外的圣人"，这种深刻的坦白的自我批评，"比慷慨激昂痛哭流涕的义声，更使我感动；使我也'努力的要想到我自己，教我惭愧，催我自新'"。因此，茅盾很不同意有些评论者把《一件小事》说成"即称为随笔都很拙劣"，把《端午节》看为作者个人的"自我表现"等观点。

　　《鲁迅论》中富有说服力的辩驳，鞭辟入里的论述，确实远远超过了他以前的评论家们。这是因为茅盾和鲁迅的创作观是一致的。他们既不把自己放在生活的"旁观者"的地位，也不把文学作为"自我表现"的工具，或标语口号式的宣传品。他们都认为文学是时代的反映，作家要真诚地反映生活，敢于直抒己见，使文学达到改造人生的目的。所以，茅盾能正确理解鲁迅作品的内涵，有力地纠正了种种曲解。他对鲁迅作品的论述，经历史检验已成公论。

正确的理解，除了取决于论者自己的思想和文学素养，也因为立论是建立在严肃的科学的研究基础上。在《鲁迅论》中，茅盾以自己的经验向读者建议：

> 喜欢读鲁迅的创作小说的人们，不应该不看鲁迅的杂感；杂感能帮助你更加明白小说的意义。

这一研究方法对后来的鲁迅研究无疑起了良好的指导作用。这样的研究，也就是鲁迅再三提倡的"知人论世"："倘要论文，最好是顾及全篇，并且顾及作者的全人，以及他所处的社会状态。"（《且介亭杂文二集·"题未定"草》）

在治学的观点和方法上，茅盾和鲁迅十分相似。鲁迅对作家、作品和文学史的研究，十分重视它的社会背景，强调掌握资料的完整性，注意全面的、系统的、互为比较的研究方法，所以他的论断少片面性，少形而上学的武断，为后学者树立了榜样。茅盾对鲁迅及其作品的研究，也具有严谨的特点，是他第一个提出了鲁迅小说和杂文的关系，增强了鲁迅研究的科学性和系统性，大大推动了鲁迅研究，提高了人们对鲁迅及其作品的认识水平。

风定落花

在《鲁迅论》中，茅盾正是通过对鲁迅全部著作及其社会背景的仔细分析，看到鲁迅在"思想革命"爆发时期"胸中燃着少年之火"，"不懂世故地尽自刺"那"中华民族的'国疮'"；也看到了在革命几已销声匿迹，新旧势力联成一气的"寂寞"时期，"攻击老中国的国疮的声音，几乎只剩下鲁迅一个人的了"；他还发现，鲁迅在1925—1926年做的杂感比以前多，鲁迅的战斗精神，"和大部分青年的'阑珊'成了很触目的对照"；他明白了为什么鲁迅被绅士们讨厌，看作是"火老鸦"；他纠正了过去以为鲁迅"或者是个悲观主义者"的错觉；他也不同意那种似是而非的片面评价——把鲁迅的创作仅仅说成"乃是舟子在人生的航海里饱尝了忧患之后的叹息"；对于当时某些人诽谤鲁迅为"世故老人"，茅盾更是一反其意，称赞鲁迅在精神上是一个"老孩子"，他热诚地颂扬鲁迅的"不馁怯""不妥协"的精神。

切合实际的研究，使茅盾别具慧眼，认识到虽然鲁迅不肯自认为"战士"或"青年的导师"，然而他的著作里有许多是指引青年应当如何生活如何行动的。在他的创作小说里有反面的解释，在他的杂感和杂文里就有正面的说明。茅盾比以往更明白了鲁迅创作小说的用意，小说中表现的忧愤之所以那样深广，正是由于鲁迅对尚未消逝的"老中国"的了解比别人更为深刻。小说中那些沉痛、怀疑的悲哀，都是出于他对几千年传统的极大憎恨、无情的揭露和坚韧的反抗。它和杂文中那火一般的语言一样，都是在诅咒那可诅咒的时代，哀叹那形形色色的苟活的人生，抨击那人和人之间彼此不相关的隔膜，剥露那充满虚伪的说教。它使人们看到古国的弊病是何等的根深蒂固，其势力又是那样的盘根错节，大至社会，小至个人，无不受其播弄，从而激励人们去寻求联合的道路，以有效的、"韧"的战斗去革陈除旧，大胆创新，争生存、求发展。这些结论使茅盾在1920年代末就意识到鲁迅创作久长的生命力，他指出鲁迅小说的生命，就在于它引起读者深切的共鸣：

> 我们只觉得这是中国的，这正是中国现在百分之九十九的人们的思想和生活，这正是围绕在我们的"小世界"外的大中国的人生！而我们之所以深切地感到一种寂寞的悲哀，其原因亦即在此。这些"老中国的儿女"的灵魂上，负着几千年的传统的重担子；他们的面目是可憎的，他们的生活是可以诅咒的，然而你不能不承认他们的存在，并且不能不懍懍地反省自己的灵魂究竟已否完全脱卸了几千年传统的重担。我以为《呐喊》和《彷徨》所以值得并且逼迫我们一遍一遍地翻读而不厌倦，根本原因便在这一点。

茅盾的这一真知灼见，已为历史所证实。就是在今天，当我们阅读鲁迅小说时，不是还"不能不懍懍地反省自己的灵魂究竟已否脱卸了几千年传统的重担"吗？茅盾是预言家吗？借用他论鲁迅的话来说吧：

> 鲁迅只是一个凡人，安能预言；但是他能够抓住一时代的全部，所以他的著作在将来便成了预言。

茅盾的《鲁迅论》之所以能久为人们所承认，不也是因为抓住了一

风定落花

时代的全部吗？茅盾和鲁迅的社会观、文学观，以至治学观，确有不少相似点，使他们成了现代文坛上两颗十分接近的巨星。

大革命失败后的殊途同归

就在茅盾专治《鲁迅论》时，鲁迅也因蒋介石的血腥清洗而离开广州，来到上海，开始新的探索。他在 1927 年 10 月 8 日定居景云里，成了茅盾的近邻，过了 2 天，即在其弟周建人的陪同下往访茅盾。这一次见面，他们俩比较深入地交换了对时局的看法、各自对大革命中的经历和见闻，感慨颇多；对当时流行的革命仍在不断高涨的论调表示不理解，因为他们俩都冷静地看到了这时的革命实际上处于低潮。鲁迅没有把这次访晤载入日记，也是出于对茅盾的爱护，以免走漏风声，影响埋名隐居的茅盾的安全。这一时期他们俩没有更多的联系，在行动上也出现了较大的差异：鲁迅越来越深地卷入革命旋涡的中心，而茅盾则因政治上的困惑，在革命的路途上彷徨。

在大革命失败以后的一段时间里，茅盾陷入极大的苦闷之中。大革命时深入、广泛的生活，使他接触到形形色色的人物，不但看到了革命与反革命的矛盾，也看到了革命阵营内部的矛盾；尤其清楚地认识到小资产阶级知识分子在这大变动时代的矛盾，包括他自己生活上、思想中的矛盾；同时他也厌恶有些人明明在思想上、言行上实有矛盾，却又百般掩盖，侃侃而谈，教训别人。令人难解的矛盾的现实，促使他为自己取了一个富有嘲弄意味的笔名"茅盾"，也迫使他停下来更深刻地去思考古国人民的生活、思想。

内在的反省，一方面帮助茅盾写出了《鲁迅论》这样具有独到见解，和鲁迅思想颇为相通的论文；但是另一方面，动乱中国的严酷现实，是他有生以来所遭到的大挫折，特别是听到"左"倾盲动路线所造成的种种可悲的失败，使他一时找不到出路。他第一次为自己的追求感到幻灭的悲哀，以致消沉。不过，他的追求之心始终未泯灭，在情绪上也时而高亢，时而低落，明显地反映在他这一时期开始的创作活动中，小说《蚀》三部曲（《幻灭》《动摇》《追求》）留下了这些思想的伤痕。

为了医治精神上的创伤，他离国去日本，临行前，他在即将出版的《幻灭》单行本的扉页上，写下与鲁迅题在小说集《彷徨》扉页上同样的《离骚》诗句，以示他坚持追求的信念："吾令羲和弭节兮，望崦嵫而勿迫；路漫漫其修远兮，吾将上下而求索。"只是和鲁迅1926年题词时的思想很有不同，茅盾当时在主观意识和事实上都有暂时远离革命，做一个旁观者的倾向。

在日本，茅盾把精神寄托在热恋和写作上。虽然还时有悲观情绪，但由于创造社、太阳社掀起的"革命文学论争"，对他的《蚀》进行了批评，促使他冷静地剖析自己，清理大革命失败以来的思想。在周围同志的鼓励下，他心境稍为开朗，写下了《从牯岭到东京》。在文章中他一方面不同意革命文学家对他作品的全盘否定，也反对他们所作的标语口号式文学，同时坦率地写下自己这一时期不稳定的思想，并说：

> 我希望以后能够振作，不再颓唐；我相信我是一定能的，我看见北欧运命女神中间的一个很庄严地在我面前，督促我引

导我向前！她的永远奋斗的精神将我吸引着向前！

所谓"北欧运命女神中间的一个"，指的就是那北欧神话运命女神三姐妹中的二姐维尔丹迪（Verdandi），她正当盛年，活泼、勇敢，直视前途，是象征"现在"的。茅盾以她自勉，决心"凝视现实，分析现实，揭破现实"。

茅盾决定以创作去反映人生。因感慨于认识现实的人太少，所以他在日本所作的短篇小说，主要是写一些"平凡"者的悲剧或暗淡的结局，目的是"使大家猛回省"。那时，他虽然还不能为小说中的人物指出一条出路，但正视现实的结果，终于使他在 1929 年 3 月写的《色盲》中喊出：

> 地底下的孽火现在是愈活愈烈，不远的将来就要爆发，就要烧尽了地面的卑污龌龊，就要煎干了那陷人的黑浪的罢！这是历史的必然，看不见这个必然的人，终究要成为落伍者。

上述茅盾思想的表述，和鲁迅强调的"执着现在"的观点，以及在《野草·题辞》中所歌颂的"地火在地下运行，奔突；熔岩一旦喷出，将烧尽一切野草，以及乔木，于是并且无可朽腐"，颇有近似之处，都表达了对黑暗现实的极大悲愤和革命的信念。然，思想深处却有不同：在看到革命的前途时，鲁迅欣然于地火将把自己的野草一起烧掉；茅盾则立意于不愿做一个"落伍者"，这就形成了两者在大革命失败后行动上的差异。茅盾虽然努力于克服消沉的思想，但时时呈现被动状态。如他强调当时的读者主要是小资产阶级，文艺应当着重反映他们的生活思想，这就形成这一时期他的小说的局限，也使他的悲观情绪持续了较长时间。直到创作长篇小说《虹》时，才一洗消极悲观的色彩。

同一时期的鲁迅，则在定居上海后，果断地和许广平同居，"以沫相濡"，携手共创新生活。他参加了中国济难会等革命团体的某些活动；同时在革命文学论争中，努力学习马克思列宁主义经典著作和革命理论书籍，口译了不少科学的文艺理论著作，自觉地磨砺批判的武器，纠正了"只信进化论的偏颇"（《三闲集·序言》），而且，"由于事实的教训，以为惟新兴的无产者才有将来"（《二心集·序言》），在思想上产生了质的飞跃。

"左联"时期的密切合作

他们俩的深交是在茅盾回国以后。

1930年4月，医治了心灵上创伤的茅盾从日本回到上海。据《鲁迅日记》记载，当月5日，鲁迅在寓所接待了由叶圣陶陪同而来的茅盾夫妇。谈话间，茅盾告诉鲁迅，他已通过冯乃超的联系，参加了"左联"。鲁迅深表赞同，他早在发起成立"左联"时，就有此建议，以增强左翼文化运动的力量。茅盾加入"左联"后不久，一度担任"左联"的执行书记。他在文化界深孚众望，确实起到了生力军的作用。

在以鲁迅为旗手的左翼文艺运动的发展过程中，茅盾是鲁迅最好的合作者之一。大凡鲁迅所做的工作、所发表的宣言，其中都有茅盾列名。他们联合一致揭露国民党屠杀大批革命作家的罪行，抨

风定落花

击"民族主义文学"等反动文艺，抗议日本帝国主义对中国的侵略，欢迎参加反战大会的国际代表，发起为被日本法西斯杀害的进步作家小林多喜二的遗族募捐等，在当时都产生了巨大的影响。

为了粉碎国民党的反革命文化围剿，鲁迅和茅盾都力主扩大革命文艺队伍。他们和"左联"外的进步作家，如郑振铎、叶圣陶、巴金、黎烈文、萧军、萧红等都保持着亲切的联系，为发展进步文艺共同做出了贡献。

这一时期，茅盾和鲁迅一样，写了大量的杂文，因为"特殊的时代"要求他们运用匕首和投枪式的"特殊文体"进行战斗。那时正值林语堂、周作人在《论语》《人间世》《宇宙风》等杂志上鼓吹闲适的幽默的小品文，鲁迅和茅盾等就在《申报·自由谈》《太白》《芒种》等刊物上大力提倡战斗性的杂文，正如黎烈文在《文坛五十年》中总结的那样，这是 1932—1936 年文坛很明显的分歧的趋向。鲁迅和茅盾的杂文各以犀利的战斗锋芒，酣畅的艺术风格，赋予了小品文新的生命力。两人配合之默契，又显示了文坛两大巨星所共有的敏锐的眼力和过人的睿智。

"左联"时期，是我国现实主义文学的又一个发展的时代。这时的鲁迅和茅盾，都开始自觉地去创作革命的现实主义作品。

在小说创作上，由于鲁迅受到国民党政府的严密监视，行动很不自由，虽有种种创作打算，但感到"自己不在漩涡的中心，所感觉到的总不免肤泛，写出来也不会好的"。（1933 年 11 月 5 日致姚克）所以，他后期只写历史小说，收集为《故事新编》。这些历史小说不仅"暴露旧社会的坏处"（《且介亭杂文·答国际文学社问》），而且借历史人物歌颂人民群众及其代表者，塑造了墨翟、大禹等光辉的"中国脊梁"。

同样，茅盾在回国之初，接连创作的也是历史小说，有《豹子头林冲》《碣石》《大泽乡》等，其理由和鲁迅相似，一方面看到自己所熟悉的旧题材已不能适应时代斗争的需要，但严肃的创作意识，又使他们绝不肯轻易地去写自己所不熟悉的题材，因此都取材于历史和传说来为现实斗争服务。

经过一番探索后，不久茅盾又开始创作大量描写现实的小说。鉴于当时进步文化界正与托派展开一场有关中国社会性质的大论战，茅盾决定借助于艺术形象来参加这场论争。他一方面充分利用自己过去的社会生活经历，同时又深入社会，进行广泛、大量的调查研究，观察形形色色的人物，终于完成了反映中国社会现实的巨著《子夜》。

1933 年 2 月 3 日，鲁迅得到所赠的《子夜》，9 日即给在国外的友人曹靖华写信，把它作为左翼文坛的一大实绩来报道，指出《子夜》的成就，是一切反对左翼文艺的文人"所不能及的"。接着在 3 月 28 日所作的《文人无文》中，讽刺了一些文人早在两三年前就吹嘘所谓的庞大创作计划，以对比的口吻说，"但直到现在，除了并未预告的一部《子夜》而外，别的大作都没有出现"，公开赞美了茅盾那种踏踏实实地致力于创作的作风。

在论及鲁迅对《子夜》的评价时，人们都会遗憾于鲁迅没有留下对这部巨著的详细评论，同时从鲁迅的书信中看到他对《子夜》似乎有未尽之言。如 1933 年 12 月 13 日致吴渤信中，他也认为《子夜》存在着某些缺陷，"这只是作用于智识阶级的作品而已"；但又认为它是那时最好的长篇小说。后来当史沫特莱把《子夜》译

风定落花

成英文并作序，请鲁迅为序言提供有关材料时，鲁迅即转托胡风代为提供。这是因为茅盾在 1936 年 1 月 4 日访问鲁迅，转告史沫特莱这一请托时，恰巧前一夜，鲁迅的"肩及胁均大痛"，虽经延医诊治，仍十分痛苦；那时他经常发低烧，咳嗽不断，病情已开始恶化。但为了介绍同志的创作成就，他不好推托，只是考虑自己了解的情况不多，所以即在次日委托他所信任的文艺评论家胡风代为搜集材料，记述有关茅盾的地位、风格及影响等，并促其"最好是长一点，而且快一点"。（1936 年 1 月 5 日致胡风）从中可见鲁迅对革命文学事业和同志的认真负责的态度。

团结一致的反围剿斗争

1933 年 4 月 11 日，鲁迅迁居北四川路施高脱路（今溧阳路）大陆新村 1 弄 9 号，不久，邀茅盾移住该村 3 弄 6 号，两人过从更为密切。

在日紧一日的国民党反革命文化围剿中，左翼杂志被摧残得所剩无几，鲁迅和茅盾的著作几乎都被查禁了。他们俩身居险境，但友谊增强了战斗力。他们俩经常共商对敌斗争的战术，机智有效的斗争策略，使敌人疲于应付，而自己则一直处于主动的地位。

如 1933 年创刊的《文学》杂志，茅盾原是其中的编委，在他的主持下，刊物具有鲜明的倾向性，它不仅面向左翼作家，又团结各派进步作家的力量，长期撰稿人约有 50 余人，几乎罗致了国内的前列作家；它以丰富的内容和新进的思想，有力抵制了法西斯文艺，被号称为"一九三三年中国文坛的生力军"，因此，遭到国民党挖空心思的破坏。在种种名目的检查下，《文学》的稿件被大量地抽走，1934年2卷1号，竟因抽调过多而脱期，同时被迫把茅盾等从编委中除名。面对"法西斯谛将潜入指挥"（鲁迅1934年1月17日致萧三），茅盾和鲁迅以灵活的方法坚守这块阵地。茅盾虽不挂名，但依然是这个刊物的主要决策者和撰稿人，从社论到书评，从论文到小说，只要哪栏缺了重要文章，茅盾就负责承担，而且设法连续出4期专号，其中2期是翻译的（内有1期专门介绍弱小民族文学），1期是中国文学研究，1期为创作专号，以此抵制了敌人的抽换。

鲁迅原来只是《文学》的一般撰稿人，以前《文学》中也有人无端奚落他，造成过不愉快。但这时他却比以往更加关心《文学》的前途；正如他后来对友人说的："其实《文学》和我并无关系，不过因为有些人要它灭亡，所以偏去支持一下，其实这也是自讨苦吃。"（1935年7月16日致萧军）他把不少重要的、富有战斗策略的文章，如《病后杂谈》《病后杂谈之余》及《附记》《论讽刺》和七论《文人相轻》等，都交与《文学》刊登。虽然这些引来了敌人对他的更大迫害，但是在鲁迅和茅盾等进步作家强劲的支持下，《文学》终于保持了战斗力，成为左翼文艺杂志出版最长、最活跃的一种。

回顾这段文学史时，对后来《文学》竟以消沉告终的原因，更有不无遗憾之感。其中有些同志以狭隘的功利观点、门户之见激起了鲁迅的愤怒，导致革命文艺力量的削弱，其恶果至今仍值得人们引以为训。

在反对国民党反革命文化围剿的艰苦斗争中，鲁迅和茅盾总是共同热情支持进步作家在困境中继续战斗。1934 年，当《申报》副刊《自由谈》原主编黎烈文被国民党排挤后，鲁迅和茅盾一方面仍然设法在《自由谈》上发表文章，同时邀请黎烈文创办《译文》，既保存了旧阵地，又开辟了新战场：在敌人压迫的缝隙中，继续引进外国的进步文学作品和绘画艺术，作为中国新文学的借鉴。同时，他们又合力支持陈望道主编的《太白》、郑振铎创办的《世界文库》，使进步的生活书店出版的 4 种杂志——《文学》《太白》《译文》《世界文库》形成一股进步文学的激流，冲垮了国民党设置的种种法西斯的堤防，革命文化呈现出一派生气勃勃的景象。正是在和国民党反革命文化围剿作艰苦卓绝的斗争中，鲁迅成了中国文化革命的主将，而茅盾则在这场严酷的斗争中，和鲁迅意气相投，是一位足智善战的英杰。

相互尊重的革命情谊

在紧张的斗争中，他们俩不但在事业上携手合作，在生活上也相互关怀，情深意笃，胜似手足。鲁迅时常挂念茅盾的身体太弱，不及自己，从《鲁迅日记》中可以看到他对茅盾的种种关怀。如 1934 年 7 月 21 日，他亲自陪同茅盾去自己所信赖的日本须藤医院治病；10 月 6 日又为茅盾去医院取药，多方关照。甚至连平时偶得新鲜食物，也不忘分赠茅盾。至于访友赴宴，两人经常同去同归，这类的记录在《鲁迅日记》中屡有所见。

茅盾对鲁迅也报以知己。他对鲁迅的请托十分尽心，鲁迅所作的《写于深夜》，就是由茅盾译后交史沫特莱发表于英文刊物《中国呼声》上；他又协助鲁迅编辑《凯绥·珂勒惠支版画选集》，其中史沫特莱写的序言，即由茅盾译成中文。对鲁迅的病情，茅盾更是关怀备至。因为他深知鲁迅在中国文化革命中的地位，深感鲁迅的生命是最可宝贵的，所以他多次动员并代国内外友人请求鲁迅转地疗养；又协助史沫特莱说服鲁迅，延请外国肺病专家前来诊断，他亲自充当翻译。虽然，茅盾已于1935年春从大陆新村迁居他处，后又因对某些人事的看法有所不同，似不能深谈，但茅盾仍经常去探望鲁迅，两人书信来往不断，直到鲁迅逝世前，联系依旧十分频繁，这是因为他们俩友谊的基础非同一般。

在鲁迅和茅盾的友谊中，绝无"文人相轻"或相互吹捧的恶习。他们俩都没有争霸文坛的野心，所以虽然同时饮誉文坛，却从未意气相争。茅盾对鲁迅的尊敬自不待言，而当时被大家尊为新文化领袖的鲁迅，也十分尊重茅盾。正如许广平所言，每逢外国友人询及中国知识分子的前驱，鲁迅必举茅盾以告，总不肯自专自是。（《欣慰的纪念·鲁迅和青年们（二八）》）因此，史沫特莱成了他们俩共同的好朋友，他们3人多次合作，将国民党反动政府迫害进步文艺和作家的法西斯暴行揭露于全世界。如前所述，他们还努力沟通中外文化交流：1934年，鲁迅和茅盾同时接受苏联《国际文学》编辑部的约稿，分别作《答国际文学社问》；茅盾的文稿是经鲁迅寄出的，为了避免遗失，鲁迅特意亲自为之抄录，留存底稿。同年，他们俩又一起应美国进步作家伊罗生的请托，选编名为《草鞋脚》的现代中国作家短篇小说选集，向国外介绍中国左翼作家的新成就。

鲁迅对茅盾的尊重，不仅鉴于他在文学上有卓越的成就，也是因为他赞赏茅盾自新文学开创以来，始终如一的踏实、勤奋、苦干的精神。他信任这位注目于中国人民的根本利益，具有冷静头脑，广博见识的战友，因此遇有重要问题，他总是先同茅盾商量。如"民族革命战争的大众文学"这一口号的提出，他首先征求了茅盾的意见。由于他们俩考虑问题的出发点，都自觉地服膺于中国革命的伟大目标；也因为他们俩对社会、文艺的本质都有着深刻的认识，对马克思列宁主义的学习，又都能紧密地联系中国的实际，所以，尽管也处在革命思潮忽"左"忽右的境况下，他们俩所受的影响却要比一般人少得多，以至对"左联"解散的原则，国防文学口号的缺陷，话剧《赛金花》存在的问题，都有近似的看法。

　　鉴于上述各种原因，鲁迅十分珍惜他和茅盾的友情。在当时文艺界宗派情绪严重的情况下，鲁迅努力维护团结，再三晓说对茅盾持有异议的人，指出："对内对外，急需人才，正宜相爱护，不可减轻实力，为识者笑而仇者快。"（据许广平：《欣慰的纪念·鲁迅和青年们（二八）》）又如1936年初谣传《译文》的停刊是茅盾所造成的，鲁迅即向误信者辟谣说："茅盾是《译文》的发起人之一，停刊并不是他弄的鬼，这是北平小报所造的谣言，也许倒是弄鬼的人所造的。你不要相信它。"（1936年2月15日致阮善先）

鲁迅精神的继承者和发扬者

　　茅盾一直把鲁迅作为自己学习的榜样。鲁迅逝世后，他在悼文《学习鲁迅先生》中，郑重提出"如何永久纪念他"的问题，指出："不但要从他的遗著中学习文学创作的方法，尤其重要的，是学习他的斗争精神。"同时意味深长地提醒大家说：

> 他的斗争精神，在疾恶如仇这一点上还是大家能够学得到的。但是他的治学的勤奋，不顾健康的努力工作，忘掉了自己地为民族、为被压迫者求解放，都不是我们说一声"要学"就能立刻学到。是这些地方，我们一定要努力学习他！也惟有学习到他这种伟大的斗争精神，我们才能跟着他的脚步，从斗争中创造新中国，然后能毫无阻碍地按照理想的地永久纪念他！

茅盾所强调的鲁迅的斗争精神，不就是鲁迅生前引导人们去追求的"韧"性吗？茅盾和鲁迅一样，看到这一点正是中国民族所迫切需要的。今天重读这段文字，更觉其有深刻的远见性。茅盾本人继承、发扬的也是鲁迅的"韧"的战斗精神，他比过去更加热烈、勇取、坚定地投身于民族解放运动，直至晚年矢志不移；同时，他那始终不懈的创作精神，也使他成为中国现代文坛上劳作最久、贡献卓著的伟大文学巨匠。

在论及茅盾和鲁迅的关系时，人们不会忽视他所撰写的不少研究、纪念鲁迅的文章。除了前文引述的以外，自1927年《鲁迅论》后，到1979年，其间又有20余篇专论。他对鲁迅的作品、思想、精神发表了不少新的见解，还提供了弥足珍贵的回忆材料。他对鲁迅研究工作也极为关怀，最后2篇《鲁迅研究浅见》《需要澄清一些事实》，还因其中带有强烈感情色彩的论断，引起了人们极大的关注和争议。总观，他提出的问题十分广泛而又深刻，如他指出对鲁迅及其作品的研究，不能采取表面的、孤立的、静止的、简单生硬的研究方法。他在很早就反对那种不求了解其全盘思想，只是片面摘引鲁迅文句的现象，以及牵强附会、为我所用、哗众取宠、不联系实际的研究作风。他还强调要建立严密的研究工作的基础，尽可能地掌握翔实可靠的资料，其中包括要有一本正确而详尽的《鲁迅传》。他又建议对研究成果展开正常的批评和讨论，以鼓励研究，加强研究的深度，并使切切实实的研究蔚然成风。这些意见对提高鲁迅研究水平，显然是极为重要的。

自然，毋庸讳言，无论在早期或晚年，鲁迅和茅盾并非对所有问题的看法都一致，他们在学术思想、创作方法上各有特点，对一些人事，如文艺家协会和胡风其人，都有不同的看法、态度和行动，甚至有时还互有微词。然而，这是不足为怪的，正如太空的每颗巨星的光谱，哪有绝对相等的？何况他们是人，不是神，都有自己的个性，在具体环境下产生的各种感情也是可以理解的。而且，鲁迅在谈到他和茅盾、郭沫若之间的关系时，曾光明磊落地说，他们之间虽有分歧，"但大战斗却都为着同一目标，决不日夜记着个人的恩怨"，决不像某些人所诽谤的，他们好像只在"争座位，斗法宝"。（《且介亭杂文末编·答徐懋庸并关于抗日统一战线问题》）不过，了解他们之间的差异仍是必要的，它有助于丰富我国的思想研究，在人类前进的道路上提供有益的借鉴。因此，这种比较决不能凭着个人或小集团的感情，简单粗暴地评以高下优劣，而需要进行深入细致的研究，在这方面，还有待于我们的努力。

（写于 1981 年 7 月）

"火凤凰"秦德君

最近整理旧稿，发现 1981 年写的《略论鲁迅和茅盾》文稿后，附有一份写在 500 格稿纸上的手稿复印件，页码自 76—83，共 8 页，在第一页的文前有我的字迹注明"革命回忆录　秦德君:《女囚的报告》，一一、《大革命浪潮中》最后一部分"，几乎每一页都有我对照出版文本时补充的文字，可惜粗心的我却未注明当时勘对的《女囚的报告》是何年何版本，从标题看，似由囚犯的交代材料转化而来的。我收到这份手稿时的情景和复杂心情依然犹在眼前……

一张照片　一份手稿

记得有一天我去看望聂绀弩、周颖夫妇，刚坐下，二老就神秘兮兮地给我看一张双人合影。我一眼就认出那男的是年轻时的茅盾先生，那女的可不是他那位富态的夫人孔德沚，而是一位穿着虽简单，却有着 20 世纪二三十年代"进步的""时髦的""干练的"女性特征，挺秀丽，可是眼角唇间透露着一丝哀怨。这是谁呀? 照片中的茅盾也好像无奈地看着我。

见我一脸茫然，周姨快嘴快语地说："那女的叫秦德君，茅盾在日本时的情人。""啊?!"我不由得吃了一惊。茅盾在1927年大革命失败后亡命日本时曾陷于热恋中，也有传说，所以我在比较鲁、茅的那篇拙文中也说了"在日本，茅盾把精神寄托在热恋和写作上"，至于热恋谁，未见明说者，茅盾发表的回忆录中压根儿没有移情别恋的内容，这又非我文主旨，故一笔带过而已。大概聂老夫妇看过我这篇语焉不详的文章，所以有意给我看这张照片，我好奇地问："这是哪儿来的?"聂老习惯简短的回答："胡风给的。"

我知道自打胡风在1980年基本"平反"回到北京后，聂、周二老才得以和这位1930年代就有深厚友谊的老友聚会；特别是1982年夏胡风一家被安置到木樨地"高干楼"定居，胡风身体情绪稍稳定时，周颖更是多次前往探视，不时带回一些早就失去的书简、照片等物件来给躺在病床上的聂老看，据说有的是公安局退回来的当年抄家物。所以我也以为这古旧的照片也是退回来的。直到我看了1999年2月中央编译出版社出版的由刘淮整理的《火凤凰——秦德君和她的一个世纪》后，才明白照片的来历。

秦德君在书中回忆她和胡风的关系：1929年她怀上与茅盾的第一个孩子，因为要去苏联学习、工作，不能有累赘，只好独自回上海打胎；返回日本时"在海轮上，遇到张光人（胡风）和朱企霞夫妇，他们和我是在南京相识的。茅盾到神户来接我，我给他介绍了张光人，他们就这样交上了朋友，那是1929年9月。1930年8月在上海，茅盾把我们俩分手前在上海合照的6寸纪念照片送给胡风保存，唯恐放在自己手里被人毁掉。1966年5月，十年浩劫开始了，胡风由秦城监狱转移到成都，路过北京，把照片转送给我。相隔36年了，感谢老友在长年的忧患中还保留这样一件寻不着、买不到的'历史文物'，真是弥足珍贵！"。胡风夫人梅志为《火凤凰》写的"代序"《九死无悔的一生》中则说："直到1980年代，平反后，我们住进了她旁边的楼上。她曾由保姆扶着来看望胡风。两个老友相见，都有一种恍同隔世的感觉。"看来，是秦德君在拍这张照片的50多年后，又把这件"历史文物"复制了送给她可信的老友胡风。

一张七弯八转的照片，怪不得聂周二老说不清它的来历。聂老见我惊奇，便把本文开头说的那份手稿递到我手里说："这是秦德君写的她和茅盾的那段情。"周姨补充说："这个秦德君可不简单，1920年代就是共产党员，大革命失败时失去了组织关系，和茅盾一起去了日本。和茅盾分手后，自己又做了不少革命工作，很了不起！"我呆呆地望着手稿中娟秀的笔迹，看着照片中那位"怨妇"，脑中更多闪现的是茅盾他笔下的爱妻孔德沚——聪明、能干、豁达。怎么回事啊？好在聂、周二老把手稿复印件送给我了，慢慢去搞清吧。

双方回忆　各执一面

我经过很长时间，才断断续续地略识秦德君确实是位"很了不起"的革命女性。她1905年出生于长江边忠县，彝族，以当地明末著名女将军秦良玉为同宗先祖榜样。14岁即参加五四运动，吴玉章、恽代英、邓中夏、李大钊等马克思主义传播者，中国共产党早期领袖几乎都曾是她的领路人。1923年被邓中夏推荐到南京东南大学体育系学习,参加了中国共产党。后被党派到冯玉祥的西北军中工作,参加北伐战争,任女子宣传队队长,行军途中坠马腿受伤。时值"四一二"反革命政变,她和刘伯坚等一批共产党员被联蒋的冯玉祥"礼送出境"。在白色恐怖下,因腿伤而留在武汉,后辗转于江西、南京和上海,失去了党的组织关系。就是在此亡命天涯时,她与茅盾发生交集。

我得到的秦德君手稿比刘淮整理的《火凤凰》第三部分"樱花盛开又悄悄落下"的文字少得多,两者还有不一致,甚至矛盾的说法。那"革命回忆录"中《女囚的报告》文字倒和手稿差不多。不过,简单的手稿已可见怨妇秦德君的文笔很泼辣,大概文如其人吧。刚好茅盾也在1981年《新文学史料》第2期发表了《亡命生涯——回忆录(十一)》,我也就拿来对照。

如前所言,茅盾的回忆里全无秦德君的影子。不过,两人回忆的开头却一样,都出现了陈望道其人。是他分别向二人建议去日本避难,让要去苏联的秦德君找在日本的中国共产党组织,可与茅盾结伴而行。在《女囚的报告》中还详述陈望道之言:"沈雁冰用'茅盾'笔名发表的《幻灭》《动摇》《追求》三部曲,引起左翼文人在报章杂志上对他的批判,他很闷气,也想去日本,正在找同伴。"这也是茅盾回忆的去日本的原因之一。在两人同意后的第二天,茅盾就来到了陈望道家。

秦德君描写初见茅盾的两个迥然不同形象,跟我曾见到的那时的茅盾照片很像。她看到在上海躲避蒋介石通缉令的茅盾"身穿深灰色软料长袍,黑鞋白袜子,身材又瘦又矮又小,黑而浓的胡须,很像是个算命的八字先生"。而"在上海上船之前，茅盾叫好汽车到陈望道家里来接我的时候，他的八字胡须不见了，灰色的西装笔挺，黄皮鞋擦得亮亮的，俨然小小一介书生模样了。他化名方保宗。我们搭的小型商船，客人很少，一路风平浪静"。其后从神户上岸，转达东京，陈望道女友吴庶五（秦写为吴虹莜）来接；秦跟随吴住"中华女生寄宿舍"，茅盾住附近的本乡馆，二人的回忆一致，只是茅盾笔下无女同伴。

出版本《女囚的报告》里有不少写茅盾政治上动摇、徘徊的思想和语言，甚至想跟邵力子那样去做蒋介石的秘书。"手稿"倒没那么具体，只是说吴虹莜如何数落他的动摇，自己则不断鼓励他，茅盾终于开朗地写出名篇《从牯岭到东京》。"发表以前，先送到中华女生寄宿舍来给我看。他很亲切又很诚挚地对我指出这篇文章的主导精神就是'我看见北欧命运女神中间一个很庄严地在我面前，督促引导我向前。她的永远奋斗的精神将我吸引着向前'。他说，他心目中尊敬的一位女性，就是北欧命运女神中间最庄严的那一个。我听了笑而不答。《从牯岭到东京》发表以后，还接到读者来信，要求会见这个他所崇拜的'北欧命运女神'哩。"而茅盾在文中则主要分析该篇提出的中国左翼文坛应讨论的 3 个问题，也谈自己："《追求》中间的悲观苦闷是被海风吹得干干净净了，现在是北欧的勇敢的运命女神做我精神上的前导。""她的永远奋斗的精神将我吸引着向前！"

北欧运命女神所指为何？1929 年 5 月茅盾《写在〈野蔷薇〉的前面》中说："在北欧神话，运命神也是姊妹三个……Verdandi 是中间的一位，盛年，活泼，勇敢，直视前途，她是象征了现在的。"

风定落花

1961 年 6 月 15 日茅盾"致庄钟庆信"中又解释了其政治寓意:"北欧的运命女神见北欧神话。当时用这个洋典故,寓意盖在苏联也。"以北欧运命女神寓意向往的苏联,是他当时与热恋对象的共同企愿,若视为对有"永远奋斗"精神的情人的赞美,亦不为过。而当他们俩回忆时却各执一词,看来他们俩都陷入男女绝情后常有的偏颇。

秦德君的回忆给予我最大的收获,是解决了我心头的疑问。我一直惊叹茅盾创作于 1929 年的著名长篇小说《虹》,他那时从未入川,却能把三峡的险峻壮美写得如此逼真,出神入化。看了秦的回忆才知道这一时期正是他俩同居的时候,《虹》的写作有秦的启发。秦的手稿写道:"初冬(引者按:茅盾回忆为 1928 年 12 月初旬),沈雁冰提出去西京找杨贤江办手续去苏联。我当然举双手赞同。"杨贤江是当时在日本的中共党负责人。最初他们暂住在杨贤江的三口之家里,因茅盾胃病、眼病、牙病等原因,不能去苏联,便迁居于附近郊区高原町,在那里有一批从上海来避难的红色青年。这也是茅盾回忆的在京都住了差不多一年半的居住地,其时邻居高尔松和高尔柏兄弟、漆湘衡、袁文彰等都是他们俩回忆中的朋友。不过,茅盾未提去苏联,只是强调杨贤江劝他来到生活费用比东京便宜的京都,在那里他埋头于写作。而秦则在手稿中写她不仅要在生活上照顾茅盾,"边学习日文边翻译,还要给沈雁冰抄写稿子。在这期间,沈雁冰和我完成了小说《虹》。至于我自己的文稿也寄到上海《东方杂志》《小说月报》《文学周报》去发表,秦觉、辛夷就是我的笔名"。

有关《虹》的写作情况,在出版的《火凤凰》中有更细的叙述："这一时期，茅盾心情仍然有些郁闷。他说没有想到《幻灭》《动摇》《追求》三部曲在文坛上引起轩然大波，需要写一部更新的小说来扭转舆论，只是苦于没有题材，愁煞人啊！为抚慰他苦闷的心灵，我搜肠刮肚把友人胡兰畦的经历在脑子里过了一遍说，从'五四'浪潮里涌现出来的青年，反抗旧势力，追求光明，有许多动人的故事，是很美妙的素材。接着我便把她抗婚出逃，参加革命的事情述说了一番。茅盾大感兴趣，决定以胡兰畦为模特儿，再加上其他素材，集中精力动手写一部长篇。他并没有见过《虹》里面的女主角梅女士的原型胡兰畦，由重庆出巫峡的山山水水，以及成都、泸州的风貌，他也没见过，我尽可能具体详细地对他描述。他每写好一部分，便由我抄稿，同时顺手把有关人物的语言，改成四川话。茅盾盘腿坐在室内的草席上就着小炕桌奋笔疾书，后来才换成高一些的长条方桌坐着写。小说终于写成了，《虹》这个名字是我起的。四川的气象常有彩虹，既有妖气，又有迷人的魔力。顺便说一句，《幻灭》《动摇》《追求》三部曲合而为《蚀》的名称，也是我提出的。我说，幻灭之感，如日月之蚀，是暂时现象，也是必然现象。茅盾非常赞美我提的名称，频频点头，温柔地结结巴巴地说：阿阿阿，我的好阿姐啊！在这个世界上，唯有我的阿姐好啊！"

后来有的茅盾研究者为了维护茅盾的创作，认为她说是与茅盾共同写成，言过其实。理由是她当时不过中专程度，并无创作的经历。然而，谁又能否定她辅助之大功？可惜茅盾在向友人解释他何以能把从未见过的三峡写得如此逼真，他强调是写《虹》前一年友人陈启修闲谈时"陈述三峡之险，绘声绘影，使我如身入其境，久久不忘"，"从而知道凡写风景之类可以凭详细之耳食再加以想象，

风定落花

非必亲身经历"。以"耳食""想象"确实也可创作，但让秦德君女士看了又会作何感想？让了解其创作情况的读者看了又会如何评价作者？茅盾者矛盾也，欲盖弥彰的结果，是招来了秦女士更大的怨愤，想方设法出版她惊世的回忆录。

秦的手稿最让我惊心的是她竟为茅盾打掉了2个孩子。手稿记道："就在这时我发现怀了第一个孩子，由于困难重重，最主要的还是想去苏联，于是到医院去流掉了。""到1930年夏，西京的物价高涨，中日货币价格悬殊，笔耕所收，入不敷出，经济日感困难，流亡青年纷纷回国，我们无可奈何，便也回了上海。仍然住在杨贤江家，是他上海房子的三层楼。我继续学翻译。我和开明书店订约一本《中国戏曲小说史》，十万字，预支稿费五百元，作为生活费。""不巧，我又怀了第二个孩子，我的稿子才翻译了两万字，不得不停下来。由他送我到福民医院再度流掉。""他临离开我时，向我告辞，还要我写个简历字条去为我联系组织。可是后来没有下文。""一星期以后，我从医院出来，仍回到杨贤江家的三层楼上，只见四壁萧条，人去楼空。我顾不得休息。就到二楼去找杨贤江打听组织事。杨贤江沉重而惘然地沉默很久，又慨然叹息，向我摇摇头说：'北欧命运女神上当哪！'""我一下子感到黑了天了！千疮百孔的心，忧闷郁积，排遣不开。头脑晕沉沉、迷糊糊，顺手把他忘记带走的两小瓶安眠药，一齐倒进嘴里，打开晒台上自来水管，双手捧水来把它一并送进肚里。"

据后来的《火凤凰》写道，秦德君和茅盾回到上海还见了茅盾的母亲和亲友，母亲坚决主张儿子和孔德沚和好，茅盾素来很是孝顺，左右为难。"我后来知道他回家和孔德沚相聚，孔德沚三天两头给他送吃的、穿的。上海的小报上，出现了一些骂我的文章。我想我一个革命的女子，何必讨这份闲气！于是提出分手，说实在的，心里也是不舍的。茅盾先是不同意，后又说，暂时分手也罢，要求同我订四年之约，他以四年来写作，将稿费支付离婚费，我俩再图百年之好，完成《虹》的下半部分。未料从此见不到他，我一气之下自杀。醒来后，在亲人的帮助下回四川。""上船的时候，茅盾前来送我，还带来些路上吃的东西，一副依依不舍的模样。我当时只看了看他，没有力气说话，心里很是酸楚，但还是抱着一线希望：四年为期。"

回到老家的秦德君心力交瘁，几度病危，依靠亲友接济过活。后国民党上将四川军阀刘湘邀请她先后担任国民革命军第 21 军司令部参议官和第 7 战区司令部参议官。1934 年秋，为救红军贺龙所部，她下嫁给刘湘心腹王心卫，条件是放红军通过酉秀地区。王死后，她与被称为"党外布尔什维克"的郭春涛一起在白区重庆从事抗日民主活动和反对国民党独裁统治的地下工作，并结为伴侣。1949 年她在上海因从事国民党军队的策反工作而被捕判死刑，幸逢上海解放获救。1950 年其夫郭春涛过世。她本人任教育部参事，1959 年转入中国历史博物馆。后在"文革"中，她遭到了非人的监禁、虐待，腿折断，成了残疾人。

饱受争议　奋书抗争

我有幸见过这位九死一生的女强人。有一天我去看望胡风夫人，恰巧她女儿晓风要去秦德君家，我也就跟着去邻院拜访。那时她老人家正在午睡，听说来人，就坐在床上跟我们随便聊天。我已忘了所说的内容，但她那精干的脸庞，说话间闪光的眼神，留给我深刻的印象。她刚醒来，头发有点蓬松，梳的发髻却依然完好；床下还有一双漂亮的绣花鞋，这身装束完全不像在1949年后经过多次改造的老妇人。她经历复杂，哪一段都会遭人怀疑和拷问。她一生的5次情感变迁更是让多少有点传统思想的吾辈男女匪夷所思。

就说她15岁醉酒时被进步的《新蜀报》编辑穆济波强奸后，他们还时有同居，生下2个女儿。据认识穆济波者说他真爱秦德君，如影相随。1923年秦去南京学习，穆即任东南大学附中的语文教师，学生胡风因此得识穆老师的夫人秦德君。秦去西安参加北伐，穆也去西安的中山学院任教。而1927年秦德君为什么留在武汉养伤，因为有追随她而来的穆济波，并陪她一起去江西寻找组织关系，胡风又与他们俩一路同行。后穆济波在开始反共的朱培德部下任职，秦德君则继续流亡到上海。大革命失败时期的秦德君一直与由政治转入学术的穆济波在一起，和党组织失去联系的她又如何能说清自己？这大概也是她生前死后一直无法恢复党籍的原因，成为她死不瞑目的最大遗憾。

让这位以革命一生而自豪的女强人不解的是，1959年中央统战部编印的党外《人物小传》，说她大革命失败后脱党，在四川军阀刘湘的司令部任参议官，又与刘湘的参谋长王心卫结婚，过着"腐朽的资产阶级生活"。秦德君辩白：王心卫倾慕她，知道她曾是共产党员，就提出只要秦参议官嫁给我，我不但不打红军，还可以跟他们走。于是答应了这门亲事。在自传中她还记下1939年在重庆曾看到潘文华（刘湘的继任者）自成都发出的通缉令："查民国二十三年朱、毛、萧、贺率红匪长征，经过酉、秀、黔、彭时，剿赤司令官为女匪秦德君所惑，不肯清剿，致有今日之延安政府，危害民国。今王总司令已故，着将迁居重庆的女匪秦德君逮捕归案、究办。"但正如后来中共中央统战部干部局原副局长胡治安在2013年1月《中国新闻周刊》第595期《往事》中说："那个以阶级斗争为纲的年代，没人相信秦的自传。""幸而1990年代，当地党史工作者查明，1934年贺龙率红三军团在酉阳一带活动时，不但没有遭到国民党地方部队的袭击，对方甚至将部队撤出酉阳县城，使红军得以通过。这事在这位党史工作者心中始终是一个谜团。直到他看到《射洪党史资料》，才知道是秦德君和她哥哥秦仲文做工作的结果。"

据此似亦可理解秦德君何以应任巴蜀王刘湘部的参议官，其旨不正是利用刘、蒋矛盾，为中共长征北上开辟革命根据地创造条件吗？这也使这支以打内战而闻名，军力堪称中国最差劲的杂牌川军成为抗日铁军。在"七七"事变爆发后的第二天，刘湘即电呈蒋介石，同时通电全国，吁请全国总动员，一致抗日；川军各将领纷纷请缨抗战，先后开赴抗战前线浴血奋战，向前方输送青壮军人的人数，居全国之冠。1937年10月15日，刘湘被任命为第7战区司令长官，兼任第23集团军总司令，他抱病亲赴战场直至身亡。留有遗嘱："抗战到底，始终不渝，即敌军一日不退出国境，川军则一日誓不还乡！"展现了中国人的铮铮铁骨！这固然是刘湘自身思想发展的高峰，却也有其进步谋士潜移默化的影响，而秦德君即在其列。

据胡治安介绍，秦德君是一个有性格的人。1949年9月，有人

风定落花

检举她在上海被捕后叛变，撤销了她新政协筹委，亦即第一届政协代表的职务。她一气之下，退出了她曾参与筹建的"民革"。幸而上海地下党负责人潘汉年会同华东局统战部结论："秦德君在上海解放前夕被蒋匪帮逮捕后，虽受刑讯，对于她所知道的中共关系、民革关系及其民主人士的关系，并未向匪特吐露，这是很好的。因此，不能得出结论说，秦德君被捕后有政治叛变行为。"从第二届开始，她一连当了六届全国政协委员。

然而，到了"文革"时，她被关进了秦城监狱，天天拷问的依然是上述老问题。被囚禁了整整8年，1975年4月5日出狱。她仍坚持要求给她革命的一生给予公正的结论。她不怕谈自己的婚姻爱恋：有她不爱的穆济波、政治婚姻王心卫、又爱又恨的沈雁冰，还有她深爱在心底却未能结合的坚贞共产党员刘伯坚——1935年他在江西苏区突围被捕，临刑前创作《带镣行》等气壮山河的传世诗歌。她最后是与志同道合的郭春涛结为夫妇，周恩来在郭春涛逝世的追悼大会致悼词，高度评价了他一生的贡献。邓小平与刘伯坚、郭春涛、秦德君都曾在西安冯玉祥部工作，所以他评价秦德君："我们是老战友，她工作有办法，肯干。"后来，在邓小平的关心下，秦德君以个人的革命业绩，于1979年搬进了新建的北京木樨地22号楼（部长楼）。

但这始终未解决她心中牵挂的党籍问题。特别是茅盾在1981年3月14日病危中致信中共中央："亲爱的同志们，我自知病将不起，在这最后的时刻，我的心向着你们。为了共产主义的理想，我追求和奋斗了一生，我请求中央在我死后，以党员的标准严格审查我一生的所作所为，功过是非。如蒙追认为光荣的中国共产党党员，这将是我一生的最大荣耀。"很快，中共中央根据沈雁冰的请求和他一生的表现，"决定恢复他的中国共产党党籍，党龄从1921年（沈雁冰1921年加入上海共产主义小组）算起"。据说这"恢复"一词引起了不少了解茅盾经历的老党员的不满，认为"追认"更妥当。

而最强烈的反响，来自秦德君。她要求与茅盾一样，恢复她1923年的中共党籍。1981年9月2日，统战部一位副部长邀请秦德君来谈此事。秦说，这个问题拖了几十年。一口气讲了2个多小时她与茅盾的故事。副部长明白告诉她恢复的根据不够，可以重新申请入党。她听了说："人都老了，快80岁了，还申请入党？我为党拼了几十年的命，我对得起党。""我实在想不通，不服气，把材料写出来，揭开他这个世界名人的真面目！不知道这些事就算了，我现在还活着，我有义务向历史讲清。"说完扬长而去。自此之后，直到1999年1月辞世，她再也没有踏进过统战部的大门一步；统战部举办的茶话会、座谈会，她一概不参加。

那次谈话后，她就着手发表回忆录，在1985年4月6日香港《广角镜》第151期刊登了《我与茅盾的一段情》；又在1988年日本《野草》杂志第41、42号发表《樱蜃》。内容和上述手稿大致相同，但增添了不少对茅盾的愤激之语，骂他是"叛徒""骗子"。顿时在中国文坛激起千层浪，如搞茅盾研究的张小鼎学兄来找我说：茅盾之子韦韬听说研究茅盾的专家叶子铭的研究生也在报刊上发有关文章，很生气；病中的叶子铭颇感压力，想看看我曾提到过的秦德君手稿。确实，我在初获手稿时，曾在一次聚会上，向几位研究茅盾者说起这手稿的内容；大家认为是谣传，我也无心卷入这非我所感兴趣的研究课题,因此粗心的我不知把手稿搁到哪儿了。那时我对韦韬的"生气"颇不理解,因为他从小就知道其父曾有一次婚外恋,而他本人在延安生活时,与也在延安的秦德君之女秋燕感情不错。想不到新一代的思想竟如此保守?后来,从韦韬、陈小曼出版的《父亲茅盾的晚年》中得知:1969年国庆节,茅盾没有接到照例都有的去天安门参加庆典的通知,从此茅盾就从党和国家领导人的名单中消失了。后胡愈之向茅盾透露:有人检举茅盾在1928年去日本途中自首叛变了,检举者"恐怕还是我们的同辈人"。茅盾显然会猜到此人是唯一伴随他去日本的秦德君。所以韦韬帮父亲撰写回忆录时,茅盾示意不提秦德君。由此,有的研究者很同情茅盾,认为茅盾在回忆录中只字未提秦德君,有其难言的苦衷。(但如前所说,1969年秦正在狱中,我见到的《女囚的报告》未有茅盾"自首叛变"之说,或另有揭发,或另有"首长"借秦德君之言加罪于茅盾?)后来我又得知,胡风应《新文学史料》之约写他与"左联"的关系,他认为"非得从东京说起不可"。所以一开头就写了在船上遇到秦德君事,也第一次公开披露了茅盾在日本与秦同居的关系。编辑部看了,建议他删去,最后因胡风的坚持而保留。因此有的研究者认为胡风插入进来,是因为他与茅盾有积怨,借此贬低茅盾。看来维护权威、尊者的积习很深啊!

不过,中国文坛都接受了茅盾生平唯有的一次婚姻越轨,研究者还从茅盾1922年在《民国日报·妇女评论》《妇女杂志》等报刊中发现他"婚姻观""恋爱观"的变化。如原先以为结婚不必以恋爱为前提的他,已改变为"两性结合而以恋爱为基的"才合于道德;"新性道德反对片面贞操,并非即为主张把旧性道德所责望于女子的贞操主义亦同样的加之于男子身上";"所以恋爱神圣与离婚自由实在是新性道德的两翼";"不许离婚固然不对,许人自由离婚毫不加以制裁,也有流弊";"在两极端中间,本可以得个执中的办法"。这些观点或可以理解为茅盾与秦的自由恋爱和离婚与否的思想矛盾。可惜,崇敬谦谦君子茅盾的研究者还是把他的"越轨",说成是禁不住秦德君的热辣辣的追求;而最后的分离也归结为秦德君的"暴君"脾气。这和秦回忆中的茅盾主动很不相符。秦德君起而反驳,并坦然地说,现在外面有人写文章,说我看上茅盾是名人,疯狂地追求他。那不是事实。但频繁接触后我爱上了他,离不开他,这是事实。

有些研究者指责秦德君的品德,说她既然愿意与奸污自己的穆济波同居生子,又不愿对两个无辜的孩子尽母亲的职责,就是一个自暴自弃又十分自私的人。然据秦的小女儿郭秋姮揭示,《火凤凰》的整理者刘淮,即其异父姐姐秦燕士,一名郭秋燕,其父实为穆济波。秦德君也说1940年代自己和郭春涛原想去延安,因党组织要求他们留下搞地下情报工作,只得把大女儿秋燕先送往延安学习。有的评论者认为秦德君把未与党组织接上关系,归罪于茅盾对她的欺骗,是不符合他们在日本的情况,她应早就知道彼此都脱了党⋯⋯

21世纪的现代人恐怕已无心探究这已逝的人事情爱纠葛,唯留下沉沉的历史痕迹和无尽的思索。20世纪中国男女在婚姻和爱情上涌动的思想行为、矛盾和追求,是否又能为今人所理解和吸取教训呢?但愿不是奢望吧!

(写于2017年)

鲁迅和瞿秋白"超人"意识之差异

瞿秋白所写的《鲁迅杂感选集·序言》（以下简称《序言》），是一篇颂扬真实生命的文艺评论。它既是对鲁迅的历史性总结，也是作者本人思想的自我总结。我从中不断受到启发，又感到了这一对知己思想的差异。循着他们的思路轨迹，发现他们俩各自从个性主义向集体主义转化的途中，隐蔽着两种不同的"超人"意识，影响着他们一生的作为。

两种对立的"超人"意识

在《序言》中，瞿秋白总结鲁迅的杂文特点有四条："第一，是最清醒的现实主义。"即鲁迅所谓"取下假面，真诚地，深入地，大胆地看取人生并且写出他的血和肉"。"第二，是'韧'的战斗。"提倡"一口咬住就不放"的"带些兽性"的"非合法主义的战术"。"第三，是反自由主义。"即反传统的中庸之道。"第四，是反虚伪的精神。"反对瞒和骗，这是鲁迅精神的基础。瞿秋白认为，鲁迅的"这些革命传统（revolutionary tradition）对于我们是非常之宝贵的，尤其是在集体主义的照耀之下"。综观上述特色在鲁迅的早期杂文中已经呈现，而且明显地受到尼采学说的影响。换言之，即鲁迅后来转变为阶级论者，他的杂文中依然保持着带有强烈个性主义"超人"色彩的"革命传统"，唯因为和集体主义结合，战斗更为有力。由此看来，个性主义和集体主义原非互为排斥，"超人"意识也并非全在批判之列。

在"五四"前后，中国的新文化工作者大都受到尼采思想的影响，重估一切价值，力图批判偶像，批判奴性，否定庸众，抨击虚伪。鲁迅更是孜孜于"文化批判"工作，在他的杂感中清晰地表露出对"超人"的渴求，认为"尼采式的超人，虽然太觉渺茫，但就世界现有人种的事实看来，却可以确信将来总有尤为高尚尤近圆满的人类出现"。(《热风·随感录四十一》)所以，他依然引述尼采的语言鼓励青年不必理会冷笑和暗箭。

"咄，我教你们超人：这便是海，在他这里，能容下你们的大侮蔑。"(《扎拉图如是说》的序言第三节)这里所表达的即是"超人"的含义之一：在巨大的黑暗面前，以主观精神克服自己，战胜自己，控制自己，张扬个性，蔑视传统。

后来，鲁迅确"又由于事实的教训，以为惟新兴的无产者才有将来"。(《二心集·序言》)诚如瞿秋白所总结的那样，"从进化论最终走到了阶级论，从进取的争求解放的个性主义进到了战斗的改造世界的集体主义"。但正如鲁迅后期没有完全抛弃进化论那样，他没有否定那"进取的争求解放的个性主义"。原先觉得渺茫的"超人"，倒因为接受了马克思主义的历史观而变得切实，不再"无条件"地相信青年必胜于老年。他寄希望于"新兴的无产者"，却

风定落花

又未简单地以抽象的"阶级性"来衡量中国民族的"精英"。在1934年8、9月间作的《门外文谈》中他指出:"由历史所指示,凡有改革,最初,总是觉悟的智识者的任务。但这些智识者,却必须有研究,能思索,有决断,而且有毅力。他也用权,却不是骗人,他利导,却并非迎合。他不看轻自己,以为是大家的戏子,也不看轻别人,当作自己的喽啰。他只是大众中的一个人,我想,这才可以做大众的事业。"这已不是那脱离群众的尼采式的"超人",但依然是鲁迅所渴求的那种富有独立思考精神,身心发展皆为特出的"超人"。而且他不仅从历史上看到,"我们从古以来,就有埋头苦干的人,有拼命硬干的人,有为民请命的人,有舍身求法的人",他们"就是中国的脊梁"(《且介亭杂文·中国人失掉自信力了吗?》);还从现实中确认,"那切切实实,足踏在地上,为着现在中国人的生存而流血奋斗者"(《且介亭杂文末编(附集)·答托洛斯基派的信》),是自己的"同志",在他们身上,"寄托着中国与人类的希望"。(引自许广平《鲁迅回忆录·"党的一名小兵"》)反之,他始终不相信那些自称"'唯我把握住了无产阶级意识,所以我是真的无产者'的革命文学者"。(《三闲集·文学的阶级性》)

直接领受"五四"洗礼的瞿秋白,也是在"五四式的智识阶层的最终分化"中,从个性主义走向集体主义。这位年龄和鲁迅相差十八载的一代新人,因生于破落的士大夫家庭,思想历程犹如鲁迅。他曾称鲁迅是罗马神话中那个"憎恶着天神和公主的黑暗世界"的"莱漠斯",而他本人正是这个"敢于蔑视那庄严的罗马城"的"莱漠斯"。他和鲁迅一样,"是野兽的奶汁所喂养大的,是封建宗法社会的逆子,是绅士阶级的贰臣",只是他们从各自不同的道路回到了狼的怀抱。

瞿秋白在《序言》中说："贫民小资产阶级和革命的智识阶层，终于发见了他们反对剥削制度的朦胧的理想，只有同着新兴的社会主义的先进阶级前进，才能够实现，才能够在伟大的斗争的集体之中达到真正的'个性解放'。"这一叙述有着特定的普遍意义，但每个人的理解不尽相同。以瞿秋白而论，在他接受共产主义思想之始，在"达到真正的'个性解放'"之前，他首先痛苦地批判了早先要做一个"不寻常"人的心愿（《赤都心史·中国之"多余的人"》），在否定"绝对的个性主义的尼采式的超人"的同时，又认同了另一个与之对立的"集体主义的超人"（《艺术与人生》），这就和鲁迅的认识发生了深刻的差异。究其根源，乃因为他们的个性意识和集体意识，来自不完全相同的思想养料和生活经验。

个人本位和社会本位

鲁迅和瞿秋白都是深通东西文化的明哲之士。西方的"个人本位主义"和东方的"社会本位主义"的矛盾直接影响着他们的伦理观、价值观和思维方式的形成。因两人的生活环境不同，其思想根基各呈复杂的势态。

青年时期的鲁迅生活在辛亥革命的酝酿期。他有幸东渡日本学医，学习到西方自然科学的最高成就，体味着 19 世纪欧洲文明，感应的却是 20 世纪新精神。他躬逢中国资产阶级革命派和改良派大论战的盛景，写下了《人之历史》《科学史教篇》《文化偏至论》《摩罗诗力说》等长篇论文，集中地反映了他的思想成果。他不仅

风定落花

在观点上跳出了"时代的限制",更重要的是在思维方式上大异于传统的中国模式。

青年鲁迅在认同物质不灭、生命起源、进化等科学实践理论的基础上,开始从个人本位出发去观察世界。因绝望于儒家之徒而否定了以儒学为核心的伦理观,摆脱了膜拜权威的历史意识,大胆接受欧洲"文明的批评家"尼采的超人学说,执着于怀疑、否定和批判的精神。

尼采的超人思想建立在对黑暗社会的绝望中,因憎恶庸众便强调自我解放的"利己"。细察这寄托于"利己"的个人主义,非世俗所谓的自私自利之意,乃特指每个人都有权充分发挥生命的潜力,旨在积极地发展人的生命。鲁迅称这"利己"为"爱己",指出:"这便是保存生命的要义,也就是继续生命的根基。"(《坟·我们现在怎样做父亲》)这正是人道主义的最高目标。

但鲁迅不是尼采式的颂强憎弱的个人主义者。作为弱国子民的鲁迅,他注重俄国和东、北欧等国被压迫民族的作品,引那叫喊和反抗的作者为同调。所以,他的人道主义思想更接近于那力抗强者的拜伦,又取托尔斯泰的同情幼者、弱者和下等人的思想。他像俄罗斯的人生派作家一样,忧国忧民,不断地自我解剖,充满了自我牺牲的感情。利己和利他、爱人和憎人、争天抗俗和自我牺牲,矛盾地统一于鲁迅的一身,正如他自己所说的:"我的意见原也一时不容易了然,因为其中本含有许多矛盾,教我自己说,或者是人道主义与个人主义这两种思想的消长起伏罢。"(《两地书·二四》)然而,根基却全在于渴求生命的进化。

从个人本位主义出发,他确定强国之本,"其首在立人,人立而后凡事举；若其道术，乃必尊个性而张精神"。（《坟·文化偏至论》）尤其是在辛亥革命后，他经历了种种寂寞和悲哀，对中国黑暗现实的怀疑更增长了、发展了。他从诸子百家的经籍中，从各朝野史杂览中，"看得中国的内情太清楚"，更以为在中国"最要紧的是改革国民性，否则，无论是专制，是共和，是什么什么，招牌虽换，货色照旧，全不行的"。（《两地书·八》）

孕育瞿秋白个性意识的土壤却是几千年的文明古国。

少年秋白生活在辛亥革命由爆发到迅速失败的过程中。他小小年纪便和鲁迅同样体会到，"资产阶级'自由平等'的革命，只赚着一舆台奴婢匪徒寇盗的独裁制"。（《饿乡纪程·四》）他面临的是一个复古的时代。那时中国虽已输入点滴欧化的科学教育，但秋白毕竟是"江南花柳明媚的产儿"（《赤都心史·俄雪》），在乡土文化潜移默化下，他和一些年青同学"大家不期然而然同时'名士化'，始而研究诗古文词，继而讨究经籍；大家还以'性灵'相尚"（《饿乡纪程·四》），古老的文化滋养着这位江南才子多愁善感的个性。然而，不论是抒写胸臆的"性灵说"，抑或无为而治的老庄哲学，或是那志在济世的今文经学，在思维方式上，都是非科学的自我体验性的意向活动。体验的仍是旧文人"入世""出世"的彷徨，意向随"世道"——社会而变，幻想"世道"的主宰者依旧是明主圣贤，尚未真正认识"人的价值"。这种封建的"社会本位主义"，实际上抑制了情感的正常发展。秋白因母亲自杀，一家星散，年方17岁便步入社会谋生，更发现了无数的问题，却又找不到出路。于是"思想复古，人生观只在于'避世'"。（《饿乡纪程·四》）

在那袁世凯做着皇帝梦的黑暗环境下，年轻的秋白与已近不惑之年的鲁迅，都受到社会风气的感染，对佛经产生了探索的兴趣。两人多少有点借以"避世"的意思，却又循着各自的思路，从厌世的佛教禅学的哲理思辨中悟得人生的奥妙。

通达世情的鲁迅认为目的"利他"的大乘教，由于对己戒律松弛，"容易信奉，因而变为浮滑，或者竟等于零了"，因此，"以为坚苦的小乘教倒是佛教"。保持原始佛教"利己"思想的小乘教，它那苦行修炼，以求"自我解脱"的主张，似与鲁迅的"个人本位主义"契合。然而，鲁迅始终与佛教的厌世观绝缘，和尼采一样，从不心造出另一界，始终执着于"现在"。

"五四"前后的瞿秋白带着浓厚的浪漫气质，他曾自叙那时的思想说："菩萨行的人生观，无常的社会观渐渐指导我一光明的路。"（《饿乡纪程·四》）这条道路直接体现在他"就今文学再生而为整理国故的志向"中，企图通过普及优秀的文化遗产，达到"文化救国"的目的。他也认为"对于中国的国民性，需格外注意"（《序沈颖译〈驿站监察〉》），但和今文学的倡导者梁启超一样，都有实用主义倾向，着眼于社会改革，而不是鲁迅那种对人、对民族性出路的寻求。因此他很快感到若没有政治、经济上的根本解决，文化救国和改造国民性都难以达到目的，于是又陷在深深的苦闷中。

俄国十月革命的发生，刺激着正在俄文专修馆学习的爱国青年瞿秋白，意气风发地投入五四运动的政治斗争中去。他写了不少反映农民、女工、青年、妇女问题的论文，寻求中华民族政治经济上的解放，思想"从托尔斯泰的无政府主义很快转到马克思主义"。

（《多余的话》，转引自《上海师院学报》1980 年第 2 期）1920 年 3 月他参加李大钊主持的"马克思学说研究会"，关心阶级斗争和所有制的改造，并据此产生一个没有阶级压迫的自由社会的理想。

其时，鲁迅也注意到社会上的阶级对立，从十月革命中看出"新世纪的曙光"，在 1923 年末的讲演《娜拉走后怎样》中已强调"经济制度竟改革了"，妇女解放等社会问题才能较彻底地解决。不过，他的工作仍立足"现在"中国人生存的环境，为创造自由人格的精神面貌，"对于根深蒂固的所谓旧文明，施行袭击，令其动摇，冀于将来有万一之希望"。（《两地书·八》）

1921 年初，瞿秋白以《晨报》特派记者身份赴苏俄采访，他的社会主义思想获得适当的温床，迅速发育。在整整 2 年的考察中，他目睹年轻的苏维埃政权怎样在内外敌人的包围中度过政治危机，阶级斗争客观存在着，新旧两种文化并行着斗争着。他从研究具有浓厚东方色彩的俄罗斯文化着手，观察它怎样孕育了俄国式的革命，又直接造成革命过程中的种种阴暗面，如知识阶层脱离人民，农民保守，特别是那"封建遗毒，东方式专制政体，使官僚问题种得很深的根底"。（《赤都心史·官僚问题》）他得出了毒根在传统，非在无产阶级革命本身的结论。他因此更钦佩那些办事热心努力，有能力有觉悟，忠于事业的共产党领袖，赞赏他们根据实际采取的新经济政策，关心他们在农村的各种试验，以及在文化教育上为扶植无产阶级文化，努力吸收东西方各民族文化精髓的主张。他欣然认同共产主义，愿为共产主义人间化而奋斗。

1921 年 5 月，瞿秋白加入中国共产党。在次年春转为中国共产党正式党员前，他写的几篇抒情散文，可看作是他入党前后思想斗争的总结，从中反映了他那忠于信仰的自我解剖、自我克制的牺牲精神。

有一篇直接标题为《我》，分析人处在各种民族不同文化相冲突之时，"个性"和社会、民族及世界有密切的联系。由此，他明了"我的职任"是"盼望'我'成一人类新文化的胚胎"；"'我'不是旧时代之孝子顺孙，而是'新时代'的活泼稚儿"；"我自是小卒，我却编入世界的文化运动先锋队里，他将开全人类文化的新道路，亦即此足以光复四千余年文物灿烂的中国文化"。他明确"'我'的意义：我对社会为个性，民族对世界为个性"。他纯真地把个性与新时代融为一体。

然而，他遇到了矛盾。在《中国之"多余的人"》一文中，他坦率地剖析自己"心智不调"的痛苦。他说：

> ……自己也曾以为不是寻常人，回头看一看，又有什么特异，可笑可笑。应当同于庸众。"你究竟能做什么，不如同于庸众的好。"理智的结论如此，情性的倾向却很远大，又怎样呢？心与智不调，请寻一桃源，避此秦火。……"然而，宁可我溅血以偿'社会'，毋使'社会'杀吾'感觉'。"……

对这段意蕴深远的话，后人的理解竟大相径庭。如陈铁健在《瞿秋白传》中认为他在此表明了"应当同于庸众"，即自己应当同于普通的劳动群众。然而，丁守和在《瞿秋白思想研究》中的理解恰恰相反。其实，综观全篇，分明表现他视个人的"感觉"为生命，处于独立思考和"同于庸众"的矛盾中，企望过现实的生活，摆脱

"无谓的浪漫，抽象的现实"。

在下一篇《自然》里，他找到了"我"与"非我"的连接物——"爱"。他说："我们个性的高傲，假使不能从'爱'增高其质性，他便成我们的诅咒。"他把"爱"比作那吸引贪玩的儿童回家的"母怀"，对他来说，这"母怀"即他热爱的劳动人民大众。后来他形象地说"回到了娘的怀抱"，就是此意。对无产阶级革命事业的忠诚，成了他衡量个性价值的标准。

瞿秋白的个性本来就是建立在"利他"的"菩萨行"根基上，所以很容易接受"以社会为本位"的思维方式，并转而树立起"以阶级为本位"的伦理观、价值观。他在《自由世界和必然世界》一文中说："社会里个性的动机在初民时代便是社会的，在现今有阶级的社会里便是阶级的。"鉴此，他肯定苏俄未来派革命诗人马雅科夫斯基所歌颂的富有创造力的"集体主义的超人"。在《艺术与人生》一文中，他评论俄国革命的人生派和革命后的超人派，"虽则似乎以社会为先，以个性为后；其实他不但歌颂能为社会奋斗的勇猛的个性，而且歌颂超人的克服自然；——那当然不是绝对的个性主义的尼采式的超人，而是集体主义的超人"。

他在多处阐述这"集合主义的超人"（《劳农俄国的新文学家》），是"以集合的意志和集合的思想，征服自然而支配'物质'"。（《赤都新文艺时代的第一燕》）这里的"集合"之意即指整个无产阶级。阶级的意志和思想则被认为集中地反映在它的领袖和政党身上。瞿秋白在《历史工具——列宁》一文中，即强调列宁是20世纪无产阶级的工具，"在他身后留着伟大的俄国共产党，伟大的共产国际——革命平民的严密组织，照旧地进行他们的事业"。

风定落花

诚然，如实地肯定阶级、领袖、政党的历史地位、作用及其影响，是十分必要的，然而，把领袖和政党凝固为历史工具，却又不自觉地陷入封建的天命观中，乃至不可避免地产生偶像化的危险倾向。

尽管瞿秋白后来不再提"集体主义的超人"这个概念，但这个幻影隐蔽在他思想深处。因为这个幻影广泛地存在于革命队伍中，是国际共产主义运动走上曲折道路的原因之一，也是造成瞿秋白悲剧的原因之一，也形成鲁迅和瞿秋白对一些问题看法的分歧。

把握阶级性和群众性

瞿秋白和鲁迅在文学思想上的差异，主要反映在对"五四"新文学的评价和文艺大众化上，根源盖在如何恰如其分地把握文学的阶级性和群众性。

瞿秋白的文艺论文大都有一股以无产阶级的阶级性和群众性否定"异己"的气势，尽管他内在的文学思想并非如此。在平日的友好谈话间，在学术性较强的文字中，他表现出对中外古今文学艺术广泛的兴趣，无论在思想上、艺术上都真诚地强调要批判地吸取中外优秀文学遗产。他撰写的《俄国文学史》，对每一时代的文学和作家的作品，都有十分精当的辩证的分析。但是，当他面对严峻的阶级斗争现实，为了反对资产阶级文学，倡导普罗大众文学，他的言词便不惜矫枉过正，乃至偏离了马克思主义文学艺术思想的正确轨道，反映出苏联无产阶级文化派"岗位派"（"拉普"的前身）极左的机械的阶级论观点。

1923年1月13日他从苏联回国到北京时，正值中国处在"五四"以后的文化低谷时期。他面对的是一个"狗彘食人"的军阀政府，见到的是一个军警"保护"下的文化荒漠，作为一个无产阶级革命者，敏锐地感到那曾是"五四"先锋的中国知识分子的队伍早已分化。他把"分析1923年之中国文学"的文章标题为《荒漠里》，表达他那强烈的感受，即"五四"以来的新文学和民众无关，"鲁迅先生虽然独自'呐喊'着，只有空阔里的回音，周作人先生'自己的园地'，也只长出几株异卉，那里舍得给骆驼吃？"。至于胡适的"文学的白话，白话的文学"更无着落，那些"爱"呀"愁"呀的诗文，无论在文学和情感上都和奋发热烈的群众无干。瞿秋白的这种看法并非毫无道理，他洞察知识者，包括其中先进思想代表人物的弱点。

然而，他毕竟离开中国文坛太久，不能准确地估价"五四"以来新文学的贡献。直至1932年作《学阀万岁》时，还保持这种看法。他以形象的语言嘲讽"中国文学革命所产生的新文学是一匹骡子"，批评它对旧文学是"不战不和"，写的内容是"不人不鬼"，语言是"不今不古"，所以是"非驴非马"的骡子文学。他模拟敌人的语气说，那些懂得欧化文的"新人"，仍是些"学阀"，"他们离着下等愚民远着呢"，敌人正可乘此联合一切旧文艺去消灭新文艺。所以他大声疾呼掀起一个"无产阶级领导之下的文艺复兴运动"。他提出的问题是存在的，思想却过于偏激，看不到鲁迅等进步作家所起的启蒙作用，把所有描写黄包车夫、苦力的"民众文学"，一律批为浅薄的人道主义。他那些正确的意见，即因脱离中国的现实，而难以为人接受。

对照鲁迅写于1936年的《〈中国新文学大系〉小说二集序》，

风定落花

其中的阶级观点也很鲜明，但毫无那种机械的独尊无产阶级文化的意识，而是从中国社会和文学本身的特性出发，切实地总结了各种流派作家的共性和个性，既反映了他们的成就，也指出不足。不论是对他所支持的人生派，还是为艺术而艺术的作家，都取同一态度；即使对来自他的论敌"现代评论派"方面的凌淑华，也肯定她的作品如实地写出了"高门巨族的精魂"。

瞿秋白否定"五四"新文学的原因，与他在政治上的"左"分不开。在文学上他急于建立一种以大众语表现大众思想的"普洛文学"，以便"立刻进行社会主义的革命"。就在表现这一思想的《普洛大众文艺的现实问题》一文中，他一方面准确地指出当时群众所"'享受'的连环图画等通俗文艺作品所表现的意识形态，是充满着乌烟瘴气的封建妖魔和资产阶级的道德观念，提出要向这些反动的大众文艺宣战"，从语言、体裁、写作目的、内容等方面提出了十分重要的意见，对英雄主义、团圆主义、脸谱主义的批判更是深刻。在学习群众语言方面，他身体力行，配合"九一八"和"一·二八"事变，写出了《东洋人出兵》《上海打仗景致》等10多篇通俗文艺，完全采用群众的口语，糅入方言俗语，做出了新的尝试，精神可贵。但是，他为了强调发展新的群众语言、新的群众的文艺，竟要求作家"站到群众的'程度'上去，同着群众一块儿提高艺术的水平线"。结果不论在理论上还是实践上，都降低了艺术的标准，肯定了一些标语口号式的作品，甚至在自己创作的《江北人拆妼头》等作品中，也容纳了群众口头的"脏话"，而这正是鲁迅所反对的。

鲁迅积极支持发展大众化的文艺，但不同意一些过激的言论，他肯定"五四"以来白话文的功绩，也指出它的不足。在 1934 年写的《门外文谈》中，他从文字、文学的起源和发展中说明吸收活的民众口语的可能性和重要性。他同意高尔基的主张："大众语是毛坯，加了工的是文学。"（《花边文学·做文章》）反对那种"什么都要配大众的胃口，说话作文，越俗，就越好"的主张。尤其反对在论战中使用脏话，他尖锐地批评了芸生的诗《汉奸的供状》，指出："辱骂和恐吓决不是战斗。"鲁迅的诤言，方使瞿秋白意识到存在于革命队伍中的这一问题的严重性和危害性，于是写了《鬼脸的辩护》，指出鲁迅的批评"的确是提高文化革命斗争的任务的，值得我们的研究"。

瞿秋白和鲁迅讨论问题的气氛则是令人欣赏的。1931 年末他与鲁迅关于翻译问题的两次通信，是旗鼓相当的高质量的对话，无论是论争的风度，还是辩驳的手段，都堪称大家风范。问题的提出和讨论，不是基于单纯的阶级观念，而是站在全民族的高度上来探讨，使两人的意见在相互启发中不断接近。由于这场辩论的双方都是既有实践又有理论，而且充满了同志间友好的真诚的感情，没有丝毫政治偏见，使 1930 年以来有关翻译问题的论争在学术上有所突破。

痛苦而又清醒的总结

瞿秋白是在受到党内王明路线残酷打击后和鲁迅结交的，这不是一个政治家和文学家的交往，也不是两个导师的交往，更不存在领导和被领导的关系。他俩是坦诚的朋友，亲密的同志。相似的出身，各自丰富的经历，精深的学问，使他们结为最好的谈话对手。

当瞿秋白通读鲁迅的杂文并仿照其特色共同创作杂文后，越发敬重鲁迅思想的深刻性和"韧"性。他写下了历史的公评《鲁迅杂感选集·序言》，衷心称道鲁迅是一些浪漫蒂克的革命家的诤友！号召党内同志："我们应当向他学习，我们应当同着他前进。"

诤友鲁迅那充满自由人格的精神面貌，对正处在颓唐中的瞿秋白是个鼓舞。长期以来，他就发现自己是个"二元人物"，精神处在不能彻底克服"异己"的状态下，只是绝对地服从于"集合的意志，集合的思想"罢了。他把王明们采取的恶劣手段看得清清楚楚，但也看到了他们的后台是米夫所代表的共产国际，他只得采取服从，只能"中央怎样说，我就依着怎样说，认为我说错了，我立刻承认错误，也没有什么心思去辩白"。内心却出现了"脱离队伍"的想法，向往当一个小市镇上的教员。然而，他不能说，即使对他的妻子，也"没有这样的勇气"。他依然服从组织的命令，抱病前往苏区。直到他被捕面对死亡时，"心上有不能自己的冲动的需要"，才"彻底暴露内心的真相"。他说："从我的一生，也许可以得到一个教训：要磨炼自己，要有非常巨大的毅力，去克服一切种种'异己的'意识以至最微细的'异己的'情感，然后才能从'异己的'阶级里完全跳出来，而在无产阶级的（革命）队伍里站稳自己的脚步。""我的脱离队伍……是因为我始终不能够克服自己的绅士意识，我终究不能成为无产阶级的战士。"这是一个苛责自己的悲观的结论。

何谓"异己"？何谓"克服"？何谓"战士"？原本清楚的概念却被一个恣意专横的"集体主义的超人"意识弄混了。瞿秋白不能批判它，只能以消极的态度在"盲目服从"和"追求个性"之间，选择了后者。对一个行将死亡的人来说，这一选择本来已无意义，而瞿秋白非要写下这"多余的话"，不愿虚负"某某党的政治领袖"和"烈士"的美名。他以坦诚的胸怀、清醒的意识破除了他过去宣扬过的"历史工具""集体主义超人"等虚妄的概念，为共产主义运动留下了深刻的教训。

鲁迅自从目睹 1927 年青年的分化后，又身受一些"唯我独左"的文学青年的种种攻击，他越来越强烈地感到，在一些愤激的革命青年身上依然存在着封建专制主义的毒素。他以形象的语言描述文学领域内某些革命青年的专横，"有些手执皮鞭，乱打苦工的背脊，自以为在革命的大人物，我深恶之，他其（实）是取了工头的立场而已"。（1936 年 5 月 15 日致曹靖华）他坚持对这些"革命青年"持批评的立场，认为这并非"徒费精力"，而是"投一光辉，可使伏在大纛荫下的群魔嘴脸毕现"。（1936 年 8 月 28 日致杨霁云）

处在这一场革命内部斗争中的鲁迅，心情是极为复杂的，不时被"阴暗和颓唐"的情绪所笼罩。他向亲密的朋友倾吐苦闷说："敌人不足惧，最令人寒心而且灰心的，是友军中的从背后来的暗箭；受伤之后，同一营垒中的快意的笑脸。因此，倘受了伤，就得躲入深林，自己舐干，扎好，给谁也不知道。我以为这境遇，是可怕的。我倒没有什么灰心，大抵休息一会，就仍然站起来，然而好像终竟也有影响，不但显于文章上，连自己也觉得近来还是'冷'的时候多了。"（1935 年 4 月 23 日致萧军、萧红）

在鲁迅身上依然表现出一种尼采式个人主义的"超人"意志，这和瞿秋白那种由服从"大纛"，到感受压迫，最终趋于消极的意识不同。也许是由于境遇相异，也就造成了"独立不倚"的诤友和"服从命令"的战士在大同中又有大异的思想境界。

就像瞿秋白最后所说的那样，"我的思路已经在青年期走上了马克思主义的初步，无从改变"；鲁迅至死也未改变对无产阶级革命的支持。这不仅因为社会主义和共产主义的终极理想令他们感兴趣，还因为他们感到马克思主义是"最明快的哲学"，值得认真研究并付诸实践。

《共产党宣言》在"无产者和共产党人"一节中强调，共产党人"不提出任何特殊的（原译者按：1888 年英文版中是'宗派的'）原则，用以塑造无产阶级的运动"。又宣告："代替那存在着阶级和阶级对立的资产阶级旧社会的，将是这样一个联合体，在那里，每个人的自由发展是一切人的自由发展的条件。"在无产阶级革命过程中，如何防止某些人以"宗派的"原则去塑造无产阶级运动？在"同传统的观念实行最彻底的决裂"的同时，如何保证"每个人的自由发展"，已是摆在共产主义运动面前亟待解决的问题。两者看来似乎是矛盾的，但历史的教训证明，实现后者是保证前者的条件。只有发展积极的个性，无产阶级运动才能充满活力、健康发展，才能和同时也在不断调整中发展的资本主义社会相抗衡。

鲁迅和瞿秋白思想深处的两种对立的"超人"意识，以及在这一问题上他们的思考和扬弃，难道不值得我们三思吗？

（写于 1989 年 6 月）

先 驱

鲁迅读《多余的话》之后

"不愿说明"的理由

鲁迅是瞿秋白的知己，他最初获悉秋白在狱中述有《多余的话》，盖于何时？

在鲁迅保存的少量报纸中，有一份 1935 年 7 月 5 日的上海《申报》，其第 9、10 版刊有一篇"长汀通讯"，题为《瞿秋白伏法记》，篇首有两行提要："临刑前晚梦行山中。""绝笔诗一首并有序文。""通讯"内容略述中共中委兼教育部长瞿秋白被俘后囚押在福建长汀 36 师师部月余的生活情景，提及"所写小册一本，题为《多余的话》，颇多幽愤语"。由此可见，鲁迅得知秋白有遗作《多余的话》，当在此日。《申报》，乃鲁迅日读物之一，也是他写作杂文的材料来源之一。

何谓"多余的话"？谅鲁迅必有所思。该通讯所记下列内容，是否会勾起鲁迅的种种联想呢？内有记者访问秋白的 5 个问题，其一问："此次被俘，有何感想？"答："余生平奔走革命甚忙，亟思作一度小休息，今得入狱，乃意料中事。"又一问："瞿先生此后个人方面，有无改变？"答："余究属文人，生平性好文学，此后亦甚愿多多翻译文学书籍。"最后问："瞿先生对伪共产主义，有何感想？""瞿笑而不答，取酒自饮，记者知其不愿有所表示，始兴辞而出。"

该文又详记秋白临刑前实况："十七日（引者按：指1935年6月17日），奉中央电令，着将瞿伏地枪决，翌日（18日）晨八时，特务连连长廖祥光即至狱中促瞿至中山公园照相，瞿领首作豪语：'死是人生最大的休息。'廖连长询以有无遗语留下，瞿答：'余尚有诗一首未录出。'当即复返囚室，取笔书诗一首，并序如下：'一九三五年六月十七日晚，梦行山径中，夕阳明灭，寒流幽咽，如置身仙境，翌日，读唐人诗，忽见夕阳明灭乱山中句，因集句得偶成一首：夕阳明灭乱山中，落叶寒泉听不穷。已忍伶俜十年事，心持半偈万缘空。方要录出，而毕命之令已下，甚可念也。秋白曾有句云：眼底烟云过尽时，正我逍遥处。此非词忏，乃狱中言志耳。'末署秋白绝笔。书毕，复步行中山公园，在园中凉亭内饮白干酒一斤，谈笑自如，并唱俄文国际歌及红军歌各一阕，声音颤抖，几不可辨，歌毕，始缓步赴刑场，手持烟卷，态度镇静，及至刑场，盘坐草地上，尚点头微笑，俄顷，砰然一声，饮弹而殒矣。"

"通讯"附有"瞿秋白伏法后摄影"：嘴微张，手置前胸，挺卧草地。

秋白为国民党政府杀害的凶讯，鲁迅早已从各个渠道探悉。在6月11日致曹靖华信中就说："它兄（引者按：指瞿秋白）的事，是已经结束了，此事还有何话可说。"在此后的6月24、27、28日致友人信中连续表达他那种"哭是无益"的"悲哀"。不过，秋白就义前后的详情，鲁迅大约也是从《申报》这篇迟发的"通讯"中了解到的，而且还见到了一张摄人心魄的照片以及秋白的遗文遗诗，其内心的悲怆可想而知，真是"还有何话可说"呢？

果真他连片言只语都没有；然而，他似乎有了更深沉的思考。这篇通讯发表后的第 11 天，即 7 月 16 日，鲁迅在致萧军信中十分坚决地表示不同意出瞿秋白的纪念集，他说："关于出纪念册的事，先前已有几个人提议过了，我不同意，也不愿意说明理由；不过如有一团（体）要出，那自然是另一回事，只是我个（人）不加入。"

鲁迅为什么不愿加入出版秋白纪念册的工作？据茅盾回忆，鲁迅曾对他说："我是不赞成出纪念集的，太小气了。"（见《一九三五年纪事》，载于 1983 年《新文学史料》第 1 期）这可能是理由之一，却显然又不是他那"不愿意说明的理由"。

受信人萧军在解释此信时，也曾分析鲁迅拒绝参加的缘由。他说："鲁迅先生为什么'不同意'，详细理由我虽然不知，但他凡事主张求'真'，凡事主张'实做'，……与其在那样环境下出一本纪念册，既不能公然发卖，说不定会因此惹出祸来，妨害了仅有的一点借以活动的工作，这是不上算的。因为他是从来不主张让青年们'赤膊上阵'的——他自己却有时要如此。更不主张空喊一通而后一哄而散的作风。至于在这'纪念册'里能包括一些什么样有价值的文字，也很难说。仅仅是把刽子手们臭骂一通，或是把已死者毫无实感地恭维一番，这就容易流于官样文章，是既不能吓垮敌人，也不能教育自己。因此他是主张把仇恨咬在牙齿底下：纠缠如毒蛇，执着如怨鬼，时时刻刻准备报复的一天到来。"（见《鲁迅给萧

风定落花

军萧红信简注释录》，黑龙江人民出版社1981年版）

上述分析颇得肯綮。鲁迅在6月24日致曹靖华信中就谈到了这一层意思，他说："中国事其实早在意中，热心人或杀或囚，早替他们收拾了，和宋明之末相像。但我以为哭是无益的，只好仍是有一分力，尽一分力，不必一时特别愤激，事后却又悠悠然。我看中国青年，大都有愤激一时的缺点，其实现在秉政的，就都是昔日所谓革命的青年也。"

所以，鲁迅对"出纪念册"之类易流于形式的活动，素不重视；他自己在1936年病后立的遗嘱中，还专门立下一条"不要做任何关于纪念的事情"（《且介亭杂文末编（附集）·死》），个中原因，除前述之外，还有一点，即如他在《忆韦素园君》一文中所言："文人的遭殃，不在生前的被攻击和被冷落，一瞑之后，言行两亡，于是无聊之徒，是非蜂起，既以自炫，又以卖钱，连死尸也成了他们的沽名获利之具，这倒是值得悲哀的。"这些早经反复表明的观点，本不应成为"不愿说明"的理由，唯因秋白生前之遭殃，非时人所能言，死后的纪念，恐更令人悲哀，便成了鲁迅的难言之隐。

"有所保留"说

由于鲁迅坚持不愿说明理由，后来又主张先编印秋白的译文集，而把创作部分留待以后再编印，以至有些人，包括他的亲人周建人等，也认为这是因为鲁迅对秋白的看法"有所保留"。（周建人《学习鲁迅，认真读书——纪念鲁迅诞生九十周年》，载于《回忆鲁迅》，上海人民出版社 1970 年版）然而，鲁迅为编印《海上述林》呕心沥血的事实，足以表明鲁迅对秋白的友谊和敬仰，因此人们又据以反驳"保留"说。（参见羊休《鲁迅对瞿秋白"有所保留"吗？——与周建人先生商榷》，载于 1979 年《复旦学报》第 9 期）

其实，若说鲁迅对秋白"有所保留"，未尝不可。但"保留"并非"否定"，而是和当时各方人士对秋白的评价都有所不同而已；也许更接近秋白对自己的认识。他比谁都更能体会到秋白那种"眼底烟云过尽时，正我逍遥处"的心情。

秋白是在受到党内王明路线残酷打击后和鲁迅结交的。他俩是坦诚的朋友，亲密的同志。相似的出身，各自丰富的经历，精深的学问，使两人结为最好的谈话对手。秋白 3 次到鲁迅家避难，两人已达到相见恨晚、水乳交融、无话不谈的地步。1932 年冬，当秋白第一次避难于鲁迅家时，他就赠鲁迅一条幅，内容是他作于 1917 年的七绝诗："雪意凄其心惘然，江南旧梦已如烟。天寒沽酒长安市，犹折梅花伴醉眠。"又作跋云："此种颓唐气息，今日思之，恍如隔世。然作此诗时，正是青年时代，殆所谓'忏悔贵族'心情也。"他毫无保留地把自己的过去和弱点坦露给胜似兄长的鲁迅。

鲁迅读后有何感想？我们已不得而知，但他的夫人许广平女士在回忆时深有感触地说："我们若从'雪意凄其'之句来看，不仍是对此时此地遭遇压迫的写照吗？"（《瞿秋白与鲁迅》，载于《鲁迅回忆录》，作家出版社 1961 年版）而这"雪意"的压迫，除了出自国民党政府的白色恐怖，还有来自革命内部的极左分子王明一伙的宗派打击，正是这后者勾起了秋白那"恍如隔世"的"惘然"情绪，他不能全盘托出内心的苦闷，却又抑制不住感情的冲动，只得借这首旧作向鲁迅倾诉心曲。他仿佛又回到了"天寒沽酒长安市，犹折梅花伴醉眠"的境界，这"酒"，这"梅花"，便是他平生的钟爱物——书和文学。当然这已不是旧有的境界，而是希望在重整文学田园中，为发展左翼文学竭尽力量，以摆脱那可怕的颓唐气息。

对瞿秋白此时此刻的心境，鲁迅焉能不知？秋白所遭受的党内打击，虽则是党内秘密，但在敌方报纸上早已大作宣传。在鲁迅收藏的杂志《社会新闻》第1卷第6期（1932年10月19日出版）的《党政秘闻》栏里，就有一篇文章题为《瞿秋白赋闲隐居》，它历数秋白在党内所担任的重要职务后，恶意嘲讽说："现在这红色的'党国要人'倒霉了，共产党取消了他的中央委员的资格，停止了他一切工作，因而停止了他的'俸给'。"最后别有用心地说："别的都不打紧，最成问题的，是俸给停止以后的生活问题……不得已只得下乡隐居。据说隐居的地方是江苏淞江的乡间。闲居无事，颇努力于翻译著作云云。"《社会新闻》系国民党中统特务所办，鲁迅曾揭露它是"驱使着真伪杂糅的记事"（《伪自由书·后记》），来达到恶毒攻击共产党和进步人士乃至"告状"的目的。但透过其伪，读者也能估摸到秋白在党内的局促处境。虽则鲁迅并不了解党内斗争的真相，只是凭着与秋白交往的直觉，本能地同情他，在政治上信任他，在文学创作上支持他，在生活上关怀他。就在《社会新闻》发表所谓"秘闻"不久，鲁迅夫妇热情地接待了前来避难的秋白夫妇，就在这不平常的日子里，秋白书赠了"雪意"诗，这一不寻常的行动，怎能不引起我们无限的遐想？

我想，在鲁迅受赠后与秋白的多次促膝长谈中，一定会各自解剖自身原有的怨气乃至颓唐气息，也会谈到人生道路上的种种坎坷，包括在革命内部不能被理解的苦闷。鲁迅曾受到创造社、太阳社明里的攻击，自不待言；而秋白在党内所受的宗派打击，按他的个性和党性来看，是不会有丝毫流露的，更不会去责怪任何人。不过，他大约会倾诉平生爱好文学，曾因政治与文学的矛盾而产生苦恼。也许，他还会坦白地说，自己对马克思主义仍是一知半解，以此担任党的领导工作，深感力不胜任，等等。

事实正是如此。周建人和茅盾都曾回忆秋白在给鲁迅和茅盾的信中署名"犬耕"，他们都不解其意，问他时，"他说：他搞政治，就好比使犬耕田，力不胜任。他又进而解释道：这并不是说他不能做共产党员，他仍是共产党员，信仰马克思主义，坚定不移。他又说，他做个中央委员，也还可以，但要他担任党的总书记诸如此类领导全党的工作，那就是使犬耕田了"。（茅盾《一九三五年纪事》，载于1983年《新文学史料》第1期）周建人还回忆说："鲁迅当时对他讲，你对我说可以，不要再对别人讲了，影响不好。""鲁迅曾说他有消极情绪，政治斗争性有些衰退。"（《略谈鲁迅》，载于《鲁迅研究资料》第1辑，天津人民出版社1976年版）

有人认为周建人的回忆不可靠，我倒认为鲁迅有此说法是正常的，但并非今人所谓的"否定"。鲁迅之所以劝告秋白不要对别人讲，一则是出于对秋白的关心和爱护。年长的鲁迅比秋白更谙世情，深知世人（包括革命同志）很难理解一个真正的革命者真诚的自我解剖，而处于逆境中的秋白作这种书生式的自我分析，尤易遭人误解。后来《多余的话》横遭批判，足见鲁迅当时并非多虑。二则鲁迅不愿因自身的颓唐气而影响读者，尤其是青年。他在《写在〈坟〉后面》一文中曾再三说："我就怕我未熟的果实偏偏毒死了偏爱我果实的人。""怕于读者有害，因此作文就时常更谨慎，更踌躇，有人以为我信笔写来，直抒胸臆，其实是不尽然的，我的顾忌并不少。"他还意味深长地说："我自己早知道毕竟不是什么战士了，而且也不能算前驱，就有这么多的顾忌和回忆。"那么，像秋白这样一位举足轻重的共产党领袖，鲁迅更顾忌他那内心的颓唐会影响革命青年，倒使敌人"矍铄"。其实，秋白长时期来不愿流露内心的矛盾，其顾忌也在此。但他又不是善于掩饰的人，尽管他依然积极参与对敌斗争，知友鲁迅依然能觉察到他内心的苦闷，这正是情理中事。

鉴于对秋白内心真切的了解，所以鲁迅看了《申报》的"通讯"，对那尚未发表的《多余的话》"颇多幽愤语"，也能猜到几分。他明白秋白在他生命的尽期，毫无顾忌地写下了久久隐藏在内心深处的想法，以总结自己真实的一生，而不愿承担"领袖""先烈"等的美名，更怕"钦佩"等溢美之词。作为秋白的知己，鲁迅怎能忤了他的遗愿，去搞什么"纪念册"。然而，这样的理由，在当时能说吗？又有多少人能理解呢？那么，又何必说呢？

因此，鲁迅不愿出纪念册，绝不是对秋白的否定。即使在他读了《多余的话》之后，他也没有否定过秋白，而是真诚地对这位知己做出了崇高的评价。

两封耐人寻味的信

那么，鲁迅是在何时何处读到《多余的话》的内容的呢？

1935 年 8、9 月出版的《社会新闻》第 12 卷 6、7、8 期选载了

《多余的话》三节："历史误会""文人""告别"。毫无疑问，鲁迅会看到这些内容，因为他一直很注意这本反动杂志的动向。至今还保存着他所收藏的1932—1935年零散的《社会新闻》24册，其中虽未存登载《多余的话》的那几本，但这并不排斥鲁迅读过。茅盾也曾回忆说，当他向鲁迅提及《社会新闻》登过《多余的话》时，鲁迅冷笑一声道："他们不在秋白身上造谣，就当不成走狗，实在卑鄙。"（《一九三五年纪事》）敌人的目的，路人皆知，他们妄图以一个共产党员的内心苦闷去坍共产党的台，在秋白头上泼脏水。对《社会新闻》的这一行径，鲁迅当然是十分痛恨的。

但是，这并不意味着鲁迅否定《多余的话》的作者是瞿秋白，这篇遗作所表达的文学与政治的矛盾，颓唐气息，以及类似"犬耕"的思想，难道不会勾起鲁迅的回忆吗？只是它出自敌人的刊物，使的仍可能是"真伪杂糅"的伎俩，所以鲁迅对此十分谨慎，在与友人的书信和谈话中从未主动提及，以至他的兄弟周建人在晚年回忆时，还以为鲁迅从未看过《多余的话》。

鲁迅的谨慎，显然不是因为他认为《多余的话》有背叛革命之嫌，秋白英勇就义的行动已足以标明他的节操，连《社会新闻》编者在"按语"中也不能抹杀秋白坚定的革命性，所以悻悻然地攻击说："瞿之狡猾恶毒，真可谓至死不变，进既无悔祸之决心，退亦包藏颠倒黑白之蓄意。""所以瞿之处死，实属无疑义。"秋白的高风亮节，有目共睹。鲁迅在编辑《海上述林》时，特意为出版者具了一个有多层含义的名字："诸夏怀霜社"，"霜"既是秋白的原名，又蕴含着他那清冷洁白的一生。

在《多余的话》发表后，鲁迅有两封致友人的信很耐人寻味。

风定落花

一封是 1935 年 9 日 1 日致萧军的信，他在信中再一次痛责国民党的屠杀政策，说："瞿若不死，译这种书（引者按：指《死魂灵》）是极相宜的，即此一端，即足判杀人者为罪大恶极。"在此不仅丝毫不见对秋白的否定，倒透露出对《多余的话》中秋白所说的"愉快的梦想"——极忠实的翻译几部俄国文学名著——表示了深深的理解和惋惜。

另一封是同月 12 日致胡风的信，其中谈到萧军加入"左联"的问题，他明确表态说："现在不必进去，……我觉得还是在外围的人们里，出几个新作家，有一些新鲜的成绩，一到里面去，即酱在无聊的纠纷中，无声无息。……我不敢对别人说关于我们的话，对于外国人，我避而不谈，不得已时，就撒谎。你看这是怎样的苦境？"此种心境，不正是秋白在《多余的话》中表达的一种苦境吗？所以，鲁迅怎会因秋白自责"不但不足以锻炼成布尔什维克的战士，甚至不配做一个起码革命者"而否定他？倒是在"自知之明"这一点上，两人是多么一致；只是鲁迅不会像秋白那样过分自污，因为他在政治上所受的压抑和苦境毕竟和秋白不同，也没有秋白那种近乎天真浪漫的书生气。

我深信，当时最能理解《多余的话》的人，必是鲁迅无疑。

（写于 1989 年 8 月 31 日）

跋涉

惨遭戕杀的青年作家柔石

　　29 年，在生命的长河中只是一瞬间。然而，现代文坛著名的"左联"五烈士之一的柔石，却以青春的热血和创作的活力，在漫漫长夜中留下了难以消泯的光辉。

苦闷不安的"时代儿"

　　柔石本姓赵，名平福，后改名平复，又名少雄，笔名尚有金桥、刘志清、赵璜、方前等，1902 年 9 月 28 日生于浙江省宁海县城关西门一个小商人家庭。他自幼勤奋好读，1918 年秋考入杭州浙江省立第一师范学校。次年应父母之命与宁海西乡东溪人吴素瑛完婚，同时接受了"五四"新文化运动的洗礼。他酷爱文学艺术，喜金石书画，通音律，热衷于诗歌创作。1921 年和同学冯雪峰等共组"晨光文学社"。他在日记、书信中，在诗歌散文的创作中不时探讨人生价值，细致地记述所见所闻以及点点滴滴的感受。在纷至沓来的新思潮前，他向往实行俄国式的社会主义，以为"其目的皆在打破政府之万恶，以谋世界之大国，改革平民之经济，以求人道之实现，欲人人安乐，国国太平"。（1921 年 11 月 20 日致兄赵平西）他认为中国之所以长期陷于军阀混战、恶吏奸绅的专权中，乃民智闭塞之故，于是寄希望于普及教育。然而，荆棘遍地的现实使他瞻顾未来，竟如"云雾一般的迷蒙"，无计主宰命运，因此时而沉浸在幻梦中，时而百无聊赖，时而奋力呼喊："去，不能倦了。"他在 1922 年 5 月 29 日的日记中写道："哭，无论如何是没效的。要模仿肩膀上荷着锄望田中去的农民，或手里执着锤看着铁打下去的工匠才好。"现存他的最早散文《不安》，诗歌《如是》，留下了一个面临毕业的孺子在走向社会前夕"精神界不安"的图影。

他决计不走父母、妻子要他走的那条老祖宗们千年相承的经商旧路，却又未能如愿考上东南大学。尽管"死神的翅膀好像在头上拍着"，他依然渴望在太空中长歌欢舞。为了生活，他权且在杭州充当应家姐弟的家庭教师，同时坚持学习法文，并在审视个人爱情、婚姻的波折中开始创作短篇小说。

《一个失败的请求》，写他请求父母让妻子去求学而未获准的事。《第一回的信》，描述他收到妻子无味的短信时内心复杂的情感。他既可怜妻子无文化之苦，又恨封建的包办婚姻使自己成了"精神囚犯"。《无聊的谈话》则是记叙他和学生——应家姐弟的一段毫无结果的谈话：他对前途的烦恼，孩子们岂能猜透；而女孩对爱情、婚姻的天真幻想，他也早已幻灭，自不能解答孩子心中的疑团。

辞别应家回乡后作的小说《课妻》和《爱的隔膜》，都是写他为了消弭夫妻间在文化和精神上的差距而做出的努力和苦恼。渴望从心所欲的爱和无法摆脱命运的矛盾，是他最初习作的小说反复吟

风定落花

咏的主题。

上述小说的后 4 篇原都写在日记上，《无聊的谈话》和《课妻》后经修改发表，但仍有明显的实际生活记录的痕迹：虽富有生活情趣，人物语言率真，心绪直露，无雕琢之弊，唯结构粗糙、松散。

1924 年 3 月他前往慈溪县县城（今宁波市慈城）普迪小学任教。他本有教育救国之志，现状却使他大失所望：紊乱的教育秩序，学店式的雇佣劳动，无聊的生活，使柔石的内心又一次失控。他徘徊于生死之间，不时在日记中严厉地批判那个空虚、无为、苦痛的自我，重新认识人生价值。这激烈的内心冲突，最后以"一片秋情中的幻想诗"的形式出现，题为《他与髑髅》。这首长达 350 多句的长诗共分 9 段，以象征的手法，跳跃的时空，在记叙和抒情的穿插中呈现一个失去爱人和理想的青年内心的痛苦和深沉的思考：在人类万物循环往复的兴衰中，"什么是永久和最高的幸福，什么是不朽和最大的真理"？结论仍归结为：唯有理想才能使生命飞扬。

经过数月意志和环境的较量，他又恢复了生命的活力。他与师生徜徉于山湖，会心于读书。他为学生翻译了格林童话 10 篇左右，又作儿童故事 4 篇，计有《真儿有四样了》《许多野兽很淘气》《明儿寻母亲》《聪明的瞎子》。同时连续写出 5 篇小说：《船中》《疯人》《前途》《一线的爱呀》《生日》。这些短篇除《生日》一篇是抒写他本人在慈溪菩迪小学孔子圣诞日那天，独自愤懑地度过自己生日的情景，其他诸篇不再拘泥于生活的再现，情节多为虚构，题材仍局限于爱情，或揭示封建意识下少男少女隐蔽的、畸形的爱（如《船中》《前途》），或歌颂爱情赐予生命的力量（如《一线的爱呀》），或控诉封建势力对爱的摧残（如《疯人》）。他在作品中如创造社作家那样地"表现自我"，没遮拦地描写肉感，不休地倾诉少年维特式的烦恼，无不反映了久经禁锢的"时代儿"精神上的苦闷和绝望，有较强的反封建意义，但有的篇章流于自然主义。《疯人》一篇的思想受到鲁迅的小说《狂人日记》的影响，控诉封建礼教杀人，在内容上依然囿于"爱情就是生命"的主旨；表现手法颇为特别，以第三人称的客观记叙和描述贯穿全篇，其间又灵活地穿插着疯人第一人称的几大段独白，以及与宣扬"一切皆空"的破衣朋友的清醒对话；强烈的控诉和执着的爱的追求，在热烈疯狂的抒情中获得淋漓尽致的表现。

此时他的儿子诞生了，他即以《山海经》中六足四翼善歌舞的神帝江作为儿子的名字，并以此神形象创制印章，寄托心中的希望。

1925年元旦，他自费出版了第一本短篇小说集，题为《疯人》，选收《疯人》《前途》《无聊的谈话》《船中》《爱的隔膜》《一线的爱呀》6篇，显示了他早期创作的成果。

蓄势远征的"实干家"

在普迪小学，柔石因组织读书会而与校长发生冲突，期末被解聘。为了深造，1925年2月赴北京求学。京城雄伟的景物，开阔的文化思潮，激烈的政治斗争，使他的视野大大拓宽，思想和意志也受到了进一步的磨炼。

他到北京大学旁听生物学、英文、世界语、哲学等课程，也因

风定落花

此有机会听到了鲁迅开讲的中国小说史。课余，他继续写作，原打算依靠出售小说集《疯人》及其他作品来维持生计，不料未能如愿。幻想又一次破灭的他，愤叹："踏遍中国，恐无吾们之乐土矣！"唯视读书为乐事，且"醉心于俄罗斯、德意志"，崇拜托尔斯泰、尼采，更认为"二邦之精神，尤足奋起吾们之进取"。（1925年8月1日致陈昌标）

人道主义和个人主义形成了柔石早期思想构架的主体。他面对贫困、不平、黑暗的社会，虽向往俄国社会主义革命，赞颂阶级斗争，但内心仍不断幻想个人的努力能改善生活条件，不负双亲的期望。因此，他很少过问政治。在轰轰烈烈的"五卅"爱国运动中，他依然独善其身。然而，国民的责任心使他自惭自责。他一方面对自身更加绝望；另一方面又因更多地看到底层人民的痛苦以及他们坚韧不拔的生活勇气，强烈地感受到群众斗争的力量，不断激起奋战的欲望。

烦闷和进取，使他心灵的天平总处在左右动荡的倾斜中，由此产生不少抒情短诗，有抚琴诉说内心悲怆的《无弦的琵琶》，有把酒舞剑以排解忧愁的《解脱》，也有为了锦绣河山、未来子孙，誓与高冠大面的强暴者决一死战，不惜焚化肉身的《战》《梦》《愿》。在一些短诗中，他一边描绘浓重的黑暗，一边预示着"生命之梦正转着，过了森林，就是乡村了"（《赠艺术家P君》），"明月到中天，群星自然会消失"。（《息灯后，兀立在窗前》）

抒情诗中短促、急迫的心声，更强烈地出现在长达1 000余句的4幕诗剧中。全剧塑造了5种不同类型的形象，以探讨真善美的生命与权力王国作长期斗争的力量之源泉。主人公"病者"因周围的哀鸣和吼叫而失去了生活的信心。心爱的小姑娘唤醒"病者"对自身力量的认识，"难于认识的己身是最悲哀的己身"这一哲理，激起了"病者"与魔王奋战的正气。尽管在群魔的妖法下，"病者"逝去了，仍有孟、仲、季三青年作为"病者"生命的延续，正邪、善恶的斗争永远是辩证地发展着。剧中还出现了两个鬓须斑白的樵夫，他们形似人间的过客，练达世故，视生死为常事，以有理想的青年为疯子，他们确认的人生真谛是：永远有"不可不走的前路"。诗剧肯定了人的价值，青年志士相互支持的友情，以及蕴藏在劳动人民意念深处的生活信念。据鲁迅后来在《柔石小传》中介绍说，诗剧的题名为《人间的喜剧》。尽管全剧笼罩着悲沉的气氛，喜剧因素却在剧中人深沉的思索中潜流着。是年冬，柔石又作长诗《深夜的悲哀》，在哀愁中总结自我：他憎恨那颠倒的人生，哀叹青春的消逝，否定懦夫的堕落，正视严肃的大地，警告自己："莫再徘徊了/咽下你自己的叹息。"

综观北京时期柔石的诗歌，减少了早期缥缈的幻想，增多了战斗前的沉思，语言更为含蓄凝练。如写于北京白塔上的《秋风从西方来了》一首，富于韵律的节奏，回荡着无限的意蕴。

在北京，柔石创作的短篇小说不多，但题材较前大大开拓了。现存的手稿有2篇：《C君的死》和《刽子手的故事》。前者写一个北京的穷学生，贫病交迫，无以为生；他憎恨黑暗社会却无力反抗，最后在愤懑中神经错乱，忧愤而死。后者刻画了一个视杀人为游戏的麻木灵魂，揭示这种丑恶灵魂的制造者正是那丧失真、善、美的社会；小说中那个洋洋自得介绍杀人经验的刽子手，简直是鲁迅小说《药》中人物康大叔的再现。无论在形象描写和个性化的语

风定落花

言方面，都显示出柔石小说创作的潜力，在风格上和他过去和以后的作品都有较大的区别。

1926年春，贫病交困的柔石只得离京南返。但他不愿回家，住在上海朋友家里，"一边读书，一边作文"。不久，北京军阀屠杀青年学生的"三一八"惨案消息传来，他怀着一腔愤懑，"收拾青年们失落着的生命的遗恨"，创作长篇小说《旧时代之死》。全书分上下两部，上部题为《未成功的破坏》，主人公朱胜瑀是一个患"时代病"的社会青年，他不满社会，愤世嫉俗乃至变态、堕落。下部题为《冰冷冷的接吻》，写主人公在贫病中回到家乡，在佛家修性中刚获得暂时的宁静，又因反对包办婚姻，致使未婚妻自杀。他的反封建，不仅未动摇那个杀人的制度，倒使自己也做了杀人的凶手，于是大受刺激，在临死前大声呼喊："是社会全部混乱了，单靠一个人的力量是不够的，要团结你们的血，要联合你们的火，整个地去进攻。"他的友人清和伟也由此获得醒悟，伟相信："我国不久总要开展新的严重的局面，我们青年个个应当磨炼着，积蓄着，研究着，等待着。"他决心去家乡办小学，"同时，我想和乡村的农民携手，做点乡村的理想的工作"。

伟所设想的正是柔石当时的计划。他在完成《旧时代之死》初稿后，即前往浙江省镇海，任教于镇海中学，后担任该校教务主任。

1927年2月北伐军光复了浙江全省。夏天，柔石回到故乡宁海，决心"开展宁地之文化"。他积极支持几个青年筹办宁海中学，自己允任国文教员，兼教小学英语等课程。繁忙的教务，使他无暇创作。这一时期仅存3首诗《夜色》《秋夜》《晨光》，都是触景生情之作。他那多愁善感的情思依然飘忽不定，这显然和当时忽明忽暗的社会生活有关。在生活中，他如一位远征待发的壮士，努力吸收中外古今哲学、政治、文学艺术乃至自然科学方面的养料，编就《中国文学史略》。对中外社会史文化史的深沉考察，为他后来的创作奠定了坚实的基础。

1928年初，柔石在宁海中学中共地下党组织和同伴们的支持与推举下，出任宁海教育局局长。他为了集资改善校舍，争取学校改为公立，忘我地到处奔波。5月，宁海亭旁一带农民反对国民党政权的暴动失败，涉及宁海中学少数参与斗争的师生，学校被迫停课。柔石因此处境危险，他的计划又成泡影，只得再次离乡到上海去，企求努力读书作文，"并望一有机会，即赴海外读书"。

驰骋文坛的"小说家"

在上海法租界的一处小小亭子间里，柔石埋头修改《旧时代之死》，1928年9月将这部20万字的小说交鲁迅先生批阅，鲁迅赞之为"优秀之作"，即推荐给北新书局出版。同月，柔石迁往闸北景云里23号，与王方仁等友人同住。此为鲁迅原住处，时鲁迅已迁至同里18号。自此与鲁迅过从日密，在写作上经常得到鲁迅的指点。10月，鲁迅主编的《奔流》第1卷第5、6期发表了他的短篇小说《人鬼和他底妻的故事》，始以笔名柔石传世。

他为此后做人定下了两句话："一、努力、刻苦、忠心于文艺。二、如有金钱余裕时，补助于诸友。"（1928年10月25日致兄赵平西）这种"台州式"的硬气，近似"迂"的忠厚、朴实的利他精神，鲁迅颇引以为同调。在鲁迅的推荐指导下，他殚精竭虑地编辑了深有影响的进步刊物《语丝》，又和鲁迅等同组"朝花社"，编辑、出版了旨在介绍东、北欧文学，输入外国版画，扶植刚健质朴文艺的《朝花》周刊、旬刊及5本美术丛书"艺苑朝华"。同时，他驰骋于诗歌、散文、小说、剧本等文学领域中，尤其在中短篇小说的创作、翻译上的成绩，令人瞩目。自1928年6月至1930年1月这一年半时间里，他除了修改出版长篇小说《旧时代之死》外，又连续出版了2本中篇小说《三姊妹》和《二月》，以及14篇短篇小说，7篇杂记随笔，2个剧本，5首诗，16篇译作；并与鲁迅、梅川等合作出版了《近代世界短篇小说集》2册：《奇剑及其他》和《在沙漠上》。他独力翻译出版的则有《浮士德与城》与《戈理基文录》等。这累累硕果，是柔石心血的结晶，在文学创作道路上，他以惊人的毅力和执着的追求，逐渐形成了自己独特的艺术风格。

《三姊妹》是柔石出版的第一部中篇小说，小说力图揭示小资产阶级知识分子章堕落的过程和原因，但情节安排过于巧合，表现手段贫乏。

奠定柔石在中国现代文坛上地位的力作，是同年出版的另一部中篇小说《二月》，鲁迅阅后为之写《小引》，称赞他以"工妙的技术"，刻画了"近代青年中的这样一种典型，周遭的人物，也都生动"。小说透过浙东一个小小的世外桃源般的芙蓉镇的日常生活，描写了大革命时期几种不同类型的男女知识青年以及他们所处的社会环境。主人公萧涧秋是一个颇想有所作为却又徘徊不前的青年形象，蕴含着作者在大革命失败后对自身和同一类型青年的思想和生活道路的反思。

《二月》是柔石的思想和创作成熟的标志。他不再像以往有的作品那样停留在本人生活的复制上，或以夸张的虚构图解人物，抒发某种思绪，而是有机地糅合了多年的生活体验和写作素材。如本人早年西湖边的彷徨，爱子危亡时的忧虑和痛苦，异性大胆追求时情愫的冲动，——化在颇具匠心的构思中，呈现出富有时代色彩的社会环境和各色人物的心态：陶慕侃的妥协中庸洋溢着珍惜人才、兄妹之爱的情感，方谋的阴险窥探掩盖于高谈主义中，钱正兴的传统家势蒙上了一层对资本和爱情的追求。即使是作者所心爱的男女主人公的心态，也在生活的扭曲中不完美：萧涧秋因矜持而失去了进取，陶岚因窒息而追求狂放，文嫂因流言而自绝生命。这些虚虚实实的新旧心态的交融和碰撞，汇聚成 1920 年代末芙蓉镇上空乍暖还寒的早春气候。

《二月》仍保持了柔石那缠绵抒情的创作特色，但肉欲的大胆剖露已被心灵的深层交流所代替，表现手段十分丰富：涓涓细流的情节因动人的插叙而平生波澜；西村的灰暗色彩不协调地映衬着小镇的桃色景象；两条平行的线索时分时合，人物的心态因此更加透迤多姿；陶岚恣意开放的任性自白，萧涧秋自我压抑的惆怅弹唱，无不形成一股股甜美酸苦的心泉，沁人肺腑。

在春的气息和寒的流动中描述曲折的情节和鲜明的个性，使《二月》赢得了深久的艺术生命力。中华人民共和国成立后，它被改编为戏曲、电影等多种文艺形式，深受人们的欢迎。小说已被译成英、德、法、印地、泰等文字，广为流传，成为具有世界影响的中国小说之一。

思想、艺术上的成就也清楚地反映在他的短篇小说创作上。

如果说 1928 年 8 月开始创作的短篇《一个春天的午后》《别》《V 之环行》等篇，仍有"自我表现"的影子，但其思想内容已摆脱爱情至上的陈调，在《别》中还刻意表现一个青年毅然远离老母爱妻去为社会工作的献身精神。除此之外，作者的笔触已自觉地伸向社会底层，探究中国社会的病症，其中尤以描写他所熟悉的劳动妇女的痛苦最为突出。《人鬼和他底妻的故事》写冷酷的社会把一个安于殡葬工作的男人压迫成恶鬼一般，而人鬼又把他的变态行为全部泄发在他的妻身上，导致妻子自杀身亡。诸如此类揭示最底层劳动妇女的非人生活和心灵创伤的作品，还有《遗嘱》《摧残》《怪母亲》等。柔石最后发表的一篇小说《为奴隶的母亲》，是这方面最优秀的代表作。

　　《为奴隶的母亲》以深沉的笔墨叙述一个被当作生育工具的奴隶的痛苦——她有着强烈的母爱，却被人为地剥夺了亲子之爱，无声地忍受着一切虐待。作品朴实无华，几近于白描的手法勾勒出一幅旧社会摧残人性的图景，控诉了当时在浙江存在的"典妻"制度。小说发表后，即作为中国的"农村社会研究资料"，受到国内外的重视。不久，被收入蒋光慈编的《现代中国作家选集》。1934 年英国伦敦的马丁·劳伦斯书店出版的《中国短篇小说》和 1936 年美国埃德加·斯诺编辑的《活的中国》也分别收入此篇。当法国著名作家罗曼·罗兰在《国际文学》法文版读到小说译文后，即写信告编辑部："这篇故事使我深深地感动。"《为奴隶的母亲》充分显示了柔石那淳朴、深厚的创作风格。

　　柔石这一时期的散文创作也摆脱了早期低沉的哀怨。他以《人间杂记》为题创作的 14 篇随笔，用漫画笔法描述了耳闻目睹的中国人的生态，尤可见作者对蒙受摧残的穷苦儿童的悲惨命运的关切和忧虑。

这些短篇小说和散文后来以《希望》为题结集出版，因其对社会黑暗的深刻揭露和强大的影响，竟遭到国民党政府的禁止乃至焚毁。

柔石在文学创作上取得的巨大成绩，是他夜以继日不懈努力的结果，也是他在这新旧交替的动荡时代中冷静观察人生，正确认识文学功能的结果。在 1928 年 12 月 23 日日记中他谈到周围的朋友"并不怎样深信新时代，不过因新时代终究要到的"，所以去拼命追求；"于文学，只说卖钱。一边他们信他们自己是天才，一边又不肯坚毅地做"，只是在作品中热衷于空喊革命口号，增加所谓的"现代味"。柔石对此很不以为然，他情愿不惜花费精力去创造，所以在他的作品中无当时一般左翼文学所常见的公式化、概念化倾向。

"为了救人，为了社会的光明，为了大多数的幸福，应当，应当，我应当这样做！吃苦！"（1929 年 1 月 22 日日记）这几乎成了他工作的座右铭。较为安定的创作生活和坚毅刻苦的工作，使他逐渐克服了以往那种多感、烦恼，处处发现情愫的冲动。不过，外表恬淡静默的他，内心依然是火焚似的，孤独感仍不时袭来。幸而有鲁迅一家体贴的关照；鲁迅及其弟周建人通达的谈天说地，潜移默化地愉悦了他的精神，开阔了思路。（见 1929 年 12 月 22 日日记）他时常以鲁迅的教诲来自省自勉。1929 年 10 月 14 日他在日记中写道："鲁迅先生说，人应该学一只象。第一，皮要厚，流点血，刺激一下了，也不要紧。第二，我们要强韧地慢慢地走去。我很感谢他底话，因为我底神经末梢是太灵动的像一条金鱼了。"

诚然，他那"过敏的神经"常使他处于窘迫和苦恼中，但他自觉地诅咒它死亡。于是，放眼观望时代风云，不再只是浓浓的黑烟，从中见到了火焰的跳跃。诗歌《午后的歌声》《辽远的心》《夜半的孤零的心》《人间》《遐思》《晚歌》，便是他在1928年、1929这两年中心绪流动的写照。诗中依然充满浪漫气息，但已不是自怨自艾的呻吟和天马行空的幻想。他从天河的光辉中看到大地绵延的前途，深信自己那强壮而又柔和的胸怀能医治祖国病弱的创伤。

黑暗政治的"牺牲者"

1930年初，他和鲁迅、冯雪峰一起参加了中国自由运动大同盟和中国左翼作家联盟的筹建工作。这两个同盟在2、3月相继成立。柔石以他的务实精神和创作实绩，被选为"左联"执行委员，后又任常务委员、编辑部主任。他除了将原有的左翼作家主编的刊物《萌芽》《大众文艺》《拓荒者》等转为"左联"机关刊物外，又积极筹备出版了新的"左联"机关刊物《世界文化》，加强马克思主义文艺理论和无产阶级文艺的传播。同时打算编印一些为大众着想的通俗的文艺读物。

这一年5月，经冯雪峰介绍，柔石参加了中国共产党，自此，他以更大的热诚投身于革命的实际工作中去。就在这红五月里，他和胡也颇、冯铿代表"左联"出席了秘密召开的全国苏维埃代表大会，第一次亲身接触并感受到无产阶级革命战士的革命乐观主义精神和革命英雄主义气概。这种影响深刻地反映在他写的报告文学

《一个伟大的印象》中。他热情地记录了亲密如大家庭的会议生活，记录了革命同志如饥似渴学习文化的要求，记录了来自不同阶层的革命者在征途中经历的思想变化和内心冲突，还记录了苏维埃区域解放了的妇女在婚姻问题上的觉醒以及残留的旧意识。报告着重描述了一个少年先锋队队长简朴、锐利、坚定的发言，以及天真、诚挚、丰富的感情。这篇描述无产阶级革命斗争和英雄人物思想境界的文字，在中国报告文学的发轫时期，具有一定的文献价值。当年9月《世界文化》创刊号刊出后，次年即被译成日文，收入尾崎秀实、山上正义（林守仁）编辑的《中国小说集·阿Q正传》一书中。

当时，李立三的"左"倾路线正统治着中国共产党，尽管柔石在"左联"和党内的会议上也曾抵制某些"左"的决议，如反对"左翼文化总同盟"开除郁达夫等，但他的思想行动和创作仍不可避免地受到"左"倾路线的影响。在《一个伟大的印象》中，就反映了那种期待通过暴动，促使革命迅速成功的盲目乐观情绪。他的杂文《丰子恺君底飘然态度》也存在着对中产阶级作家的自由主义思想批判过重等问题。

在革命工作中，共同的事业和理想促使他和左翼女作家冯铿产生了爱情，但是他们都必须面对过去的爱情和婚姻。柔石能坦荡地给冯铿原先的爱人——同为革命者的许峨写信，希望以革命事业为重，以理性的真正的爱情观，圆满地解决他们三人间"爱"的纠葛；但他无法面对自己那位唯恐失去丈夫的妻子，内心充满了苦闷。

不过，此时他和冯铿互相激励，革命情绪高涨，甚至表现在创作上。柔石明白地告诉鲁迅，他决心转变作品内容和形式。对此，鲁迅颇怀疑，说："这怕难罢，譬如使惯了刀的，这回要他耍棍，怎么能行呢？"然而柔石简洁地回答："只要学起来。"他真的开始构思长篇小说《长工阿和》以及短篇《一个革命者的结局》等。这种转变已可见于他在10月23日写的悲壮悼诗《血在沸》中，其内容是"纪念一个在南京被杀的湖南小同志底死"，其风格与以往的作品迥异。诗中没有缠绵的哀鸣，只有急速喷射的控诉，严正的揭露，庄严的宣告，反复鸣奏"血在沸/心在烧"，构成了全诗高昂、坚定的主旋律。这是柔石生前最后完成的一首诗，"要为死者复仇/要为生者争得迅速的胜利"，成为他的生活信念。他奋勇地斗争着……

1931年1月17日，柔石和"左联"其他4位作家——冯铿、胡也频、白莽、李伟森应邀去上海东方饭店参加一个党内秘密会议，反对王明在党的六届四中全会上贯彻的比李立三更加"左"倾的机会主义路线。不料被党内对立派告密，与会者全部被捕。事后党组织和鲁迅等友人多方设法营救，国民党政府竟在2月7日下半夜枪杀了24位年轻的革命者，柔石头部和胸部连中10弹。

鲁迅闻此噩耗，沉重地感到自己"失掉了很好的朋友，中国失掉了很好的青年"，在悲愤中写下"忍看朋辈成新鬼，怒向刀丛觅小诗"这样的警世名句。他又和冯雪峰一起把原由柔石筹划出版的"左联"机关刊物《前哨》创刊号，以"纪念战死者专号"的形式出版。鲁迅亲撰《柔石小传》，并作《中国无产阶级革命文学和前驱的血》，同时发表《中国左翼作家联盟为国民党屠杀大批革命作家宣言》《为国民党屠杀同志致各国革命文学和文化团体及一切为人类进步而工作的著作家思想家书》。这些文件通过美国进步记者史沫特莱译成英、日、俄等语言，在国外广为印发，引起了世界各国进步舆论的积极支持。但是，在当时"禁锢得比罐头还严密"的中国，鲁迅仍难以发表个人纪念柔石的文字，只能以德国女版画家凯绥·珂勒惠支的作品《牺牲》——画一个母亲悲哀地献出她的儿子——作为当年9月《北斗》创刊号的插图，"算是只有我一个人心里知道的柔石的纪念"。（见《为了忘却的记念》）

中华人民共和国成立后的第二年，在龙华原国民党警备司令部附近的荒场下24位烈士的遗骸被找到，并被合葬于上海大场革命公墓，后又迁墓于龙华烈士陵园。在柔石的家乡，开辟了柔石故居，以纪念一个年轻生命顽强的创造力。

回顾柔石自1923年开始文学创作以来留下的全部文字，人们惊异地发现在这动荡、不安的短短8年中，他发表的文学作品就达55万字，译作约63万字，未发表的手稿尚有22万字，记录了一个青年作家对生活、爱情、文学艺术、革命事业的热切而又真挚的追求，以及他对中国现代文学做出的独特贡献。他的惨死，也引发了人们对那专制、黑暗时代的久长的思索。

（写于1988年3月）

令世界触目的丁玲及其创作

丁玲，是中国最具有世界性影响的女作家之一，这不仅指她的作品早在1930年代初就开始陆续被译成英、俄、日、法、德等20多种文字，流传于亚洲、欧美，乃至非洲和拉丁美洲；也不完全指在数量上国外有相当一批丁玲研究者；主要是指她的生活道路、创作历程、个性、成就，较之其他为海外读者所熟稔的中国女作家，更具有特殊的世界意义。她所展现的是一个世界人民"最为关注的，完全不同的文化领域"，显示了20世纪三四十年代以来逐渐发展形成的一种新型的"中国思想"。（［法］玛丽安娜·曼《一张去中国的门票》，载于1982年2月2日法国《经济》报。转引自孙瑞珍、王中忱编《丁玲研究在国外》，湖南人民出版社1980年版）这是一个世界性的研究课题，丁玲以自己坚持不懈的思想和艺术追求，为这一课题不断注入新的内容，引起人们深深的思考。

一

美籍华裔学者夏志清在他的《中国小说史》中大贬丁玲，认为丁玲在 1930 年代的声誉，"主要是基于她早期的小说，由于这些小说对性的问题比较开放的缘故，也因此被认为比谢冰心跟凌叔华的较为'含蓄'的小说优越了"。这一看法显然带有政治偏见。他完全忽视了丁玲早期作品已表现的作者特有的敏锐观察力和顽强的反抗意识，她的处女作《梦珂》及继后的《莎菲女士的日记》《暑期中》《阿毛姑娘》等短篇小说，之所以能在中国新文学的权威杂志《小说月报》上连续打响，乃因作者以大胆的笔锋，写出了民国后的中国妇女在传统和吃人的封建礼教残余统治下，依然处在无权和屈辱的地位中，她们探求人生的真谛，却只能造成蜘蛛网形的苦闷和精神上的分裂。这些作品曾被旧礼教的遵奉者斥之为"性开放"或鄙为"肉艳"，但丁玲却因倾吐了新女性的重重郁积，而在浓密的黑暗中崛起。

不过，丁玲在 1930 年代的声誉，并不完全在于她早期的作品成就。因为上述作品及后来她创作的《韦护》《一九三零年春上海》，所表现的题材还是囿于男女情爱或革命和恋爱的矛盾，如果仅止于此，丁玲也就不会有她在 1930 年代形成的世界性影响。

丁玲最初引起世界关注的，是她在 1931 年后变化了的创作道路，和随之而来的在曲折坎坷的命运中不断抗争、奋进的文艺女战士的形象。

1931 年 2 月 7 日，丁玲的丈夫胡也频与其他 23 位革命者同时被国民党政府秘密杀害，年仅 27 岁的丁玲，在极度的悲愤中没有消沉下去，倒是在愤怒中总结了她 10 年来反复思索的社会问题，加速了她人生观和写作态度的改变。她不再只是为了倾诉个人的、女性的寂寞和烦闷，决心以一个作家的心灵去感受工农群众的痛苦。以 1931 年全国 16 省大水灾为背景而创作的小说《水》，形象地反映了遭灾后农民群众的阶级觉悟和阶级斗争，它被左翼文坛视为"新的小说的诞生"。（丹仁（冯雪峰）《关于新小说的诞生》，载于《北斗》1932 年第 2 卷第 1 期）继而写下的《某夜》《法网》《消息》《夜会》《奔》《诗人亚洛夫》，完全是新的题材和风格，使中国左翼文学从"革命＋恋爱"的公式中跳了出来，连夏志清也认为这是"社会主义写实主义小说的前驱"。

最早被介绍到世界上去的丁玲作品，就是她以胡也频牺牲为背景而创作的《某夜》，它在 1932 年 6 月发表于《文学月报》创刊号后，即由乔治·肯尼迪译成英文，刊登于美国伊罗生在上海编辑的英文杂志《中国论坛》第 1 卷第 21 期，后收入美国史沫特莱 1934 年在莫斯科国际出版社出版的《中国短篇小说集》中。与此同时，美国记者斯诺为了向世界人民介绍"中国的创作界是怎样活动着的"，在编译的中国短篇小说集《活的中国》中选收了丁玲的《水》《夜会》《消息》，并将《水》的英译文首先刊于在远东和欧美影响深广的纽约大型杂志《亚洲》（*Asia*）第 35 卷第 10 期（1935 年 10 月出版），同一年的日本杂志《日本评论》第 10 卷第 10 号也刊出了由山中西均翻译的这一篇小说。

中国左翼文坛遭到白色恐怖严重威胁的时刻，却是丁玲最为活跃的时期。她出任"左联"机关杂志《北斗》的主编，还深入社会，进入工厂，走上街头，参加众多的实际革命工作，并在 1932 年 3 月参加中国共产党，决心献身于共产主义事业。因此她遭到国民党政府的忌恨，次年 5 月被特务绑架。当月 17 日和 24 日上海的英文报刊《大美晚报》和《中国论坛》分别披露了丁玲失踪的消息，引起世界性的关注和营救。同年莫斯科出版的俄文版《国际文学》第3期在发表丁玲失踪消息的同时，刊登了《丁玲小传》。捷克文学史家普实克也在该国1934年出版的《创作》杂志上呼吁援救丁玲，谴责国民党政府囚禁、屠杀革命作家的罪行。

丁玲被国民党政府幽禁达3年之久，有人以为她被杀害了，又有谣传她叛变了，她却在1936年神奇地出现在陕北革命根据地。在抗日的戎马倥偬中，她创作众多的通讯、速写、报告文学乃至小说，并带领"西北战地服务团"，活跃于山西抗日前线。丁玲以一个女战士的崭新风姿，立在血和火的丰碑上，令世界崇敬。

首先报道丁玲出逃消息的，是1936年10月日本《中国文学月报》第19期，它在《文化消息》栏中写下醒目的标题《丁玲再现》。继而，美国记者E.里夫采写了丁玲和她的"西北战地服务团"的活动，分别以《丁玲·新中国的先驱者》《丁玲在西北》为题，在上海的英文报刊《天下月刊》《今日中国》连续刊载。斯诺夫人尼姆·威尔斯在《续西行漫记》中，以《丁玲——她的武器是艺术》为题，记录了她在延安对丁玲的访问，比较准确地介绍了丁玲的生活道路和思想变迁的过程，指出她"是1917年开始的现代中国文学运动中最优秀的女作家，也是一个富有行动经验的革命者"，"不仅是一个叛逆的志士，丁玲且是许多方面的先驱者"，"她是以现代妇女的化身出名的"。在路易斯·斯特朗、史沫特莱及其他外国记者有关陕北革命根据地的报道中，都有她的身影。在整个抗日战争期间，日本文坛上也不时出现有关丁玲的消息，刊登、出版了她的近作《松子》《母亲》等，并有多篇文章评论她最新的短篇小说集《我在霞村的时候》，如冈崎俊夫评价它是一部"充满热

情的人间描写"。（载于《朝日周刊》1947年10月5日）

尽管1942年丁玲曾因作《三八节有感》《在医院中》，批评了延安革命社会中存在的问题而受到一些人的批评，但丁玲依然是一位负有盛名的革命作家。而丁玲自己则抱着扩大生活圈子、熟悉新人新事的决心，努力贯彻毛泽东《在延安文艺座谈会上的讲话》的精神，真诚地到农民群众中去，在发动、组织农民改造旧社会的同时，也使自己与劳动人民的思想感情缩短了距离。她那本名著《太阳照在桑干河上》，就是她在1946年参加河北省怀来、涿鹿、获鹿等县土地改革的成果。所以日本尾坂德司在1953年日本青木书店出版的《丁玲作品集·日译本后记》中说："我对丁玲自我改造的过程由衷的敬佩，比起她的大作《太阳照在桑干河上》荣获斯大林文艺奖还要感到敬佩……她的充满痛苦的磨炼和自我改造的体会，也许不仅仅满足于使知识分子反省、人民大众抬起头来吧。"

诚然，在黑暗中努力飞翔的丁玲，她的目标是要创建一个真正自由、民主、光明、富强的社会主义新中国。所以在1949年后，她虽已获得很高的荣誉和地位，但她始终没有放弃一个作家——特别是一个身居领导岗位的党的文艺工作者的责任。她呼吁作家深入生活，反对在革命文学作品中越来越滋长的公式化、概念化倾向，提倡文学的多样性。然而，她和《文艺报》的同事陈企霞竟在1955年被文艺界的宗派主义者罗织罪名为"丁陈反党集团"。她不服，向中共中央提出申诉，请求辩证，两年后进而被打成"丁玲、冯雪峰反党集团"主要成员，开除了党籍，撤销了一切职务。她的爱人陈明也横遭株连，被定为"右派"，下放到北大荒劳动改造。

丁玲又一次决心以行动证明自己是革命的，她主动要求与陈明一起去北大荒深入生活。在那里，她待了 12 年之久，原想在劳动之余，继续完成她在 1956 年已发表了 8 章的长篇小说《在严寒的日子里》，事实上十分困难。"文革"开始后，她即遭无情的批判，被送到北京秦城监狱关押，文稿全部丢失。1975 年又被遣送到山西省长治市郊区老顶山嶂头村，此时她身心已遭到严重摧残，但依然坚持重写《在严寒的日子里》。她的冤案，则在她再三向中央提出申诉后，于 1980 年得以复查平反，恢复了党籍和工资级别，但直到 1984 年才由中共中央组织部经中共中央书记处批准，颁发了《关于为丁玲同志恢复名誉的通知》，获得彻底平反。

丁玲艰难的复出，不仅在国内，而且在国外引起研究者的深刻思考，她成为被国外研究者最看重的中国作家之一。人们认为丁玲那起落沉浮的遭际，本身就生动地表明了中国新文学，尤其是无产阶级文学发展的诸种内外因素，以及造成这一文化领域内始终充满激烈斗争的社会政治思想结构的特殊形式。

丁玲的创作道路颇有说服力地向世人展示：中国无产阶级文学是中国社会发展的产物，是国民党反动政治对文学严厉的控制和残酷压迫的结果，也是日益高涨的民主民族解放运动发展的需要。而它的迅速成长，则是受马克思主义影响的左翼作家自觉地深入生活的良好愿望，与中国共产党强有力的号召相结合的成果。

丁玲以自己的创作生命，为中国和世界留下了深刻的总结。她复出后不断呼吁贯彻百花齐放、百家争鸣的方针，开展正常的文学批评，坚决反对任何形式的宗派主义情绪，其思虑恐怕亦在此。

二

美国研究者加里·约翰·布乔治在谈到 1942 年前丁玲的文学创作时说:"丁玲的文学著作是独特的,它们不是作家个人生活的描述,而是社会生活的反映。这些作品具有很高的研究价值,可作为一件件艺术珍品来欣赏。可以说,她的文学作品是 1920 年代至 1940 年代中国文学发展和演变的范例,人们不论是从作品所描写的社会背景,还是从作品所塑造的人物性格,都可以体会到这一点。"(《丁玲的早期生活与文学创作(1927—1942)》,转引自孙瑞珍、王中忱编《丁玲研究在国外》)

同样,这一论断也适用于她 1942 年以后的创作。她的《太阳照在桑干河上》和她早期作品一样,在几度风雨中或褒或贬,然而,她的社会价值和艺术价值,却不是人们可以随意抹杀的。香港文学史家司马长风就在他的《中国新文学史》中公正指出,《太阳照在桑干河上》因为得了斯大林文艺奖,"这部小说一直得不到公允的品鉴,多以为是典型的政治小说,其实并不然。基本上是政治小说,主题在反映 1947 年前后,中共的土地改革,但是在人物、思想、情节诸多方面,都表现了独特的个人感受,颇有立体的现实感,读来甚少难耐的枯燥,具有甚高的艺术性。同时,作者贯注了全部的生命,每字每句都显示出精雕细刻的功夫"。

诚然,丁玲很早就被誉为无产阶级作家,她自 1931 年以来,就矢志不移地为发展无产阶级文学而努力。只是她本人并不认为写了工农,就是无产阶级作家,也不片面地以为无产阶级文学非写工农不可。不论是她写于早期的《我的自白》,还是晚年发表的《我的生平与创作》，她反复强调的创作思想是，"在社会内，什么材料都可以写的"，不过一定要写自己熟悉的、有体会的生活和人物。她善于写知识妇女，却又不肯囿于狭隘的生活面，总是自觉地要求自己，也号召别人深入生活，深入了解工农群众的生活和感情。她明白作品反映客体的社会效果，努力提高思想认识和艺术技巧，却又懂得作者个体的主观感受的重要性，因此总结说："我写作的时候，从来不考虑形式的框框，也不想拿什么主义来绳规自己，也不顾虑文章的后果是受到欢迎或招来物议……我只是任思绪的奔放而信笔之所之，我只要求保持我最初的、原有的、心灵上的触动和不歪曲生活中我所爱恋与欣赏的人物就行。"所以，虽有研究者批评她的创作风格不够含蓄，技巧上比较粗放，却又欣赏她那种直吐胸臆的风格。人们在不同时期读她的作品，都会感受到生机盎然的时代气息和隽永的历史沉思。丁玲正是以她独特的创作个性和孜孜不倦的探索，为世界文学宝库增添了可贵的财富。

丁玲对世界文学的功绩，首先在于她以多样的作品，为世人描绘了近一个世纪以来中国所经历的壮阔而又曲折的历史画卷。这里有她以中国传统手法描述的自清末至民国以来，旧一代妇女在顽固的封建势力包围下的挣扎和苦斗，以及中国乡村绅士社会的分裂（《母亲》）；也有她用西方心理分析法透视 20 世纪二三十年代新一代知识妇女在梦想与现实、灵与肉矛盾中的内心撕裂（如《梦珂》《莎菲女士的日记》等）；有耳闻目睹的 1930 年代天灾人祸中农民的最初觉醒，以及他们从乡村逃到城市，又从城市被驱回乡村的求生骚动（如《水》《奔》等）；还有亲身实感的都市中的大黑暗：革命作家遭杀戮、囚禁、压制，工人群众在挣扎、觉醒、反抗（如

风定落花

《某夜》《魍魉世界》《法网》《消息》《夜会》)。她以轻捷的画笔明快地速写革命根据地将军、士兵、民众英勇的抗日事迹和精神面貌的巨大变化(如《彭德怀速写》《袁广发》《二十把板斧》《马辉》《田保霖》《民间艺人李卜》等),既现实地浪漫地描画前线的战争带给中国人民的巨大创伤和意志的磨炼(如《团聚》《一颗未出膛的枪弹》《新的信念》《我在霞村的时候》等),也尖锐地触动边区后方的日常生活,揭露新思想和旧意识的尖锐矛盾和冲突(如《夜》《在医院中》《三八节有感》等)。她及时地以史诗形式反映中国农民在中国共产党领导下进行的轰轰烈烈的土地改革运动,以及为保卫胜利果实而进行的悲壮的反复辟斗争(《太阳照在桑干河上》《在严寒的日子里》)。晚年又以一个共产党人的辛酸回忆了20年放逐生涯的艰苦奋战(《风雪人间》),更以一个开拓者的豪情讴歌了北大荒人默默负重开垦荒原的精神风范。

丁玲在极端艰难困苦的环境下写了近300万字的著作,她为中国和世界留下的不是恬静的世外桃源,而是人们在充满恶浪、浊流、险礁的历史长河中奋起翱翔的真实人生。她的创造意义将随着历史的发展而不断为世人所深化认识。

丁玲对世界文学做出的另一个贡献,是她以自己特有的深刻观察力和细致的敏感力,为世界文学画廊树起一个个富有独特审美价值的艺术形象。他们是:负着时代苦闷的创伤而绝望的现代女性莎菲;以伟大理想痛苦地克服小资产阶级爱情观的革命前驱者韦护;拖儿带女上学,迈着小脚上操的前代妇女曼贞;朴素、淳厚、机警、顽强的红军将领彭德怀;由贫苦农民变为买卖人,最后被培养为优秀合作社主任的田保霖;处在公和私、婚姻和爱情矛盾下的乡指导员何华明；憧憬着改革小生产工作方式、生活习惯而碰壁的女医生陆萍；在战争中身心横遭摧残却不自轻自贱的乡村女子贞贞；地主家中美丽倔强、富有同情心而又无能为力的孤女黑妮；从一个有江湖气息的雇农、麻木的"顺民"，觉醒为坚定的土改带头人的张裕民；在残酷的斗争中涌现的精细而又质朴的年轻党支部书记李腊月；历经改嫁的痛苦，饱受歧视和压迫而不屈服的刘万福的母亲；从一个蒙昧的小女子成长为开拓荒原模范的杜晚香；以及一对透过囚房的窗缝相濡以沫的患难夫妻……这些带着时代烙印的艺术形象，有的已成为世界人民极为欣赏的艺术珍品，有的也将以他们各自浓厚的中国特色为世人所赏识。

丁玲对世界文学的功绩还表现于她对无产阶级文学坚韧不拔的成功的探索上。从上述多样化的题材和人物形象中，已见丁玲的创作不断突破中国无产阶级文学的表现内容，从"恋爱＋革命"到描写工农群体的斗争，进而细腻地刻画社会各色人物、各种事件，反映了中国工农群众的生存环境和思想土壤。同时在表现阶级关系上也从简单到复杂。在长篇史诗《太阳照在桑干河上》，丁玲不仅通过顾涌由贫变富的过程表现了他阶级性的变化，还写了他复杂的家庭关系，他的大女儿嫁的是富农，二女儿的婆家是地主，儿子则参加了人民解放军，从这一滴水中即反映了暖水屯这小小的社会中复杂的人际关系。由于把农民置于一个非孤立的静止的社会群中，所以在表现他们基本的阶级特性时，也描写了他们所受的其他阶级思想的影响，以及内部的矛盾。更着重表现他们在革命斗争和改造旧世界的同时也改造了自己，如《在严寒的日子里》的不少农民正是在摆脱了各自的私心和怯懦后勇敢地投入反复辟的斗争；《杜晚香》

中的女主人公也是在挣脱了本阶级各种落后思想的压力后才脱颖而出。同样在对地主阶级的描写上，也不是采取轻率的概念化的或漫画化、嘲弄式的笔法，如《太阳照在桑干河上》和《在严寒的日子》里，她都以自己对社会的深刻了解和认识，既准确地表现了地主阶级必然灭亡的命运，又表现了他们固有的强大势力和垂死前的各种形式的挣扎。在她的笔下，地主阶级不仅有多种类型，而且各有自己的个性。作为一个有着鲜明党性的无产阶级作家，她最大的特点是，始终如一地怀着坚定的共产主义信念进行创作，因此在生活中她竭力捕捉新人新事，热烈赞颂各种具有开拓精神的人。即使在描写充满苦难的《风雪人间》中，也力透纸背地描写蕴藏在工农群众中的那种朴实、善良、真挚的阶级情感。因此，她的作品虽然浸透了生活的艰辛和苦难，却始终给予人们力量源泉。

丁玲，正是以她的忠诚的创作实践和巨大的艺术成就，大大地丰富和发展了年轻的无产阶级文学的理论，有力地纠正了它在发展中呈现的公式化概念化倾向。她不仅为促进中国社会主义文学的发展和繁荣做出了毕生的努力和贡献，也为世界文学的发展提供了有益的经验和教训。

1952 年 3 月，丁玲荣获苏联斯大林文艺奖二等奖。1986 年 2 月，在丁玲生命接近终点的时刻，美国文学艺术院又授予她荣誉院士的称号，高度评价她是 20 世纪伟大的诗人和小说家之一，颂扬她毕生斗争的不屈不挠精神。这是美国人民对丁玲的最高奖赏，也是世界人民认识丁玲、评价丁玲的又一个新的起点。

（写于 1992 年春）

夙愿未酬的优秀创作家周文

　　1936 年春，鲁迅应日本改造社社长山本实彦的要求，选 10 篇中国当代青年作家的代表作，译载于《改造》月刊所开辟的《中国杰出小说》专栏上。4 月 30 日鲁迅为该专栏作《小引》，刊于《改造》6 月号。周文的短篇小说《父子之间》在选之列，译文发表于当年《改造》9 月号，正文前有胡风写的《作者小传》，指出周文的创作尚未摆脱某些自然主义的手法，成为他创作对象的，主要是士兵，后又描写农村、革命运动中的男女青年的生活。正如鲁迅在《小引》中概括的："从真实这点来看，应该说是很优秀的。"

　　周文的创作，曾直接得到鲁迅的支持和关怀，由此迅速成为"左联"作家中一个多产的、富有创作个性的优秀代表。

一

　　周文的创作源自他本人丰富而又坎坷的生活经历。

　　1907 年周文诞生于四川省雅安地区荥经县（原属西康地区），原名何开荣，字稻玉。其父是开中药铺的中医，在他 6 岁时便过世。其母略有文化，十分干练，为了集中财力培养大儿周文，便将他过继给孤寡的大伯母。周文后来创作的《一家药铺》和《弟弟》，即以他的家庭和亲人为原型，前者通过一个学徒的生活反映祖传药店的衰败，后者写失学的大弟弟很小便投身于腐败的军队中，后在苦闷中战死。

周文因有两位母亲的合力照顾，得以在高小毕业后以优异成绩考入成都公学。但他终因家境清寒而中途辍学，16岁便到表姐夫的旅部当内勤，并因亲戚关系提升为监印官。他曾随部队沿着青衣江、大渡河，翻过二郎山、折多山等雪地，到康定驻防；后又到类似军校的"川康边政训练所"学习，毕业后，任西康省二十五政务委员会参事等职。因接触了"五四"新文化，不堪封建思想和包办婚姻的压抑，他在春节回乡探亲时组织青年人演出文明戏，批判旧习俗和封建婚姻，受到欢迎。后在担任康定县化材坪分县县长时，因反对严惩一个与寡妇同居的道士而受到乡绅的攻击，便辞职去康定；却又因组织演出文明戏而被怀疑为共产党。后来他回忆这一段生活说，"六年来的军政生活，使我对于每个人已经起了怀疑……我在死的边沿上爬过几回了。我怀疑了一切。颓废"。但不甘堕落的他，终于"毅然决然地抛弃那黑化的西康，冲着雪飘出来"。（《在摸索中得到的教训》，载于1934年《文学》一周年纪念号特辑《我与文学》）他开始了漂流生活，并向往文学，而边荒的军旅生活成了他日后主要的创作题材。

在南京的昔日老师的推荐下，他曾出任浙江省兰溪县公安局负责缉私的科长、江西省修水县党政委员会分会科员，但都因看不惯又改变不了这些衙门里违纪枉法的行为而辞职。他创作的《红丸》

《分》等小说，即是对贪官污吏的鞭挞，表现了失业者的苦闷。

几经流离颠沛的生活，使他原有的肺病更为严重。后在安庆市安徽省教育厅抄写文稿，因此结识了刚从日本回国，担任《中学生》《安徽青年》等杂志主编的左翼作家叶以群（当时名叶元灿，后又名华蒂）。周文以勤恳、熟练的工作，成为叶以群的得力助手，并接受了共产主义思想，不时在《安庆晚报》副刊《雀鸣》发表文章。不久，文化总同盟安徽分盟成立，他被选为组织部长。

1932年夏，叶以群调到上海担任左翼作家联盟组织部长。随之，周文也因国民党政府的大逮捕逃离安庆来到上海。他由叶以群介绍参加"左联"，改名何谷天，在北四川路小组过组织生活，并担任组长。该小组成员有后来成为装帧美术家的汪汉雯（汪仑）、电影理论家的王尘无，以及叶以群的妻子梁文若，还有郑育之（当时名郑玉墀）。他们的主要工作是写、抄、贴街头壁报，撒传单，并深入工人中去教文化课。因郑育之的父亲反对在上海文化学院附中读书的女儿经常深夜回家，不准她再进家门，周文便和已深深相爱的郑育之同居。后来他创作的短篇小说《冬天到春天》，其人物和情节，几乎都出自他最初参加的这个"左联"小组，反映了他们面对革命工作和家庭生活矛盾时的思想斗争。

1933年1月，周文调任"左联"组织干事，3月当选为常委。他除了负责油印、发行外，还兼任复旦、暨南、光华等大学文学小组的联系。"左联"成立时的思想状况，如周文后来在《鲁迅与"左联"》一文中所说的，那时"左联"的组织非常严密，创作被嘲笑，认为"鲁迅茅盾的路，是已经过去的，我们不应该再走他们的路"，"因为他们只能写文章，不能做实际工作，我们不必重复他们的路"。周文那些根据自己经历写的文艺作品，也因为不是写工农生活而被革命文艺刊物退了回来，为此，他感到十分苦闷。他本人对自己的作品也不满，虽然内容是真实的，但无非是不满官场生活，以及因不能升学和包办婚姻所造成的自身痛苦，思想仅停留在泄私愤上。究竟应该怎样写呢？他没有把握。

二

是鲁迅的引导，使周文逐渐摸索到文艺创作的方向。

1932年，"左联"在文艺大众化问题的讨论基础上，吸取鲁迅等人的意见计划出版"大众文艺丛书"，其中包括把国际的革命文学名著改编成大众能懂爱看的作品。周文即根据鲁迅译的《毁灭》和曹靖华译的《铁流》，分别以流畅的白话文缩写成大众本，1933年由光华书店出版。这一改编工作，也启发了他去写自己亲历过的充满铁和血的军旅生活，并锻炼了他的写作能力。

1933年春天，在上海山东路一个教堂楼上召开的"左联"第二届执委会上，周文第一次见到了鲁迅。在这次会上，鲁迅在发言中重复了他在《论第三种人》一文中的意见，反驳了苏汶等对左翼作家的攻击，但重点乃针对"左联"中确有"左而不作"的现象，强调"左"而要"作"。

同年6月间，"左联"在北四川路的鸿运楼召开的理论座谈会上，周文又一次见到了鲁迅。当时青年作家们正在为创作题材狭窄化、公式化的问题而烦闷，辩论不休，鲁迅的到来和演讲，使青年们拨开了云雾，看到了方向。鲁迅在会上指出：农村、工厂的题材自然重要，但当中国每个角落都陷于破产的现在，别的题材也还是很需要的。一方面，我们的作者们，大多都是从旧社会出来，情形熟悉，反戈一击，易制敌人于死命；另一方面，现在能看小说的大多数，究竟还是稍微能出得起钱买书的人，我们该怎样地使那些觉得这世界一切都很完满的人来看看他们所处的究竟是一个什么样的世界，在这一点上，暴露的作品还是重要的。（见周文《鲁迅先生是并没有死的》，载于《中流》1936年第1卷第5期）正如鲁迅在同时期致沙汀和艾芜的《关于小说题材的通信》中所说："现在能写什么，就写什么，不必趋时，自然更不必硬造一个突变式的革命英雄，自称'革命文学'；但也不可苟安于这一点，没有改革，以致沉没了自己——也就是消灭了对于时代的助力和贡献。"换言之，即"选材要严，开掘要深"。

鲁迅的这些忠言，使周文产生了新的勇气和自信。他认真修改了原已写成，但因不是工农题材而锁在箱子里的短篇小说《雪地》。这是他受到《铁流》和张天翼《二十一个》的影响而创作的一支成边部队雪地行军的故事。他根据自己早先在西康折多山行军的情景，真实地反映了军阀统治下士兵的悲惨命运及自发的反抗。他把抄稿亲自送到内山书店托转鲁迅。很快他就接到鲁迅的来信，肯定了小说的内容，并说已请沈雁冰（茅盾）交《文学》杂志。当年9月出版的《文学》第1卷第3期刊登了这篇小说，茅盾还随刊发表评论《〈雪地〉的尾巴》，热情地称赞这篇小说所具有的"地方色彩""口语"，以及"朴质""细致"的描写等优点，同时也指出《雪地》原作"拖了一条概念的、'公式化'的尾巴，他要把'目的意识'灌进这一群哗变的'乌合之众'"，企图用对话使这群"乌合之众"必然变成有纪律有领导的部队。为此，《文学》杂志割掉了"这条不相称而且拙劣的尾巴"。对此，周文心悦诚服。《雪地》成为周文的成名作。

当年10月周文与刘丹合编的《文艺》杂志也得到鲁迅的支持，和茅盾一起把它介绍给美国记者伊罗生，指出："这个刊物完全是左倾的青年作家的园地。"又把《雪地》作为"新进作家的左翼文学作品，推荐给伊罗生正在编译的《中国现代短篇小说集——草鞋脚》"。（分别见茅盾、鲁迅《中国左翼文艺定期刊编目》和1934年7月14日茅盾、鲁迅致伊罗生，载于《鲁迅研究资料》第6辑，天津人民出版社1980年版）同时，鲁迅在向斯诺介绍的"最优秀的左翼作家"中也列有周文。（见尼姆·威尔士《现代中国文学运动》，载于斯诺编译《活的中国》附录）1935年4月19日，鲁迅将周文的小说集稿《父子之间》推荐给赵家璧，说："他的笔墨先生大概是知道的，至于姓名，大约总得换一个。"该年9月良友图书公司将该小说集编入"良友文库（十）"出版，作者署名由何谷天改为周文，以避免国民党政府的注意。他的另一本小说集《分》，则编入文化生活出版社出版的巴金主编的《文学丛刊》。

周文的创作得到了鲁迅多方面的直接指导。如他后来回忆说，鲁迅"是细心地看了我的每篇原稿，而加以批评和纠正的有力的赞助者。他的赞助，不但是关于怎样把握题材和怎样创造人物，甚至连句法也都谈到"。（《烟苗季（上部）·后记》，载于《周文选集》，四川人民出版社1980年版）在鲁迅、茅盾等老作家的支持和鼓励下，周文的创作一发而不可收。

不料，1935年《文学》杂志主编傅东华在该刊第5卷第6期发表周文的短篇小说《山坡上》时，未经作者同意，删去"盘肠大战"这一主要情节，主观地认为"肠露肚外，势必死亡，不能再与敌扭打"，并指出周文的创作已呈现出描写人物动作过于烦琐的弊病。对此，周文不能同意，写了《我怎样写山坡上的》等文章，申述自己的创作观点，《山坡上》的场景正是出于他在家乡的一个"山坡上"所看到的恐怖、凄惨的情形而产生的想象。

鲁迅对这场文坛上很有影响的论争是慎重的。他不赞成编辑随意删改作者文章的做法，但也不能确定"盘肠大战"这一细节的真实性。为此，他专门请教了一位日本军医，从他那里听到了肯定的回答，因为肚子对受伤的感觉较为迟钝。周文听说后便写信给鲁迅倾诉自己的愤慨。鲁迅在 1936 年 1 月 22 日致胡风信时说："前天得周文信，他对于删文事件，似乎气得要命，大有破釜沉舟，干它一下之概。我对于他的办法，大有异议。"特此请胡风约定时间，"大家谈一谈"。29 日，鲁迅携夫人爱子，与周文、胡风、黄源一起在"陶陶居"夜饭，劝解周文要正确处理这件事。据周文后来回忆说："关于那一次纠纷，并不如别人攻击他的是在我的后面煽动，倒是劝勉了我很多关于创作上的话。"鲁迅对他说："创作，应该是艰苦的，不断的，坚韧做去的工作。譬如走路，一直向前走就是。在路上，自然难免苍蝇们飞来你面前扰扰嚷嚷，如果扰嚷得太利害了，也只消一面赶着一面仍然向前走就行。但如果你为了赶苍蝇，竟停下脚步或竟转过身去用全力和它们扑打，那你已失败了，因为你至少在这时间已停滞了！你应该立刻拿起你的笔来。"（《鲁迅先生是并没有死的》）

鲁迅的劝勉使周文感动得"战栗"了。这次谈话后的 2 月 6

风定落花

日，周文在病床上写下《多产集·序》，可视为对鲁迅劝勉的应答。他不再顾虑有些人别有用心地指他为"多产"作家，他说："只要'有'，就应该'产'，'产'而不滥，更应该'产'，是不必一听见人家一说'呵呀呀，多产呀！'的话，就立刻'战战兢兢，如临深渊，如履薄冰'起来的。"并因此定他的新小说集名为《多产集》。同年，丁玲又把他的短篇小说《分》推荐给赵家璧主编的《二十人所选短篇佳作集》（相当于文学年鉴，1937年良友图书公司出版的赠送本）。

那时，作为中共地下党员的周文，工作十分繁忙，他是"左联"的组织部长，又曾和妻子一起参与远东反战反法西斯大会的筹备工作。1936年初冯雪峰从陕北回到上海，通过鲁迅找到周文，由他担任冯雪峰和陕北党中央联系的政治交通员，经常来往于上海和西安之间。当年鲁迅送给毛泽东等中共领导的火腿等礼物，即由周文亲自采购送到西安。尽管工作艰苦，周文依然见缝插针，不辍写作。1937年他利用接待和掩护中央军委领导王稼祥候车去苏联治病而闭门不出的机会，创作了长篇小说《烟苗季》；3个月后又写出中篇《在白森镇》，深得茅盾的好评，指出，这两本小说是互相补充的，都是反映北洋军阀时代四川军阀割据的情况，前者的主人公是武人，后者是文官，同时阅读后，"对于这个'天下未乱蜀先乱'的古怪地方的面目能够有近乎全盘的认识"。（见《〈烟苗季〉和〈在白森镇〉》，载于《工作与学习丛刊》之三《收获》，1937年）

周文正是在不断的实践中，走向创作的高峰期，形成了独特的创作个性。

三

周文最大的创作特色，就是有着浓郁的地方特色；又因其选材严，开掘深，使他的作品具有极强的真实性。

如前所言，周文的创作，几乎全部基于他过去的生活经历。他写得最多的便是在北洋军阀期间，他辗转于川藏地区亲历的军政生活。如《雪地》《退却》《山坡上》《山坡下》《俘虏们》《第三生命》《热天》《在白森镇》《烟苗季》等，都深刻地揭示了旧军阀不恤祸结兵连，争夺地盘，贩卖烟土，搜刮百姓，虐杀士兵的种种行为。

在反映军营生活的作品中，最吸引人的莫过于他所展示的行军路上奇异、诡谲、凄厉的景象，这与中国文坛惯见的内地迷人、秀丽的色彩迥然不同。作者深受《毁灭》《铁流》《士敏土》等苏联作品的影响，在景色描绘上，也吸取了俄罗斯作家那近似夸张的浪漫主义手法，渗透了人物和大自然的联系，十分准确、朴实、形象地描绘了西康一带雪窖冰天或丛莽干热的自然环境，而这一切融合在士兵风餐露宿、残酷战斗的深切感受中，由此构成一幅幅惊人心魄的画面，增强了作品主题的悲剧性。

如《雪地》开首描写的西康大雪山——折多山："雪，白得怕人，银漾漾地，大块大块的山，被那厚的雪堆满了，像堆满洋灰白一样。雪山是那样光秃秃地，连一根草、一株树都不见。你周围一望，那些大块的山都静静的望着你，全是白的，不由你不嘘一口气。你站在这山的当中，就好像落在雪坑里。山高高地耸着，天都小些了。其实你无论如何也看不见天。你看那飞去飞来的白雾，像

风定落花

火烧房子时候的白烟一样，很浓厚地，把你盖着……"冻僵了的士兵就在这样的白雪上麻木地走着走着，一到休息地，有的"才一歇足，就把手去烤火，第二天手就黑了，干了，齐斩斩的十个指头就和自己脱离关系。现在他们不能再拿出枪，不能再捏糌粑给自己吃了——这都是他们为国戍边的成绩，在这翻回关内换防的路上，只能把枪背在背上，一个人五支，嗨呀嗨呀踹着雪堆走"。

在《退却》中描绘的又是另一番高原内战的景象："天上青板板地，没有一丝云，没有一点风，就只是一个火球般的太阳红辣辣地嵌在上头；一根根的头发跟汗毛都几乎热得要炸了。汗水已经流完，如果在脸庞一抹，就是满把干沙沙的盐颗子。这一个小镇子的背后，是耸入天空的丛莽的荒山，荒山的左右两臂起起伏伏地延伸出去，像一把椅形似的，抵住平羌江面，这南方就是我军对峙敌军的地方。两边的散兵线可以隔河相望。这边一排扫射，那边也一把扫射，只听见啪吧啪吧的枪声，干燥而沉闷地，穿过烦热的空气，激着空谷的回声，刺进入怅惘的心头，真想不到明天这嘴巴会不会能够再装下饭去的事了。看，一个在脸庞上挂着血水的伤兵正挂着竹杖从河边穿过稻丛退下来着。"

比这严酷的自然更为凶残的，是长官们虎狼般的压迫。他们为所欲为地克扣军饷，用以贩卖烟土；他们之间尔虞我诈，却又官官相护。作为炮灰的士兵又像饿狼似的抢夺老百姓。作者有意识地不是以议论和叙述去抽象地表现人物的特性和相互关系，而是努力以现实主义的素描，生动地呈现人物的动作、情态、心理，创造出众多艺术典型。如《山坡下》《山坡上》这对姐妹篇，都是透过动作写人物的思想变化和悲惨的命运。前者写一个不愿撤离家园的赖老太婆被炮火炸断了腿，手中摸到的一截断腿也被饿狗叼走，最后在剧疼、惊恐和对亲人的思念中死去。后者则通过一个强壮的战士的眼睛来描绘战场上残酷的场面和情感的变化，又写他和一个敌兵在格杀中双双重伤而窒息，待活转来后又再斗，打出肠子来，引出狗来吃肠子，敌对双方也由打狗变成互相防护。当时有人批评这对士兵的思想转变缺乏阶级觉悟的依据。其实，这正是雇佣兵在人的生死边缘上最朴素的醒悟，是现实主义的描写战胜了公式化、概念化。尽管作者在动作化的描写上，尚有自然主义的痕迹，但仍反映了左翼作家在鲁迅、茅盾等引导下的进步和发展。真实、细致、富有典型化的素描则成了周文重要的创作特色之一。

周文自言他的作品多为单纯暴露性质的。辛辣的讽刺也就成为他创作的重要手段，由此淋漓尽致地暴露旧军队旧社会中形形色色的丑恶嘴脸。如《烟苗季》围绕一支部队中两派军官争当禁烟事务所委员这一情节，层层揭示军阀部队中的宗派风、裙带风、倾轧风、掠夺风，既有只怕洋人的旅长，也有勾结洋人的吴参谋长，还有他们各自亲信的阴狠的军需官、贪婪的监印官、狡猾的副官长、梦想当旅长的周团长，以及吃洋教的沈军医、李参谋和奸商宋保罗，还有无知的、为虎作伥，最后却成了别人祭品的马弁。对这些特性的讽刺又不是漫画式的，如作者笔下的旅长，就是一个有鲜明性格特征并获得充分发展的典型形象。他性情剽悍、豪爽、凶暴，不喜欢权术，甚至力图摆脱内至太太、外至亲信们的挑动，但由于他崇拜权力和财富，最终陷在阴谋之中而不能自主。

在这些暴露性的讽刺作品中，作者善于抓住典型的细节，予以充分的揭示。如《烟苗季》中的人物和场景几乎都离不开两条枪：

风定落花

一条是步枪；另一条是鸦片烟枪。这一细节描写在《第三生命》中更是令人瞠目结舌，哭笑不得。在打仗时，烟枪竟成军官士兵的第三生命，在大炮声的掩盖下，各班排交替到附近的麦田里使用这支枪，过瘾的军官还有人保驾。作者无情地嘲讽了这绝无仅有的川军特色，也显示了周文创作独有的地方色彩。

无情的嘲讽在周文的作品中常常以轻喜剧的形式出现，如《红丸》这一短篇描绘禁烟衙门面对一箱缉获的烟土，上上下下贪婪的眼神，慌张攫取的行动，讽刺这些冠冕堂皇的禁烟者，实为贩毒者、嗜毒者。又如短篇《父子之间》，反复出现嗜烟如命的儿子每次过了烟瘾后必在地毯上翻跟斗这一细节，原来这是祖辈为了让孩子守家特意诱导的结果。儿辈成了赌棍和专偷家财的"呆贼佬"，父辈则是"爬灰"的色鬼。他们守家的唯一办法便是穷凶极恶地向佃农逼债。这嗜烟的两代父子的命运，预示着中国农村乡绅阶级必然衰落的原因。中篇《在白森镇》也是以喜剧风格揭示了正县长和分县长的争斗。此外如《病马》《救亡者》都在嘲笑声中批判了社会上随处可见的虚伪、无知，以及那些空喊救亡，实为捞取政治资本的政客。

作者讽刺的笔触直刺人们的灵魂深处，包括那麻木了的灵魂。在他的笔下的士兵几乎个个都是对长官敢怒而不敢言的孬种，而这正是军阀凶残统治的结果。他们为了控制士兵，竟把鸦片烟当作军饷发下，不仅毒害了士兵的身体，也毒害了他们的灵魂——对长官服服帖帖；而不论打了胜仗还是败仗，都不会忘记攻进深闺或账房，抓金藏银，更欢迎那一大包一大包的黑东西。所以与其说是对士兵的讽刺，不如说是对军阀反动统治的控诉。

同样，反映高原上背茶人世代落后的生活和思想的《茶包》，描述上海一群被侮辱被损害的妓女的《一幢房子》，虽也有嘲讽的成分，但旨在揭示造成他们悲惨处境的社会根源，对这些下层人物的痛苦则充满了同情。

作为一个革命作家，周文更注意进步青年和革命者灵魂深处的旧意识残余，反映他们在前进中的思想矛盾。如《爱》这一短篇，不仅嘲笑了那反对儿子和寡妇恋爱的母亲的蠢行，更在于深刻地揭示那自以为爱得坚定的儿子隐蔽的占有欲，使他终不能理解一个女人自尊、自强的心情。前文谈及的《冬天到春天》，更细致地刻画一群男女革命者，在面对妇女自由和解放这一实际问题时，各自暴露的内心矛盾、彷徨和相互冲突，在阵痛中终于摆脱小家庭温情的束缚，努力做一个言行一致的革命家。

四

周文本人正是这样一位言行一致的革命者。尽管他深爱文学创作，但由于党的工作需要，他长期担任革命文化的行政领导工作。然而，不论他在1937年冬去成都开展救亡文艺运动，还是1940年到延安后担任陕甘宁边区文艺界抗敌协会副主席、边区大众读物社社长，以及后来出任晋绥边区党委宣传部副部长、吕梁文化教育出版社社长等职务，他都重视文艺创作，不仅撰写了不少有关文艺问题的文章，还悉心指导青年作家马烽、西戎创作长篇小说《吕梁英雄传》，这部小说出版后产生了巨大的影响。

他对文艺工作的领导，始终不忘宣传鲁迅的文艺思想。我国举办的第一个鲁迅展览会，即是在他担任中华全国文艺界抗敌协会成都分会主席、成都地下党文艺支部书记时亲自筹办的，在极其艰难的环境下，广泛征集文物资料，终于在1939年10月19日—22日于成都举办了纪念鲁迅逝世3周年的展览会。（见凌月麟《国内第一个鲁迅展览会》，载于《上海鲁迅研究》第4期，百家出版社1990年版）1940年又根据洛甫（张闻天）的建议，他与艾思奇、萧军共同筹备，在当年10月15日于延安成立"鲁迅研究会"。他还撰写了不少纪念鲁迅的文章，笔者所见到的专论，即有《鲁迅先生是并没有死的》《鲁迅先生与思想斗争》《学习鲁迅精神》《蚍蜉撼大树》《鲁迅先生与文艺大众化》《鲁迅先生与"左联"》《鲁迅先生的党性》等。他除了强调学习鲁迅爱憎分明、坚持思想斗争的精神外，还正确地阐述了鲁迅的文艺方向和文艺观点。即使在注重写工农兵题材的方针下，他仍再三强调鲁迅的观点：要写自己熟悉的题材，要不断开拓生活的视野，要重视培养创作的新人。周文同鲁迅一样主张文艺大众化，但同时反对"迎合大众，媚悦大众"。

周文是一个富有创作才能的小说家。然而，正当他与冯雪峰、丁玲商议回到文艺队伍中来的时候，却在他担任马列学院秘书长期间，因受命负责"三反运动"，在揭露某当权者贪污时，竟受党内宗派主义的无情打击。他因此严重损伤了身体，患肝萎缩绝症，欲借安眠药助睡，不料长眠不起。1952年他刚过45岁，便英年早逝，且被诬为自杀而开除党籍。因此，胡风夫人梅志说："这大概应算是建国以来第一桩冤案吧！"经妻子郑育之不断申诉，在含冤九泉二十余载后，1975年由毛泽东主席亲自批示，周文之死，才得以昭雪。（见郑育之《周文之死》，载于《上海鲁迅研究》第4期，百家出版社 1990 年版）他的作品在 1980 年后也被重新出版，使今人得以认识他那不可磨灭的文学价值和地位。

周文的创作道路及其成就，显示了左翼文学青年在鲁迅、茅盾等正确引导下的健康发展。对他作品的研究，是研究"左联"和中国左翼文学思想和创作的不可或缺的部分。在今天，鲁迅对他的劝勉"创作，应该是艰苦的，不断的，坚韧做去的工作"，依然是万千文学创作者的箴言。

（写于 1994 年 7 月）

（注：本文有关周文的生平均参见于郑育之手稿《周文传》。特此向作者及其家属致谢。）

风定落花

"散宜生"聂绀弩沉思录

1976 年 9 月，在"文革"中被判为无期徒刑的共产党员、现代著名作家聂绀弩，以国民党县团级以上人员的身份和一些战犯同时被特赦，真是"初闻喜讯喜还惊"，令人哭笑不得！1979 年彻底平反后聂绀弩被选为全国政协委员。年老病弱的绀弩穿着发给战犯的那套簇新的蓝帽蓝衣蓝裤，参加第五届全国政协会议和第四次全国文代会。在会议期间，他经常躺在招待所的床上，重晤天南地北劫后重生的故旧知己。此后便一直卜居京郊劲松，或病卧医院。1986 年 3 月 26 日，在他年满 83 岁高龄时，悄然离开了这个世界，终结了他坎坷的一生。

熟悉他昔日潇洒模样的老朋友，说他出狱后的 10 年形似一段"呆木头"。有人则尊称他为"卧佛"。广大读者却像发现出土文物那样，拍案激赏 1981 年香港付印的署名散宜生旧体诗集《三草》，集中有咏写他 1950 年代流放北大荒的《北荒草》，1960 年代蛰居生活的《南山草》，以及抒发友情的《赠答草》，这些本为自遣的小诗，已被人评为中国诗史上独一无二的奇葩。人民文学出版社后以《散宜生诗》为书名再三增补注释出版。同时，几家出版社重印了他的旧作，如《绀弩小说集》《聂绀弩杂文集》《绀弩散文》《中国古典小说论集》等，还有一本已经介绍尚未出版的语言文字论集。年轻的读者方知这位在文坛上沉默了 30 多年的聂绀弩，早在 20 世纪三四十年代便是一位才华横溢的多产作家。不少行家高度评价他的创作，如夏衍在人民文学出版社出版的《聂绀弩还活着》的《代序》中称："鲁迅以后杂文写得最好的，当推绀弩为第一人。"

绀弩晚年推出的新作，更富有哲理，人称他为哲人，他却自称为"散人""庸人"。马克思主义的文艺评论家赞美他对"生活始终保有乐趣甚至诙谐感，对革命前途始终抱有信心"。老友们怀念他，说他是一位"特立独行"的"狂狷之士"。一位久居美国的中国学者，则对他在北大荒时逆来顺受的言行大为不解，问道："这也算是革命者？"

此所谓仁者见仁，智者见智，恰如绀弩自言"语涩心艰辨者稀"。（《赠答草·序诗》）他给世人留下了众多的沉思，透过他那伤痕累累的身心和热烈而冷峻的文字，灼然可见一个令人战栗的中华民族的精魂。

天下无道则庶人不议

绀弩曾自咏："缘何除夕作生日，定为迎春来世间。"（《六十·四首之二》）1903 年 1 月 28 日的旧历除夕，他在除旧布新的阵阵爆竹声中，哭喊着降临湖北省京山县。生母因产后出血，病卧 2 年去世，生父也在 1914 年因肺病而离开人间，绀弩即由其叔父母抚养。

风定落花

京山是鄂中的僻山小县，却也崇奉读书科举的仕途。县内古迹文笔峰塔，即绀弩的曾外祖父曾宪德倡建。他在同治二年出任台湾、福建沿海地区的道台，政绩显著，被授予三品按察使，赏戴花翎，塔门上的"青云直上"四字由他的二儿子题写。然而，饱读经书的绀弩祖父，只在咸丰年间补了恩贡，一直未能进入仕途；分家之后又不善理财，家境便一落千丈。生养绀弩的故园，本是浪漫主义楚文化的发祥之地，又是滋生清静无为、恣睢逍遥老庄哲学的山野之乡，有以道家思想成分和楚文化圈中的神话传说构筑的中国大众宗教——道教，更有神仙方术教人度世求生。潦倒的绀弩生父聂平周就曾常年浪迹江湖，后因贩卖布匹、烟土失利，便在家中开一小烟馆，借阿芙蓉养生，在吞云吐雾中纵欲。他画得一手丹青，更有一副好嗓子，常和志同道合者组成业余唱戏班子，在茶馆里自弹自唱；逢年过节、婚丧喜庆之日，为乡邻助兴。绀弩也常常随行，唱本中的故事成了他最早得到的历史文化知识。

楚地又多革命志士，养父聂行周追求的是"以天下为己任"的儒家之道。辛亥革命时，他参加同盟会，从事革命宣传工作，几乎遭到杀害。后任云梦县法院书记，因吸大烟而被撤职，只得靠世袭的"跑税契团"（代衙门收税）维持生活，40多岁便老废在家。

绀弩初进小学读书，便显露特有的悟性。那时大小班学生同室学习，老师给大班讲课时，他也爱听，因此读《三字经》时，就能解释《论语》中"学而"的意思，还学会了平仄对仗。不久，老师便让他和大班学生一起开笔作文，出了两道题，一是《子产不毁乡校》，二是《天下有道庶人不议》，任作其一。绀弩听毕老师的解题和作文法后，竟提出要把两道题合为一题写，还说有一想法，即

"天下有道则庶人议，天下无道则庶人不议"。老师听了暗自吃惊：这个黄毛小儿怎会说出自己心中之隐，还解得如此奥妙，不由得当众表扬。于是，小绀弩得了个"聂贤人"的雅号。其实，这些道理原出自老师之口，老师在讲《论语》时，不是也说过孔子云"道不同，不相为谋"，"道不行，乘桴浮于海"；而诸如此类的话，父辈们在茶馆里、烟榻旁大发牢骚时，说得更加明白、尖刻。儒家的入仕之道和道家的无为之道，几乎同时灌入绀弩的头脑中，尽管他一生几乎都在行"庶人之议"，但到晚年忆起儿时不知深浅的看法，似乎更有了体悟。

绀弩在县高级小学毕业后，欲去武汉上中学，不料，为他筹钱的养父也患结核病去世。失学的绀弩只得借阅外祖父申子舆家的藏书自学，除经、史、子、集外，还有各种野史笔记、小说，如百看不厌的聊斋、三国、水浒、西游、封神、红楼，以及《笑林广记》等，最爱读的是《庄子》和各种高人隐士特立独行的传记。他几乎天天关在房里、躺在床上看书，由此造就了他广博精深的旧学根底和博闻强记的本领，却也养成了散漫的习性，后来他在《壁画》一文中惊怵地回顾道，"如果我在家里不出来，不知会变成个什么样子"，不是像祖父、父亲一样的鸦片烟鬼，就是受到退婴的老庄哲学影响而无所事事。他创作的著名小说《天壤》，就是写少年同学中志向最大的王龙在环境的窒息下萎落的故事。

十七岁，是一个充满幻想的年龄，绀弩和两个同学合谋远去他乡，却失败了，还被迫娶了他不爱的姑娘。出路，在何方？春天，又在何时？

风定落花

虚无和民主，专政和法制

帮助绀弩走出闭塞之乡的是他的小学启蒙老师孙铁人。这位自辛亥革命以来一直追随孙中山的前辈，当时在上海任国民党党务部副部长。他偶然在汉口的《大汉报》上读到绀弩的诗作，便觉得这个聪颖的学生需开阔视野，长养志气，就写信邀请绀弩和另外两个本邑弟子到上海。

飞出牢笼的绀弩经孙先生介绍参加了国民党，又推荐他到泉州国民党东路讨贼军前敌指挥部湖北同乡何成濬手下当录事。在这革命的大时代里，他开始懂得不少新名词、新概念，也知道胡适提倡的文学革命。但吸引他的是一本《无政府主义讨论集》，尤其崇拜刘师复，这位通古明今的学者，把西方的无政府主义思想，解释得十分投合熟读《庄子》的绀弩口味，支配着这个刚刚摆脱家庭封建羁绊的年轻人，竟有10年之久。虚无和怀疑，使他看到自己所在的这支革命队伍本身，就有着浓厚的封建旧习气。他对中国革命的前途产生了怀疑，决定离开军队。

远在南洋的国民党人鲍慧僧受孙铁人之托，邀请绀弩前往马来西亚吉隆坡华侨办的运怀义学教书。不久，在缅甸主编《觉民日报》的同乡、共产党人董锄平需要绀弩去做他的助手。当绀弩抵达仰光时，英国政府却发出了限期驱逐董锄平、鲍慧僧出境的命令。"小学毕业生"绀弩面临独力承担一日四刊的编辑工作，董锄平在离境前教会了他设计版面、编排栏目，并留下一堆书籍让他学习，其中多为西方自然科学、哲学，尤其是有关社会主义思想的译著。

董锄平告诉他,从这些启蒙著作中可以认识到中国社会主义、共产主义思想的由来,还特别要他精读陈独秀主编的《新青年》合订本,学习它的编辑思想,了解中国最新的思想动态。

《觉民日报》开创了绀弩的编辑生涯,也促使他去认识传入中国的形形色色的世界思潮,认真思考中国现实中的诸种问题,并运用手中的剪刀和笔,介绍、阐述乃至议论。

当时他看《新青年》,受震动最大的是四川反孔非儒斗士吴虞(又陵)写的《吃人与礼教》,其中评鲁迅的《狂人日记》说:"我觉的他这日记,把吃人的内容和仁义道德的表面看得清清楚楚了。那些戴着礼教的假面具吃人的滑头伎俩,都被他把黑幕揭破了……"吴虞把鲁迅对半封建社会的"仁义道德"高度概括为"吃人"一词,更加透彻地亮在读者的面前,直截了当地批判礼教吃人。绀弩因此爱看《吴虞文录》,尽管吴虞是抬出老庄诸子和李卓吾来打"孔家店",无新鲜的思想信仰,却因贴近本国实际,把绀弩过去读孔孟之书时结下的疑团一一解开。所以他一直把吴虞看作是打"孔家店"的最勇敢、最透彻、最确切、最渊博的老英雄。

因吴虞的推荐,绀弩又重读鲁迅以现代手法创作的第一篇白话小说《狂人日记》,方醒悟其中深刻的含义和强大的战斗力量,由此爱上鲁迅的作品,注意搜求。不过,年轻时读鲁迅的小说,总有点不满足,如看《在酒楼上》,嫌写得太悲观、颓伤、阴冷,没有一点年轻人发扬奋进的精神。然而,就是这篇小说,使他难以忘却,而且一碰上什么钉子,无法可施时,就会想起《在酒楼上》,觉得自己就是吕纬甫,才真正感到鲁迅是最理解人的感情,理解他的时代。所以,尽管绀弩一生碰壁,不时感到孤独,却未如吕纬甫那样去教"诗云子曰";倒是鲁迅的思想文章伴随他走完了人生的长途,从中吸取最彻底的革命民主主义思想,观察现实的眼光也因此愈加敏锐、深刻。

1925 年,他考入广州中央陆军军官学校黄埔军校第二期,不久即随军东征陈炯明。打下海丰县后,暂留彭湃主办的"海丰县农民讲习所"任教员。在这个小小的县城里,他第一次感受到军官的权威。一次,有人密告某农民私藏军火,他奉命去查找,把破房上下里外翻拆遍,未见影迹,农民也拒不承认,他就按规矩把农民逮走,交农民自卫军审查。可是内心却产生了矛盾和苦恼:为什么可以随心抄百姓的家?为什么可以随意逮捕一个人?自己反对人压迫人,却又服从命令干这种压迫人的事。他向周围的同志诉说对革命的疑惑,却遭到攻击、排挤、轻蔑,于是,更感到孤独。

你占朝廷我占山

绀弩从海丰回到黄埔军校不久,就面临毕业分配。恰巧莫斯科中山大学前来招生,绀弩以第三名被录取。1925 年冬登上了去苏联的火车。

莫斯科中山大学几乎云集了国共两党的年轻的骨干分子,包括蒋介石的长子蒋经国。留苏的中国学生除了本身分属两党,又受到苏联党内不同政见的派系影响,明争暗斗,颇为激烈。绀弩却不屑参加党派之争。那时,他已对国民党不满,认为戴季陶编的《孙文主义哲学基础》,是要孙中山承继中国的道统,要捧孙中山的神主进圣庙,是复古,不是革命。对充满家长军阀气的蒋介石,他更为不满，早在黄埔时就宣称，不出2年，自己就会反蒋。对共产党，则认为不少人是投机入党。所以，他依然抱无政府主义态度，专心于学习，几乎把图书馆里的中文书籍读遍，其中包括胡适的《中国哲学史大纲》，张慰慈的《政治学大纲》，梁漱溟的《东西文化及其哲学》等，这些比课堂上讲的列宁主义、政治经济学，似乎更容易接受。因为他读书多，又不时流露人道主义观点，同学就称他是"托尔斯泰"。

不过，当时中大的国民党系学生领袖康泽却给绀弩下了一个结论：太不世故，太任性，太好发牢骚，近于《三国演义》中的祢衡，如不留心，难免有杀身之祸。大概正是这种"糊涂蛋"的面目，当蒋介石发动"四一二"政变后，这批留学生被遣送回国，绀弩虽未遭清洗，却被闲置了数月，才派往南京中央党务学校任挂名的训育员，后任中央通讯社副主任。

那时，凡进过黄埔军校和中山大学的国民党党员，只要向蒋介石表示忠诚，即可飞黄腾达。对此绀弩焉能不知？然而，他竟一直未领国民党党员证，也未在黄埔同学会登记。当他的同学如谷正纲、王陆一、郑介民、康泽等一个个爬到蒋介石身边，成为炙手可热的权贵时，绀弩的心依然是淡淡的。他有自己的人生准则，诚如后来在《钓台》诗中所云："昔时朋友今时帝，你占朝廷我占山。"

绀弩占的"山"，便是搞文学创作，编报纸杂志，尤喜编那活泼多彩的副刊。他一生编过6个副刊，影响深广，却也因此不时受到"朝廷"的戕害。

在南京，他编了第一个副刊《新京日报》的《雨花》，并与《新民报》副刊《葫芦》主编金满成组织"甚么诗社"，出版《甚么周刊》《甚么月刊》，专登新诗，社员多至100多人。

随着民族危机的加重，在"九一八"民族救亡的高潮中，绀弩果真举起了反蒋旗帜，组织"文艺青年反日会"，公开在上述报刊上发表抗日诗文，甚至散发传单，提出"联合世界上以平等待我之民族，停止一切内战，共同抗日"等政治主张。终遭国民党当局的恐吓和追捕，只得流亡日本。

在日本，经留学早稻田大学的妻子周颖的介绍，结识湖北同乡胡风、方翰等。当时胡风正在研究左翼文学理论，他否定了绀弩的诗文，促使绀弩积极钻研文学创作和文艺理论。在日本他们共同组织"新文化研究会"，出版抗日刊物，1933年便被日本警察局驱逐回国。

回到上海后，绀弩即参加了"左联"，并成为该联盟的理论委员会主要成员。1934年又由在共产党中央特科工作的同乡吴奚如介绍参加了中国共产党。此时，他已比较自觉地批判个人主义和虚无主义，力求用马克思主义观点去阐述各种社会现象和文学艺术方面的问题，成为20世纪三四十年代中国左翼文坛上活跃的作家之一。

思考世真脚底皮

身为共产党员和革命作家的聂绀弩，却无"唯我独革"的面孔。他依然保持着广泛的社会联系，甚至利用旧关系，在汪精卫派系的《中华日报》上开辟左翼副刊《动向》，影响甚大。

他经常代表"左联"和下属的光华大学小组联系。在这些小老弟面前，他无丝毫领导架子，平易近人，积极支持他们编印大型文艺刊物《文学丛报》，并强调要"团结广大的文艺工作者，不关门，没有门户之见"。因此，这个刊物既发表了胡风的《人民大众向文学要求什么》，提出"民族革命战争的大众文学"这一口号供讨论，也刊载了郭沫若的《在国防的旗帜下》，进一步阐述"国防文学"口号应有的正确内涵。刊物还同时发表了以茅盾、周扬发起的《中国文艺家协会宣言》和以鲁迅、巴金为首的《中国文艺工作者宣言》，绀弩在这两个大同而小异的宣言上都签了名。当然，在对两个口号的看法上，他有自己的倾向。

当周扬等人提出并大力宣传"国防文学"这一口号时，绀弩和不少作家都感到这一口号作为创作口号是含糊的、不明确的，对所谓的"不是国防文学，就是汉奸文学"的断语，敏感此乃"不是同志就是敌人"的宗派主义老调的重弹，实际是拒绝、否定了未写国防主题的作者和作品。因此，当他看到经鲁迅、冯雪峰等商讨，由胡风率先提出的新口号"民族革命战争的大众文学"时，马上同意将它作为"现阶段文学的内容的特质"和"现阶段的作家所应该努力的方向"，并在《夜莺》杂志上撰写《创作口号和联合问题》，支持新口号。不过，他在文中又指出应该正视"文坛上已经有了比这更简练的创作口号，那口号已经发生了不小的影响……不应该忽视、抹杀，或轻率地作字句上的吹求"，也就是说，"国防文学"这一口号也可以继续存在。只是他同意胡风的分析，新的口号"会统一了一切社会纠纷的主题"，所以"在现阶段是居第一位的"。而正是这种所谓的"统一""第一位"的观点，在当时宗派主义情绪严重的文坛上引发了一场混战，胡风成为众矢之的。

当时鲁迅正在重病中，为了准确解释新口号，消除宗派主义情绪，就由冯雪峰起草，鲁迅修改、补写并署名发表了《答徐懋庸并关于抗日统一战线问题》的公开信。其中强调提出新口号的目的之一，"是为了补救'国防文学'这名词本身在文学思想的意义上的不明了性，以及纠正一些注进'国防文学'这名词里去的不正确的意见"，并非是什么"统一战线的总口号"。在承认"胡风的文章解释不清楚是事实"之后，又着重指出："如果不以徐懋庸他们解释'国防文学'的那一套来解释这口号，如聂绀弩等所致的错误，那么这口号和宗派主义或关门主义是并不相干的。"显然，这封公开信用心良苦，让支持胡风观点的绀弩来承担宗派主义、关门主义的错误，原因之一是，那时周扬等对胡风的成见极深，而绀弩与各方的关系尚好，不致引起更大的纷争。事实果真如此。不久在冯雪峰的努力下，论争双方和文坛其他各派代表共同发表《文艺界同人为团结御侮与言论自由宣言》，达到了联合抗日救亡的目的。

尽管由于鲁迅和冯雪峰在公开信中批评了绀弩，使他后来在《鲁迅全集》的注释中，在一些研究两个口号之争的文章中，成了1930年代宗派主义的代表人物，绀弩不免有点委屈，但他始终认为雪峰在建立文艺界抗日统一战线方面功不可没。所以，当他和笔者谈到当年"两个口号论争"的旧案时，毫无怨言地说："那时，大家都年轻，都想证明自己是对的。鲁迅批评了我，我还想写文章反驳；但胡风告诉我，鲁迅希望我们不要再写了，我也就接受了这个意见。为了平息论争，团结抗日，个人委屈又何足道哉？"

绀弩十分欣赏鲁迅在《答徐懋庸并关于抗日统一战线问题》公开信中的一句名言，即对待新的口号，"如果人不用脚底皮去思想，而是用过一点脑子，那就不能随便说句'标新立异'就完事"。1966年胡风流徙四川，绀弩曾远赠诗作多首，其中《风怀》之二云：

> 三十年前口号提，今方定案敢嫌迟。
> 国防一派争曾烈，鲁迅先生病正危。
> 当日万言名论在，凌烟诸将首功谁。
> 介推焚死哈哈笑，思考世真脚底皮。

绀弩把胡风在"两个口号论争"中的遭遇，比为春秋时追随晋公子重耳的介子推，未想邀功却被火焚死，他自己的结局也类似。而有的人在回忆、研究两个口号论争这段往事时，不是全面地去思考双方立论的依据和口号本身的含义和解释上的问题，而是斤斤计较于口号是谁提出来的，唯以党内某人指示和鲁迅有无手书作为论断是非的标准。这种因人立言、因人废言、因人而异的思想方法，往往造成文学界不必要的纠纷，也妨碍了后人对文学争鸣上的问题做出正确的总结。此类脚底皮式的思考，不仅让当年的鲁迅愤懑，也令今天的被批判者觉得可笑。绀弩正是以对历史负责的精神，认真地思考了鲁迅批评他的错误所在，恰如他在《谈〈金瓶梅〉》一文中说："鲁迅全集所注，我亦不解。我认为我的错误在：我在《作家》上发表过一篇文章《关于世界文库翻印古书》，是攻击郑振铎同志翻印淫书《金瓶梅》而且以为世界名著的。后来还在什么刊物上发表过一篇《一九三五年的语文运动》，也是攻击郑的。就政治上说，就是破坏统一战线。"

这是从历史的高度上和总体上来认识自己青年时期思想激烈、片面的错误倾向。

正是这种实事求是的正直的总结，使绀弩的思想创作迅速走向成熟。他的长诗《一个高大的背影倒了》，被公认是悼念鲁迅的最好的挽歌。到1940年代，他的创作进一步登上高峰，表现了他丰富的阅历和精深的文化素养。他的小说、散文，具有浓厚的生活气息，杂文更是独具一格，论古说今，汪洋恣肆，委婉曲折，机趣多刺，如《韩康的药店》《兔先生的发言》等，都是传诵一时的名作。

绀弩对中国古典小说的研究也颇多创见。如评论《封神榜》，真可谓化腐朽为神奇。鲁迅曾评这部明代神魔小说，"其根柢，则方士之见而已"。绀弩在《论〈封神榜〉》中进一步剖析了这部大众读物，认为其迷信神怪思想对中国社会的毒害极深，乃至"占着它确乎不拔的支配地位"；但又指出，书中描写的许多"正""邪"教的冲突，"如剥去那江湖术士的外衣，也未尝不可以有朴素的脚踏实地的解释"。后来他又陆续写出《论莲花化身》《论通天教主》《论申公豹》《再论申公豹》《从〈击壤歌〉扯到〈封神演义〉》等，都能透过荒唐的神鬼描写，听到历史的回声，赋予它现实的生命力。后来，他对《水浒传》《聊斋志异》《金瓶梅》《红楼梦》等的研究，更可以说是对中国几千年来吃人礼教的批判。

阿Q、庄子、《资本论》

列上这组小标题，实在有点不伦不类，然而，此三者却是支撑着绀弩后半辈子生活的精神支柱。

绀弩在赠著名新闻记者、古典文学专家张友鸾的《悠然六十》之三中有诗云"大错邀君朝北阙，半生无冕忽南冠"，系自责当年不该邀请老友来京共襄出版工作，使这位当了半辈子无冕之王的新闻记者，戴上了"右派"的帽子。据说张友鸾看后付之一笑曰："在劫难逃，与卿何干？"绀弩自身不是也"在劫难逃"吗？

　　1949年后，绀弩受党的指示在香港做统战工作，后又充任《文汇报》主笔，1951年他才回到北京，担任人民文学出版社副总编兼古典部主任。安定的生活环境，使他决意收起鸣不平的带刺的笔，专心致力于整理祖国文化遗产。1954年，他主持整理出版了《水浒》的七十一回本和一百二十回本，又通过去苏北实地调查施耐庵的材料，写出独具己见的《水浒》五论。正当他努力以辩证唯物主义和历史难物主义的观点去解决中国古典文学研究中积淀的难点时，他却失去了写作的权利。

　　首先把他拉下马的是1954年的肃反运动。曾加入过国民党，又从不讳言与许多反共人物有过来往的聂绀弩，顺理成章地遭隔离审查，连他在香港动员一些曾反共的国民党旧军政人员回归大陆，也成了疑点，更须交代他和特务头子康泽的"非常友谊"。原来，1948年在解放战争中康泽被人民解放军俘虏后，绀弩想起曾答应为康泽作传，便践约写了一篇《记康泽》，不料遭到一些人批评，指责绀弩把一个反动政客写得十分精明，还显得颇有"情义"。鲁迅早就揭破中国人的"世故"："见胜兆则纷纷聚集，见败兆则纷纷逃亡。"绀弩却从不知避瓜田李下之嫌。在反复的批判、反省下，他痛苦地在交代材料上自污自罪，自我否定，就像小时候那样，在母亲的鸡毛帚下屈打成招。他原以为这样就能搞清楚问题，最后却

　　　　　　　　　　　　　　　　风定落花

以"有严重的政治历史问题",被开除中国共产党的党籍。至今,在一些看过他交代材料者的眼里,他仍是一个乌七八糟的人。"文章信口雌黄易,思想锥心坦白难。"(《挽雪峰(一)》)即是他对这种切肤之痛的深刻感慨。

紧接而来的便是震撼文坛的"胡风反革命集团案",追查他和胡风的长期交情,他便给自己扣了一顶帽子:"比胡风分子还要胡风分子。"后因在胡风家中搜出一封绀弩夫人周颖劝胡风多作自我批评的信,夫妻俩才幸免于难。

然而,1957年却因身为"民革"领导人员的绀弩夫人响应号召,热诚帮助党整风,批评肃反扩大化,还责问:胡风算啥反革命?于是,未鸣放的绀弩成了幕后策划者,夫妻双双被打成"右派"。遭此接连飞来的横祸,绀弩倒有了比林冲洒脱的感觉:"男儿脸刻黄金印,一笑身轻白虎堂。"(《林冲·题壁》)一种慷慨怨凉之情,促使他以半百之年,坚持要求参加流放北大荒的"右派"行列。

天寒地冻的荒漠,使绀弩凝聚了万千情思。恰逢有令,要人人写诗歌颂劳动,绀弩便遵命提笔,将心声凝聚于他过去否定的旧体诗形式中。读这些名为"北荒草"的小诗,人们惊叹他那种与命运抗争的亦庄亦谐、亦冷亦热的情愫,却也感到有一股"阿Q气"。绀弩在《散宜生诗·后记》中也自嘲,诗中把"挑起一担水,自谓挑起'一担乾坤'(《挑水》),挑土和泥,自谓'九合诸侯一匡天下'(《脱坯》);何等阿Q气,岂止诙谐、滑稽、打油而已哉"。却又说:"阿Q气是奴性的变种,当然是不好的东西,但人能以它为精神依靠,从某种情况下活过来,它又是好东西……哲学上的一分为二的辩证法，真是颠扑不破的真理。"其实这是在一种无法自拔下，欲求生存的诡辩逻辑。

诚然，在1957年和"文革"年代，"阿Q气"几乎已成了从屈辱中挺过来的中国知识分子的一种体验和笑谈，也许是因为它和中国根深蒂固的老庄思想有某种精神上的相通。绀弩正是把自己的万般酸楚，寄托在艰辛却蕴有情趣的劳动中，并以凡人杂事、俗习白话入旧诗高雅之庙堂，变"犷言"为富有生命力的奇句，开旧体诗之新风。

1962年他摘帽返京，被安排在全国政协文史资料委员会挂个"文史专员"的闲差。他难酬壮志，便在文化遗产和旧体诗中磨淬神思。为消遣无聊，竟于拙处巧对工仗，更多俏皮诙谐之句。但正如他自言："半个多世纪以来，目睹前辈和友辈，英才硕学，呕尽心肝。志士仁人，成仁取义。英雄豪杰，转战沙场。高明之家，人鬼均嫉……有时悲从中来，不知何故，所谓'泪倩封神三眼流'（拙句）者，人或以为滑稽，自视则十分严肃，且谓庄子的极端自私的个人主义思想亦未尝全无所见，然真人类及历史之大悲也。"（《散宜生诗·自序》）

不过，绀弩未因洞悉人生之大悲而消沉，倒是因从庄子游后更旷达自信。因此，在十年浩劫中，他面临无期徒刑的残酷现实，屈辱地忍受各种非人的折磨，却不废苦读和思考。他以监狱为学习的圣地，反复穷究马克思的《资本论》、恩格斯的《反杜林论》等著作，以唯物的自然辩证逻辑启发神志，振奋生命，从"商品"的二重性中把握现代社会的历史和人生的秘诀。他的思路，不再是遇顺境高扬马克思主义，处逆境宣泄庄子般的牢骚，忽而峻急，忽而平缓。深奥的《资本论》和老庄哲学的精华，一经他的迂回幽思，融会贯通。

正是这斗室深宵的爝火，照亮了他晚年的创作，走向巅峰。他以《资本论》中关于"资本家是资本的人格化"的观点，指导对《金瓶梅》的研究，也以此纠正青年时期把它看为淫书的偏见。他依循鲁迅"有字皆从人着想"的思路，剖析了反映在中国古典小说中的一系列仁和礼，在诗中疾呼"何处不是人肉宴，古久账簿几篇章"（《题〈狂人日记〉》）；责问"女人何故属男人"（《小说三人物·祥林嫂》）；悲叹读书人"浑身瘦骨终残骨，满面伤痕杂泪痕"（《孔乙己》）；由庄子所指的"遥荡恣睢转徙之途"，念及"不恣睢"必"桎梏"的天下，乃清醒于"大权操在老子手，整错杂种敢何词"的有权无法社会（《阿Q》）；敲响了"方生未死将生者，倘不全苏定永沦"的警钟。（《改〈野草〉七题为七律·〈淡淡的血痕中〉》）

中国君子陋于知人心

妇女问题，是绀弩对"人"思考的重要内容之一。他曾引用法国傅立叶的话说："一国文野，看其妇女所处地位。"

早在少年时，他常见母亲在冬夜的灯下对着唱本唱《再生缘》《二度梅》《梁山伯与祝英台》《柳荫记》等，唱着唱着就流出了眼泪，绀弩窥测到一个封建家庭的女子内心的寂寞和精神寄托。然而，他也看到母亲硬是把养女（实为使唤丫头）卖给穷山沟里的老夫，活活夭折了她心中的爱苗。在以后的生活中，他又遇到各种命运悲苦的女子，有的已成了他所创作的小说人物的原型，如《姐姐》《两条路》《旁听》《酒船》中的女主人公。绀弩的杂文也有不少是论妇女问题的。1941 年，他在桂林《力报》主编副刊《新垦地》时，还发动了一场女权问题的论辩，成为我国"五四"以来有关妇女是走向社会还是回到家庭的第二次大论战。他对中外古典小说的评论，更有不少涉及妇女问题，如《谈〈简·爱〉》《谈〈娜拉〉》，以及对《水浒传》《红楼梦》《聊斋志异》《花月痕》《金瓶梅》中妇女观的品评。在这些文章中，绀弩不仅同情、支持妇女为争取生存、创造的权利而做出的奋斗，鞭挞那些吞噬、污辱、损害妇女的恶势力，同时也真诚地告诫妇女要正视自己的缺点，克服自轻自贱的依赖思想和柔弱的性格。他对颇有才情，已经"飞"起来的女作家萧红，有着深沉的感情，因而更惋惜她为过多的"自我牺牲精神所累"，栽到"奴隶的死所"上。

他呼吁解放妇女，渴望真正的男女平等，追求纯真、自由的男女之爱。

他曾借《庄子》里某人的话说："中国之君子明于知礼义而陋于知人心"，"人心"也者，即私欲、嗜欲也。他很欣赏柳亚子送儿子柳无忌诗中的一联："须知恋爱弥纶者，不在纲常束缚中。"但不赞同亚子先生和"只手打孔家店的老英雄"吴虞那样，从冶游中找寻恋爱，乃至自以为是反对纲常名教，是革命。他渴求的是真实生活中灵肉一致的男女情爱。为了寻求真正的爱，他不惜做各种名教的罪人，所以和他的政治生命一样，在爱情、婚姻家庭生活中，他也是伤痕杂泪痕，难解其中味。

绀弩的原配发妻申小姑是母亲为传宗接代而婚娶的表亲，这位表小姐苦守空房 4 年死去，也就埋葬了封建名教结下的苦果。

风定落花

22岁的绀弩东征到海丰后，才尝了初恋的甘泉。活泼热情的农民讲习所学员——陆安师范宣传队员敖少琼，给孤独的绀弩带来了希望。然而，待到1927年绀弩从苏联回国，要求去海丰看望她，她却坚决拒绝。直到多年后，绀弩重访海丰，方知她那时正被疑为反革命通敌分子，罪证就是国民党党员聂绀弩的来信。这初恋之花竟在革命的名义下凋零。

陷于失恋痛苦中的绀弩，久久未觉察党务学校以大胆著称的女学生周颖正在暗暗地追求他。周颖12岁就参加了周恩来等组织的"觉悟社"活动，她自小失怙，一见绀弩，就爱上了这位言谈随和诙谐的训育员。她以机智而又执着的追求，终于赢得了绀弩的心，1929年结为夫妇。他们俩都是鲁迅思想的真诚追求者，他们把爱的结晶——鲁迅逝世那年诞生的女儿，命名为海燕，这是绀弩和鲁迅等合编的杂志名。

但是，绀弩对周颖的感情又十分复杂。绀弩是一个富有诗人气质的文学家，惯于无拘无束的思想，生活散漫，感情却细腻，语言含蓄。而周颖是一个热情的社会活动家，擅于演讲，好发议论，豪爽之下不免失之空疏，也不是绀弩所喜好的诗文书棋的对手，天长日久，心灵便少沟通。八年抗战离乱，两人天各一方，绀弩由皖南新四军军部来到金华后，竟与一位诗人的妻子发生感情纠葛。恰在此时，又耳闻故乡京山遭敌机大轰炸，化为焦土，顿时勾起了对避居老家的妻女的怀念，一篇《离人散记》，曲诉衷肠，也割断了婚外恋。

当周颖沿江寻夫到重庆时，却惊闻绀弩在桂林和一位女演员热恋。把周颖视为小阿妹的邓颖超和周恩来，狠狠地批评了"大自由

主义者"聂绀弩。这场苦恋留下的是一首苦涩的诗:

> 雨露凋伤枫树林,金风吹遍女儿心。
>
> 抽簪画地成银汉,背水施屏障锦衾。
>
> 二十六个和一个,谁家豪富谁情深。
>
> 早知抛却红尘去,碧海青天任古今。

　　绀弩与周颖间的伤痕远未弥合,他的心又被一位久已认识的胖实、单纯的业余女作家所牵动。在婚变的风波中,担任重庆劳动协会福利部主任的周颖,突然被国民党政府逮捕,社会各界人士纷纷声援。绀弩即挺身发表《记周颖》,歌颂她那有智有谋又富于牺牲精神的妻子。待到周颖被释放,随劳协去香港开辟新阵地时,绀弩竟幻想和恋人私奔解放区。就在登上轮船的刹那间,恋人为理智束缚而悄然离去。绀弩四处寻找不得,才服从组织命令前往香港,唯将新出版的杂文集名为《二鸦杂文》,二鸦者,二丫也,乃以离去的恋人乳名,化作自己的笔名。

　　1951年绀弩从香港回到北京,他情愿住在出版社,跟一位有男性化的女子谈心,也不愿在家听周颖发议论。他又找到了已成为儿童文学家的二丫,迫切地希望离婚。然而,一场政治运动的乱棍,把他和他的妻与恋人,都打成了"右派"和右倾分子。

　　绀弩和周颖间似乎有一个强大的磁场。每当周颖有难时,绀弩即著文广为声援;在绀弩遭灭顶之灾际,周颖则充当他坚强的后盾。她"寒荒万里独探狱",澄清了所谓的绀弩在北大荒纵火烧房罪。在"文革"中,绀弩以莫须有的反无产阶级专政的罪名,被判

262

无期徒刑。在近乎绝望的境地，周颖执着地寻找各种渠道，不断向上申诉，直到亲自把形如槁木的绀弩接回家中。一天，绀弩终于探悉老妻是在独自承担爱女海燕自杀身亡的惨痛中，心力交瘁地照料着家中大小人丁。当晚，他含着湿透衣裳的泪水为周颖写下《惊闻海燕之变后又赠》诗一首：

> 愿君越老越年轻，路越崎岖越坦平。
> 膝下全虚空母爱，心中不痛岂人情。
> 方今世面多风雨，何止一家损罐瓶。
> 稀古妪翁相慰乐，非鳏未寡且偕行。

在历经患难与共、九死一生的风雨后，绀弩与周颖比以往任何时候更为体贴。正如绀弩在另一首《赠周婆》的诗中所云："五十年今超蜜月。"

但绀弩的心里仍藏着他过去爱恋的人。在他病卧邮电医院时，当年热恋的女演员闻讯前往探望，后又在五届政协会议期间和绀弩夫妇相遇，3位老人在亲切的交谈中冰释前怨。只是周颖心中仍有隐怨。她耳闻绀弩曾暗托养女丹丹将香港刚出版的《三草》送给已独居的二丫，并在诗集空白处写上"反右"前作的旧诗一首：

> 几年才见两三回，欲语还停但举杯。
> 君果何心偷泪去，我如不死寄诗来。
> 一冬白雪无消息，此夜梅花谁主裁。
> 怕听收音机里唱，梁山伯与祝英台。

她也略知"祝英台"曾几次趋访病中的"梁山伯"。所以，有一天她见绀弩衔烟凭立窗前发呆，禁不住调侃："怎么？又在想你那个祝英台啦？"绀弩一言未发，回首吐出悠悠轻烟，又回到卧榻上。

绀弩的多次爱恋，曾受组织的批判，情敌的争斗，友人的指责，世人多不解，他亦无悔无恨。而爱他的女子，包括他的老妻都说："绀弩的爱是真诚的，不是玩弄。"抑或此即为中国君子陋知的"人心"？

从德充符到散宜生

绀弩的《〈赠答草〉序诗》有句云："尊酒有清还有浊，吾谋全是又全非。"这是他几十年自我解剖后的思想飞扬。然而，其间因检查思想、创作上的清浊是非而备受的煎熬及付出的代价，又有谁评说？绀弩老友钟敬文在送他的挽联中道："晚年竟以旧诗称，自问恐非初意。"在荆棘丛生的文坛上，绀弩终于放弃了他早年颇有抱负并已有成就的小说、新诗、散文、杂文创作，令人惋惜不已。

就其思想的取舍而论，绀弩所选择的也并非是一条可喜的新路。被周恩来称为"大自由主义者"的绀弩，实际上总是在不断地批判自己，如他的文集《天亮了》的初版和再版序言，对书中以《庄子》篇名《德充符》为题的小说，自评就很不同。1949年初版时，他说明题为"德充符"，乃"意谓人最重要的是德行充足，形体之类无足轻重"，因此文中表扬了残疾的"主人公的一点美德，也要算是对旧世界的战斗的"。到1950年再版时，他已感到文中宣扬了一种狷介思想，消极地做好人的思想，如不屑胁肩谄笑、同流合污之类，然而，这"比之于进取、有为、革命，那意义是很小的"。他自责道："在旧中国，在反动统治下作为一个作者，一方面固然对那统治作过若干程度的战斗；另一方面也作过更多的适应，有时甚至变成思想的麻痹，以达到极小的一点点为满足。《德充符》是那种情况之下的产物。"

然而，30年后，绀弩将自己的旧体诗集名为《散宜生诗》，并在《自序》中有一段长长的解释道："赠人伐木句云：'高材见汝胆齐落，矮树逢人肩互摩。'不知何以忽得此二句，窃自喜之。以为不枉读了一回《庄子》。庄子以某种树为散木，以不材终天年。少时常见人自称散人，以为散是闲散。及读《庄子》，乃知为不材或无用之意。知识分子（旧知识分子尤然）一入老境，很容易领悟到此生虚度，自己真是不材、无用，即偶有成就，亦微不足道，故自称散人。""但此意未必始于庄子，殷周之际似已有之。周文王的'乱臣'九人中，有名'散宜生'者，此名了无含义则已，假定'名以义取'，则恰为'无用（散）终天年'（适宜于生存），'无用之用，实为大用'（苟活偷生的大用）。老夫耄矣，久自知为散人散木，无志无才，唯一可述：或能终此久病之天年而已。因窃假'散宜生'为号，而命所作诗为《散宜生诗》云。"

1983年，他又作自寿诗《八十》3首，其一云：

> 子曰学而时习之，至今七十几年痴。
>
> 南洋群岛波翻笔，北大荒原雪压诗。
>
> 犹是太公垂钓日，早非亚子献章时。

平生自省无他短，短在庸凡老始知。

以上可谓绀弩老人在历尽坎坷后识得的人生真谛。老人以久病之身，坚持不断著述，从中可见他自谓"散人""庸人"，实是以此作为战胜天命、人意的精神力量，非消极颓废之言，但其悲凉之情已溢于言表。且不说他大半生积极、进取、有为、革命，即以他早年对形体残疾而"德充符"的肯定，观照前后思想之落差，实在令人怆然！莫非人一定要自贬到庸凡后才适宜于生存吗？这与100年前达尔文的"物竞天择，适者生存"的进化论，岂非背道而行？然而，正是这个生遭摧残的绀弩，将"散宜生"这个残废了的灵魂摆在国人面前，让人震颤，任人思考：缘何几千年来在中国土地上，大凡"散人""庸人"适宜于生存，或更有大用？

（写于1992年初春）

风定落花

漫话著名戏剧家、翻译家姚克
——兼述斯诺致姚克父女书简

定居美国的现代著名作家姚克（字莘农）在他发愿回祖国之际，不幸于 1991 年 12 月 18 日猝然逝世，这一消息怎不令他的至亲好友和研究者震悼？幸而，在中国人民的老朋友埃德加·斯诺逝世 20 周年时，姚克的夫人吴雯和女儿姚湘带着他的遗愿，随美国"埃德加·斯诺基金会代表团"来华观光并参加纪念会。因她们随团旅游京、沪等地，每处只待一两天，未能访友，但他们终究带来了有关姚克的新信息。北京鲁迅博物馆出版的 1992 年第 8 期《鲁迅研究月刊》，发表了姚湘在"纪念埃德加·斯诺第五届学术讨论会"上的报告《两种文化，一个世界——埃德加·斯诺与我父亲姚莘农的友谊》，也随发了我的访谈记《幸会姚克的亲人》。

次年 1 月 14 日，姚克妻女寄来两封 20 多年前斯诺的书简。一封是她们在回国后从众多文件堆里找出的 1969 年 9 月 26 日致姚克的信。斯诺在信中说："我的日本经纪人写信告诉我，东京有一出版商，愿重新印行英文的《活的中国》。如我们所知，对这本书是有需求的，在美国用于中国文学和语言课程。跟美国人一样，中国人也多有问我要这本书的。如果这个日本人按照这一计划进行，他们可能通过塔特尔（Tuttle）去销售，他在美国教育市场有多个经销处。""你能考虑为这本书写一篇短序吗？你远比我更明白如何将它置于整个中国当代文学的关系上，也可以谈点我们会见鲁迅的事，以及这书如何产生的。"这封信的意义是显而易见的，它不仅表明在1960年代，斯诺和姚克还保持着亲密的友谊，而且也反映了他们在1930年代共同编译的《活的中国》（Living China）一书久远的价值，以至引起日本出版商重印的考虑。可惜至今尚不知这一版由姚克作序的英文本是否已出版？另一封是在1967年夏（或1968年春）斯诺给11岁姚湘（英文名Hilda）的信，信中以一首诗表达了他的人生体会，并盼望姚湘去瑞士跟他家共同生活，全信洋溢着对一个儿童的爱心。正如姚湘在给我的信中所言："这一页纸是我从小保存在杂志中的，提示我所受的特殊关切的一件真正的个人纪念品，就像进入埃德叔叔造成的倒行的时光通道，涌现出美好的回忆。"尤可珍贵的，这是斯诺的亲笔信，其手迹在我国所保存的斯诺文物中也属罕见。鉴于这两封信的特殊价值，我请求她们准予翻译并公开发表，又询问了信中提及的一些人事，以求更清楚地了解书信的内容。

4月10日，吴雯女士又偕长女兰、幼女湘随威斯康星大学麦迪逊分校和"皇家环游线"组织的旅行团飞抵北京，在两天内造访了冰心、夏衍、萧乾和黄华、韩叙、爱泼斯坦、魏璐诗等故友新交，拜谒了北大校园内的斯诺墓。19日经韩国、日本水行到上海后，即探望了曾在姚克编剧的《清宫秘史》《楚霸王》中扮演主角的舒适，观看了《清宫秘史》的录像；又——拜访了当年与姚克共创职业、苦干剧团的黄佐临、孙浩然、吴仞之；晚上和姚克胞弟志曾及其在沪亲属欢聚。次日中午即随团去台湾、香港返美。

我在沪参加了她们的部分活动，又受托代为向在京的姚克好友致意。诸种巧合，竟把我昔日识见的资料串成一条线，越来越清晰地显示出在20世纪三四十年代中国文坛、剧坛上被称为才子的姚克风貌和业绩。

介绍活的中国　沟通中外文化

说姚克的业绩，不能不首先谈到他和鲁迅、斯诺在1930年代向世界介绍中国文化艺术的巨大贡献，并由此而结成的真诚的友谊。

据姚湘在她的"报告"中说："埃德加·斯诺是在上海的记者俱乐部结识父亲的。"考该俱乐部当属西方的。又据姚志曾（即《鲁迅日记》中的"省吾"，因替姚克转递信件等而与鲁迅联系）在1992年12月16日给笔者的信中说，姚克和斯诺认识的时间是1929年夏秋之交，因姚克与英语报刊的编者大多是有往来的，"自1931年春，姚克应上海世界书局之聘，来到上海之后，我们兄弟俩一直住在一起……在此期间，我第一次听到他谈到斯诺是在1932年'一·二八'淞沪抗战时，他曾多次在晚上与斯诺同去北四川路、北河南路、近北火车站处采访，实际上是去观看十九路军如何英勇作战的"。其时，斯诺一方面密切注视并报道中国动荡的时局，同时扩展和中国人的交往。他急于想了解"现代中国创作界是在怎样活动着的？"，欲向西方世界介绍中国现代作家的创作，姚克便成了他"能干的合作者"。他在《复始之旅》　(*Journey to the Beginning*)的"活的中国"一节中评价姚克说："姚是东吴大学的毕业生,从未出过国,但英语相当精通。此外,他也熟悉中国古典文学和现代文学,这在教会学校出身的中国人中是不多见的。"

由于他们共同推崇鲁迅,所以决定先搞一本英译的鲁迅短篇小说选集。他们首先研究的便是对中国社会揭露最深刻,也是最有影响的小说集《呐喊》,最早选译的是描写中国国民性的《阿Q正传》。因需要向鲁迅请求"翻译的特权",便由姚克在1932年11月4日写信给鲁迅。见到鲁迅回复后写的第二封信,却因所寄之处北新书局的耽误,直到次年3月5日才为鲁迅收到。7日鲁迅第一次在内山书店接见了姚克,当面解答了翻译中的难点。此后,二人联系频繁,相互信任,如同月15日《鲁迅日记》载:"晚得姚君信,遂往汉弥尔登大厦Dr. Orlandini寓夜饭。"24日载:"姚克邀往蒲石路访客兰恩夫人。"二人又互为宴请,介绍各自的朋友。如4月13日"晚姚克来邀至其寓夜饭"。22日"得姚克信。晚在知味观招诸友人夜饭,坐中为达夫等十二人",其中即有姚克兄弟俩。29日"晚姚克招饮于会宾楼,同席八人"。同时,鲁迅在5月22日应约完成《英译本〈短篇小说选集〉自序》。26日"同姚克往大马路照相",以应选集之需。当年在雪怀照相馆拍的两张相片,其一为鲁迅像,后印于美国《亚洲》(*Asia*)等杂志上,又刊于《活的中国》卷首,是最能反映鲁迅神韵的肖像,在他逝世时即作为遗像悬挂于灵堂中;另一张是姚克和鲁迅的合影,至今分别珍藏于北京鲁迅博物馆和美国姚克的家中。诚如斯诺后来在《活的中国》的《编者序言》中所言,姚克"是一位有才能的青年评论家、剧作家和散文

风定落花

家，并且是鲁迅的知友"。

从鲁迅的日记和书信中可见，姚克致鲁迅的信约 52 封，鲁迅的复信约 33 封，见面约 22 次。通信多的原因之一，是因为 1933 年春斯诺安家北平，9 月初姚克正式应邀北上，共事翻译。1934 年 5 月姚克曾一度返沪，24 日鲁迅见到姚克来访的留片，即复信邀其兄弟俩在 27 日"惠临"寓所，"拟略设菲酌，借作长谈"。姚克后来在悼念鲁迅的《最初和最后一面》中曾写自己初次去见鲁迅前有点顾虑，因为鲁迅"最讨厌的是浮滑的'洋场恶少'，而我那天恰穿着一套崭新的洋服，头发也梳得光光的，只怕被他斥辱一顿"，结果却是相反。不少人奇怪鲁迅何以对这位好修饰的洋场少年颇有好感，乃至倾心相谈呢？其实姚克的许多老朋友如黄佐临等，也都有过印象的转变，在交往中感受到了他为人坦诚、恳切的优点。如果读过现存的 27 封鲁迅致姚克的书信，更可知他俩在志向、兴趣、爱好乃至思想方面有不少相通处，形成了他们友谊的深厚基础。

一、他们都向往并致力于真实地向世界介绍中国的社会和文化

1933 年 11 月 11 日姚克在《申报·自由谈》上发表《美国人心目中的中国》，称赞斯诺在新著《远东的前线》中对中国问题作了剀切痛快的评论；批评美国女作家诺拉·沃恩的畅销小说《寄庐》对中国不真实、极可笑的描写，且有许多关于政治和社会的谬论。鲁迅看了有同感，在 11 月 15 日复信中，"极赞成"姚克用英文创作小说的想法（即以其母亲的一生为题材），认为"中国的事情，总是中国人做来，才可以见真相"。在次年 1 月 25 日信中又说："先生作小说，极好。其实只要写出实情，即于中国有益，是非曲

直，昭然具在，揭其障蔽，便是公道耳。"这也是鲁迅欣然允许斯诺和姚克向世界介绍自己作品的原因之一；而且还建议他们在介绍中国现代文学时，应看到"现在新出台的作家中，也很有可以注意的作品，倘使有工夫，我以为选译一本，每人一篇，绍介出去，倒也很有意义的"（1933 年 11 月 5 日信）。斯诺和姚克接受了这个建议。但后来由于出版上的困难，非但鲁迅的选集未能单独出版，只是选译了 7 篇，即《药》《一件小事》《孔乙己》《祝福》《风筝》《论"他妈的！"》《离婚》，作为《活的中国》的第一部分；至于斯诺和他的学生萧乾、杨刚等合译的其他作者的小说也只选了 17 篇，作为第二部分，合成一辑，1936 年由英国伦敦乔治·G. 哈拉普公司出版。《活的中国》的历史价值，我们已在 1969 年斯诺致姚莘农的信中看到。缘何其影响如此久长？皆在于这些作品反映了当时中国的"真相"。

1933 年末，他们又积极支持当时住在斯诺家中的法国《观察》（Vu）杂志记者绮达·谭丽德女士拟在法国筹备中国左翼美术家作品展览的想法。斯诺及其夫人尼姆·威尔斯和姚克一方面委托北平美术家王钧初、梁以俅通过办展览会选出 32 幅绘画；同时由姚克转请鲁迅在上海代为征集 58 幅木刻画，由姚克在京将鲁迅寄来的目录译成英文寄回，鲁迅又请其弟省吾对照原画校订后，于 1934 年 1 月 17 日将 58 幅木刻和英文目录一并寄给谭丽德。他们在 1 个多月内完成了全部工作，其工作之无私、合作之默契、效率之高速，令人钦佩。这些艺术品以《革命的中国之艺术》之名于 1934 年 3 月 14 日在巴黎展出，继后展于莫斯科，都达到了预期的目的。正如法国革命文艺家协会秘书长伐扬·古久列等给中国同志的信中所说，展览不仅"掀起了巨大的同情和激动"，而且"它们是我们早已了解的，中国工农大众与革命的先锋队所进行的不断斗争的一种极为生动的说明"。可惜这次巴黎展览的说明书、展品目录和有关信息、函件等，当时鲁迅和姚克都未能看到，直到1958年10月法国友人沃尔姆才带到中国来。（见荣太之：《鲁迅筹备的中国左翼美术家作品在巴黎的展出》，载于《鲁迅研究资料》第7辑，天津人民出版社1980年版）

在搜集汉唐画像方面，他们的志趣亦颇一致。鲁迅早已陆续搜得一大箱，1934年3月6日写信告姚克："曾拟摘取其关于生活状况者，印以传世。"姚克更建议介绍到世界上去，并愿意协助，因此鲁迅在4月22日信中说："石刻画像印起来，是要加一点说明的，先生肯给我译成英文，更好。"但后来因为时间与财力所限，终未能如愿。

鲁迅对姚克"以西文介绍中国现状"这一工作，也给予极大的肯定，认为"亦大有益"（1933年6月18日信）。又鼓励说："先生能发表英文，极好，发表之处，是不必太选择的。""关于中国文艺情形，先生能陆续作文发表，最好。我看外国人对于这些事，非常模糊，而所谓'大师'，'学者'之流，则一味自吹自捧，绝不可靠，青年又少有精通外国文者，有话难开口，弄得漆黑一团。""写英文的必要，决不下于写汉文，我想世界上洋热昏一定很多，淋一桶冷水，给清楚一点，对于华洋两面，都有益处的。"（分别见1934年2月20日、3月6日及1936年4月20日信）在鲁迅的鼓励下，姚克继1933年4月7日开始在北平英文《字林西报》发表《新文艺运动：倾向与前景》之类的文章后，1935年又参与英文杂志《天下月刊》的编委工作，不仅撰文介绍《鲁迅：他的生平和作品》，报道《活的中国》出版的消息，还悉心翻译、评论中国古典文学、戏剧等。可以说，早在 1930 年代，姚克已是向世界正确介绍中国文化的最用力的架桥者之一。

二、姚克和鲁迅的艺术观也颇多共同点

如姚克请鲁迅代为找画家给英译《阿Q正传》插画，并认为："好的插画，比一张大油画之力为大。"鲁迅在 1934 年 4 月 12 日回信中觉得"这是极对的"，因为他们都追求艺术的"真确"，所以重视这被人视为"末技"之插画。鲁迅请木刻家魏猛克作了 5 幅用毛笔画的带中国画风的插图。1935 年美国《亚洲》第 2 期发表姚莘农译、斯诺作序的《药》时，也附印了王钧初的插画《两个母亲》。

他们又都痛感"中国环境，与艺术最不利，青年竟无法看见一幅欧美名画的原作，都在摸暗弄堂，要有杰出的作家，恐怕是很难的"。（见鲁迅 1934 年 3 月 24 日信）因此他们都积极配合斯诺、史沫特莱，协助王钧初这样的青年美术家出国学习。他们自己又都投身于翻译外国文学、戏剧的工作中去。如姚克在 1936 年 3 月到 1937 年 4 月，仅在复刊的《译文》上，就译载了西方作家的作品 10 篇，并完成了萧伯纳第一部成功的戏剧《魔鬼的门徒》的翻译工作，于 1936 年作为"译文丛书"之一出版。他之所以对该剧感兴趣，正如他在《译序》中所说："是因为它的背景是美国革命，而且它的主角，力佳德·德敬的一言一动多少带一些反抗的，有主义的，和愿为贯彻主义而死的精神。"

在艺术上他们都强调要切近生活，所以都反对读死书，反对白

话的文艺创作去向那些远离生活的文言古书学习。姚克在1934年2月7日《自由谈》上发表《读古书之商榷》，并在13日致鲁迅的信中谈了有关诗的意见。鲁迅在2月20日的复信中认为"来论之关于诗者，是很对的。歌，诗，词，曲，我以为原是民间物，文人取为己有，越做越难懂，弄得变成僵石，他们就又去取一样，又来慢慢的绞死它"。纵观姚克在《自由谈》上发表的《北平印象记》《论大出丧》《天桥风景线》，以及连载的10则《北平素描》，都十分注重观察民间的人情风俗，努力学习北京的地方口语俗话。因此，尽管他是南方人，却生动地描绘出北方的生活特色，语言更充满了地方色彩。

三、他们对中国社会现实的看法，也常常不谋而合

姚克能与鲁迅交流思想，畅谈人生之体会。如对1933年"闽变""粤变"的看法，对小报造谣的愤慨，对杨邨人辈之变化万端，以及上海文坛上种种的不干不净，都能一吐心中之块垒。鲁迅对涉世尚不深的姚克，则倍加爱护，告诫他对那些"满口激烈之谈者，其人便须留意"（1934年4月12日信）；对某些外国人"倘未深知底细，交际当稍小心"（1934年1月25日信）。

思想上的沟通，使姚克与鲁迅、斯诺结为相互信赖的朋友。如斯诺最初决定秘密访问陕北革命根据地时，曾邀姚克同往，后未遂。但据姚志曾说，其兄姚克曾为斯诺的西北之行向各方联系。（见1992年10月25日姚志曾致笔者信）1936年4月，斯诺临行前到上海求取宋庆龄的帮助，《鲁迅日记》在26日也记下了姚克和斯诺来访，但因外出未遇。后来斯诺在《向鲁迅致敬》一文中却谈到

了当年 5 月访问鲁迅的情景，而鲁迅在日记中，鉴于惯例，未记下有秘密之行的斯诺的来访。这次会见，姚克作为翻译，理应在场。（参见笔者：《斯诺〈向鲁迅致敬〉的启示》，载于《晋阳学刊》1984 年第 1 期）

因此，姚克在鲁迅逝世后作的《痛悼鲁迅先生》一文中，针对那些指责鲁迅"多疑"的论调说："我们须知他所'多疑'的不过是那些'可疑'的人，对于'不可疑'的人，他是坦然不疑的。"作为鲁迅的知友，他被列为"鲁迅纪念委员会"成员。在鲁迅逝世当天，他陪同明星影片公司人员到鲁迅家中摄影，为人们留下了这位伟大文豪的最后一面。

奔走呼吁抗战　灵活开展剧运

姚克自完成和斯诺合作编译鲁迅的小说后，不久就投入上海的进步电影、戏剧事业中去。1936 年 7 月，原明星影片公司进行革新和改组，分别建立一厂和二厂，重建编剧委员会，欧阳予倩为主任，姚克为副主任。很快姚克就写出一个数百字的故事梗概《清明时节》，由欧阳予倩编成电影剧本并导演拍摄。该故事是写地主家的丫鬟春兰受老爷凌辱，生下一个男孩后被赶出家门。10 年后，地主及其儿子都死了，地主太太强索男孩归宗，已坚强起来的春兰誓不从命，被迫离开了上海。该剧旨在揭露封建制度的凶暴和黑暗，这是姚克描写劳动人民的一部戏剧。

1937 年卢沟桥事变发生后，上海于 7 月 15 日成立了全国文艺界最早的抗日统一战线组织"中国剧作家协会"，姚克是发起人之一。他参与集体创作三幕剧《保卫卢沟桥》，近百人演出，显示了中华民族以血肉筑成的新长城与敌人搏斗的壮烈场面。

同年8月，姚克赴莫斯科参加苏联第五届戏剧节。后又在欧洲考察戏剧，不料为欧战所阻，滞留英国。为了争取世界各国支持中国的抗日战争，他在英国著名的特拉法加广场演说，又到英国广播公司所在的亚历山大宫内参加电视演讲，成了走上电视屏幕的第一位中国人（据说也是第一位亚洲人）。而后他获得洛克菲勒基金会研究基金到美国耶鲁大学戏剧学院修业。为了实践，他以戏剧家的身份到美国全国广播公司（NBC）和时代前进报道影室（March of Time Studio）观摩实习，丰富了他的艺术修养和功底。尽管他在美国生活安定且有成就，但他始终心系中华，1940年他回到了祖国。

此时，他熟悉的上海早已沦为孤岛。姚克一方面在圣约翰大学、复旦大学等校执教，同时参加师生业余的戏剧活动。据当年"复旦剧社"的胡辛安对笔者回忆说，同学们很欢迎姚克，因为该社的创始人洪深去了大后方，恰巧又来了一个同样深受美国戏剧艺术熏陶的姚克。他们俩都很重视编出完整的剧本。在教学中，姚克常常是由他讲一个故事梗概，让学生编出不同的剧本。他又强调舞台语言的精练，要突出人物的动作，追求舞台的风格和节奏。他为学生排练洪深根据英国王尔德剧本《温德米尔太太的扇子》改编的《少奶奶的扇子》时，让胡辛安拿着一个计时表，同时朗读原作和译编本，以示表演上的速度快慢，通过实例予以改进。他编导的外国戏，虽也求适合中国人的口味，但在细节上力求表达出外国人的生活实际。那时，他的英国太太也成了排练场上的生活礼节顾问。

在孤岛上海，他也看到有一批戏剧家在艰险的环境中坚持开展戏剧运动，便首先和中共地下党员于伶领导的上海剧艺社联系，参与他们的戏剧活动，为该团排演了一出早期的苏联戏剧。但姚克又不满足于固定在一个剧社工作，1941 年他和费穆联合创建天风剧团，先后主持演出了《浮生若梦》《十字街头》《梅花梦》《孤岛男女》等剧。由于姚克和费穆都生活于苏州的世家，又都喜欢唱昆曲，对清史都很有研究，姚克迅速编写了一出宫廷戏《清宫怨》，以戊戌政变为背景，写变法与反变法的斗争。该剧不仅讲究旗人的宫廷礼仪，人物语言也是一口京片子，由费穆导演，在当时唯一能上演爱国进步话剧的"璇宫剧场"演出。该剧一下子轰动了孤岛，连演 3 个月之久，演员换了好几拨，造就不少新星，如舒适、慕容婉儿在该剧中分饰光绪皇帝和珍妃，声名鹊起。

但当时也有人担心该剧的意义会被人怀疑，诸如是否会被疑为是要表明留在孤岛不走是对的？它是不是歌颂了改良主义呢？对此，姚克很坦然地说，凡事不能不看具体环境和历史背景，在那时不跟慈禧逃跑，坚持下来达到变法维新的目的，那时的改良主义就是进步的。后来他在 1943 年出版的《清宫怨》剧本前写了一篇《独白》，共 10 段：

其一云："把史实改编为戏剧，并不是把历史搬上舞台；因为写剧本和编历史教科书是截然不同的。历史家所讲究的是往事的实录，而戏剧家所感兴趣的只是故事的戏剧性和人生味。"

其二云："看书不是求签，看剧本不是解签诗。聪明人只知顺着剧情看戏，依着剧词看剧本，决不作它想。若有人不服此说，偏要自作聪明，向鸡蛋里拣骨头，那么他定是个专爱自寻烦恼的大傻瓜。"

其九云："时间是作品的最严酷的试验。许多曾经轰动一时的戏剧现在都被人们遗忘了。在时间的试验中，一切宣传，标榜，捧场和机智，都成为无用之物，只剩下剧本自身的真价值。"

《独白》之发表，既是迫于那艰难时世，也是表明自己的戏剧观，或许也是姚克对当时和后来某些人对他的怀疑和诬蔑的回答吧。

太平洋战争爆发后，沦陷了的上海形势更为黑暗，剧社的生存更为困难。姚克便发挥以灵活的方式组团演出的优势，力争演出进步剧目，为抗战做出了贡献。

鉴于当时的政治环境，表演古装戏较能迷惑敌人，所以这一时期姚克主要创作历史剧，如在1942年他编导的历史话剧《楚霸王》，以天马公司的名义在兰心剧场演出。他一改京剧中以净行或勾脸的武生扮项羽的形象，根据历史记载，突出项羽英俊年少的风貌，楚霸王不仅是净扮，还戴着紫金冠，由舒适、张伐轮饰，慕容婉儿和黄宗英则分饰虞姬，黄宗江饰范增，别开生面。同年夏还为华艺剧团编《鸳鸯剑》，写一堕民与富家女的恋爱，由胡辛安导演，黄宗江、黄宗英兄妹主演。

在此以前，上海剧艺社也因环境之险恶而难以发展，黄佐临、吴仞之等12人离开剧艺社，他们认为在当时要发展戏剧，业余形式已不行，必须职业化，于是组织上海职业剧团，姚克与他们会合。该团由黄佐临任编导主任，吴仞之为演出主任，孙浩然负责技术设计，姚克是总干事，但他惯于放手，由总干事秘书胡辛安管理。剧团的资本则是明星公司的股东周剑云拉来的。这是一个同人组织，目的一致，即要在异常复杂艰苦的环境中闯出戏剧发展的道路。当时孙浩然的妹妹孙竦也入团搞美术，善漫画。她戏画了一幅唐僧取经图：形似唐僧的是经常闭口不语的黄佐临，孙猴子神似精瘦苦干的吴仞之，沙和尚恰如前额脱发，后脑也一度剃光的姚克，猪八戒活像那两耳肥垂的周剑云。这一幅取经图深刻地印在大家的心中。剧团于1941年10月在卡尔登剧场亮相。首演剧目是曹禺编剧、佐临导演的《蜕变》，连演一月，场场爆满，台上台下爱国口号相互呼应，群情激愤。结果租界工部局发出了禁演令。剧团紧接着推出田汉改编的《阿Q正传》和袁俊编的《边城故事》。后在日寇占领租界的那一天，剧团即宣告解散。直到1942年，部分经常联系的"上职"成员，决定以"苦干"这一名称重组剧团，起初和费穆领导的上海艺术剧团合作，演出于卡尔登剧场。1943年才正式以"苦干剧团"的名义，在巴黎大戏院演出。1945年改在辣斐大戏院上演，直到抗战结束前夕，敌伪向话剧界发动全面袭击，才暂停公演。在长达4年的艰苦奋斗中，苦干剧团上演多幕剧22个，独幕剧5个，其中大量是根据世界名著改编的，如《荒岛英雄》《大马戏团》《舞台艳后》《乱世英雄》《夜店》《双喜临门》等。苦干剧团的演出深受观众欢迎，也锻炼了一大批演职员，如石挥、张伐、丹尼、黄宗英、韩非等，都在这一时期形成自己的艺术特色。

姚克在"苦干"时期，除根据英国著名喜剧 Dover Road 改编的《双喜临门》外，还编写历史剧《美人计》，其内容与京剧的《龙凤呈祥》和《祭江》不尽相同，是以孙权的妹妹孙尚香为主线，写她悲剧的一生。该剧由陈西禾导演，沈敏饰孙尚香。

除上述剧目外，姚克还编写演出了《蝴蝶梦》《西施》《秦始皇》《银海沧桑》等剧本，出版了戏剧理论著作《怎样演出戏剧》等。

抗战胜利之初，他受英商委托，担任兰心剧场经理，首演的剧目就是他编剧、胡辛安导演的《热血五十年》，乃庆祝台湾回归祖国。后又为庆祝抗战胜利组织演出，在抗战时期蓄须明志的梅兰芳第一次剃须登台演出《刺虎》，即在他主持的兰心剧场。

纵观姚克 1940 年代的戏剧活动，他既是富有才华的编剧、导演，又是灵活的组织者，还是杰出的戏剧教育家和评论家，为推动我国的戏剧事业做出了不可磨灭的功绩。但由于长期以来沦陷地区的文化艺术活动不被重视总结，甚至有时还要加之以莫须有的罪名，伤害了无数默默苦干的同志，影响了资料的挖掘和整理。这里所谈的姚克戏剧活动，也只是一鳞半爪而已。

抗日战争胜利后的第二年，姚克和第二位夫人、著名演员上官云珠登报声明离婚。1947 年他和出身于南通纺织业世家的吴雯（英文名 Dorothy）结婚。次年曾因美国 20 世纪福克斯公司欲拍摄有关中国的纪录片，他偕夫人去台湾接洽，后返沪稍作逗留，即决定前往香港。姚克曾努力通读英文《资本论》，却在全国解放前夕要离开大陆，他的好友对此很不理解，他也只是黯然相告："恐怕他们不会欢迎我的。"何出此言？抑或姚克多疑乎？

海外游子　著书立说

1948 年姚克到香港后，应永华影业公司之约，将《清宫怨》改编为电影剧本《清宫秘史》，由朱石麟导演，舒适、周璇主演，深受全国广大观众欢迎。其时，他的主要工作是任教于香港中文大学、新亚书院和联合书院；对政治则保持距离。1966 年"文革"时，"四人帮"的小头目戚本禹撰文批判他的《清宫秘史》为"卖国主义"，香港也闹起"左"的风潮，1968 年他只得避走美国，前往檀香山的夏威夷大学，执教"现代中国文学"和"中国哲学史"。

不久，他把妻子和 5 个分散在各地上学的孩子都接到檀香山，所以斯诺在 1969 年的信中说他作了一次"奇妙的调整"。这"奇妙"还在于他迁居的房子，后院是一个东方式的庭园，带有鱼池；前院种植了杧果，姚克最喜欢跟他的幼女追逐着收摘那些落在柔软的青草地上的杧果，十分开心。

在此介绍一下姚克夫妇在教育子女思想上的不同意见，也将有助于人们理解斯诺给姚克父女的两封信中的某些内容。

姚克十分疼爱他的孩子，他相信孩子们有他遗传的优点，不论是哪种教育训练，都能使他们成为优秀者。而他的夫人则经常引用中国的格言"玉不琢不成器，子不孝父之过"，强调对一个儿童来说，最先要考虑有一个坚实的基础教育。她要求以自己的方法来教育幼女姚湘。1966 年斯诺途经香港时曾见过姚湘，十分疼爱她。斯诺相信瑞士学校的高质量是哪儿都不能相比的，他希望姚湘去瑞士学习，跟他全家一起生活。尽管斯诺的友谊和提出的学校条件是吸引人的，但姚克夫妇舍不得与爱女分开。他们迁居夏威夷后，吴雯便给女儿报考全美最好的 10 所大学预科学校之一的普纳呼学校（Punahou）。尽管这所私立学校的学费惊人的昂贵，要求严格，十分难进，但姚夫人宁可牺牲自己的生活享受，也要使女儿获得发展完善的智能。斯诺得悉姚夫人的决定后，只能说："从社交立场对希尔达（Hilda）也许是一良好选择。"姚湘也未辜负她母亲的希望，在该校获得提前升学的荣誉，15岁上大学，19岁获硕士学位。姚克因此也欣然地向他夫人祝贺："你胜利了！"

斯诺在给少年姚湘的信中，引用了英国诗人豪斯曼的诗而略作修改，写道：

> 当我年方二十春，
> 听一位哲人谈论：
> 送人金镑和便士，
> 却莫丢掉你的心。
> 而今我二十二岁，
> 哦，此言确确真真。

这几行摘引的诗句，似乎表达了斯诺对姚湘所受教育的前途的预测，也强调了"却莫丢掉你的心"这一主旨。斯诺以这首诗赠给姚湘做座右铭，却又在信中强调"此语非为你而发"，此乃相信他所喜欢的小女孩不会因富裕而丧失美好的心灵。姚湘在1993年3月19日给笔者的信中回忆斯诺在与她分别时曾送她一个鸳鸯匣，以示不可分离。她说："埃德叔叔对待我如自己的孩子，因此我能了解当他明白我不能随他去瑞士时，给他的是一种怎么样的失望。"几年后，斯诺的遗孀洛伊丝·惠勒·斯诺和女儿西安在美国又探望了姚克夫妇，也见到了姚湘，还谈及斯诺对姚湘的喜爱之情。

总之，在夏威夷的姚克，过着全家团聚的安详生活。1970年他在授课之余，翻译了美国著名剧作家阿瑟·密勒的一部曾震撼了美国戏剧界的剧本《推销员之死》，在《译序》中他充满爱意地感谢内子吴雯和长女兰、幼子森，他们在炎暑逼人的夏天，帮他将剧本的草稿全部誊清。这部译稿可以说是该剧的第一个中文本。姚克在《译序》中叙述了对剧名翻译的推敲，最后以直译法，体现原作者的意思："有意要用拙朴鄙俚的字面，这样才能与剧本的内容契合无间。"翻译剧中的对话，则本着他自己的一贯追求：既要明白易晓，又要在舞台上容易上口，也就是要用日常生活中的口语。况且原剧用的就是纽约中层社会的日常口语，俚俗且多土话。因此他决定用北京话翻译对话，以便将原文的语气和生动活泼的口语传达出来。但不知这个译本在海外华人社会中是否演出过。

1976年，姚克一度回到香港，担任丽的电视戏剧顾问及丽的电视编剧训练班导师。1980年3月中共中央组织部为姚克平反，公正评价姚克的文章也在报刊上相继出现，同年人民文学出版社重印了《清宫怨》。可惜姚克因退休后绝少和外界来往，竟一直未见到亲友向他报告此消息。

退休后的姚克，潜心于李长吉（贺）诗的研究，10余年来，自觉把长吉难解的诗谜，通解了99％。1991年他偶然看到祖国大陆亲人寄来的明信片，便动情地回信道："（我）因《清宫》一剧，惹了无妄之灾，避祸海外，甚至慈亲逝世之时不能亲视含殓……！但不知当局如今是否可以让我回来？"后又报告已办好护照："唯不知飞入寻常百姓家（美国号称民主）之海燕，王谢堂上是否容其重还故巢也。"当他的弟弟志曾再次函告他已获平反的消息后，他情绪高度激动和兴奋，迅即回信表示，拟在1992年春返回大陆，在苏州居住几个月，从事写作和出版他的著作。不料当年年底，患流行性感冒，医治无效，突然谢世。他的亲人遵照他的遗嘱，将他安葬在一座围绕碧树的丘阜上，墓址面向西方，在落日的光环中俯瞰重洋彼岸的祖国。

值得他欣慰的是，他的夫人和女儿两度返回故国，解除了她们心中的疑惧。更可庆幸的是，那位已在美国为华人争得荣誉，而且成了金融家的姚湘，仍未忘掉埃德叔叔对她的一片深情厚谊，她的心跟她父亲一样，依然心系中华。她再三表示，以后争取每年回国一次，为发展故国的经济文化事业做出应有的贡献。

写到这里，禁不住想起姚湘在九二老人吴仞之耳边轻轻歌唱《刘三姐》插曲的情景，没想到这位说不上三句中国话的美籍华人，竟把中国民歌唱得字正腔圆，乡味十足。听说她还跟着录音带学会了越剧《梁山伯与祝英台》，她自豪地说，这是父亲的遗传。她和母亲还在冰心老人面前许了愿，努力学习中文，明年回国讲汉语。愿这位曾学过戏剧的金融家，也能像她所敬爱的父亲和埃德叔叔那样，为沟通东西方文化做出优异的成绩。

（写于 1993 年 5 月）

都市漂泊作家徐讦

　　2003 年看到香港岭南大学人文学科研究中心出版的《念人忆事——徐讦佚文选》（廖文杰、王璞编选），收作者忆念刘半农、杨丙辰、章太炎、丁文渊、余又荪、伍叔傥、张君劢、汪敬熙、陆小曼、老舍、张道藩、姚雪垠、胡适之、林语堂、唐君毅、盛澄华等 20 位文化名人的文章。这些都是我早就想读但因未收集而未得之文。读后感慨颇多，正如编者之一王璞在《说真话的代价》（代序）中介绍的，这些念人忆事的文字与一般的类似文字很不相同，写出了"这些人物一向在我们眼中形象的不和谐音，甚至那些专为悼念写的文章……不仅提到了死者的光辉之处，也提到不那么光辉之处，这好像有违中国'为死者讳'的传统"，正因为这样，这些"泥沙俱下的文字"，牵扯出不少文坛纠葛，引起左右两方的"围剿"和不满。恰好在同年底，上海文化出版社也出版了徐讦的女儿葛原写的《残月孤星——我和我的父亲徐讦》，这虽然是一本着重写父女间生离死别最后 17 天前后的惨剧，却反映了徐讦及其家庭的不幸，特别是近半个世纪来他在上海和港台不同意识形态下同样难以自由生存的遭遇。我曾粗略读过 1966—1970 年台北正中书局出版的 15 卷《徐讦全集》，也看到 1980 年作者过世后台北尔雅出版社出版的《徐讦二三事》和 1981 年香港浸会学院、中国语文学会出版的《徐讦纪念文集》。今年是徐讦的本命年，他生于 1908 年的猴年，我不禁要谈谈这位都市漂泊作家独特的被世人所忽视的思想和创作。

鲁迅的墨宝与徐讦

最初吸引我思考徐讦，是他写于 1968 年 2 月 29 日的《鲁迅先生的墨宝和良言》（载同年香港《笔端》半月刊第 6 期，下文简称《良言》），该文非常能体现徐讦独特的思想，以及一位自由主义思想者之所以害怕、厌恶独断专横意识形态的原因。

该文发表之时，正是中国大陆陷于"文化大革命"中。作者写该文的原因，如文章开首所言，"偶在坊间看到一本影印的《鲁迅诗稿》"，发现附录中有两幅是 1935 年鲁迅应他之请而录的前人诗文。一幅是立轴，录宋末名士郑思肖（字忆翁，号所南，别号三外野人、一是居士）《锦钱》诗集中语："昔者所读书，皆已束高阁。只有自是经，今亦俱忘却。时乎歌一拍，不知是谁作。慎勿错听之，也且用不着。"另一幅是横条，录唐诗人李贺（字长吉）句："金家香弄千轮鸣，扬雄秋室无俗声。"可是这本 1960 年代由上海鲁迅纪念馆编辑，上海人民美术出版社出版的《鲁迅诗稿》，在复制鲁迅这两幅字时，竟把上款所写的赠予者"徐讦"的名字删切了，这不由使徐讦猜想这两幅墨宝是怎样"飞到鲁迅纪念馆"的："我不知道这是我家人破落后卖出去，还是响应征求鲁迅墨宝而献出的，或因家遭搜劫，因而没收了。"乃至不无讽刺地联想："幸亏鲁迅先生死了，不然的话，赠送两幅字给我，该也有被清算与要求'交代'之可能罢?"

徐讦先生的猜测与愤慨不是没有道理的。在那个动辄无限上纲上线，扣以吓人罪名的年代里，徐讦因 1950 年流亡香港，早已在内地被判为"反动文人"。他那留在上海的妻子葛福灿，尽管早在1954 年无奈地与他离婚，尽管她凭着自己的良善和勤奋，赢得优秀教师的称号，深受学生和家长的信任，但在每次运动中她依然受到莫名的怀疑；连她那出生 53 天便离开了父亲，改为母姓的女儿，也从小就背负起"反动父亲"这一沉重的十字架，备受歧视，失去了一生的幸福。在史无前例的运动中，这一对母女更是因徐讦而遭多次抄家，被洗劫一空，包括所有的徐讦文稿，上千张照片及沙文海等友人赠送的书画。所以徐讦对鲁迅活着的命运的猜测，仍可谓在可怕的"情理之中"。

不过，那两幅鲁迅墨宝何以影入《鲁迅诗稿》，倒并非因家人卖出、献出，也非遭劫没收，而是另有一番经历。原来是葛福灿因一位学生家长说上海文化局局长要借看这两幅鲁迅墨宝，只得借出；不料迟迟不归，直至索还时，才知已出版的《鲁迅诗稿》中印入了这两件删切了上款的条幅。到 1966 年抄家时，葛福灿眼看这两幅墨宝也在被抄之列，不禁急中生智，手指下款说："这是鲁迅写的字。"抄家的红卫兵小将一时没了主意，只得暂且留下。当时葛福灿已自身难保，又岂能长久保全这两件纪念着鲁迅与徐讦友谊的文物？她只得向上级领导提出，将此墨宝捐献给国家。1970 年由上海鲁迅纪念馆派人从她家中取走。幸有此举，这两件文物才得

风定落花

以安然无恙，而她家其他被抄走的财物，全都一去不复返，毫无音讯。在拨乱反正后的 1980 年，上海鲁迅纪念馆应徐讦的要求，将这两件墨宝的复印件，托去香港探亲的徐讦女儿葛原捎给徐讦。1996 年 10 月该馆又向葛原颁发了捐赠证书。未想这两幅小小墨宝的经历，亦渗透了我国运动前后的人情世态。

自由主义者徐讦

作为一个自由主义者，徐讦对鲁迅有着自己的认识，回忆也多平实之语。他和现代中国文坛两大巨人鲁迅、林语堂都有接触，据他回忆，尽管鲁迅与林语堂的政治、文学见解有所不同，但他们的相处和交谈，却多坦诚、风趣、幽默，"实在没有什么'敌''我'分明"。即使对当时在林语堂主编的《人间世》杂志当编辑的徐讦，鲁迅虽然曾在 1934 年 8 月 13 日致曹聚仁函把他说成是"林门的颜曾"，但对这位年仅二十六七岁的年轻人，也毫不摆架子，有问必答。鲁迅自己虽未应徐讦之约为《人间世》撰文，但推荐了别人的稿件；还在 1935 年 3 月 22 日应徐讦之请，书赠了上述两件条幅。徐讦不仅对鲁迅的慷慨大度有切身的感受，而且也曾耳闻许多鲁迅解囊帮助青年作家而不求别人知道的事实，他因此很不同意苏雪林在台湾刊物《传记文学》上对鲁迅的苛评，认为"刻薄阴损，似有太过"，感叹"许多过分刻薄的批评可以使任何善举都成为丑恶"。

确实，在中国这个爱讲"中庸"却又处处很不中庸的国度里，"党同伐异"竟是最常见的现象，性格孤傲的徐讦倒是中国难得的一个始终持有自由主义观点的人士。他早年作为一个提倡"闲适"

的《人间世》杂志编辑，仍希望有不同意见和文风的作品同刊发表，包括匕首长矛式的鲁迅文字。即使在1950年代，他仍执着民主自由的道德观念，不肯轻易陷入"党同伐异"的井内。如1957年香港亚洲书局出版他以东方既白笔名写的著名论著《回到个人主义与自由主义》（后台湾文星书局再版时改名为《个人的觉醒与民主自由》），他在序言《道德要求与道德标准》中，强调指出："在思想上必已有基本的觉悟，而在行为上从现在开始必须是足以代表民主自由的道德观念的。所谓民主自由的道德观念，原则上当是自尊尊人，尊重宪法的精神。"

对中国的思想界，他也有自己独立的看法。他评梁漱溟、胡适、冯友兰的思想，认为"都是太偏重功利"，没有一般性原则上促人觉悟之点，不能领导中国思想界。如他认为胡适的思想"作为民主政治下最好的舆论是有余，作为领导中国思想界就不足了，他的独立评论之远不及新青年之有影响也就在此"。他更是反对抗战时期冯友兰从理学阐发的新理学《贞元三书》，指出这"完全是狭小书房里的一种产物"，"他的书满足一些戴头巾气的人，想以儒家兴中国的一群五十岁以上的书生的欲望"。

徐訏早从自己的生活经历中体验了传统儒家思想及其制度的僵化和崩溃，所以他对所谓的"新儒学"持有不同意见。直至1970年代，他对港台一股反对新文化运动，主张复古，提倡新儒学的潮流，仍敢独持反对意见。如1978年4月中旬他在台北《联合副刊》发表《忆唐君毅先生与他的文化运动》一文，除了悼念当年元月在香港病逝的学者唐君毅外，也对其生前否定五四运动在文化上的意义及其对传统文化的看法，提出了不同的论点。该文在台港颇激起一阵波涛，香港《明报月刊》连篇累牍地发表抨击他的文章，使他几乎处在被围攻的地位。他的答辩文章竟不能在该刊发表，后只能投于香港《快报》，在当年6月6日发表《"评徐"与"悼唐"——一封给徐东滨的公开信，兼陈李祖法、钱宾四、吴士选三位先生》，其中强调"君毅在反省中国文化思想出路工作的努力与贡献，我自然敬佩，而且非常敬佩，但是在整个文化工作总流中他也仅是渺小的一环。至于他在思想上的表现，也只是中国思想界许多派别中之一派，我对他的敬佩是一件事，我自然仍可对他有不同的主张"。徐讦后来与采访者谈及此事时再次指出，唐先生将白话文运动看作不必要的运动，忽视了五四运动在文化与文学上的影响，这是他所不能赞同的。徐讦强调自己是民主主义者，思想上主张百家争鸣，对于把某种思想定于一尊的主张，在他看来，在本质上是有些偏狭、专横的。（见桂文亚《徐讦来台小住》，载台北《联合副刊》1978年7月30日）

逃避斗争的徐讦

生活在一个偏狭、专横社会中的民主主义者，肯定是不得安生的，矛盾和痛苦将伴随他的一生。现代中国文学家鲁迅、胡适、林语堂及徐讦，无不如此，他们的痛苦不仅来自专横统治者的压迫，还出于他们之间不断的论争，及本人思想面对现实的嬗变。徐讦也曾有一段刻骨的心灵变化过程。

1927—1931年徐讦就读北京大学哲学系时，曾对马克思主义哲学产生兴趣，思想一度倾向于社会主义和共产主义。诚如他在《良言》一文中所说，"我年轻时也相信过阶级革命一套的理论"。1936年间，他在巴黎大学研究哲学和心理学时，读到一本关于斯大林清算托洛茨基的书，不由对共产主义提出了质疑，失去了原来的信仰。但他依然同情革命者。其间他以自己的小说隐隐地表达了他对被杀害的革命者的哀悼。他的成名作中篇小说《鬼恋》，叙述的就是"左联五烈士"被杀害的所在地——龙华发生的一段"人鬼恋"的神秘故事。他在该篇的《序诗》中有这样的诗句："那红花绿叶虽早化作了泥尘，但坟墓里终长留着青春的痕迹，它会在黄土里放射生的消息。"他所描写的美丽的女鬼原是一个积极的革命者，在经历了爱人被捕、同志出卖后消沉下来，但她不想死，而是要扮演鬼，冷观这人世的变化。小说以浪漫主义的手法表现一个哲理：人的世界比鬼的世界更丑恶。

不过，他对国事仍十分关心，仍是以写作来反映人生和理想。1937年抗日战争爆发，他即筹办回国。但到上海后，不意婚变，妻子离他而去。拖家带口的徐訏只能在已成孤岛的租界内埋头于写作，大都是写浪漫的故事，如《吉布赛的诱惑》《精神病患者的悲歌》等，其中也有反映一个大家庭在抗战中逃难到上海后人性变化的《一家》。不论是浪漫的还是写实的，作者着意于刻画人类内心善与恶的挣扎。1941年太平洋战争爆发后，日军侵占上海租界，徐訏无奈弃家逃往大后方。1943年初，他创作于重庆的长篇小说《风萧萧》在陆晶清主编的《扫荡报》副刊上连载，引起很大的轰动。小说是写男主人公"徐"在上海租界内的经历：他在无意中参与到中美两方男女情报人员由相互猜疑到联手对抗日本谍报员的工作中，他们的生活既有租界内的狂舞豪赌，也有着风萧萧兮，壮士一去不复返的生离死别。原为独身主义者的"徐"因此体悟真、善、美的友谊真谛："世界是整个的，人类只有一个脉搏，我们只有一个心灵，多远的距离我们还是在一起的。"小说在大后方引起轰动，这不仅因为他的主题是抗日的，还因为如徐讦自己所说的"在那时候，重庆出现的大部分是宣传性的，或是'左'倾的小说，没有像这样自由发挥的作品，也许这就是因而畅销的原因"。尽管作者认为"这本书并没有写好，至少没有我后来写的东西好，也许是件偶然的事罢了"，但当时确实有人把1943年称为"徐讦年"。连不轻易嘉许人的著名女作家林徽音也在她的沙龙里赞徐讦"是近年来中国青年作家中写得最好的一个"。（见程靖宇《关于林徽音对徐讦的批评》，载于《星岛晚报》1950年6月19日）

不过，有一些评论家却把徐讦称为"黄色作家"，这显然是一种极为幼稚的误解。总观徐讦的作品，确实大多是以男女情爱和婚姻为主题，但在作品中似乎没有任何性爱行为的描写。在他的浪漫型的作品中，表现的是超俗的高尚的人性，以反映人类性本善中的友爱、情爱；但在现实型的作品中却无情地揭开了受金钱、权力、战争制约的情与爱，向人性恶的方向发生的种种变化。徐讦可谓中国现代最热衷于在作品中作哲学思考的作家，也是最善于以富有情、爱色彩的话语表达哲理思想的作家。读他的作品，令人深思而不浮躁。然而，他生活的人间却是一个浮躁的世界，人们有太多的生存问题需要去争斗，文艺评论家们也是以社会政治为第一标准去评价文艺作品，哪会顾及徐讦与众不同的关于情爱的哲理思考？更有极左者，竟冠以"黄色"二字，令人心寒。所以当他从朋友处听到知识分子被改造的情形时，联想到苏联对异己者的清算，他不寒而栗，决意离开结婚才一年多的第二任妻子，出生才 53 天的爱女，流亡香港。原本以为可接妻女到香港团聚，未料交通很快断绝了。从此断了联系。

惯于在都市里生活的徐讦能否在香港这个被誉为"自由世界"的国际大都市里安生呢？

孤独寂寞的徐讦

香港著名作家，徐讦的好友刘以鬯在《五十年代香港小说》（1997 年 1 月 5 日在第一届香港文学研讨会上的发言）中说，在 1950 年代，美国新闻处（以下简称美新处）想使大批香港作家为他们摇旗呐喊，尤其是在朝鲜战争爆发后，企图以香港为中心，在整个远东地区形成"绿背文化"，他们成立的出版社如今日世界出版社、友联出版社等，都以较其他报刊高的稿费引诱作者。"那时期从内地来到香港的知识分子，因人地两疏，谋生不易，只好煮豆疗饥。如张爱玲为美新处写了两部具有浓厚政治色彩的长篇小说《秧歌》和《赤地之恋》。""另一位小说家徐讦，于 1950 年从上海来到香港后，因生活不安定，曾对他的朋友张同表示，如果真要卖文为生，他可以大量生产，稿分三等，按等级收费。所以，他的《盲恋》无政治色彩，也交给《今日世界》发表。后来，他还为今日世界出版社编选《美国短篇小说新辑》。"

确实，徐讦初到香港时，寄住在一友人家中，毫无收入。在一个充分商业化的社会里，哪有文艺作品的出路？诚如他后来在《序皇甫光〈无声的钢琴〉》中所说,投出的稿"十篇之中,六篇被退了回来,三篇就此遗失,只有一篇被登出来,而且那一篇总是因为我上面附注着'不计稿酬'的一篇"。以至他在一首名为《书眉篇》的散文诗中,把自己的写作生活比喻为"行乞":"向你们唱人间的悲歌,与葬在我心底的歌曲,求善男善女们一点舍施,谋在拥挤的英雄高僧间,得卑微的生命与呼吸。"(收诗集《轮回》,香港大公书局1953年版)这一段颇为酸涩的心语,他特意制成影版,作为他不少作品的封面。这一时期写的《太太》《丈夫》《笔名》《鸟语》等,其主题仍承袭其习惯,透过都市人的病态心理表现虚妄的人生:或写"太太"虽有永爱的情人,却依旧与毫无趣味的丈夫过着相安无事的苦涩人生;或写外貌丑陋、事业开拓的"丈夫",可同时获得庸俗太太、聪明女人及堕落女人爱的成功人生;或写一对夫妻因相互束缚而痛苦,当丈夫死后,妻子才发现自己所爱上的作家,竟是自己所嫌弃的无艺术趣味的丈夫;或写一个被世人视为白痴的女孩,充满了对大自然的挚爱,乃属于一个未染尘的世界。显然,在当时意识形态极端对立的世界里,尤其在这个被称为"文化沙漠"的香港,要靠这些隐含哲理的平常故事来煮字疗饥是勉为其难的。

为了获得高稿酬,他就得给美新社所属的出版社写稿。即使这样,他也是如刘以鬯所说,以无政治色彩的外表示众。如《盲恋》写相貌极丑陋的陆梦放在有钱的张家做家庭教师时,暗爱聪慧、美貌且富艺术天才的盲女微翠,两个自卑的人由相怜至相爱,十分幸福,陆在她的帮助下,取得了很高的文学成就。张家的儿子也一直爱着微翠,他留学回国后,请医生治好了微翠的眼睛。恢复光明的微翠再也无法爱丑陋的陆，又不忍抛弃，两难之下，服安眠药自杀。小说以细致、生动的心理描写，表达了生存的复杂状态，使人生的选择多有盲点，蕴有丰富的哲理，吸引着不同层面的读者群。所以该篇虽无丝毫政治内容，却也启示人们对种种政治思想上的盲动和狂热的思考，这大概也是颇有政治背景的《今日世界》接受它的原因吧。这是徐訏的聪明之处，也是由他本人的政治思想所决定的。

即以他主编的刊物来说，他也力图创办一个"代表民主自由不失知识分子尊严"的刊物。他曾办创垦出版社，编辑过多种杂志，如《热风》《幽默》《笔端》《七艺》等。但是这些纯文艺的期刊，获得的知音却不多，往往出了几期，便因经费不足而告终。有的却因为坚持的时间颇长，便有了谣言。如他在1956年7月16日出版的《热风》第69期发表《谣言时代中的〈热风〉》，愤言当时传说他创办《热风》，是因为他背后有大批津贴，有组织，忽而说他接受了台湾的救济，忽而说该刊有中共的统战分子渗透。其来由皆因为作为创办者的徐訏，主张登载不同立场的文章，这在那个各有其主的文化界中，自然难有立锥之地。

崇尚自由民主却深感孤寂的徐訏，常常在他最钟爱的诗歌中表达他坚守个人灵魂及落寞的心绪。如写于1953年的《请》，他歌道：

> 让我请你尊敬每一个人的意见，
> 也请你尊敬每个诗人的想象，
> 还请你尊敬孩子对你的批评，

风定落花

让每个人有权发表自己的思想。
请你也尊敬邻居的自由，
让他说对什么都没有主张，
友谊不要侵犯人家的头脑，
爱情也不要强改人家的信仰。

因此我不愿你拉我跟你跑，
叫我跟着你话短说长，
叫我在报上写同样文章，
会场发表相仿的演讲。

你说这是一个尖锐的时代，
一个家庭里思想不该两样，
我说民主所以比独裁伟大，
就因相爱的夫妻可有不同的思想。

另一首颇脍炙人口的抒情诗《苍苍的暮色》，其后三段更可谓一个
独立诗人对渺茫的人生宇宙的体验，也是对流落天涯旅情的解悟：

万川四海，层层的原野间，
都有人把路径走错，
唯我在广阔的天庭中迷路，
对斑斓的星云徒唤奈无。

但此去还有无数大路，

哪一条大路没有灯火？

何独留恋于苍苍的暮色，

对着黝暗的树林蹉跎。

他还有不少直抒其思想历程的诗篇。1979 年他写给内地"文联""作协"一些老朋友的长诗《无题的问句》，是最为集中、真切、明快的反思，恰如其诗末自吟：

我也许还是一个知识阶级，

从小就爱问东问西，

眼看你们被打成牛鬼蛇神，

又看到你们云翻风起，

我这愚笨的头脑，

不免又浮起更多的问题。

你们不妨说我是荒谬的知识分子，

总是不想讨人欢喜。

但请不要说我是反革命，

或者说是小资阶级的劣根性，

我只是有一颗怀疑的头脑，

同一颗真正爱国的痴心。

风定落花

被文学史家所忽视的徐訏

香港文学史家司马长风在《中国新文学史》中曾评徐訏说："徐訏的作品以小说驰名。长篇《江湖行》尤为睥睨文坛，具野心之作。据笔者所知，他的诗作、散文、戏剧、文艺批评，都有著作问世。环顾中国文坛，像徐訏这样十八般武艺，件件精通的全才，可以数得出来的仅有鲁迅、郭沫若两人。而鲁迅只写过中篇和短篇小说，从未有长篇问世，诗作也极少。郭沫若也没有长篇小说著作，他的作品，除了古代史研究不算，无论诗、小说、戏剧、批评，都无法与徐訏的作品相比，也许在量的方面不相上下，但在质的方面，则相去不可以道里计。"

此说确有其真知灼见之处。不过有的也属仁者见仁，智者见智。如他的戏剧，虽不乏冲突和哲理，然而很少被戏剧家搬上舞台。倒是他的小说自1940年代以来，即有《鬼恋》《吉布赛的诱惑》《风萧萧》《江湖行》《窄门》等10多部作品被再而三地改编为电影或电视剧。他的诗作也有不少在港台被谱曲歌唱，但这些作品对中国文坛和社会的影响却很难与鲁迅、郭沫若，乃至老舍、张爱玲的创作相比。因此，徐訏也就很难为文学史家们所重视。且不说自1950年代徐訏去香港后，因政治原因，被内地出版的文学史排斥于视野之外，即使是香港出版的李辉英编的《现代文学史》也只是轻轻带过。以大力肯定张爱玲、沈从文而闻名的海外美籍华人夏志清曾在徐訏逝世后致函香港《纯文学》杂志编者说："我因早在上海即读了他的《鬼恋》《吉布赛的诱惑》，不喜欢这种调调儿，故不考虑把他放进《中国现代文学史》内，连《风萧萧》都未看，对他可能是不解的。其实他晚年在港写的短篇小说，应该算是不错的。"（见《纯文学》1998 年第 6 期）。倒是改革开放后大陆的文学史家开始重视徐訏的创作，但也只是把他定位为"后浪漫主义"的代表来论述。

究其不重视的原因，一是中国的文坛和社会历来重视现实主义的文学作品，而徐訏早期作品多为构建一个个美好的感情世界，营造一幅幅充满浪漫、神秘的氛围，乃至异国情调的画面，其中渗透了对人生哲理和人物内心世界的探讨和顿悟。这些与现代中国社会家庭分裂、动乱、战争场景很不一样的色彩，显然难以成为文坛主流而被公认。后期的作品则少了浪漫的情调，多了生活的沉重感，除了继续描写都市人的爱情、婚姻、生态和扭曲的人性外，更无法摆脱对祖国命运的思考。但他的思考和描写不可能在极端对立的意识形态世界中被公认。尽管他竭力在作品中避免党派色彩，却无能力消除自己生活思想的印记和经历不足的局限。

即以司马长风力举的 4 部《江湖行》而论，这是徐訏在 1956—1961 年陆续出版的史诗性的长篇小说，他力图"将近代中国的风貌与律动凝为某种长卷浮雕"。这部不到 60 万字的小说，以主人公野壮子从情场到江湖的经历，描写他与几个女子的离奇遇合，反映了北伐战争后城市从繁华走向"左"倾学运，乡间则有共产党开展的阶级斗争，乃至抗日初期全国上下的轰轰烈烈，到后期的消沉混乱。正如有的论者所说，这部小说仍为煮字疗饥所困，未能以充分的情节和人物描写，展示中国社会近半个世纪以来的激烈的矛盾冲突，只是"走马看花兼雾里看花"，呈现了"现代中国"的基本轮廓。而归根到底，还是因为受作者的经历和思想所限。在 1950 年代末，徐讦尚不愿把自己的小说创作流为政治小说，但他对中国共产主义发展进程的反思，又使他不由自主地去表现他某些并不熟悉的生活。这就使他只能大大发挥其擅长的各种爱情描写，使这部展现中国社会历史的长卷，仍只是以其特有的朦胧的浪漫的爱情色彩立足文坛。

他的另一部长篇巨著，是 1966—1972 年在台湾《文艺》月刊和香港《展望》半月刊连载的长篇小说《阴森森的世纪》（1977 年台北黎明文化事业出版社出版全书时改名为《悲惨的世纪》）。诚如评者所说，这是一本名副其实的政治文学小说。小说写于中国大陆开展"文化大革命"之时。作品以女主人公程秀红的生活经历为主线。程秀红是一个孤儿，因其工程师丈夫的关系，由女工成为大学生。她目睹一个曾被党批准的"进步"社团，因反对"党性的人工生育计划"，被判为反动组织，成员被关入"百花齐放宫"进行"政治思想改造"，一个个被迫害致死。她终于怀疑其信仰的价值，走上了自我毁灭的道路。因其"反映现实政治"的情节过分怪诞，连深受"文化大革命"之害的内地人读了，也会有隔世之感。这部作品由于太政治化，即使在港台和海外，影响也不大。

不过这仅是徐讦小说创作的一个方面，1966—1970 年台北正中书局就出版了《徐讦全集》15 大册（尚有拟定的 3 册未出版），汇集 60 余种著作，计有长篇、中篇、短篇小说 31 篇，剧作 7 篇，诗歌 7 集，小品 4 集，散文 4 集，论著 2 册。这些尚不包括他其后 10 年的著作，不论是数量，或是内涵品质，在整个中国文坛上都是少有的。综观徐讦的全部创作，他是一位极富天分、才学，且十分敏感的多产作家；他融中外文化于一身，既擅长浪漫抒情，又关心现实。可惜动荡的社会和极端对立的意识形态，使他的创作不可避免地受到侵害，人们也不能悉心体会他那掩盖在浪漫气氛中对生命和爱的独特思考，也难以让文学史家准确地评价他在中国文坛的价值和地位。这些，无不使这位性格内向、独来独往的自由主义作家备感悲哀。

皈依宗教的徐讦

为了使生活有保障，徐讦自 1957 年开始担任教职，曾任香港珠海书院、新亚书院中文系讲师，新加坡南洋大学教授，乃至香港浸会学院中文系主任、文学院院长等职。尽管他颇受学生欢迎，但诚如他 1979 年与友人谈及退休打算时，慨然说："写文章、讲学、教学生，是我们文人的本分。但作系主任，担任教育行政工作，则非性分之所宜，而且感到困苦。因之，十年以来不能专心从事写作。脑筋中，构有许多写作的图案，亦不能（而且无暇）展纸动笔。自计年龄已过七十，来日无多，而数十年来所作小说杂文，自己检视，自觉还有许多泥沙杂下，须加沙汰整理。则此桑榆之余景，必须珍惜，冀能完成这一愿望。所憾者，时势茫茫，无安定的居址耳！"（方龙骧《傲骨嶙峋话徐讦》，收《徐讦纪念文集》）

一个有家有业的著名自由作家，何以出此伤心语？

原来他的婚姻家庭生活多坎坷。如前所言，他曾有二次婚变。1954 年 12 月 23 日徐讦与被隔离在内地的第二任妻子葛福灿迫于严峻的政治形势和双方的生存需要，无奈离婚；几乎在同时，11 月 6

日香港《新闻天地》也登载一则《徐訏结婚》的消息："小说家徐訏，月前与创垦出版社一女职员秘密结婚，昨已返港。"这位徐訏创办的出版社女职员，便是台湾国民党高级将领的女儿张选倩，他们重组了一个安定的家。徐訏很疼爱他在港诞生的女儿尹白。可是当他要退休时，他的妻女已移居海外。女儿要他去美国生活。尽管徐訏在国外有不少朋友，也经常去国外参加各种国际会议，但他总觉得自己生活的根、写作的根在中国。由于在香港居久了，他感到厌烦，不能安心写作，也感到没有发表文章的地方，也曾想去台湾，那里有他和第一任妻子孕有的儿子，但需另找一个住的地方，可是他的退休金却买不起一所房。（见呼啸《悼念徐訏先生》，收《徐訏二三事》）这时，北京出现文艺界"早春天气"，在墙报上的言论忽然开放了不少的时节，他满怀兴奋地对方龙骧说："议论自由的程度比台北还宽。"当他与老友黄苗子重逢时，他说自己多么想念故乡宁波，想念30多年前他回家乡养病的恬静生活；他想他宁波城里的老屋，虽知早已被收为公有了，但他多么希望将来收回作为栖老。（见黄苗子《悼徐訏》，收《徐訏纪念文集》）

从葛原写的《残月孤星》一书中，可见 1976 年 3 月 13 日徐訏给这位分离了 20 余年的女儿写的信，说："（某）太太在香港告诉我你的消息，非常高兴。我离开祖国已经二十七年，想来你已经二十七岁，而我也已经老了。这些年来，东跑西跑，常常想念家里人，特别是你祖母同三位姑妈，还有你姐姐……年纪大了，总常想到家里的人，还有你妈妈现在情况如何？身体好么？你有照相，寄我一张，同你妈妈在一起的也好……"同年 4 月 2 日又寄函说："接到你的信，看你字迹秀净，文字清通，甚感欣慰……如果你妈妈赞同，你也愿意，申请出来到香港，做几年事情好吗？你可以每月寄钱给你母亲。"他在信中常提到自己迫于生活，不得已仍在教书；盼望早日退休，可以专心从事写作，希望女儿能去港协助他整理资料，料理家务。可是女儿的申请却迟迟得不到批准。他又转求与内地关系密切的《新晚报》总编辑罗孚帮忙。他强调"孩子生下来不久他就来了香港，几十年不见，已经成人了。人老了，很想看看她长成了什么样子，也想尽尽为人父的责任，培养她成材"。（见罗孚《徐讦的女儿和文章》，载于《香港笔会》1996年第8期）

然而，当他的女儿被批准来港时，他的家庭却发生了矛盾，不管他怎样力争，他发现自己无力做主让女儿踏进家门。无奈之下，他听从朋友的建议，为女儿找了一个他本人也不熟悉的男人做朋友，企图让女儿有个好的安定的生活。面对生活中的种种无奈，他顿生皈依宗教的念头。

1980年7月，徐讦去巴黎出席"中国抗战文学会议"，因突然咳嗽加剧，提前回港。不久，他打电话给熟悉的天主教劳达一神甫说："我想见见你，我决定进教。"8月他因病住进了香港律敦治肺病疗养院。劳达一神甫到医院去看他，问他："你给我打电话的时候，知道自己有病吗？"他说："一点不知道。……请你这就给我讲道理。我想知道怎么去信仰，怎样去祈祝祷。"据劳达一神甫回忆："我每次去，他只问我信仰的问题……他问了我许多，有一个总是：为什么天主让那么许多中国乡下人受罪？我觉得惊讶……一个都市人怎么会替乡下人焦急。我给了他几本书，他家里的人整天陪着他，给他念。"徐讦说："我过去的生活都没有用，现在才了解什么样是生，什么是死。"后来，徐讦病重，劳达一神甫请求他的孩子：

"你能不能让他写几个字，表明他的心思。"那时候，徐訏已经不能动笔，但脑子是清清楚楚的，他对他的孩子讲了几句话，他说："过去我也曾自负，骄傲；后来才发现自己的脆弱和贫乏，认识过去的自负和骄傲都是虚假的，天主是全知全能的。我愿将一切交给天主，因为我深信他一定会作最好的安排。"（见劳达一神甫《徐訏先生的最后心路历程》，收《徐訏纪念文集》）他在9月20日洗礼为天主教徒，10月5日因肺癌病逝。

人们都很奇怪，早年在上海天主教圣方济中学就读的徐訏，曾因不满洋修士的伪善，一学期后即转学，为什么晚年竟改变了信仰？难道他真的相信天主是全知全能的吗？但不少研究者认为，他最后选择的归宿是他思想必然的走向。他的作品不仅塑造了许多佛门弟子的形象，《江湖行》《鸟语》《幻灭》中的主人公野壮子、芸芊和墨龙，最后均以觉悟出家为归宿，而且在小说中时时透露出万事"皆空"、佛法无边、因果报应的佛理。同时出现在他作品中的是浓厚的道家思想，如他的长篇小说《时与光》，以主人公郑乃顿与二位女子错综变幻的故事，象征着人生的必然与偶然的变化，而形上的主宰者，则是这变幻的钥匙，统辖着人间的时与光。佛、道二学既来自他深爱的中国文化传统，也来自他自身的家庭教育。自小他因父母分居而备尝家庭分裂的痛苦，母亲的虔诚念佛，父亲对老庄哲学和德意志康德哲学的倾心，无不在他的心灵上打下深深的烙印。他曾借墨龙的话说："我从小爱艺术，爱好美，我追求美，但结果我反而堕入最丑恶的虚幻中。我不安于痛苦，但不能自拔，一直到我出家，我灵魂才平静，安详下来。"这似乎可以看作是徐訏一生充满矛盾和痛苦的写照。只是徐訏最后选择的不是佛、道二教，而是西方的天主教，不亦恰恰体现了他美学追求的根底仍在西方吗？

然而，皈依了宗教的徐讦是否获得了灵魂的平静和安详？就在他入教的前一天，他的女儿葛原应他的召唤，来到香港，原以为在这个讲求平等自由的社会中，能得到亲情的关怀。然而，她迎来的却是重病在床的老父慈爱却又无助的眼光，面对的是亲属的冷漠和排斥，是辗转于5个陌生人家的流离失所，是要求参加父亲丧礼的抗争，是萧然离去后对父亲的无尽思念。徐讦希望他的女儿来到香港，却又让她面对多种屈辱，这恐怕也是徐讦始料未及的吧。

（写于 2004 年 2 月）

风定落花

著名学者徐梵澄的心路历程

2000年3月6日逝世的徐梵澄，是一位著名的精神哲学研究家、翻译家，又是一位诗人和画家。他早年还是一位多产的杂文家，曾与鲁迅结缘，留下文坛的一段佳话。中年自放域外钻研精神哲学，经历了一段极不平常的人生。晚年归国带回丰厚的学术成果，被人称为现代玄奘。他可谓我国学界文坛的一位奇人，本文略述这位富有诗人气质的学者在20世纪的心路历程和著作，以观他的精神追求。

欣遇鲁迅，闻道知高山

徐梵澄原名琥，谱名诗荃，笔名有冯珧、梵可、梵澄、闲斋、古明等。在现存的《鲁迅日记》中约有300处写有徐诗荃（或徐思荃）这个名字，但由于他中年后一直以徐梵澄名闻世，所以本文也遵其意用梵澄名。

徐梵澄于1909年10月26日生于湖南长沙。他在为其堂侄徐书钟《石鼓文书法》作《序》中说："长沙东乡徐氏为大族，世业农，族中多读书人。"其父徐梓珊在长沙经营美丰绸缎庄，后在上海与人合资开设"中美一"湘绣馆，颇为兴旺；也很重视文化教育事业，曾在乡下开办乐群小学、仁济医院、女子刺绣班等；对4个儿子的教育很严格，在家中延名师启蒙。梵澄在晚年还自豪地道及他的塾师乃近代大学者王闿运的弟子，宗师汉魏六朝古文。在严师的指导下，梵澄有了深博的旧学根基，并因家传，对书画篆刻颇感兴趣。稍长大后，他被送入新式小学，师长中有当时思想激进的青年知识分子，如教他地理的，便是后来成为中华人民共和国领袖的毛泽东。他考入的雅礼中学，则是长沙著名的教会学校，梵澄在这里接受了较全面的新式教育，并获得良好的英语训练。据他的族人说，他当时和三哥同班学习，成绩总是优于哥哥，大概正是鉴于此，父亲决定老三跟随老大经商，让老二和小儿子梵澄在学业上继续深造（梵澄的二哥后留学美国习机械）。

当时在长沙某些世家的眼里，首府北京的大学虽然有名，但学潮多，也有不少纨绔子弟，校风还不如上海的圣约翰大学和本地的教会学校。梵澄的父亲好医学，就要求小儿子投考当地负有盛名的湘雅医科大学。梵澄在这所教会学校学了一段时期，时值北伐战争高潮，梵澄也时时感到青春的勃动。1926年他凭着一股热血，自作主张远离家庭，前往当时的革命中心武汉，考入当年国民政府新建的武汉中山大学历史系。父亲对此很不满，他便开始在武汉《中央日报》发表文章，借以喷发情思，并谋自立。

但不久，国共合作的大革命就以国民党清肃共产党的大屠杀而宣告结束。正站在革命门槛边的梵澄深感失望。在报上，他不能畅所欲言，在学校，面对的是沉闷的空气，他不愿再在这所名为革命的学校待下去了。这时，他看到了有光荣历史的私立复旦大学的招生广告和闪光的年鉴，便以为"那里将有好的教师，那里将有好的同伴，那里有安定的生活，那里有学术的研讨，那里有生命的燃烧，那里有青春的活跃……"，他断然来到上海报考复旦大学的西洋文学系，做了一篇中文《记故乡的革命》，一篇英文《我的寒假》，几天后便见榜上有名，"又七找八找找到了一个朋友作保证，交过一百零几块学膳费，选过课，诸事已毕，只需夹着书本来登这象牙之塔了"。

然而迎接他的第一件事就使他失望。原来招收的学生太多了，校舍却太少。后来者只能住到离学校两里半地幽湿的茅屋里，周围环境极为恶劣。学校又巧立名目乱收费，且管理不善，如交了图书费，若无熟人依旧借不到书；交了餐费，吃的却是校门口苍蝇堆中饭店的食物。更令他失望的是有些据说在外国已获得什么学位的教授，讲课时三句乡音夹着两句正确的英语，有时又来北京话和上海腔，真使他听了两个星期还不知道讲些什么。若提问吧，不是说书里有，一走了之，就是答非所问，啰唆了一大堆。年轻气盛的梵澄感到"这是侮辱，这是欺骗，这简直是灵魂上的饿贼"。他无可奈何，只得静静地看着窗外的白云。

令他更为吃惊的是考试期间，竟然有教师和学生共同作弊的现象，以至于他走进有的学生宿舍如同进了戏院和舞场一般，他不由庆幸自己这样住茅屋的学生，"耳根到底清静些，虽然蚊声如雷，不过学问好似要是这样修养成功的"。他很想把自己的看法谈出来，然而，他想："'此刻现在'，'谈'何容易！何况又是讲我们堂皇的复旦大学。"

面对当时文化教育界的一股反对"五四"新文化的黑暗势力，梵澄除了研习新学问外，又努力寻求思想的出路。其时复旦大学附属实验中学进步师生举办"火曜讲话"，其目的就是为了在同黑暗势力的斗争中得到指导和支持。1928年5月15日，由复旦进步教授陈望道出面邀请，鲁迅来到江湾的实验中学演讲。梵澄闻讯赶去，终于见到了心仪已久的新文化领袖鲁迅。这天学校饭厅里外都挤满了人，鲁迅演讲的题目是《老而不死论》。据后来陈望道回忆："当时鲁迅先生的演讲极有声势，他幽默而泼辣地指斥当时的黑暗势力。每当讲到得意处，他就仰天大笑，听讲的人也都跟着大笑。"（见《关于鲁迅先生的片断回忆》，载于《鲁迅回忆录》1集，上海文艺出版社1978年版）梵澄和不少学生紧张地记笔记，1小时的演讲很快过去了。梵澄大有"闻道知高山"之慨，回到宿舍后，即把记录稿整理后寄出。第二天，鲁迅即在日记上记下："晚得徐诗荃信。"

5月30日梵澄得到鲁迅一张薄"洋纸"便条的回信，似乎不太同意发表记录稿。梵澄又在6月5日给鲁迅一封信，13日便收到回信。这次是满满2页细字的宣纸花笺，当他读到"贫贱而肆志，富贵而骄人"两句话时，颇为诧异。心想：自己是个在校生，既说不上贫贱，更谈不上富贵，先生缘何出此言？（本文所写徐梵澄与鲁迅交往及有关书信而未注出处者，均见于徐梵澄《星花旧影》，载于《鲁迅研究资料》第11期，天津人民出版社1983年版）

原来复旦大学中文系的葛世雄已私自在某日报发表了记录稿，鲁迅看了很不高兴，以至在写《〈毁灭〉第二部一至三章译后附记》时还耿耿于怀地说到自己讲演《老而不死论》后，有"一个青年革命文学家将这胡乱记出，加了一段嘲笑的冒头，投给日报登载出来的时候，却将我的讲演全然变了模样了"。后来，鲁迅在与梵澄的交谈中，也多次说到清党时有些青年成了反革命者，怎样用"他人的血来洗自己的手"。梵澄这才意识到鲁迅所说的"肆志""骄人"之语何所指，久而思之，更感到鲁迅这两句话，实在已是"减等"之说了，也道着了一时代许多人的病症，他把这看成是鲁迅对他的第一次教言，终生不忘。

令梵澄高兴的是，鲁迅先生同意在家中接待他。梵澄哪知这是一个破格的待遇。鉴于当时政治环境的恶劣，鲁迅是很少在家中接待陌生人的。然而，鲁迅日记却详尽地记录了1928—1936年梵澄出入鲁迅家中并与其通讯交往的全过程。因为自1928年6月22日梵澄第一次来到闸北景云里鲁迅的家，鲁迅在与这位执着的青年的接触中，证实了他不是自己所厌恶的那种青年革命文学家，倒是有着很广博的古学根底，且对现实多有他自己的看法，因此鲁迅同意推荐这位向上的纯洁青年的一些文章。7月13日梵澄斗胆把自己上述入校感想，写成《谈谈复旦大学》一文，投于鲁迅主编的《语丝》。8月6日出版的第4卷第32期便刊出了这篇署名冯珧的文章。

这篇列举复旦种种腐败事实，促其反省的文章，引起了不少人的关注，《语丝》也刊载了几篇或同意或反对的文字。不料，毕业于复旦大学的国民党浙江省党部的CC派头目许绍棣借此对鲁迅施加压力，横加"言论乖谬，存心反动"的罪名，以国民党浙江省党务指导委员会的名义禁止《语丝》在浙江发行。后来得悉鲁迅参加发起成立中国自由大同盟，更以国民党浙江省党部的名义呈请中央通缉"堕落文人鲁迅等"。鲁迅对这一诬蔑性的头衔，竟幽默地稍加改动成自己的笔名"隋洛文"，以示对统治者的蔑视。

此时梵澄在学校中也很难安身，学校当局和党徒们挖空心思寻找他，他不时感到有人盯梢，不禁向鲁迅发出"捐生喋血"之类激烈的言语。鲁迅知道他不太会处世，便在一封信中告诫他说："在中国做人不易，因为国度老了，花样多，有时做人也只得用点手段。但要明知是手段，这样，吃亏的人比较少。"梵澄知道先生是为了爱护自己，让他用变通的办法，从容地达到目的。但他从未见先生对人用过手段，总是诚诚恳恳，还因为过于厚道，吃了不少亏。他本人也不会耍手段，唯一变通之途，只能离开这是非之地，为长远计，出国留学。1929 年 8 月 20 日《鲁迅日记》载："下午徐诗荃赴德来别。"

晚年梵澄仍忘不了与鲁迅先生临别时的情景："先生一直送到大门口，我便鞠躬下去，刚一转身，先生突然目光辉射，执着我的右手猛然一握，我感到那手力极强。这是以前未曾遇到过的，我吃了一惊，便分别了。""那一握，是教示，是勉励，使人精神振起，要努力，要争气，要在外国好好读书。"其时，他正 20 岁。

逃离故国，渴求新型人

梵澄独自一人登上一艘日本远洋轮，前往法国马赛，再转道去德意志。他第一次远离大陆，面对海洋。白天，看着远天舒卷的白云，海波色如绿油，船身激起的沫，又白如乳。一轮鲜明的太阳，使上下四方流动着光明。忽而，白光一闪，飞鱼掠过；忽而，一二海燕在波上翻飞，告知已近陆地。夜晚，奇幻万变的浮云拥掩着圆月，明波柔和地闪烁着，神奇的大自然引人遐思万千。他想："这里，是诗，历史，美术，音乐的渊源，陆地是窄狭的。"

他想起在故国的遭遇，留下的创伤摸抚不得，远走他国几乎是等于逃亡了。前途也不见光明，何况还是中国人，又生在这个时代。但不知怎的，大概是多受了些风涛的冲荡吧，他感到现在他的心仍旧平静，他深信鲁迅所说的铁屋子终有一天会打开窗子，透进阳光的，只要自己不是开一只眼闭一只眼，而是目光炯炯地坐着，是有望的。他渴望过一种有价值的人生。

途经香港时，他上岸观光。山上幽雅、美洁，但连老妇稚儿都说着破碎的英语，令他感慨系之。回到船上，看着被保送去比利时留学的中国学生高视阔步役人的样子，闻着十几位去伦敦的广东人用烟雾造成的乌烟瘴气，令人发昏。他很害怕，以自己对祖国的毫无眷恋，一旦在欧洲住惯了，便会安然下去。他感叹现在的中国大概只有像屠格涅夫这样的疑虑之士，却找不出屠氏在《父与子》中刻画的富有勇气的巴札洛夫。而中国，有了新式的人，才会有黎明。他要写，但决不写那种粉饰太平、人云亦云的文章。他禁不住拿起笔把自己的感想写下来，途经新加坡时，匆匆登陆寄给他敬爱的鲁迅。

船到法国马赛后，他未经巴黎去德国，而是独自一人取道南边，从斯特达斯堡直赴德之首都柏林。因为一来怕走巴黎用费太繁，二来实在挡不住有些同胞的乌烟瘴气，硬是一个人踽踽泠泠，行进在秋风寒烈、呵气成白雾的德法边境线上。

初到柏林时，他就感受到这西方大都市高度的物质文明和人民健康、勤俭的精神气质，没有丝毫上海人的游靡习性。虽然时常见到许多伤残者，但望去也毫无颓唐之气。进而他遇到了类似上海街头的女人卖俏，从行人因紧张而流露的神经质中，察觉到了在整洁华美市街的伟大庄严铜像下颤动着无边的凄凉，明白了此地许多青年和中年人，也无非是被关在大洋楼里剥制成一个个循规蹈矩、做事勤谨精进的好奴才，否则就会失掉饭碗，闪烁着"饥饿的光芒"。这个世界普遍的哀愁，战云密布，令处在彷徨中的他难以前进。他进入柏林大学给外国留学生读的一个预备班，准备明年春天进大学。但是进什么大学，学什么，仍然很渺茫。他住在一所大楼的最高层，前临一片荒原和一条黑水河。到了雨天，他坐在房中望着自己的影子和窗外的愁云，更觉得生路太狭促了。此时此地，他尤难忘鲁迅那双炯炯发光的双目和临别有力的一握，他何尝不感到先生的热望，但他只能告诉先生自己苦恼的现状。他希望有一个总解决，投入战线前进还是退缩——因为他已知道这中间没有余地与闲暇的。他没有其他可谈的朋友，只能写信给鲁迅，请先生给他寄些国内的刊物，还有新结识的印度诗圣泰戈尔的侄子要求征集的中国革命诗歌。

鲁迅把梵澄寄自途中和柏林的信，分别登载在他 1930 年 1 月创办的杂志《萌芽月刊》第 1、2 期，署名迹余。鲁迅也很快给梵澄回信，并应要求陆续寄去自己主编的刊物《奔流》《萌芽》《语丝》及散文诗集《野草》等；同时也收到了梵澄寄来的德文《文学世界》《柏林晨报》等报刊。鲁迅很重视这一个难得的直接了解世界的窗口，即从 1930 年 2 月 21 日始，在两年内陆续汇寄 1 100 多元马克，此后就不断收到梵澄寄来的各种报刊及近 100 种书籍和美术作品。其中有不少为世界所注目的新兴文学——苏俄小说、诗歌和戏剧，如《毁灭》《铁流》《解放了的唐·吉诃德》《静静的顿河》《一周间》《铁甲列车 NR14－69》及同路人作家和无产阶级作家的合集《新俄新小说家三十人集》等。鲁迅尽快地亲自选译或组织编译出版，提供给当时正在提倡革命文学的中国文坛，以克服口号式的嚷嚷。在美术方面，梵澄寄来的既有世界顶级美术家如凡·高、伦勃朗、杜米埃的画册，也有精当的艺术评论，如《历代艺术中的裸体人》《艺术史上的人体》《野蛮人与古典派》《艺术与社会》《艺术在危险中》《1800 年至当代的波兰艺术》《十九世纪的绘画》《表现派的农民画》《立体主义》等。更有众多当代表现力极为深刻的版画作品（仅 1930 年这一年就寄上版画 409 幅）。正如鲁迅夫人许广平在《鲁迅与中国木刻运动》一文中评价的：“他寄来的木刻图本，大抵是经过他名师指导，很内行的精选来的。”（载于许广平《关于鲁迅的生活》，人民文学出版社 1953 年版）鲁迅因此印出了比利时画家麦绥莱勒的《耶稣受难》木刻连环画集，德国画家凯绥·珂勒惠支的作品集，德国青年画家梅斐尔德为苏联著名长篇小说《士敏土》作的插图原拓，并准备出版梅斐尔德的木刻连环画《我的姐妹》及瑞典画家蒙克的版画集。寄来的画本有的还在 1932 年 6 月鲁迅与人合办的“德国创作版画展览会”上展出，这些对鲁迅正在倡导的新兴木刻运动起了极好的指导和推动作用。

梵澄为什么积极地响应鲁迅的号召？他在 1930 年 7 月 8 日复鲁迅信中说得很分明：“几封信连篇而到，因知中国思想界是在飞跃，将来在世界潮流中一定不至于落伍，并且，如果能深下去，还要站在世界之先。”“仿佛先生在救荒，那么，这方面代办粮草，是无困难的，然我甚希望中国慢慢地吃，不然，毛病就多……那么，艺术界是遭殃的。"为此,他让鲁迅在结算账目时,"报纸不必算纸,只因为寄回中国或许还有半寸用,邮费我可以出,因为我是中国人的缘故"。(载于《鲁迅、许广平所藏书信选》,湖南文艺出版社1987年版)他通过多种途径认真地搜购文艺精品,并在信中评说他对一些艺术家和作品的看法,甚至还想写一篇有关木刻的文章。

留学德国,心存中华魂

梵澄与鲁迅的结交,也影响了他对专业的选择。他的家中之所以同意他留学德国,仍是希望他在这个医学发达的国度学医。但是有感于人类哀愁的他,最终选择了一门综合认识整个世界的学问——哲学,并且选择了一所远离大都市的德国最古老的学校——有150年历史的海德贝格大学(现译为海德堡大学)。他非常喜欢这个幽静的海德贝格城。城中两山对峙,一条涅卡河穿流其间,绿树郁郁葱葱。他寄宿在河的南岸,房东老太太很喜欢这位经常给她送鲜花的中国小伙子。这里的人纯朴热情,整个城市环绕大学服务。海德贝格大学是那时世界排名第10位的名校,有著名的贡朵夫教授讲歌德,布克教授讲德国文学史。后者在讲课中常常引据法国狄尔泰的《体验与诗》和丹麦勃兰兑斯的《十九世纪文学主潮》,思想开明。有一次梵澄告诉布克教授中国也多有易卜生的剧本,他高兴地吸收到他的讲课中。

该校的哲学系包括的专业很多,梵澄除了主修哲学外,还选修艺术史专业。他自小喜爱多种艺术,在这里他又学会弹钢琴等,但

风定落花

更多地受鲁迅的影响，热衷于美术的学习。为此他选择了一门版画课，看到了许多名艺术家的传世之作。他进而想学会版画技巧，便由学校介绍，免费每星期去一所高等技术学校学习2小时的制作。在一位油画家的亲切指导下，他从木炭画学起，再学习在亚麻油毡上刻，并学会了在各种材料上制作版画。他高兴地把自己的习作《罐梨》《风景》及2幅《圣诞老人》寄给鲁迅，还调皮地在第二幅的右侧题"清道人语：'发挥其纵势耳！'"，左侧题"此乃得意之'脚'"，且得意地标上天价"9474马克"；而《罐梨》的标价竟低至"0.25马克"；一幅题有"圣诞老人，星，月，雪，树"的画，也只标价"0.25马克"，另一幅右侧题"鲁迅先生"，下端题署笔名"正锋"，左侧评注"此榻较精"的圣诞老人图，标价则升至0.5马克了。在这些儿戏般的调侃中，显示了他的自信。他请求鲁迅给他寄照片。1931年2月13日鲁迅便收到他寄来的2幅按照片刻制的鲁迅像，其刀法粗犷有力，充分发挥工具的特长，突出鲁迅炯炯有神的双眼，鲜明地表现出他所敬爱的鲁迅先生的精神状态。他后来寄给鲁迅的自制高尔基像，同样也是出于对高尔基的敬重："文坛上有谁因痛心国事而以一铜管手枪自杀的呢？而且晚年还领导苏联文坛，致力于其全民族和全人类的觉醒。"所以他在造像下题写曹孟德的古诗："老骥伏枥，志在千里。烈士暮年，壮心不已。"

鲁迅似乎对他的木刻作品很感兴趣，出版译文集《一天的工作》时，即应出版社要求提供了梵澄刻的一张画像印在书的包封上。后经出版家赵家璧回忆此事（《为了出好书》，载于《人民日报》1983年8月25日），人们才惊觉后来已不治版画的精神哲学研究家徐梵澄，竟是中国新兴版画最早的创作者之一。至今在北京的鲁迅博物馆和上海鲁迅纪念馆内还保存着当年梵澄寄给鲁迅的上述作品。

1930年秋天，年轻的"沉钟社"诗人冯至也来到海德贝格大学哲学系学习。他第一次拜访梵澄时，就见他书桌上摆着一幅鲁迅的照片，墙上挂着他自制的高尔基像，两人不由得一见如故。当时正值资本主义国家发生经济危机，人们思想动荡，德国纳粹党气焰嚣张，与左派共产党的斗争十分激烈，学生中也分成左中右三派。作为外国留学生，他们虽未参加论争，但谈起世事来也十分愤慨。梵澄更是少年气盛，常高诵清代诗人王仲瞿祭西楚霸王的诗句："如我文章遭鬼击，嗟渠身手竟夭亡。"或是沉痛地低吟南社高天梅拟作的《石达开遗诗》："我志未酬人亦苦，东南到处有啼痕。""只觉苍天方愦愦，莫凭赤手拯元元。"有一次梵澄走在路上，被一个同胞拦住，气急败坏地说了不少人听不懂的话，好容易才明白他们来自浙江青田，有两个同伴被警察拘留了。梵澄知道他们都是到欧洲来兜售青田石雕成的花瓶、笔筒之类用品，但常常是赝品，加上他们居无定所，不是没有护照就是过了期，所以经常遭警察查问。梵澄平时很看不起这些"青田小贩"，但当他看到他们手持的林语堂名片，上边写着"同胞事，请帮忙"，不禁前往警察局为他们辩护。（见冯至《海德贝格记事·记徐诗荃》，载于《新文学史料》1988年第2期）

作为一个血气方刚且有思想的青年，他时时刻刻关心着中国的前途。蒋介石政权的倒行逆施，使他对所谓的国民政府早已失去信心。但是他对当时一些左派人士的作为也颇感怀疑。鲁迅曾留存一

　　　　　　　　　　　　　风定落花

首梵澄署名儿童的白话讽刺诗。写这首诗是因为他听说国内的一些革命者经常举行飞行集会，在1930年的"红五月"中更是频繁，甚至也要求"左联"的作家参加发传单等活动，并写那种一味嚷嚷革命的文章，不计生命的安全和效果。所以他在诗中讽刺这种把"文学当手枪"的恶果："革者自革，顽者自顽。红的变绿，绿的变黄。"他和鲁迅一样，认为当前中国更需要的是思想建设，所以他在诗中幽默地写道："鄙人亦是惟恐天下不得乱，贩来火种一把收到且请藏入箱，鼓！铛！"

德国是一个笃信基督的西方国家，又是一个盛产思想家和哲学家的国度。但不论是康德、黑格尔，还是叔本华，他们都重视出自东方的佛教，德国因此成了世界稀有的梵文学习地。中国不少思想家如章太炎、王维国等正是在德国哲学家的影响下，曾寄希望于佛法救中国。鲁迅也曾研究佛学，梵澄在国内时曾多次听鲁迅说，中国文化受佛教的影响实在太深了。因此当他得知有一位研究佛学的日本人，为了学梵文，将全部《大藏经》搬到德国来时，也萌发了研究《大藏经》的心愿。他一有空便去图书馆看《大藏经》，甚至学会了念咒语，他在前述的信中跟鲁迅说："这有时看去是仿佛与鬼为邻，然而不也是至高底至善底至美底鬼影吗？"

但是，中国的出路何在？个人究竟何去何从？为此他苦恼地告诉鲁迅："现在我个人脑子里常有许多鬼打架……和平、不杀生；战斗、喝人血；叫喊、沉默；达观、诛求，诸如此类，有时闹得一塌糊涂，实在得不出结论。"

在德国，几乎听不到国内的音讯，只有从鲁迅的来信中得知一二。1931年初，鲁迅给他寄来一首七言律诗，首句为"惯于长夜过春时"，信中还说："夫慈母投杼，屡告成真，千夫所指，无病而死，我不得不避开了。"原来鲁迅所信任的柔石和他的23位同伴一起被国民党政府杀害，先生也不得不避居英租界。他很为先生的处境担忧，便建议先生离开上海洋场，找一山水佳处居住写作。先生回复说，这些梦少年时代也曾作过的，又讲了些不可能的道理。后来梵澄也体会到时政太黑暗了，哪里有安全之所呢？要针砭时政，在上海仍有些方便。不久，鲁迅又给他寄来一首《湘灵歌》，是写梵澄家乡长沙的白色恐怖。1930年7月共产党在"立三路线"的指引下强攻长沙，又被迫撤出。国民党政府后来在长沙等地大肆屠杀革命者和群众近14万人，已到了草木皆兵的地步。鲁迅在信中说："这次我想府上必受了一些影响。"

确实，屠戮已使长沙等地百业萧条，邮路不通，梵澄经常收不到家中的汇款，只好借钱或赊账。据他的好友冯至、姚可昆夫妇回忆，他总是保持做人的尊严，连赊账都要买一束花去。由于他很守信用，所以店铺老板都愿意赊给他；他的房东太太在了解他的为人后，更是把他当作儿子看待。（见姚可昆《我和冯至》，广西教育出版社1994年版）1931年5月8日他收到鲁迅的素笺一束，时值涅卡河发大水，淹了街巷，他不能下楼，幸有房东照料，"飘飘然如蓬莱中人，遂取《文选》句集为咏怀诗……并以张黑志字体书之，以畲绍兴鲁公之厚意"。他以此诗寄鲁迅，表明"畴昔怀微志，心迹犹未并"。（《咏怀》手稿现存北京鲁迅博物馆，收自辑线装本《蓬屋诗存》1998年。本文所引诗大部分采自该本，简称为《诗存》）即便后来寥落一生，濒于九死，他也不忘鲁迅的"竖起脊梁"做人的教导。

1932年夏，正当他完成毕业论文，准备答辩际，家中来电告父亲病危，促归。他处在两难的境地，无奈匆匆回国。

译介尼采，反对奴和蛮

据《鲁迅日记》记载：1932年8月30日，梵澄从柏林抵达上海，当晚即前去拜访鲁迅，赠以文艺书，又赠海婴积木一匣。后来据许广平回忆，"回国以后，他带来些大书箱，寄存在我们寓所里。他有一次，为找积木送给海婴，偶然开箱则先生托他转给德国朋友的中国画本，赫然尚存行箧。据说，那些画太好了，不忍送出去；不怕携带困难，终于给带回来了。而先生特意到书坊寻选，辛苦寄出，冀于彼邦人士有足观摩，此意遂归虚耗。先生于叹息之余，终不明白那青年用意所在"。（《鲁迅和青年们》，载于许广平《欣慰的纪念》，人民出版社1951年版）这一则回忆除了开箱的日期可能略有误外（据《鲁迅日记》：当年"10月14日从柏林运到诗荃书籍一箱，为之寄存"），事情则是存在的。不过，这则回忆虽对梵澄有所指责，但并未责其私吞赠外邦人士的画册，而是解释的理由令鲁迅不解。至于是何等画本呢？从《鲁迅日记》中可知，在梵澄留学期间，鲁迅曾多次给他寄过书报画本，但大都是供他本人看的，如1930年9月14日与三弟同往西泠社"为诗荃买《悲盦剩墨》三本（每三、四元），《吴仓石书画册》一本（同上），又《无花果》一本（一、六），《白龙山人墨妙》第一集一本（二、六），共泉十三元六角"。鲁迅自己同时购了前2册，23日将这6本书"寄诗荃"，可见这不是赠别人的。唯有该年11月11日有"寄诗荃以《梅花喜神谱》一部"的记载，似是送人的。本篇所以在此不惮烦地为这一小事考证，是因为后来许广平这则回忆，经某些"研究者"的夸大，竟成了梵澄一生的诟病，乃至他年老从印度回归离别30多年的祖国时，就看到《人民日报》有一篇文章竟以此事大举攻击"像徐诗荃那种人"对鲁迅的不恭。他吃惊地穷究根源，才知自己曾"被师母打了一鞭，只合忍痛了"。但有时他也不免向熟人（也曾向笔者）略说当年的苦衷："那时外国艺术家对中国画本并不看重，送也不易啊！这又不能对热心的鲁迅直言。"天真的他本想把责任揽到自己身上就算了，哪知会因此造成一生的精神创伤？

其实，鲁迅并没有对此耿耿于怀，正如出版家赵家璧所感觉的那样，鲁迅对梵澄"有些宠爱和宽容的感情"。（《鲁迅·梵澄·尼采》，载于《鲁迅研究》第1期，中国社会科学出版社1981年版）梵澄到上海的第二日即回故乡奔丧，其时他的父亲已病故。他在家服丧月余才回到上海。10月14日他去鲁迅家，说自己已不能回德国去读博士学位了，因为掌管家庭经济大权的大哥以他未读医学及家庭财力不足等理由而不予支持。23岁的他需自谋生路了。此后，他每次来访，鲁迅都很热情地接待他，不是"赠以信笺20枚"，就是"赠以《秋明集》一部"，还借给他自己校过的《嵇中散集》。梵澄虽然年少，但已学贯东西，又有个性，因此二人的话题很多。在谈话中，鲁迅给他讲了不少人情世故，如说世家子弟有三变，一变而为蠹鱼，即是出卖先人收藏的字画图书为生；二变为蛀木虫，乃出卖家中的木器或甚至房屋；三变而为大虫，则是"吃人"，卖去他的奴婢。梵澄听得不由惊心动魄，不仅引以为训，而且后来还写了一篇杂文《世家子弟》（署名黄衣裔，载于《自由谈》1934年2

月 8 日），进一步揭示"世家里面不外两种东西，一者野蛮（Barbarism）；二者奴才相（Slavery），此外便是虚张声势，和好看的招牌"；连原先聪明的子弟也会"变成俗子，或白痴，或纨绔。但偶然因为家长实明，也能造成学问，但那是二者之外更加上大架子和金粉招牌，无非要使非世家的平民，变成更苦的奴隶"。

正是出于对野蛮和奴才相的警惕，他选译了推崇艺术，肯定"生之意志"的德国近代哲学家、自由思想家尼采的自传体作品《看，这个人》，他将书名改为《尼采自传》，并第一次署上了梵澄这个笔名。1933 年 7 月 14 日，鲁迅收到他的译稿后，也颇感兴趣。鲁迅早年留学日本时，即钟情于这位要推翻旧道德，将一切价值重新估定的英哲。但是，在当时的出版界，哪有鼓吹超人的哲学家尼采的位置。不过鲁迅已越来越意识到在左翼文坛上有一股蛮横的奴隶总管的势力，多么需要一个强有力的自由意志来抗衡。所以当1934 年末，良友图书出版公司的赵家璧来约稿时，鲁迅颇有感慨地说："中国曾经大谈达尔文，大谈尼采，到欧战时候则大骂了他们一通，但达尔文的著作的译本至今只有一种，尼采的则只有半部，学英、德文的学者及文豪都不暇顾及，或不屑顾及，拉倒了。"他认为出版界的眼光要远大。接着他提到笔名梵澄的徐诗荃，既有旧学根底，又精通德文，已译了几本尼采原著，苦于没有出版社肯接受。因为这书的销路有限，可能要亏本。不过他译的尼采自传，通俗易懂，仅五六万字，其中讲了尼采几部重要著作，如《悲剧之产生》《朝霞》及《苏鲁支如是说》等构思的经过和成因。赵家璧当即表示可以考虑，并很快把它编入"良友文库"。然而，正如鲁迅在 1934 年 12 月 25 日致赵家璧的信中所说，梵澄"此公颇有点尼采气，不喜欢混入任何'丛'中，销路多少，倒在所不问"。经鲁迅商洽，梵澄终于同意放在该丛书中。由于他当时"行踪甚秘"，总不能及时找到他，为了使该书尽快出版，鲁迅拨冗包揽了校对、提供尼采像等杂务。1935 年 5 月上旬，这本饱含了梵澄和鲁迅二人心血的《尼采自传》终于和读者见面了，可以说这是在中国出版的第一本从德文移译的尼采原著。（见赵家璧：《鲁迅·梵澄·尼采》）

就在《尼采自传》出版的同时，鲁迅建议梵澄翻译尼采自称在其著作中占有特殊地位的名著 *Also Sprach Zarathustra*。梵澄说，郭沫若早已有译本《察拉斯屈拉图如是说》。鲁迅说不全，要将 4 卷全部译出，而且 Zarathustra 这位波斯圣人，我国唐朝把他译作"苏鲁支"。原来鲁迅早在 20 世纪初就有此翻译的雄心，曾用古奥的文言译出第一卷《序言》的前三节，题为《察罗堵斯德罗绪言》，1920 年代初又用白话译了《序言》的前九节，名为《察拉斯忒拉的序言》。后来见郭沫若出了薄薄的节译本，总觉得不够，但要译全，难度确实很大。梵澄倒是不觉得难，有信心译一部名为《苏鲁支语录》全译本，只是怕无处出版。

1935 年，梵澄接到鲁迅的来信，说："前几天遇见郑振铎先生，他说"世界文库"愿登《苏鲁支语录》。兄如有意投稿，请直接与之接洽。"于是，梵澄去找郑振铎提出要求：译完一卷刊登一卷，即时付一卷的钱。尽管郑振铎心里有些嘀咕，但又相信鲁迅的介绍，便同意了。尼采是世人推许的诗人哲学家，这部书更是以富于诗趣的散文——以苏鲁支向他的门徒和人民讲述的富有睿智的话，宣传他的"超人哲学"。原文虽多为短章，但文字朴茂，富于阳刚之美，表达了这位热烈的改革家的思想。这也是鲁迅和梵澄之所以

风定落花

推崇此书的原因。因此，梵澄不敢怠慢，他每天从早到晚坐在窗下用毛笔佳纸写正楷小字，一字一句译出，很少涂改，不再誊抄，只需检查一番，定稿寄出；不到半年，便全部译完。（见《星花旧影》，又见《苏鲁支语录·缀言》，商务印书馆1992年版）

郑振铎看了非常欣赏这位才华出众，译风又十分严肃的年轻人，不仅在刊物上连续登载，而且很快把它收在"世界文库"的丛书内，由商务印书馆出版了这本名为《苏鲁支语录》的译本，并亲自为之作《序言》，称赞梵澄的"译笔和尼采的作风是那样的相同"。对原著的准确翻译，正可借以挽救当时介绍西洋哲学的空疏浅薄之失。所以，商务印书馆又出版了梵澄译的另外两部尼采著作《朝霞》和《快乐的知识》。自此，奠定了梵澄在中国翻译界的地位，直至今日，学界评中国的尼采译著，尚未有出其右者。

说佛论今，以针砭时弊

除了翻译外，当时梵澄热衷的还有两件事：一是学习佛学；二是写针砭时弊的小品文。而这两者，又都与鲁迅有关。

如前所言，梵澄对佛学的兴趣，起于鲁迅的影响，尤在留学德国读《大藏经》后更为炽热。他曾托鲁迅购寄《贯休罗汉像》。1931年5月，他接读鲁迅所作的《惯于长夜过春时》《湘灵歌》诸篇，魂魄飞动，遂愤懑而诗，除了前文所说的《咏怀》诗外，他还以"南海罗索和尚"之名作《无题》四言古诗寄呈鲁迅，哀悼被当权者杀害的柔石等烈士，最后歌曰："长惭高标，永傍沙门。"其意是"入世"，则当革命，虽摩顶放踵，捐生喋血，利天下则为之，否则，不如"出家"，当和尚去。鲁迅在回信中很不以为然地说："……捐生喋血，固亦大地之块，足使沉滞的人间，活跃一下，但使旁观者于悒，却是大缺点……""此外，作和尚也不行……""我常劝青年稍自足于春华，盖为此也……"回国后鲁迅在谈话中也屡告他做和尚会使神经不正常，使人乖异。先生的这些劝告，对正处于人生旅程歧路处的梵澄是一重要指点。乃至后来在上海时，因给一位来自锡兰的高僧做翻译，高僧回国时欲化缘他，他却以自己爱吃肉为由谢绝了。1935 年他还曾手刻一幅弥勒像，并作《题木刻画笺》，讽刺所谓的问禅决疑风尚，诗曰："寂寂弥勒佛，兀坐灵崖前。千尺澄潭幽，倒影桃花妍。我欲问禅理，佛笑无语言。但挥玉如意，指破微尘天。"《跋》中说："沐手为此，以奉反对佛法最力者，豫才先生观察大人雅徵。"（以上两首及 1931 年《楚人忧》现存赠鲁迅诗手稿，晚年均未收入《诗存》，收入的手稿有 1933 年作于长沙的《七引·欣百年之相遇寄微辞以致意奉呈豫才先生聊抒我情》和《定居沪上之后感事咏怀奉呈豫公》《一九三六年旧历元旦大雪即景成咏因呈索士先生》《公园见工人漉水中红叶》及前文所说的《咏怀》）

鉴于中国文化受到佛教的影响太深，而其中又包含了不同民族、国度的文化交流和冲突，如相合又相离的两大宗教……佛教和道教，其民间的起信，即古之巫术，没有什么不同。所以有志于研究中国文化和国人精神的梵澄，最初看《大乘起信论》，但鲁迅说：这究竟是一部伪书，不如看《百法明门论》。继后梵澄研究诸教之斗争，也是经鲁迅指导看了《弘明集》和《广弘明集》。他写的小品文，有不少采用了佛道儒三教相争的史实，以针砭时弊。如刊于

1934 年《人间世》第 3—6、18 期的《泥沙杂论》19 节短论，均借中外宗教斗争中之胜败，或评今人之故弄玄虚，不治科学；或叹异教相攻，同教相嫉，导致伟人受摧残而衰落；或笑今之学佛者念经退寇，靠天吃饭的所谓"佛化"；或揭示所谓以"佛力""仙佛"改造社会，超脱世界的荒谬及其思想产生的根源。这些短论的中心主题，便是提倡科学的信仰和艺术的提高、推广，以教化新一代人。显然，在如何改造社会的问题上，他与接近革命的鲁迅思想已有不同。尽管梵澄也批判"仙佛"，在进行文化批判和社会批判时能言人所未言，但其为人处世更倾向于独来独往，孑然介立，进而流露出佛家的避世思想。所以鲁迅在向《自由谈》等报刊推荐这位"无派而不属于任何翼，能作短评，颇似尼采"的年轻人时，也指出他某些短文的倾向，如 1934 年 3 月 4 日致《自由谈》主编黎烈文信说："此公稿二篇呈上，颇有佛气，但《自由谈》本不拘一格，或无妨乎？"

由于梵澄的文字精悍，思想锐利，所讽刺的多与鲁迅同，所以有的竟被人疑为鲁迅所作。但鲁迅在 1934 年 4 月 1 日致黎烈文信说："其实，此公文体，与我殊不同，思想也不一致。"如《自由谈》曾在当年 2 月 3 日发表鲁迅署名栾廷石的文章《"京派"与"海派"》，2 月 24 日和 3 月 17 日又相继发表梵澄署名古明的《南北文学及其他》和《再论京派、海派及其他》，后一文中说："几个小卒小贩在文坛上乱弹乱喝，大分其'京'、'海'，无以为名之，名之曰'野狐禅'，野狐而大谈禅理，其理之荒唐可知。"不料，如杨邨人者，竟以为是鲁迅所作，在同年 3 月 17 日《时事新报·学灯》发表《海派罪状的揭发》，说什么"某大文豪御驾亲征令檄四方，攻击海派者无以名，名之曰野狐禅。于是海派无罪，攻击海派者反成暴德"。其实，只要把鲁徐谈南北的文字对照一下即可知分别出于二人之手。鲁迅揭示南北之别，多从社会政治经济着手，而梵澄总不免扯到宗教上去。所以鲁迅在同月 14 日给黎烈文的信中评梵澄说："'此公'是先生之同乡，年未'而立'，看文章，虽若世故颇深，实则多从书本或推想而得，于实际上之各种困难，亲历者不多。"

确实，年轻的梵澄很不世故，如他很不愿意编辑删他的文字，而在当时恶劣的政治环境中是很难的，这些均需鲁迅给他做解释或辗转投寄。其实他也了解当时社会之险恶，所以他与鲁迅一样不断更改笔名。由于他还受到 6 年前复旦事件的困扰，总感到有人盯梢，以至"善虑"到要求鲁迅不把他的原稿寄给报刊，而是请人抄录后寄出，还需将原稿退回他。鲁迅鉴于爱惜这一人才，不惜自己抄，还让妻子帮忙，时间一长，颇以为苦，所以后来许广平在回忆中对他多有微言。梵澄直至晚年才了然自己的过错，惭愧地对笔者说："我还以为如鲁迅这样的大作家有抄写的人，哪知是先生和师母代抄的？我真该死！"特别是 1935 年后，鲁迅的健康恶化，又时时想着"赶快做"，因此对思想不大一致的梵澄来访，常予以"不见"。真心爱戴鲁迅的梵澄却不明此理。1936 年 7 月 2 日，有半年多未见先生的梵澄来到鲁迅家，师母告以先生病不见客。他一句不说就走了，一刹那他买了束鲜花来，直冲到楼上，见先生躺在藤椅上，对他似理不理。不料，这令他伤痛的一面，竟成了他和先生的诀别。

1936 年 10 月 19 日鲁迅先生逝世，闻此噩耗的梵澄难抑悲痛之情，他独自一人在大清早来到万国殡仪馆停放鲁迅先生遗体的小房间凭吊先生。他悲怆万分，告诉许广平，他保存着先生给他的许多信，可以集成厚厚的一本，希望将来能够印出来。鲁迅先生对他的拳拳之意，令他终生难忘。（以上均见许广平《鲁迅和青年们·二二-二五》）梵澄后来曾作五言律诗《怀旧》云："逝者吾谁与，斯人隔九原。沉霾悲剑气，惨淡愧师门。闻道今知重，当时未觉恩。秋风又摇落，墓草有陈根。"

乱世人生，七年滇蜀道

未料1938年国民党政府以抗拒日寇之名，实行焦土政策，自焚长沙。梵澄故家遭灭顶之灾，珍藏在老屋夹壁墙内的鲁迅给他的四五十封书信，挚友冯至寄存的图书及自己的手稿等，全都化为灰烬。而上海爆发的"八一三"抗战，也迫使梵澄离开灯火依旧繁华，其实已是"寇盗营"的租界地，回到长沙，安慰老母，协助兄长料理劫后家事。1939年中央艺术专科学校由湖南沅陵迁至云南晋宁，他应校长——留德时的好友滕固的邀请前去任职。时年30岁，这是中国人十分重视的"而立"之年，在感慨中他写下《三十初度》诗一首，云："枯槁形骸意也消，陆沉于世学承蜩。淮南落木心徒壮，爨下知音尾半焦。九日登山殊不恶，八骀捶壁亦无聊。相依节物寒花善，陶写琴樽兴已饶。"他竭力在令人消沉的环境中强自挣扎。

幸而他留学时结识的朋友，此时多在云南，成立了德中文化协会。特别是冯至一家居于昆明，经常招友前去他家在郊区杨家山林场管理处做防空用的两间茅屋内聚会。梵澄因此经常来往于晋宁和昆明，曾作《访某友山居》，生动地描绘了他们"深入白云里"，"真疑去乱邦"的短暂相聚。

1940年，他随学校迁至四川重庆。次年，滕固病逝，梵澄在《悼友》长诗中颂扬"斯人藐岳峙，胸次郁虬蟠"的襟怀：为了使学校在战乱中得以生存，滕固团结来自不同学校的师生，数次迁校，"解纷情独瘁"，却遭当权者的疑谤。诗的最后悲愤地写道："何意入巴蜀，遽为二竖干。荏苒冬夏徂，终戢四寸棺。霜简凤昔意，穗帐凄余寒。"不料此诗发表后，国民党人大有讥议者。不久，梵澄也就离开艺专，任中央大学教授，同时为中央图书馆编纂，编辑《图书月刊》。他依然保持着独处的人生。其时国民党竭力拉知识分子入党，梵澄却让此类"到门车马浑无奈，自向蕉窗擘荔枝"，尽量避开一些会议（见《诗存》卷一《避某会议》）。某党国权贵与他家有世谊，不少人劝他往谒，但他未去，诸如此类的避拒，使他因此不断受到党人的攻击。他在36岁时作的《生日书四百字》中，痛抒自己的处境："七年滇蜀道，进退如转烛。栖栖岂宁处，未是甘匍匐。学道希自树，竟为谋口腹。天关守夜叉，叩者遭啄啄。"作为一个有自由意志的思想者，他不甘被大一统的意志所吞噬。在诗中他历数现实的黑暗。时值国民党政府发动了震惊中外的"皖南事变"，大后方也笼罩在一片白色恐怖下，他不禁在诗中斥当权者："同舟甚敌国，击浪手则缩。"面对生灵涂炭的国家，他忍不住恸哭。他已感到在中国内争外侮的局面下，已无法"自树"学问，因此又叹"遐心向天竺"，"苦行未能践"。

由于他一直在争取天竺之行，并自知此去不知何日归，所以他

风定落花

很想再见最疼爱他的老母一面。其时，他的亲人都已从战云密布的长沙逃至遵义。1944年初他决意回家探望老母，途经桂林听到长沙历经敌寇三次攻打而未陷的捷报，喜极，更惜"全城亦经焚毁，人民苦矣！"。（《诗存》卷一《养病桂林闻湘北之战·跋》）然因敌机轰炸，道路阻断，不得已又回到昆明，寄居冯至家。在亲如兄长的家里，感受着亲情的关怀，使他沉闷的心情略为宽解。他有时指导冯至的女儿小乖学画习字，有时到附近的翠湖图书馆去看书查资料，有时与冯至夫妇切磋学问，讨论翻译上的问题。看似生活平静，然而，国家丧乱的阴影时时笼罩在他们的心头。正是："楚乱归无计，滇游亦有缘。储书容问字，骈译最磨坚。通陌随时贱，生灵剧化迁。白头青眼在，相对更谈玄。"（《诗存》卷一《别滇中诸友》）

1945年抗日战争胜利后，教育部组织中印文化交流，梵澄被选派去印度讲学。他早已跟亲友说明"去国未谋隐"（《诗存》卷一《岁暮由渝往遵义省亲，车中无俚辄书所见·甲申》），而是想进一步比较中印的儒释二学。诚如他在与一位主张儒学兴国的友人唱和诗中所言："真常淡泊信儒门，欲起玄微振国魂。未必雪山求半偈，强如海客进三言。稍知象教犹秦敝，还使同文识汉尊。独倚云霄一挥手，西风寒日下平原。"（《诗存》卷一《某先生见和坝上夜雨之作因再呈教》）。因此他把此次文化交流之行，比作"季子观乐未论兵"，自注谓："此去不谈政治。"（《诗存》卷一《飞印度讲学留别诸友》）

天竺取经，爱侣苦分手

1945 年，梵澄来到以印度圣诗泰戈尔名字命名的国际大学中国学院讲学。印度与中国同是历史悠远的古国，印度是佛教的发源地，但早已衰落了，而传入中国的佛教却自东汉以来有大发展。向印度学者介绍中国的佛学及儒家思想，是梵澄这次天竺之行的目的之一。他选讲的课题，是我国近代佛学大师欧阳竟无的佛学思想；同时，传播中国文学美术等艺术文化。他本人则在课余研究古印度佛教哲学家世亲的名著《唯识三十论颂》，后据法国学者叶维的考校本，参以魏、陈、唐三译，经钩稽译成《安慧〈三十唯识〉疏释》。他旨在探讨佛教法相宗解释宇宙的唯识之学，并以此为契机，索求诸教派的源流、异同及对世界文化的影响。

他到印度后不久，即遇到不少困难。首先因不习惯热带蚊蚋的叮咬而患疟疾，"束书不得观，对案不能食"，不由"驼坐默自伤，午夜增太息"。但想到当年唐僧西行取经时不畏种种困难，乃感悟"知命故不惑"，"行神宛游龙"，鞭策自己"猛志不能抑"。（《诗存》卷二《病起》）后来他陆续拜谒了一些著名的佛祖圣地，更是多有感悟。如他在《游鹿野苑涅槃场等处归，印度友人教余纺纱，遂有末篇》中，清醒地写出佛家胜地"虽无黄叶凋，终觉桑色删。盛年实不再，倏尔非令颜"，更无所谓"异世求福"，事实是："泰山与鸿毛，大暮同一休。形寿老则尽，人生信蜉蝣。"倒是在印度友人教他纺纱中，领悟"礼乐大同世，衣食为先端。法轮与纺轮，双转如跳丸。尺缕握经纬，圣雄独桓桓。和平人治道，乃以胜杀残"。

332

风定落花

1948 年他所作的《登大吉岭望喜玛拉耶诸山有作》中，更是将皈依佛陀的辛苦山民和游手好闲的喇嘛作对比，提出心头的疑问："咨嗟世间士，实相谁真知。"

已身处异国的梵澄，仍无法摆脱政治上的纷扰。他感到有三种政治势力时时排斥他。他初到印度时，该国尚属英国殖民地，帝国主义势力嚣张，在大学内也有殖民主义者，他们排斥像梵澄这样支持印度独立的国际人士。1947 年印度独立后，一些民族主义分子又很看不起其邻邦——老大的中国，仇视华人学者。而同胞国民党人也视无党派的梵澄为异类，即使在异国他乡，仍是倾轧有加。1949 年，国民党在内战中兵败如山倒，蒋介石政权匆匆携带黄金文物等逃至台湾岛，而对被派往异国的学者则弃之不顾。失去经济来源的梵澄陷入极度穷困的窘境。

当时，在国外的知识分子都面临着抉择。梵澄对国民党早已失望，但他也无力回到战乱未定的大陆；况且 1930 年代那些革命文学家和鲁迅论争时的霸气，一直让他心寒；更因为他还未达到天竺之行的目的。所以他在 1950 年离开泰戈尔国际大学后，经印度友人帮助，前往滨邻恒河的贝纳尼斯学习梵文，以便进一步阅读古老的梵典，吸纳印度哲学的神韵。

梵澄同时决定与游云山女士结为连理，两人在报上发表了结婚启事。他们俩可谓志同道合。游女士是广东番禺人，画家，系岭南派高剑父的弟子。她也崇尚佛学，云游四方。因为她后来皈依佛家，了却红尘，所以关于她的生平不详。但在梵澄的《诗存》卷二中有一首他在国际大学期间写的诗作《嘉遇篇》，可谓为游女士所作。诗首有"跋"云："得闲尽观某君之画，怪其意境奇冷者十之六七，其艺事之不至者亦十之二三，倘非深悲大苦不致如斯，极于艺术而伤于性，君子不贵也。诗以抒吾挚念，冀广高怀，且以为跋。"在这首 62 句的五言长诗中，一开始就描述了他观画的感受——画如其人："艺事良苦辛，深悲视阿妹。我见亭亭莲，冰封立嵩岱。灵气郁清深，煜烨光藻缋。月白风泠泠，碧海摇波碎。雪岭闻曙钟，青霄际明昧。定定香散梅，了了无憎爱。栖心于至真，雅古同沅澨。"诗中评她的才气颇高，行迹走遍岭南、峨眉、湘沅沣，"兹来天竺游，萧然意恬退。群峰眺边陲，极视岚雾霭。恨无千丈绢，一画收大概"。然而，梵澄认为："君乎太孤高，仁者自温蔼。日月尚薄蚀，珠玑有瑕颣。率性傥无尤，求全竟几殆。"这是梵澄的艺术观、人生观：率性而作，不苛求完美。因此他予以忠告："自珍善弗伤，毋事镂肝肺。"从他们的结合来看，游女士曾一度接受了梵澄的忠告。他们俩还一起前往地处南印度捧地里舍的阿罗频多修道院生活、工作、学习。然而，没多久，她就离他而去，原因不详。梵澄曾抒写《拟陈子昂感遇三十八首》，其第三十二首所感的爱侣分手，或可解本事，诗云："少年好结友，欢爱谓无衰。何意同心侣，解手永相违。天半感停云，矫首情凄洏。悲歌刘越石，知音钟子期。后生多跷跷，群氓更蚩蚩。云谁托末契，言念桑榆时。"（《诗存》卷三 52 页 A）爱情在梵澄的精神上留下深深的伤痕，终生不再婚。晚年，笔者曾斗胆问他婚姻事，他一挥手云："她跑了！"就此久久不再言语。后来，一位与他们俩相识的印度友人巴帖尔告诉我，1950 年代初游女士即离开印度去香港，曾为梵澄购买印刷华文的铅字；不久，即去台湾，最终皈依佛门，创立华梵工学院，人称晓云法师，系宝岛声誉极高的佛学家。

梵澄与游女士走了不同的道路，根本还在于不同的追求。《诗存》卷二有一首《决绝词》，诗"跋"中强调："有其象无其事，诗人亦得从而为之辞。"然，窃以为此诗实指其婚变，诗云："决绝复决绝，决眦眼流血。拗折金联环，斫断同心结。寒芒看宝刀，丈夫生似铁。我为君凄然，君为我呜咽。黄河千年犹一清，雪山六月无人行。东海涛生哀伍员，夷门老去愁侯嬴。芄兰委，萧艾荣，苍玉玦，琼华英。"由此可见，此诗写的确是"象"，非一事而已，是梵澄表示自己与出世归隐思想的决绝。在上述《感遇·十五》中已言："有生求出世，斯路古来难。"（《诗存》卷三50页A）他不谋归隐出世之路，更不愿束之于某一教派中，而是渴望在众教之典籍中，寻求人类思想的精华，以救日益衰靡的精神。尽管道路维艰，但他此心不改。他坚持学习难懂的梵文，长达30年留居在艰苦的阿罗频多修道院。因为他自觉"余马正长途"。（《诗存》卷二《驱马车至梵文学院上课到稍早徘徊廊下有作》）

译奥义书，释阿罗频多

1951年梵澄来到地处南印度海滨捧地里舍的阿罗频多修道院进修，所谓"修道院"系梵澄给它的一个译名（有人译为学院或研究院），其原文名为"阿施蓝"（Ashram），创始人室利·阿罗频多曾对这个名词作过解释："'阿施蓝'的意思，是'房舍'或一些'房屋'，属于精神哲学的一位'教师'或'大师'的。其间他接纳而且安顿凡到他这里来就学和修习的人们。'阿施蓝'不是一社会或一宗教团体或一寺院……凡住在这里的人，与政治活动皆断绝了关系。凡一切宗教底，政治底，或社会底宣传皆所不为。……在这里的人，来自各种宗教，有些人不属于任何宗教。这里没有什么教条或一套武断信理，没有一管理着的教会。这里只有室利·阿罗频多的教义，和一些精神修持，如静定、观照等事，为了扩大人的知觉性，对'真理'的容受性，为了克制欲念，为了发现隐藏在每人内中的神圣自我和知觉性，为了本性之高等进化。"（徐梵澄手稿《室利阿罗频多修道院概况》）

　　阿罗频多何许人也？原来他和我们国人熟知的泰戈尔和甘地一起，在印度和世界早被公认为现代"西方三圣"。他们3人原先都是印度早期民族解放运动的领袖，后来3人各发挥其特长，泰戈尔以诗发民族之声，立于世界文学之林，被誉为"圣诗"。甘地则以苦行实践他的非暴力的"坚持真理"运动，其精神在动员全民族的反帝斗争中起到了重要作用，故被尊为"圣雄"。阿罗频多却因自觉用旧的暴动和暗杀政策无功，乃取较迂缓之路。他于1910年与几个跟随他的人退隐于捧地里舍，过着修道院式的生活。但他们仍关注着祖国的独立事业，或批评或建议，只是其事业转向精神建设工作。阿罗频多的著作约有30巨册，其主要著作如《神圣人生论》《瑜伽论》等，是世界著名大学哲学系的必读书，不少名都大邑还成立了阿罗频多研究中心、学会之类。他的学术成就大大提高了现代印度民族在世界哲学中的地位，故被其国人敬称为"圣哲"。

　　后来又有不少人来依附阿罗频多，及至1914年法国贵族女子密那氏（Mira，其兄为阿尔及利亚总督）来到这里，舍其全部家产，扩大了房舍和设备，逐渐发展为南印度法属国际教育中心。密那氏被尊为"神圣母亲"，由她亲自制定院规，以维持膳食、公共

　　　　　　　　　　　　　　　　　风定落花

卫生和高尚的生活。院内财产归阿罗频多或"母亲"所有。凡所消费的金钱，出自"母亲"或阿罗频多。许多人捐款扶助阿罗频多的事业，修道院内的有些人也奉出他们的收入，但这是奉与阿罗频多或"母亲"的，而不是"阿施蓝"，因为没有这么一个公共团体。

这种"阿施蓝"从公元前若干年就出现在印度了，现在还有许多。梵澄进入"阿施蓝"，首先是为了解决他在印度从事研究的最基本的生活问题。他为什么选取阿罗频多开创的"阿施蓝"呢？显然是出于对室利·阿罗频多的敬仰，不过其时这位大师已于1950年逝世。但主持工作的"神圣母亲"十分看重梵澄，为他建立华文部，任命他为主任，并拨款给他去香港采购印刷华文的铅字，也就是说他有了自己的出版处。更重要的是因为在那里藏着一部他心仪已久的古印度吠檀多派精神哲学典籍《奥义书》。

《奥义书》是世界上古文化中头等重要的典籍之一，曾对佛教产生重要的影响，而且影响了近现代欧洲的哲学思想。梵澄留学德国时，就得知19世纪德国哲学家叔本华读了从波斯语译本转译的《奥义书》拉丁文译本，十分赞叹，因此在自己的哲学体系里装进了他所理解并解说的《奥义书》思想。后来德国的哲学研究者杜森又译了《奥义书六十种》，并用康德的思想予以解说，这不仅影响了欧洲，也大大增强了印度民族的自信力，并以此指导行动。20世纪初的1909年，我国革命家章太炎即有意协同弟子周氏兄弟——鲁迅、周作人学习梵文，以翻译《奥义书》，后因故未成。未料，半个世纪后，梵澄继他所敬仰的前辈之志，把翻译《奥义书》作为他天竺之行的第一等大事。为此，他甘受清苦，凭借阿罗频多修道院的藏书，遍识百家《奥义书》的各种版本，择自古推重，不乏精义者50种，陆续从印度古雅语梵文中译出，采用的是接近这种雅语的汉语古文体，浅近而又质朴。1951年便印出其中的《伊莎书》和《由谁书》两种。但终因经费不足而未能在印度全部出版，这也是后来梵澄力争回国的原因。

继《奥义书》后，梵澄便着手研究、翻译室利·阿罗频多的超心思哲学。"超心思"乃指一种超越人的心理活动的意志——超自然意识，它作为媒介，连接着现象世界和超然世界。在阿罗频多看来，宇宙的最高本体是超自然的纯精神实体，称为"梵"或"宇宙精神"，世界万物皆起源于它，又还原于它。整个世界的演化，即由"梵"的自我否定，通过超心思下降为心思——生命——物质；反之，因万物中潜在着纯精神的意识，所以物质也有可能通过自我否定，逐渐向"梵"进化。据梵澄说：这一"超心思"名词的确立，亦远托尼采之"超人"，但他着意于尼采的灵感面。所谓"超人"，并非"仙人"，而是一种精神成就者，像我们古时的圣人。阿罗频多幻想通过这种"精神进化"，达到人和人之间、国与国之间的和谐统一。其撰写的《赫那克莱妥斯》，即是以古希腊著名的哲学家之名为书名，乃以印度的精神哲学眼光，察看西方第一位言变易进化学说的哲人，比较两者之异同。而梵澄将该书译成汉文时，特将书名改为中国读者易懂的名字《玄理参同》，因精神哲学之理可简称为我国习知的玄理；而且他在翻译中附以疏释，除了因其书所谈的学理、故实需作介绍外，梵澄还认为我国古老的《易经》及下推至老、庄哲学，与赫氏的变易说，许多处正可互相比勘。他翻译、疏释《玄理参同》的目的，系将世界五大文明系统今余的希腊、印度、中国三派中的精神哲学作一比较，参考、参会其相同

风定落花

处。正如他在该译本《序》末所言："现代人盛言世界大同，理想实为高远。然求世界大同，必先有学术之会通；学术之会通，在于义理之互证。在义理上既得契合，在思想上乃可和谐。不妨其为异，不碍其为同，万类攸归，'多'通于'一'。然后此等现实界的理想，如种种国际性的联合会组织或统一组织，方可希冀其渐次实现。"他深知其道路是多么悠远、渺茫，但"舍从此基地前进，亦别无其他途径可循"。所以梵澄在印度时又译印了阿罗频多著的《瑜伽的基础》、《瑜伽论》（1—3）、《〈瑜伽论〉札记》和《社会进化论》等书。

梵澄也从法文翻译了密那氏平时的教言三辑，名为《母亲的话》。密那氏早年信奉耶稣教，遍游四方，见识广博，曾预言中国的辛亥革命。在访问埃及、日本后欲往中国未果。后来到印度，感悟阿罗频多的学说应推及世界，于是舍家建学。她除了加强基础建设外，还振兴体育，严明训练，设立学校，采购图书。在她的主持下，至1957年，长期留院修习的人士有1 000多人，来自15个国家；短期参学及每年定期来去者，约有数百人。并开办了小学、中学及大学。她致力于创造一种高尚的生活，在梵澄《诗存》卷三中有《秋夜听悲多汶第七交响曲》《某女士独唱晚会》《观儿童拟西洋各国舞》等内容，可见院中的精神生活较丰富。在"母亲"的支持下，梵澄也于1953年主办中国历史文物艺术图片展览会，办个人的画展。他于1954年在香港阿罗频多哲学所出版的《阿罗频多事略》一书中描绘院落内情景："弦诵声诗，洋溢户外，院友之耕耘者，方事其耕耘，畜牧者敕其畜牧，陶冶者为其陶冶，乐舞者习其乐舞，印刷之事繁兴，建筑之工毕作，而欧美有学求真之士，时莅于斯，民族之轸域皆忘，阶级之分殊未睹，盖于人事则凡才亦能展其抱，同时修道则有志咸能得其方，用能安民乐生，欣欣同化也。"这是当时吸引梵澄来到这里的"大同"世界。同年，该哲学所也出版了"母亲"平时教言的英译本，据说甘地在读了后，也赞道："此涓涓甘露也。"

在"母亲"主持期间，梵澄的生活、学问及艺术才能得到较自由的发挥，他不仅翻译了上述巨著，而且还把印度教的经典《薄伽梵歌》和伽里大萨的《行云使者》由梵文译为中文出版。同时他又要让印度乃至世界了解中国，努力以英语译介中国古代文化的精华，出版了《孔学古微》《小学菁华》《周子通书》等。综观他在阿罗频多修道院工作期间，他翻译出版的作品有20种。当年同在该院进修，现任新加坡阿罗频多协会副主席的帕帖尔曾在《精神漫步》一文中回忆说："在那里，我遇到许多有学问的人，其中让我留下深刻印象的是一位华人学者——徐梵澄。""他在学问、道行上都非常之高，我甚至认为，他是我们时代少见的一位圣人。""徐梵澄在印度学、中国学，和语言学方面深有研究，他是一个了不起的学者。在阿罗频多哲学院的时候，他辛勤地从事写作和翻译，范围包括中国的古典哲学和印度哲学。大家都知道，中印两国的文化与哲学，背后都有一个庞大的背景，搞通一种已经非常不容易，何况要两国交融，并蓄，更谈何易？""他不拘小节，我只记得，他伏案做学问，眼镜破了还戴着，雨伞损坏不堪，还是撑着出门。但在他的办事处，我们看到满柜子的翻译稿。"

正是这些翻译稿，促使他越来越思念故国。因为他研究印度学，为的是祖国，他曾说："印度和中国是相邻的两个大国，印度

风定落花

可以不懂中国，但我们不能不懂印度。"但是在阿罗频多的国际教育中心出版的中文书，只能在东南亚、欧美和中国的港澳一带流通。而且鉴于经费等原因，如《奥义书》这样的巨著很难出版。有的还因人事上的关系，不能及时出版，如他后来在《星花旧影》中曾提到《小学菁华》一书。原本"意在使西人知道一点中国文字学，给南印度国际教育中心出版。印度人从来憎恨中国事物，将稿压了十三年不肯印行。及至有法国朋友在印刷所发现这稿之后，便敦促其出版，结果在欧美畅销，使他们赚了一笔钱"。正是诸如此类的原因，他几次要求回国。

第一次是在1950年代末，他已完成多种由梵文译出的中文本，而最重要的《奥义书》却只印了2种，他很想回国了此心愿。"母亲"却有多种渠道了解中国，她对梵澄说："你离开会后悔，我也会后悔的。"他相信"母亲"，暂时打消了回国的打算。第二次是在1960年代中期，当他提出回国时，"母亲"竟大怒说："你不能去！"他从未见她生过这么大的气，但他知道"母亲"是为了爱护他，也就不再提了。直到1976年，"母亲"以96岁高龄谢世，其后，院务被一些有狭隘民族主义情绪的印度人所掌握，他们变本加厉地排挤梵澄，收回他原先居住的大房子，还把印刷华文的铅字熔化了。这也彻底消融了他对所谓"大同世界"的幻想，坚决要求回国。有人建议他到香港定居，但他不愿。他没有护照，便向中国驻印度大使馆求助，并得到朋友的资助，终于在1978年启程回国。当他踏上祖国的土地时，百感交集，真想大哭一场，禁不住在心底不断地呼喊："我离开祖国三十三年了，今天终于回来啦！回来啦！"
（见詹志芳《对邻圣哲徐梵澄》，载于《人物》2001年第4期）

故国新颜，迎学术高潮

68岁的梵澄回归祖国后，即回故里长沙省亲。昔日已成一片焦土的祖居之处，已变成了一所幼儿园。亲人早已离散，唯有三哥及其独子尚留长沙。他登上新建的湘江大桥，环顾四周高楼，忆及当年仓皇离乡避难时的长沙城，感慨万端，正是："往事湘城血泪多，况经焦土贼频过。星移物换都非旧，楼阁参天虹卧波。"面对已故毛泽东主席像，由衷发出"湖湘终古激新潮"的感叹。当来到他日夜眷念的岳麓山上爱晚亭前，重睹满山红叶，不由庆幸自己"白头生人国门回"，从西天重回人间。他又参观了1973年发现的长沙马王堆后建成的博物馆，喜悉在三号汉墓中存有《老子》帛书二种。因为老庄思想也是他长期潜心揣摩的一种精神哲学，和他刻苦译成的《奥义书》颇多相通之处。次年他求得出土的《老子》帛书，即与原有的通行诸本校勘，感到"在昔名注疏之仍多疵颣者，未有此西汉初元本故也"，遂就诸本斟酌，写成一定本，并作注解，成就了他回国后的第一部学术新著《老子臆解》（中华书局1988年版）。

梵澄又去云南探访在抗日战争期间流迁昆明的大哥一家。虽然兄嫂已故，但他和年龄相近的大侄子曾同在上海求学，情谊深厚。家人很希望他留在昆明，以便照料孤独的他。然而，梵澄却忘情不了他随身携带回国的5部书，坚持要去北京。他终于找到了在中国社会科学院工作的挚友冯至和贺麟，在他们的指点下，他决定受聘于中国社会科学院世界宗教研究所，因为那里也有一部令他终生神往的《大藏经》。1979年3月16日，梵澄来到首都，开始迎接他新

风定落花

的学术高潮。

　　他到宗教所后的第一件事，即提交他积数十年之功的翻译本《五十奥义书》，并按出版社要求，于5月22日将一大手提包的稿件交付我国著名的东方文化学者，北京大学东语系教授季羡林审阅。过了大半年尚不见回音。当他得知比他小几岁的季先生教学、社会活动极忙，便不解何以转费其珍贵的时间。1980年元旦他致信中国社会科学出版社，说明出版这部"南天竺艳丽之一花"的重要意义，又强调"自思忝立名场四十余年，至今仍从事文字之役，其所审定者不少。于此五十奥义书之内容及文字，自可全部负责"，"且当负责阅看全部最后校样"。但按当时中国出版界行事规则和思路来看，出版这部译自梵文，内容庞杂，文字古奥的86.6万字的巨著，确非易事。梵澄为此十分苦恼，冯至得知后便向社科院院长胡乔木反映，终于使这部世界文化珍宝在1984年与中国读者见面。诚如梵澄所预见的，该译本一面世，深为读书界看重。我国为数不多的梵文学者之一，北大教授金克木在《读书》杂志（1987年第9期）发表《读徐译〈五十奥义书〉》一文中说，"世界上古文化中头等重要的典籍之一的《奥义书》译成汉文出版，而且有五十种之多，这是一件值得注意的事"，不仅因为它对世界的影响，"由此又可以改变我们一般习惯以为印度是佛教国家的很大误解。这些经典会使我们联想到中国的道家，惊异其'何其相似乃尔'"。他以自己早年在印度听讲该书的直接感受评价徐译说："用汉语古文体从印度古雅语梵文译出《奥义书》，又不用佛经旧体，每篇还加《引言》和注，真是不容易。没有几十年的功力，没有对中国、德国、印度的古典语言和哲学切实钻研体会，那是办不到的。……因此我对于梵澄同志的功力和毅力只有佩服。"这本厚重的译著获得中国社会科学院的翻译优秀奖，被认为是我国学术研究中的瑰宝。该书很快在台湾出版，可惜未通知译者本人，几经交涉未果。

《五十奥义书》的出版，使我国出版界又一次认识了这位阔别已久的杰出学者、翻译家，同年商务印书馆出版了他的另一部译著室利·阿罗频多的《神圣人生论》。1987年他的汉译英文本《肇论》、梵译汉本《安慧〈三十唯识〉疏译》、英译汉本《瑜伽论》(4) 分别由中国社会科学出版社、中国佛教文化研究所和商务印书馆出版。1990年新世界出版社重新出版了他的英文本《小学菁华》。1991年，他应生活·读书·新知三联书店之约，出版了英译汉本《周天集》，此书不是阿罗频多的宏文巨制，而是他的弟子所采集的他的片言散论，录在发给院士的日记本每页的顶端，以便每日研玩一条，共360余条。梵澄将这些箴言寸铁集为一册，通俗地让人了解阿罗频多的超心思哲学，耐人寻味。

这些著作的出版，拓宽了国人及思想界的思路，诚如梵澄在赠南亚研究所同人《神圣人生论》时致所长季羡林信中所说："拙译虽不足观，然此书一出，对国外之影响颇大，以知我国思想家正尔涵纳众流，如海广渊。五印度固视此书为当代唯一宝典，而欧美亦殊尊重之也。（我国）思想之现代亦不后人，非以一二派哲学故步自封者。"季羡林对梵澄的译著十分看重，特意叮嘱南亚所的人说："徐先生一生治学严谨，道路坎坷，应该好好向学术界介绍一下。"（见朱明忠1984年12月19日致徐梵澄函）

他的译著也得到了很好的回报，不少哲学研究者来信说自己是徐译的热心读者，深感他的译著学术价值很大。如一位研究者说：

风定落花

"一个'存在中为什么有我'的问题长期困惑着我，后来意外发现了您翻译的《五十奥义书》和《神圣人生论》后，使我在茫茫黑夜中见到光明，'梵我合一'的原理向我指示了探索的方向。"（河南社会科学院哲学所王湘楠1992年8月20日致徐梵澄函）更有一些基层的读者来信，或谈体会或问道求学。如一位径自登门求教的读者在信中说："读了《周天集》和听了您的教诲后，对我震动很大，使我认识到我现在尚在较低的精神层次中爬行，只有向大彻大悟的境界迈行，才可能真正认识世界和自我。您还教导我'条条道路通罗马'，这使我大开眼界，增多了探索的路子。"（维之1993年1月14日致徐梵澄函）

确实，梵澄对精神哲学的研究，绝不是要求人去独尊某教某派，他自己也不以某教派自居。他曾多次对人说明自己"从来不参与有组织之团体宗教（institutional religion），而于各教之典籍一概尊重。自知颇明，终非为亦不能为宗教人也"。（1999年3月22日致徐崇善函）他对有人误以为他是佛教徒，感到可笑乃至有点生气。他强调自己是研究"精神哲学"，早期对尼采作品的翻译，中年自放域外研究印度古代哲学《奥义书》，佛教、印度教经典及阿罗频多，都属这一系统。晚年撰写《老子臆解》和《陆王学述》，也均在精神哲学范畴中。他曾在《陆王学述》中特列一章陈述何为精神哲学？强调精神哲学与"神学"大相异趣，它与宗教有天壤之别，与近代西方涉及催眠学和巫术的"灵学"有本质的不同，也不是西方的"唯灵论"。就质素而言，它是指对人的生命力（包括生理体、思维心、情感心）的研究，这也是它和思辨哲学的区别。梵澄认为中国的宋儒理学为身、心、性、命之学，其主旨或最后目的为"变化气质",与精神哲学着重身、心修为的"转化"庶几相同,可列入"精神哲学"这一类。他的这一思路因此又被人认为他晚年精神指归儒家了。其实,他的精神并未束之于某家某派中。

我国的文化传统"儒、道、释",一直是梵澄的研究对象。成书于1993年的《陆王学述》(上海远东出版社出版),其材料搜集于数十年前,思索未断。只因回国后发现中国民俗信仰及其思想界时时显出以他人的好尚为转移的心态,如以为外国人怎样我们便应该怎样,在学术上却无所自立或中不自主。另一方面西洋至今仍持愚昧的偏见,认为"中国是一无宗教之国",即无高尚的宗教追求。而梵澄认为"自古及今,宗教对人类的福赐是大的,但其遗的祸患亦复不小。读西洋史及南亚史及现代各地宗教战争的情况是可明了的"。而"五千年中国文教菁华原自有在,不得不推孔孟所代表的儒宗。仁民而爱物,于人乃仁,于物不必仁,而亦不失其爱,从容中道,走出了一条和平忠恕的坦途,能善其生,即所以善其死,有了宗教之益处,而不落宗教迷信之邪魔。脱去了一切心理上自加的缠缚"。所以国人应"继续一贯发扬我们的孔、孟之学,以近人新眼光有所拣择而作为精神追求"。由于儒家已经历了几千年,学派纷争错出,宋代则产生了以复兴孔孟思想的宋儒,而其中又有朱程、陆王两派门人互争短长,历数百年相攻不已。在学术上,梵澄是并尊朱陆,但以精神哲学的质素而论,梵澄未取作为政治家、教育家和经注家的朱熹,因其弟子太多,"挟胜心以附己见"的曲解也多,造成格物、致知、天理、人欲等"理窟"。(以上引文分别见《陆王学述》第16—29页)所以他引导读者重温专务虚静、完养精神的陆象山之学,及遥承并发挥其学的明代王阳明的哲学思想——

风定落花

"知行合一""知行并进"的"致良知"学说。他如入山采矿一般，以学术史潮为经脉，缕析有关的学案、传记等，辨明陆学非禅之悟，以其教言比较攻击它的王船山、戴东原之说，拣选其不与时代精神尤其是不与科学方法相违的，视其对今世及后世有何裨益的，将其采纳、表扬；不采者则存置，搁下——以便后人或许又能从废料中提炼出有用的东西。这就是他撰写《陆王学述》的主旨。

正因为他并非只推重宋儒一家，所以他在重温陆王之学时，也未忘情于为尼采辩白。1992年商务印书馆重版梵澄1930年代的译著《苏鲁支语录》，他作长篇《缀言》，介绍尼采其人其文其学，并辨析世人对他的责难和误解，指出鲁迅晚年"未曾抛弃尼采，所重在其革命精神，同向人类社会的高上目标前进"。因此他也答应各出版社重印他早年翻译的几种尼采著作。

力行仁道，永远的超上

梵澄多次告诫青年人，无论治何学，当作"永远的超上"。一是要不断地超越自己；二是对研究的学问，到了某一限度，也要超越。也就是说"你是你自己的主人"。他所推重的尼采、阿罗频多、陆王，都是先有所得于心，见道真切，有一种独立自主的精神，有不依傍他人门户的意识。

他本人的治学态度即这"永远的超上"，有的经数十年研摩才成书，其中不仅是译，而且多有自己独特的"释"。他在80岁后又译述2部厚重的书：一是翻译阿罗频多著作《薄伽梵歌论》；二是始于他青年时代的研究《佛教密宗真言义释》。前者不久即完成交商务印书馆，直到他临终前夕尚在校最后的清样。后者则是一项极其艰巨的工作，系根据传入西藏的藏密，研究密宗派的一大特色——念诵咒语，即所谓的"真言"。由于其咒语大抵师弟秘传，念其文句而不求其义，而目前尚存的《大藏经》中的咒语系据梵文音译的华文古代音，无实意。梵澄旨在把它还原于梵本原文，了解本义，冀求经秘密传授于口中念念有词的"真言"。其研究的意义不仅有助于解说宗教留给人们的众多困惑和束缚，且对人类学、社会学、民俗学都有不可估量的意义。这就是梵澄何以毕生渴求《大藏经》的原因。从他发表于1991年《世界宗教研究》第2期的《〈佛教密宗真言义释〉序》来看，该研究已成稿，待付印，可惜其稿交于哪家出版社，竟因他的猝死而无人知晓。更令人惊奇的是，已作封笔打算的他，在逝世的前一年（1999年），又宣告他要翻译"真言"了，可能以前译出成稿的，如他在上述《序》中所言，"只是全部的一极少部分"。人们也看到过他的研究本，但他故世后的遗物中，竟无此本，也不见此书稿。由于他独自一人生活，他的遗物曾一度处在混乱状态中，因此该项研究及其书稿竟成了他身后的一大疑团，也成为我国学术界、宗教界的一个难以弥补的损失。

他的学术工作重在对异学（不同地域文化）的忠实传播上，所以多翻译文字。其实他的文思极佳，不可忽视。然而他总是把自己的见解称之为"微末"之见；把自己的研究、论述称之为"重温""议"，不刻意制作煌煌之作。只是在某些编者的约请下，才有《陆王学述》这样的专著，才有一本集历年谈不同国度、不同学问的文集《异学杂著》。（浙江文艺出版社1988年版）《异学杂著》中的《希腊古典重温》，论中国学术史潮的《澄庐文议》，论中日书道的

《谈"书"》，都是洋洋洒洒的大文，其中颇多新意，均可见其深厚的学术根底。其他散见于各杂志上的论文，如《韦陀教神坛与大乘菩萨道概观》《〈唯识二十论〉钩沉》《关于毗沙门天王等事》，以及为纪念鲁迅逝世五十周年而作的《略说"杂文"和〈野草〉》，未经发表的《梵文研究在欧西》等，都给人很大的启发，有的稍加发展，即可成专著，可惜他已没有时间了。1989年6月—1996年11月他在生活·读书·新知三联书店出版的《读书》杂志上连续发表《蓬屋说诗》，可谓是别出心裁的诗论，纵横古今众诗家，破出寻常文学史范畴，不论解释典古辞藻，还是缕析诗情诗理，或是谈诗韵诗风，均独有其真知灼见。如开首说及近年诗坛，"佳唱恒出于不以诗人或文人自名者……多革命豪杰……往往豪壮之气多，幽怨之情寡，虽时有声韵不叫者，而真气逼人，惊心动魄。吾人宁读此种，就其未工之处细细思之，有如校对论文，亦是一适，以为远胜旧之滥调，四平八稳，起承转合，不见性情，了无生气者也"。"性情"二字是他诗论最关切的，也是他本人创作诗的冲动力。

他认为真正属于自己创作的，只有诗，他十分宝爱出自他心灵的诗篇。1998年他自辑200册线装本，名为《蓬屋诗存》，共4卷700余篇，最早的起始于留学德国途中的1929年，止于甲戌年（1994年）。诗体多样，有古诗、近体诗，也有俚语、竹枝词。内容丰富，摹状写景，抒情感怀乃至记事述意，是梵澄在国内外生活经历、思想情感最生动的写照，确如鲁迅早年对他的评价："诗甚佳。"他早年的诗，曾有意仿效唐李贺之奇峭，如收在卷一中作于1936年的《秋雨》诗："蛟龙怒翻北海水，洒向空濛堕秋雨。沉沉白日融冷光，霜枫凝血芙蓉死。洞庭波阔吴山苍，云封雾结愁紫皇，樽中有酒不能饮，浩歌太素心悢悢。"诗后有跋云："丙子（一九三六）余居沪上曾写此寄鲁迅先生，后数日谒见，即问余曰近来读李昌谷耶，余曰然。"晚年的诗则趋于晓畅情理，如卷四的《邻宅岁半小女孩入室打破一瓷葫芦》2首云："白瓷烧似玉葫芦，贮酒常宜不数沽。闷想其中有丹药，怜渠打破始知无。""世上娇娃谁不爱，翻天打地尽由渠。他年吉礼观新妇，好向翁翁敬一壶。"诗中生动地画出葫芦之形象，女孩之活泼，老人之幽默，在富有生活情趣的韵律中蕴含着自然的哲理。

有的人认为他的专长是以文言写作古奥的内容，其实，他本是以白话议论现实的行家里手，曾出版散文集《泥沙杂拾》。然而，他对搜集出版他早年写的杂文集，却坚决拒绝。当有好事者钩稽了他在《自由谈》发表的近100篇杂文目录，交给他确认时，他竟采取"不认账"的态度，理由一是这些杂文的署名都是随意而取的笔名，时间太久，不便确认，唯恐掠人之美。其二，他引鲁迅的话说："我以为凡对于时弊的攻击，文字须与时弊同时灭亡。"其三，最主要的是他认为："目前，极难在青年界及一般知识分子中，养成一种敦庞笃厚之风，使人皆有一种开国之豁达光明气象。用于摧毁旧社会之尖锐刻薄冷嘲热讽之文字，不宜用于现代。"显然，这又与他出国后立下的不问政治的原则有关；也因为他以自己的见识，认为我国"沧桑变移，开国又五十年，纵观历史，可说达成此成果不易"。（见1999年8月27日致徐崇善函）当然，他也看到社会的黑暗面，但他"思郑康成有言，'知善深则来善物，知恶深则来恶物'是也，社会黑暗越掘越深，亦属无益"。（见1994年7月17日致徐崇善函）

风定落花

他强调社会教育的正面引导，因此他专治精神哲学，努力阐发我国文化优秀传统儒家思想的核心——仁，指出这核心是中外古今万善万德具备的。而且他身体力行这一人道中的"仁"。他除了努力完成自己既定的工作，还帮助别人审稿，甚至代拟英文稿（有的是不得不为之）。他曾在给笔者信中这样说："请恕我说出衷心话：我算是在学术界里混了几十年了，未曾入过任何党，任何派；到现在学术和事业可谓毫无成就。纵令有些表现，距我自己的理想还甚远，最重要的是：我觉得能活到现在已是大幸，然总归是来日无多了，如今虽在工作上颇能支持下去，仍以为最好是了清一事便算一事。尽心尽力，于人有益而为之，此即周先生昔年所谓'张家要我耕一弓地……'云云，努力做，赶紧做，其他一概不管。"他难忘鲁迅的恩谊，除撰写了回忆文章《星花旧影》一二篇外，更是不遗余力地完成鲁迅博物馆提出的要求。如为了出版《鲁迅藏外国版画》一书，已是84老人的他还亲自跑图书馆查资料，搞翻译，写有关画家的简历，并提出整理、编辑的具体意见，对编定的版画一一过目审定。此外，还撰写了《鲁迅珍藏德国近代版画选集》的《前记》。

梵澄先生的生活极为简朴。他家中除了一部不常用的电话及一台冰箱外，无其他电器。直至80岁高龄后，他依然坚持凌晨5点30分起床，练一套自己改编的古代八段锦；早茶后读梵文书，以备不忘；早点后写作两三个小时，午饭前看报，午休1小时，其后写字作画、公园散步，看闲书，直至八九点晚餐，10点30分安睡。他不肯接待来采访他宣传他的媒体人物，但乐意照料放学后的邻家女孩，教她下棋、学外语。他不肯无偿地接受赠送的书报杂志，也不愿滥用公家的一纸一物，但他经常资助弱者，他故世后从他的遗物中发现多种捐款证明书。1980年代中期，他曾代表世界宗教研究所去泰国参加一个宗教会议，由国外组织者提供个人费用，会后尚有结余，本可自用，然而他觉得"虽以学者身份出国，亦不可不稍顾世俗人情。而多得百余美金归国亦觉微失体统"，因此他将100美元捐赠给大寺中的一位美国比丘，"亦买得数卷书，将来归之所中图书室"。（见致世界宗教研究所所长任继愈的书面汇报草稿）

梵澄的"仁"也不是无原则的，他总是直言不讳提出自己的观点，也就是在那次泰国会议上，他极其鲜明地提出"佛徒不当参与政治。教会活动和世俗活动当分"。并以中外历史事实说明宗教化的国家易亡，而"佛徒一受权力之诱惑，亦易致堕落"。（见致世界宗教研究所所长任继愈的书面汇报草稿）

在对待家庭和亲属的关系上，也充分反映了他的仁义和原则性。为了挽救他侄子垂危的生命，他可以改变自己的行事准则，请求几近断绝来往的海外友人尽速代购药物疗具，甚至写报告给有关当局，力陈必须批准所申请的外汇。然而，当他侄儿的子女来京住在他家时，竟私自翻其抽屉，清理其书信，且有其他无礼之行为，作为叔祖的梵澄给他们写了一封进行现代化教育的信，指出："人权，在家庭中亦当遵守。言现代化，则有规矩当守，言西化则有礼貌当遵守者也。"从这些教言中，可见这位耄耋老人对"现代化"的意义是多么清楚。虽然他爱写古朴的文字，生活不追求时尚，但他的思想意识却是真正的"现代化"。

他曾在《希腊古典重温（一）》中强调："古不可复。古，无由复，不能复，亦不应当复。人类须是生活在现在而望着将来。但

风定落花

刻刻进步或说转变，现在旋即成为过去，三时一贯，了无间歇。"他以罗马人造扬鲁斯神像，一面正对过去，向后，一面正向未来，向前，形象地说明："凡我们对古代文化的研究，原则是表之于此一象征。无论从东西方我们摄得其文化精华，正有以供现代与将来的发展。"梵澄以毕生的精力治精神哲学，因为他感悟这一探讨宇宙和人生真理的哲学，"系立于各个文明系统之极顶。其盛、衰、起、伏，实与各国家、民族之盛、衰、起、伏息息相关"。因此他不断激励自己和读者在精神上要"永远的超上"，才能不断创造"现代化"。

徐梵澄以其不平常的心路历程，为后人留下了不少以其实践和刻苦钻研而获得的感悟，是我国人民实行"现代化"道路中极其宝贵的精神财富，值得认真地研究和学习。2001 年中国社会科学出版社出版的《中国社会科学院学者文选·徐梵澄集》（孙波编），为这一研究创造了较好的条件。（后记：又有《徐梵澄文集》16 卷，上海三联书店、华东师范大学出版社 2006 年版）

（写于 2002 年）

颠簸

铁骨柔肠
——感念恩师李何林

没想到我竟与何林师共事十载，成了既可随便说笑，又可任意争论的同事，这在我30年前刚进南开大学中文系学习时哪能想到？那时，他在我的心目中是一位作风严峻的导师。

第一次见系主任李何林老师的场景早就忘了，但有一次讲话中普普通通的两句话却难以磨灭。那是1956年初秋的一个下午课外活动前，全年级在男生宿舍楼前集会，事必躬亲的何林师正在总结我们入学后的情况。突然，先生冲着一位同学说："你年纪轻轻的，留什么胡子，像什么样子？我五十多岁了，还不留呢！"原来那位同学蓄着当时颇时髦的哥萨克小胡子。这时我才仔细打量何林师，果真他的脸上光光的，那张酷似西洋人的脸显得十分白皙、端庄，连头发也一丝不苟。我心中不禁赞道："多么漂亮的先生！"这当儿，队伍中有几个球迷早被旁边操场上的呐喊声吸引了，踮脚探脑地急不可耐。何林师见状很不以为然地说："看球赛有什么意思，看别人踢球不如自己到操场上去锻炼身体。"这回可轮到我们不以为然了。直到后来他给我们开了鲁迅研究课，我才仿佛悟出先生诸如此类形似偏激言词的由来。他平生不学时髦，对鲁迅曾痛心抨击的那种起哄的看客尤为厌恶；凡是他认定有意义的事，则躬行实践，锲而不舍。

先生这种严正的作风，尤为鲜明地表现在教学和科研中。他认为写字说话首先要为对象着想，让人明白，因此他字如其人，一笔一画；声如其人，清朗透彻，绝无含混不清的观点。他教授鲁迅的深奥文言论文《摩罗诗力说》时，更是不厌其烦地逐句讲解。一直到晚年，他还执意于新版《鲁迅全集》应有详细的注释，以便普及。他经常强调，学习鲁迅，首先要搞懂鲁迅作品的思想内容，这是他从事鲁迅研究60年来最执着的一条治学之道，也是他忠贞不渝地崇敬鲁迅，披肝沥胆地护卫鲁迅思想的原动力。

何林师思想严正却不狭隘。我至今仍怀念进入大学的第一年，那正是何林师在南开园里耕耘4年结出硕果的一年。全系充满了浓郁的学术气氛，公开的毕业论文答辩会令我们这班新生大开眼界。当时在何林师的积极延聘下，南开中文系已形成一支较强的教学队伍，尤其在语言专业和宋元文学方面，容纳了不同学派的教师。除此以外，何林师又亲自请来南北名家作专题讲座，这些内容现在依然保留在我珍藏的笔记本中。试看1957年4月22日—6月3日间的短短两个多月中，就请来了北京的古典文学专家游国恩，美学权威蔡仪，上海的文艺理论家徐中玉，武汉的现代文学史家刘绶松，此后，老舍、杨晦、王瑶、张毕来等作家、学者、教授也纷纷应邀而至，其中还有创作著名相声《买猴记》的何迟。广泛而又富有特色的专题，开阔了我们的视野，我们这些新生也踏实地写出了学年论文。这是一个多么美好的年代，希望几乎与我们同在。

风定落花

然而，好景不长，反右斗争后，何林师行之有效的教育方针竟被批判为修正主义的"李何林主义"，南开园里响起一片"打倒资产阶级学术权威"的声音：最受学生欢迎的古汉语专家马汉麟教授被剥夺了教学权，学术上颇有造诣的许振扬教授因不堪凌辱在批判会上晕倒。我们这些幼稚的学子，虽不明什么政治内幕，却已知学业上的好歹，听了那些谩骂性的批判言词，真是如坐针毡，只能暗发牢骚，即使如此，也会因有人打小报告而莫名罹罪。正当绝望之际，突然又听到了何林师那清朗的声音，他在一次会上斩钉截铁地说："马汉麟是一匹好马，不能打倒！"好一个不避嫌疑、正气凛然的师长！这声音依然是那么威严，却又是那么亲切、可敬、可爱，温暖了多少冰冷的心。

　　人颂何林师刚正清毅中尤多淳厚的情愫，堪称蔼然仁者，此言诚然。即以我这个和先生不太接近的弟子来说，也曾多次蒙受先生的恩泽。

　　我永远不会忘记毕业分配时先生对我的一番心意。那时，我因连续紧张的政治运动，心情压抑，常梦见青面獠牙，乃至患有不能确诊的长期低烧等症状，所以填写志愿时只写了一条，希望回到熟悉的南方上海去。可是这一年统一分配地的最南端是沧州。"得，发配沧州吧！"我凄然地想。我又是绝少几个被严厉著称的何林师亲点的谈话人。未料一开始，先生就以商量口吻跟我说："你的身体很不好，所以这次决定分配你到北京医学院，那里要扩大成万人医学院，增办中医科，需开古代汉语课，这是副科，一周课时大概只有两三节，这对你的身体也是合适的，你觉得怎么样？"我觉得怎么样？！不是沧州是北京，想也没想到。只是这医学院学生不会重视副科的，教着没劲。我如实说出自己的忧虑。先生说："这也不见得，主要看你怎么教。再说医学院的医疗条件好，治病也会方便些。"多么周到的设想，多么富有人情味的话，我还有什么可说的。不过，待我去医学院报到时，国家已困难，所谓的扩建计划早成画饼。医学院要我去学报工作，我立马拒绝，毫无医学知识的我，怎能到那攸关人命的学术处滥竽充数。正好附中要语文教师，我也乐意去教单纯的中学生。那时的学生是多么好学，我高高兴兴地教着市郊的附中和市里的护士学校，一周 22 节课，还要辅导晚自习，这也不以为苦。可惜身体不饶人，不到一年彻底病倒。这下应了何林师的话，医学院给我提供了最好的医生，最好的医疗条件，找到了全身结核的病根。我这个曾被医生判了死刑的人，重新恢复了工作能力。

世事莫测，一场"文化大革命"，竟使读书无用，语文教学成了连篇累牍"红头文件"的宣讲课，学生笑老师人云亦云，我亦自恨言不由衷，唯一能慰藉我的是那知人知世的鲁迅著作。学兄张小鼎无意间说起他所在的鲁迅博物馆内有不少藏书却无人看，不由得激起了我的幻想：离开讲台，借当时未被侵犯的圣地鲁迅博物馆之一角读读书。然谈何容易？幸在博物馆内有我丈夫的朋友，暗传消息：周海婴上书毛泽东主席，提议在鲁博成立由李何林领衔的鲁迅研究室等事，已经批准。我便不揣冒昧地请先生的爱徒菊香学姐代为引荐，于是我在中央组织部强有力的调动下，神速地又回到了阔别 15 年的何林师身边。

记得是在 1976 年那地火奔突的清明时节，我从城郊海淀迁到城内，白天先去鲁迅研究室报到，见了已从天津来京就职的主任何

风定落花

林师。傍晚又匆匆潜往天安门广场，在悼念周恩来总理的人丛中，抄下声讨"四人帮"的诗词。晚上正当我边吃饭边细析抄来的诗词时，突然响起"笃笃"敲门声。我赶紧藏好诗词，打开门不禁大惊："啊！李先生，是您呀！"只见先生手拿电筒，站在黑夜的寒风里。我赶紧把先生让进屋，也顾不上说什么寒暄的话，便拿出诗词来与老师共同品尝。我激动地念着，先生专注地听着，我们并没有互递什么当时社会上流行的政治消息，但是我自信老师的想法跟我们是完全一致的。可是，不久上面传下命令，要追查去过天安门传抄诗词的人，鲁研室当然也不得例外。全室人默默地坐在一起，谁也不想先开口。倒是勤杂工关师傅先打破了冷寂，说她家住在天安门边上，天天路过。接着会计老刘也说，有一次坐公交车路过天安门，看见许多花圈许多人，可惜车开得太快，没看清。其余的人便纷纷说没有去过，没有传过诗词。我自然也说没有，只是说完就心跳，偷眼望望何林师，他依旧坦然地坐着，过了一会儿就宣布散会。未料第一次瞒天过海便这般迅便。现在想起来，当时作为领导的何林师乃担着不认真查办的风险，然而，他沉着地保护了全室人。

何林师不愧是一位是非观念、爱憎感情分明的有识之士。他是研究现代文学史的，尊重事实是他治史立论的出发点，他远在1930年代撰写的《近二十年中国文艺思潮论》，至今仍是海内外学者看重的历史性专著。他不容许恣意颠倒历史，混淆是非，是以屡屡挺身而出阐明鲁迅思想，为九泉之下的冯雪峰击鼓鸣冤，为蒙垢含屈的胡风文艺思想申雪明义。他这种仗义执言、独立不倚的精神，深受同辈和年轻一代的尊敬，在学术界享有盛名。

作为学者的何林师，保持着强烈的社会责任心，他总是尽自己的力量去纠正我们社会生活中不正常、不合理的现象。一次，我的表姨夫来信说，杨杏佛的原夫人赵志道逝世后，房管局封了她的房子、家具以及书画等文物，其长子杨小佛身处逆境，无发言权，次子杨澄远在福建，四处申告无效，希望鲁迅研究室出面反映这一情况。当时"四人帮"刚倒台不久，极左的影响还很大，我便试着向何林师报告了这件事。先生当场表示：杨杏佛是革命前辈，又是先烈，他的遗属理当照顾，文物要保护好。他让我写下详细情况，由他亲自执笔给宋庆龄女士和上海市统战部分别写信，果然不久即奏效，初步落实了政策。

若说对革命的贡献，何林师本人自1926年参加北伐以来，就未停止过对反动势力的斗争。有人曾说："以先生的革命资历，其位早应在部长以上。"然而，他很少谈自己的革命史。直到晚年，在他应邀撰述的回忆录中，我才得闻他在八一南昌起义和安徽霍邱暴动中的出生入死；才得知他在闻一多、李公朴被暗杀后，从昆明奔赴南京梅园向周恩来报讯，向社会各界揭露真相；才得悉他后来在台湾大学因宣传鲁迅和革命思想，险与许寿裳同遭不测。作为一个历经艰难的革命者，在功成后很少顾及自己的政治待遇，倒是经常拒绝一些应有的生活照顾。1983年我与何林师一起去厦门开会，飞行到福州后还需换乘汽车，会议组织者虑及路途颠簸、炎热，怕年近80岁的老先生受不了，特地包了一辆带空调的小汽车。可是老人一听车费300元，便断然拒绝，情愿改乘绕道的夜行火车。是夜，软卧车厢内闷热异常，待都待不住，只得彻夜站在车门口透气。我嗔怪先生说："瞧，让您坐带空调的，非不坐，这不受罪啦？

　　　　　　　　　　　　　　　　　风定落花

一夜不睡，病了咋办?"先生却笑笑说："还是坐火车好，空调小汽车太贵啦。"每当忆及此事，不由感慨系之。

一切从国家和党的利益出发，是何林师处事的准则。在他主持鲁迅研究室的10年间，他对人对己的要求小至不能在办公时间闲聊、打私人电话，大至科学研究"不要看风使舵，要客观地、实事求是地来研究鲁迅"。所以全室虽然只有10多人，却有较高的工作效率，除完成个人的著述外，又协力编印了8本《鲁迅书信手稿》，撰写了4大卷内容翔实的《鲁迅年谱》，出版了《鲁迅致许广平书简》等多种研究专著。由先生主编的15辑《鲁迅研究资料》和44期《鲁迅研究动态》，也因其资料丰富可靠、敢于争鸣等特色而远销海内外。人称先生领导下的研究室是个坚实的研究集体。

在政治思想方面，他的要求可谓极其严格，然而在此理想和现实多有矛盾的时代，人们的思想不免时有冲突。一次，我在政治学习讨论会上说了一个早已不是"小道"的消息，他便很有责怪之意，这在我看来，不免有些"迂"，有点不民主。鉴于有的"理"一时很难说清，参加讨论会时我总想靠后溜边坐，以便天马行空。然而，先生却顶真得很，对我这样的散漫分子，尤为注意，一到开会时，便点着名儿把我提到前排就座。四五十岁的人仍像小学生般受约束，真是无可奈何。后来我干脆主动直面先生而坐，可是思想一集中，骨鲠即在喉，不能不吐，免不了和先生抬杠，对此先生倒不以为忤，只是谁也说服不了谁而已。在这种争得面红耳赤的讨论中，我又十分喜欢先生的民主作风。

在处理行政事务中，先生也十分注意民主程序。我是一个业务人员，对机关中的人事安排不甚关心，可是作为领导的何林师，总是主动地约我们每个人谈话。当然，领导的眼光和群众的看法不尽相同，人事安排尤难尽如人意，但是，互通思想，至少取得了理解。

然而，凡事要取得完全的理解，毕竟是很难的。在某项集体编写工作中，我因几番感到难以合作，只得采取"退出"这一下策，遭到何林师严厉的责备，我也很不服气。后来在党内整风期间，何林师约我这个非党分子交换思想，而我却认为其时双方思想尚偏执于一方，交谈徒然增加意气，于事无补，我终于以任性造成了与何林师的隔膜。

我原以为此生已无缘和先生谈心，但命运之神又令我与先生亲近。1986年夏，我因聂绀弩夫人周颖委托，组稿编辑纪念绀弩先生的文集。在绀弩10年冤狱释放回京时，先生是较早去探望他的人之一，聂夫人有感于此，希望我去请先生写一下对绀弩的认识。我则以为先生与绀弩接触不多，怕不能写；再则，我去请他，更不适宜。当我把自己与何林师龃龉的事告诉聂夫人，她竟笑道："去吧，你的老师会理解你的。"我只得硬着头皮踏进史家胡同5号。那时先生已退居为顾问，正在家撰写回忆录。他见了我很亲切地问近来干些什么，我向他汇报了自己的工作后便说明来意，最后傻里傻气地说："您跟绀弩先生接触不多吧，写不了吧？"先生想了一想说："接触是不多，不过，解放初期开会时常在一起，他的不少文章我都读过。"他走到书架前，取出《聂绀弩杂文集》和《散宜生诗》，边翻边说："他是位难得的杂文家，诗也写得好，又是老同志，却遭了很多磨难，这样的人不纪念还纪念谁呢？"啊，我们的想法竟如此亲近！我顿时两眼潮乎乎的，久久不能平静。一星期

风定落花

后，他就把纪念稿交给我，又把另一份亲自交《鲁迅研究动态》发表。

这一年冬天，我又请先生参加鲁迅研究室举办的"敌伪时期周作人思想、创作研讨会"，他慨然应约出席。谁知他此时已重病在身，不久即躺倒了。但每次去医院探望，他依然竭力振足精神与我们谈话。直到去年冬，癌细胞严重侵蚀大脑，他丧失了语言能力。可是有一次，我和学友们一起去探病，当说到我的名字时，先生竟像小孩般抽泣起来，我惊呆了，难受得眼泪直流。听说这是何林师后期病重时常有的现象，一生硬朗的先生竟会见到一些人激动得呜咽，令人难解。我不由痴痴地想，莫非先生还在怪我罪我？莫非我使先生的心灵受到了难以弥合的创伤？

老师，有人笑我的固执像您，然而，我深知您的固执中含有坚忍的意志，而我最缺乏的正是此种咬住不放、主动进击的可贵品性。何林师，请原谅您的不肖弟子！

（写于 1988 年 11 月 21 日向何林师遗体告别之前夕）

[后记]

近年曾参与 1961 年大学毕业分配的封敏学姐在她的《记忆的追索》一书中说：当年讨论分配方案时，"北京医学院有一个名额，李先生不容考虑地提出让姚锡佩同学去，她身体不好，又是年纪最小的女生，看病方便些"。恰巧我又听鲁迅研究室同人说，某次大家谈到我时，李主任说，当年是他主张把有病的我分到北京医学院去的。我不禁困惑地想，在校时我没有和何林师交谈过，为什么先生竟如此清楚地知道我的病情？除了参与分配者的简介，莫非他还看到了 1958 年我写给南开大学党委和中文系的申诉信？因我长期低烧等病情查不出病根，医生建议我休学或休养。时值要大家留校过"共产主义暑假"的整风活动，我请了假。不料某些干部竟给我扣上"谎报"的"罪名"，要我留校受整。在那种情势下我不顾一切地"潜逃"回上海，并写信给校、系领导，要求彻查真相，还我清白，否则退学。还附上医生写我病情的诊断书和建议。也许——何林师看了我的病况，理解这对一个女孩子是何等的严重，所以在不少有病学生中他首先考虑了将我送进医疗条件好的医学院。如今我已度过八十大关，此恩首先来自何林师啊，令我感念终生！

（记于 2017 年平安夜前夕）

风定落花

视野开阔、独具胆识的出版人赵家璧

赵家璧是我初进鲁迅研究室时在学术思想上的领路人之一。

1976年建立鲁迅研究室时最初的任务之一，便是在李何林的主持下编辑一部材料翔实的《鲁迅年谱》。为此，我和同事们走访了不少鲁迅同时代人，赵家璧就是我们请教的前辈。

1977年6月24日上午，我们来到上海大陆新村鲁迅故居附近的赵先生家。一进书房，我们便被满墙的书柜吸引住了。众多的中外古今书刊，令人目不暇接，其中有不少是先生亲自主持编辑出版的，考究的纸张，精美的装帧，在我国图书界均属上乘。先生取出了经他约稿、出版的鲁迅先生编译的《竖琴》《一天的工作》及后来的二者合集——硬布面精装特大本《苏联作家二十人集》，给我们讲起这些书的出版原因：1932年他从光华大学英国文学系毕业后在良友图书公司任文艺编辑，即计划编一套全部收第一流作家新创作的"良友文学丛书"，用米色道林纸印，软布面精装，不论厚薄，书价一律大洋九角，这个设想大胆地突破了我国文艺出版物局限于纸面平装的格局。而第一个接待他组稿并应承的，就是鲁迅。那天，他动情地给我们讲述了他最初与郑伯奇一起去内山书店向鲁迅约稿的情景，仿佛事情就发生在昨天……

鲁迅按他的要求，把与人合作翻译的苏联作家作品集分成《竖琴》和《一天的工作》2册送上，作为一个有眼光的编辑，灵活地毫不犹豫地接受了这2部合作书稿。远大的理想和宽广的胸襟，使这位24岁的青年编辑在上海滩一举打响了他策划的"良友文学丛书"。3年后他又推出了"良友文学丛书特大本"，得意的他没有忘记鲁迅最初为支持他而改变初衷，把书一分为二的事，为此他又主动建议出合订的特大本，成全了鲁迅早就要出版一部有分量的苏联小说的愿望。由于有赵家璧这样的注重中国文化事业的开发，且关心作家切身利益的好编辑，良友从一个商业气息浓厚，一直以出版画报、画册为专业的书店突进为一个富有进步文艺思想，颇具影响的大出版社。同时赵家璧与鲁迅及进步文艺有了不解之缘。后来，赵家璧受鲁迅的启发，翻印了比利时木刻家麦绥莱勒的4种木刻连环图画故事，鲁迅亦应邀为其中的一种《一个人的受难》作序。出于对他的信任，鲁迅不仅向他推荐了左翼作家周文、葛琴的小说集《父子之间》和《总退却》，以及曹靖华译的《苏联作家七人集》，还力荐当时人们疑惑或不屑顾及的尼采著作，使徐梵澄译的《尼采自传》成了我国出版的第一本从德文移译的尼采原著译本。

作为一个编辑和出版家，赵家璧以对事业特有的真诚、执着和追求，赢得了众多作家的信任和支持。如他在1936年发起组织并主编的《中国新文学大系》10大卷，即征得蔡元培作总序，鲁迅、胡适、茅盾、郑振铎、朱自清等著名的作家、学者分别编选并作导言，堪称来自民间的一次新文学的大检阅，其影响至为深远。而鲁迅先生抱病为大系编选《小说二集》并作序，及后来在病中为他编的《苏联版画集》选画、作序等工作，都已成为作者和编者精诚合作的感人肺腑的文坛佳话。

家璧先生的热情和真诚，并不仅仅反映在和大作家的关系上，即使是我辈无名的后生小子，先生也以极大的诚意相待。当他的《编辑生涯忆鲁迅》一书出版后不久，我即收到了他亲笔题赠的签名本，使我对鲁迅的事迹有了更系统的认识。以后，我每到上海，都想去找他聊聊天，他那开阔的思想，随和的态度，总能让我在无拘无束中获益匪浅。他在中国图书出版事业上的创新和开拓，也为后人所继承而受惠于读者。如1980年代上海文化出版社出版的"五角丛书"，恐怕就是脱胎于先生开创的"一角丛书"，我购读了不少这套价廉物美的书，在一二个小时内即可获得颇为系统的知识，享受莫大的精神欢愉。

不久，我又有幸认识家璧先生作为学者的一面，那是在我研究美国女作家勃克夫人（即赛珍珠）时。我因编写《鲁迅大辞典》需撰写鲁迅曾批评过的勃克夫人的小说《大地》这一条目，当我读完该小说，发现我的感受竟与鲁迅不同，跟当时一些严厉批判《大地》的观点更是大相径庭。我觉得这位外国女作家对旧中国及底层老百姓的了解和描写，远远高于外国其他所谓的"中国通"，深深融入了作者对中国农民的热爱和对中国妇女的同情。她表现的内容和主题显然与一般中国作家的同类作品有所不同，却有其独特的发人深思之处。她笔下的农民和妇女，与我所崇敬的斯诺在《西行漫记》所报道的革命根据地的农民和妇女确实有很大的差异，但都是真实的。他们的作品都在世界上发生了很大的影响，然而在我国对这两位都热爱中国的美国作家的评价，竟有天壤之别，原因何在？

我粗读了在我国尚未能翻译出版的赛氏传记《我的几个世界》（My Several Worlds）和最后一部作品《中国的今昔》（China Past and Present）后，似有所悟。时值 1988 年召开纪念《西行漫记》出版 50 周年学术讨论会，我提交了一篇题为《〈大地〉和〈西行漫记〉——赛珍珠和斯诺》的比较性论文。原以为会有反对意见，不料一开始便得到老外交家黄华的重视，并特意安排发言，还鼓励我继续对赛珍珠的研究，认为过去我们对这位美国友人不公。（1936 年 9 月 15 日鲁迅在致日本友人增田涉的信中也已担忧某些根据译著而对赛氏做出的批评，可能有误，"倘如是，对于原作者，实为不妥"。）然而，在那时以我辈长期形成的单一世界的单一思想去认识并理解赛氏几个世界熏陶成的斑驳思想，谈何容易？在不少读过赛氏作品及了解其功绩的中外人士的支持下，我读了凡是能找到的赛氏著作，并搜集了对赛珍珠及其作品的评论，不意其中极有深度的分析，竟是家璧先生发表于 1938 年 9 月《现代》3 卷 5 期上的《勃克夫人和黄龙》，颇有启发性的还有他以小延笔名翻译的赛氏论文《东方、西方与小说》，载于同年同刊 2 卷 5 期。

　　在《勃克夫人和黄龙》一文中，他除了像许多深通英语的评论家那样，从原作中看到这部小说的最大特点，即全书充满浓厚的中国风：这不但从故事的内容和人物的描写上可以看出，连简练的文字格调，也具中国特色，认为这与作者 30 余年来和中国人的共同生活有关，尤其有着多年乡镇生活的体验。家璧先生还从作者的创作思想、文艺观点出发，分析这部小说中国风形成的原因。他指出作者赞赏中国古典小说的结构不像西方（如英国）小说那样刻意追求情节、峰点和收场，因此更"特别象征着人生"。她也感受到中国小说"凭他如何写实，总有浪漫的情调"，而"中国小说中真正的浪漫作品，事实上都用写实方法去表现而描绘得再平凡不过的"，即便是鬼怪和神道，也有人性在，是平常人，而这正是"中国人某种本性的显露"。显然，这也成了作者创作时的追求，诚如家璧先生所肯定的："勃克夫人所写的中国小说里，没有应用过鬼怪，她自己信仰的上帝，也没有插进过，但是中国小说中人性的描写，在她的作品里却是尽量的表现着了。"这集中地反映在她所创造的《大地》主人公黄龙（现通译为王龙）身上。家璧先生第一个准确地揭示了这个人物的特性，他说："黄龙是一个初民（Primitive man），抱着单纯的信仰，过着单纯的生活，信着单纯的命运观，这一种落伍在现代文化背后富于初民性的人，欧美诸国不容易找，而中国就有一半以上可以出来充做代表。"作品的意义即在此。而它之所以被欧美的读者赏识，也即在于此，既合于他们视中国为落伍民族的认识，又成为他们逃避物质文明机械痛苦的梦想。家璧先生透过作者本身的艺术观和作品的实际，如实地评价了作者的成就和局限。

家璧先生提出的初民思想，即对土地、儿子和命运的信仰及依赖，我在赛珍珠继后写的2部作品《儿子们》和《分家》中，都可以从成为军阀和留洋学者的黄龙儿子及孙子们的内心深处看到，即使是在我们所生活的20世纪末的现代中国，也不乏这样思想的人，它也是束缚我国飞速进步的原因之一。无怪乎瑞典文学院把1938年的诺贝尔文学奖授予这位名不见经传的女作家，把这统而名为《大地上的房子》的三部曲称为史诗性的作品。（顺便说一下，1979年《鲁迅研究月刊》第6期曾发表陈辽研究员对该书"史诗性"的质疑。其实只要稍作了解，即可知作者写《大地》时尚无意把它写为三部曲，所以若要死算祖孙三代的年龄来断定故事的背景，便会自误。而文艺学上的"史诗"概念，本非对历史的复述，更非抱有绝大政治偏见的说史。）家璧先生对该书思想内容、结构、风格等等的精辟分析，也使我得以窥识某些自视为极新式的国民党官员、留洋学生和自视极革命的文人何以都全盘否定这部小说的心理，及这部不同于西方风格的通俗小说之所以不能进入美国纯文学的殿堂，却为广大读者所接受的原因。由此我又写了《赛珍珠的几个世界：文化冲突的悲剧》及《论赛珍珠的〈大地〉三部曲》等文章。

后来，家璧先生把《勃克夫人与黄龙》一文收入他1936年出版的《新传统》一书中。《新传统》仅仅收集了他于1933—1936年所评论的9位美国作家。这是一本在我国较早的专门介绍20世纪美国小说的论文集。他为什么要介绍当时人们不太瞧得起的美国文学呢？正如他在《序》中所说："美国的文学是素来被人轻视的，不但在欧洲是这样，中国也是如此；所以许多朋友劝我不必在这样肤浅的暴发户家里枉费什么时间，然而我竟然这样的枉费了。""因为我觉得现在中国的新文学，有许多地方和现在的美国文学有些相似的。现代美国文学摆脱了英国的传统而独立起来，像中国的新文学突破了四千年来的文化的束缚而揭起了新帜一样。至今口头语的应用，新字汇的创制，各种写作方法的实验，彼此都在努力着，而近数年来，在美国的个人信义没落以后，从五四时代传播到中国思想界来的'美国精神'，现在也被别一种东西所淘汰了。太平洋两岸的文艺工作者，大家都向现实主义的大道前进着。他们的成绩也许不十分惊人，但是我们至少可以从他们的作品里认识许多事实，学习许多东西的。"他敏锐地看到了中美两国文学发展道路上的相似处。他山之石，可以攻玉。他在该集的论文《美国小说之成长》中详细介绍了美国文学成长发展的过程，及其间的各种流派，指出："一百五十多年来，为了思想上、言语上、经济上的落伍，停顿在英国的殖民地意识上的美国小说，从马克·吐温起开始挣扎，经过霍尔威斯、杰克·伦敦、辛克莱的努力，到了 20 世纪开始，由德莱塞、安特生、刘易士而逐渐建立，如今到了福尔克奈、帕索斯，而成为一种纯粹的民族产物了。"又强调："近数年来，思想上的转变，更是显著的事实，所以今日的美国小说，虽然他的成就还不大，可是他不再是英国的一支，而是世界文坛上最活跃、最前进的一国了。"家璧先生对现代美国文学的成就，特别是对它的独立性给予了高度的评价，并准确地预告了它的前途。他所介绍的作家除了著名的现实主义作家德莱塞、安特生和新星福尔克奈，及新进的社会主义的现实主义者帕索斯外，还包括被称为"迷惘的一代"的新进的悲观的现实主义者海明威，更有被视为逃避现实、塑造西部理想的地方主义者维拉·凯绥和逃避到天主教里去的独特的古典作家桑顿·维尔特。甚至有当时读者生疏，正统的现代美国文学史里也很难出现，但对美国文学发展颇有功绩的裴屈罗·斯坦因。不正是这些形形色色的风格独异的作家，组成了一支活跃于世界文坛的美国文学队伍吗？这不正是中国文学发展所要借鉴的经验吗？

有意识地及时反映世界各国文学的新动向，一直为家璧先生所关注。早在他走出校门后不久，便从 1934 年英国《半月论坛》刊载的《现代小说之动向》专栏中译出该刊特约的各国权威作家分别撰述的文章，在该年底便集成《今日欧美小说之动向》一书，介绍了英、美、苏、法、西班牙、德意志、斯堪的那维亚、意大利及意大利法西斯蒂文学。如《译者序》中所说，该书"包含现代各国小说的特点，正在风行和已成过去的流派，重要的作家和作品，以及未来的趋势等。材料新至1934年，所有世界上比较重要的国家，可以说全在这里了"。这本译著和论著《新传统》都因先生赠给鲁迅而保存在北京鲁迅博物馆内，成为我研究鲁迅与外国文学的重要参考材料。

以编辑为专职的家璧先生，却以其宽阔而又敏锐的目光，勤奋地为中国的新文学输入多种养料，又想方设法开拓我国的图书出版业，积极扶植无名而有为的年青作家，其做出的贡献是巨大的，是我国极为难得的学者型的出版大家。

可惜我和先生相聚的机会不多，1990年代我每次回沪，或侍候母病或行止仓促。前两年，某电视台约我和他人合作改编勃克夫人的《大地》三部曲为电视连续剧，剧本完成后，很想听听先生的意见，却听说先生有病，乃不敢打扰。但心里时时念着，还想着回沪时前往探访。不料今春（1997年3月12日）传来先生仙逝的噩耗，不胜悲痛，唯有在心中默念先生对我的启示和教益。先生那亲切、朴实的面容，博大、开阔的胸怀，永远留在我的记忆中。

（写于1997年11月于北京）

风定落花

率真的老作家楼适夷

　　1930年代以来闻名于文坛的老作家楼适夷，一直关注鲁迅研究，所以自我进入鲁迅研究室后，在一些会议上时常见到，但真正的交往，是在1986年。

　　那年4月，南京《文教资料》刊载了一组回忆录，提出"周作人不是汉奸"等一系列观点，造成很大的反响。为了搞清史实，我奉研究室之命，组织与此有关的人士和周作人研究者，召开"敌伪时期周作人思想、创作研讨会"。得知适夷先生是1938年武汉中华全国文艺界抗敌协会18位作家致周作人公开信的起草者；在中华人民共和国成立后，他作为人民文学出版社的副社长，又曾奉上级胡乔木等的指示和周作人直接交往，除谈翻译的选题外，还解决了周作人生活上的一些困难，我特地请他参加研讨会。适夷先生欣然赴会，并作报告《我所知道的周作人》（载于《鲁迅研究动态》1987年第1期）。他以自己的亲历说明当年之所以发出致周作人的公开信，即因为周作人在北平出席了敌人召开的"更生中国文化座谈会"，文艺界担心他有叛国事敌的可能，所以写信劝他离开北平。虽说后来有周作人辟谣之说，但终究还是担任了伪职。及至解放后，带有汉奸罪名的周作人被释放回京，安排在人民文学出版社做特约翻译。上级曾要求周作人写一篇公开的检讨，他虽然写了，但强调自己参加敌伪政权是为了保护民族文化，不承认有错误。即使如此，出版社还是根据上级指示不断地满足他所提出的生活上的要求。而周作人仍向海外出卖文物书画，并声称自己"乞食为生"，取笔名为"周长年"。最后适夷先生总结说："周作人给出版社做了大量的工作，他工作是很勤劳很认真的，甚至有时带着病还在不断工作，他的大量译稿，除了陆续出版的以外，至今还有相当的数量，积压在出版社编辑部的柜子里。'文革'以后好像编辑部没人予以重视，我以为这是很不应该的。""其次周作人有大部分藏书被国民党作为敌产没收，囤积在故宫神武门的后楼上，他几次向我们提出要求予以发还，我们也帮助他交涉过，以后好像一直未予解决。"我听他的讲述，不仅对周作人其人有了一个较为客观的真切认识，同时也很佩服适夷先生的率真。过去他为了担心负有"五四"启蒙家盛名的周作人落水，急切地起草致周作人的公开信，一心希望周作人走出日本侵略者的包围圈；现今又在讨论周作人是否是"汉奸"的会上，公然对难卸"汉奸"罪名的周作人的劳动及其成果做出积极的评价，并真诚地关心其成果和藏书的下落。他没有看风说话，说的全是肺腑之言。

我对适夷先生的进一步认识，是在我为聂绀弩纪念集的组稿中。适夷先生与绀弩先生都曾在人民文学出版社担任领导工作，当然就成了我首先组稿的对象之一。当他听说我们要编绀弩的纪念集，当即大表赞同，并说自己早想写绀弩了，他还主动地提供了若干与绀弩有关系的人，并代我们去组稿。他很快就完成了约 8 000

　　　　　　　　　　　　　　　　风定落花

字的《说绀弩》，交《新文学史料》，并向编辑建议编"聂绀弩研究"特辑。当我接到该编辑部来信要求我提供一组稿件时，我深为适夷先生率真的情意和眼光而深深感动。因为建国后不久即屡遭厄运的绀弩，且不说在当时的文坛上、社会上犹如出土文物似的不为人所识，即使在人文社内，也因过去的批判，存在着不少的误解，年轻的编辑更不识其为何人。适夷先生的文章和建议，无疑为我们宣传绀弩生平思想提供了机会。正是在适夷先生这样的极有识见的前辈们的支持下，使《聂绀弩还活着》这本纪念集虽经曲折，仍得以出版，并受到较高的评价。

读了适夷先生的《说绀弩》（载于《新文学史料》1987年第2期），前不久又看了收在《聂绀弩全集》第10卷中的"运动"档案，在历次运动的交代中，绀弩也有写到适夷先生之处，对照这些，我觉得他们俩都准确地写出了自己和对方，使我对适夷和绀弩这两位1930年代就参加左翼文坛的老作家的异同有了更形象的了解。

这两位早年就投身革命的作家，都可谓性情中人，为人处事都持有一颗坦诚的心。不过，绀弩有着冯雪峰所说的"儿童似的顽皮，也儿童似的狡猾"，而适夷似乎有点忠厚得容易被骗。1940年代在香港，适夷就受过绀弩儿童似的顽皮的骗：明明是绀弩拉着他上一家高级咖啡馆喝咖啡，吃西点，最后绀弩却站起来说："好，我走了，你付钱！"便头也不回地扬长而去——显然他知道适夷的口袋里有刚得的几块钱稿费。1950年代初，适夷夫妇和带着女儿的绀弩一起从香港回到内地参加第一次文学艺术工作者代表大会，可是从天津赴北京转乘火车时，却不见了绀弩，适夷夫妇便在一段时期内成了绀弩宝贝女儿的保护人。会议结束后，某首长要召见他们俩，适夷紧张地催绀弩赴约，绀弩却高卧不肯起。召见原来是分配工作，适夷并不乐意，但一想"服从组织"，就此定了终身，而绀弩却干脆回到香港去主《文汇报》笔政了。

几经周折，两人竟成了人民文学出版社的同事，适夷是副社长兼副总编辑，绀弩则是副总编辑兼中国古典文学部主任，可谓社长兼总编辑冯雪峰的左膀右臂。尽管他们的生活、工作作风不同，对人对事的观点也不尽相同，争争吵吵是少不了的，但他们有一个共同特点，就是不会摆官僚架子，夸夸其谈地训人。他们又都是口无遮拦的人，在一起言不及义、妙语连珠地发发牢骚也是常事。如对于一位后来的副社长的工作作风，他们都有点意见，适夷就禁不住说："我做了几年副社长，却不知道当副社长有这么多好处，可以用公家房子调换私人住宅，而找人家的钱又由公家付款，为优待高级知识分子而准备的家具，可以搬到自己家里去，可以越出规定要汽车，并且骂人等等。"（见《聂绀弩全集》第 10 卷第 245 页）不料，一到反胡风时，便把他们俩和另一位同事编派成小圈子，小会批判不已，还要他们交代和胡风的关系。找不到现行的，便查历史，算旧账。他们第一次尝到了在自己为之奋斗了半辈子的新社会挨斗的滋味。结果绀弩因与胡风有渊源的私人关系，他就给自己套上了一顶高帽子："我比别的胡风分子更胡风分子。"（《聂绀弩全集》10 卷第 181 页）适夷则因 1940 年代编《时代日报》时，发了不少所谓的胡风分子的文章，只得与几位"时代"同人写了一个检讨在《文艺报》和《人民日报》发表，才算过了关。可是事隔不久，来了更大的反右风暴，冯雪峰成了文艺界的大"右派"。在一次批冯的大会上，曾与冯有矛盾的人大翻1930年代"两个口号"的旧账，并抛出所谓的重磅炮弹，指责冯雪峰欺骗党和鲁迅，会场顿时爆炸了。适夷说什么也不相信自己早年就钦敬的"湖畔诗社"诗人，鲁迅的挚友，走过长征路，进过上饶集中营的老共产党员冯雪峰会欺骗党和鲁迅，适夷禁不住当众痛哭。当时已划为"右派"的绀弩反倒镇定地说："既然冯雪峰是'右派'，我自然也是'右派'。"不到10年又开始了史无前例的"文化大革命"，绀弩成了无期徒刑囚犯，被批为"黑帮"的适夷则在干校熬成白头。

待到拨乱反正时，适夷先生含泪迎来了被囚禁整整10年的绀弩，迎来了含冤失踪了20多年的胡风，却送走了不及身见昭雪的雪峰，他写下了不少怀念老友的文章。他在《记胡风》（载于1987年《新文学史料》1987年第4期）中曾以《列子》中的一则寓言来揭示包括自己在内的众人在批胡风时的心态："某翁丢失了一把斧子，怀疑是邻人某某所偷，暗中窥察，越看越觉得这某某很像是偷斧子的人，不管什么老朋友，大义灭亲。"他说自己就是在这种大轰大嗡的运动中，搞昏了头，以为胡风真是偷了斧子的，不但怀疑别人，有时甚至自己到底是好人是坏人，也搞不清了。于是不但被疑，还得自疑，他和"时代"同人写的检查，就是在这种心态下出炉的。

适夷先生的可贵之处，还在于他不仅仅止于对险恶的大环境的反思，而且直击自身的心窝，他回想他们"时代"同人，因发表检讨与胡风关系的文章而得到了稿费，便相约到四川饭店大吃了一顿，吃得酒醉饭饱，高兴自己"过了关"，可没想到胡风怎么在过日子。每想到"胡风落井，众人投石，其中有一块是我的，心里隐

隐作痛，觉无面目重见老友"。（见《记胡风》）

适夷先生就是这样一个心胸坦露的人，所以有时我去团结湖时，会不由得走到南里他的家中小坐。那时他身体已不太好，但在脑海中依然在思考党、国家、文艺界陷入无穷无尽斗争的原因。他想不通为什么在他们原以为人人都可以拥抱的社会中，事实却是："不仅仅是陌生人，连认为是自己同志的人，有些人也不是同你拥抱，而是巴不得一把揪住你，揪你个特务、反革命、反党、反社会主义分子呢！"（见《说绀弩》）为什么？为什么？在他的脑海中出现频率最多的，大概就是党内和文艺界的宗派主义思想和作风，这几乎是我每次探望时他必谈的主题。他难以摆脱对往事的种种回忆，每次都会详尽地描述党内和文艺界的宗派主义的表现和残酷的斗争，以至我很为他担忧，因为这种回忆太痛苦，太累了。

适夷先生终于彻底病倒了。我最后一次见到他，是在 2000 年的 2 月，他静静地躺在协和医院的病床上，已不能说话，呈植物人状态。他的身边有着各种治疗仪，据说其中有播放音乐的，而适夷先生的手竟还能按节奏打拍子。我听了心里略感宽慰，因为最终留在他脑海中的再也不是那可怕的回忆，可恨的噩梦，而是在美好的音乐声中走向另一世界。

今年是适夷先生逝世 4 周年，又值他冥寿 100 岁，我很高兴在我的旧物中翻检出适夷先生写给我的一封信，据信封邮戳是写于 1987 年 2 月 4 日，信内说要为香港的楼少垣代订一年《鲁迅研究动态》。楼少垣是他堂弟楼子春（一丁）的公子。子春先生早年曾被指为"托派"分子而被开除中共党籍，适夷先生每每谈及此事，多有不平。

旧物中还有适夷先生应我之请当即书赠的墨宝，内容是录鲁迅《热风·四十六》中的一段话："因为他们都有确固不拔的自信，所以决不理会偶像保护者的嘲骂。"（书写时凭记忆，有的词语略异，如"保护者"写作"崇拜者"）这是先生的自励，也是对我的勉励。我永远不会忘记这位热情仁慈的老人对我们晚生的期望，永远不会忘记这位忠厚率真的老作家对我们这一时代和人生的反思。

（写于 2005 年国际劳动节）

真诚的学问家林辰

2003 年夏天，我从南方返京，突然从《新文学史料》等期刊中看到我所尊敬的林辰先生已于 5 月 1 日谢世的消息，心中不由一惊。后来听说他虽然不是死于春天那场 SARS 病毒凶险的袭击中，但却因为那恐怖的社会环境而萧然离世，心中更生出无限的思念。

我和先生虽然接触不多，但他的道德文章一直令我钦敬。1976 年我成为北京鲁迅博物馆鲁迅研究室的一员后，先生的早期著作《鲁迅事迹考》和后来出版的《鲁迅述林》就成为我努力学习的书。这不仅因为他是我们研究室的顾问，更因为他的考证文字缜密，材料翔实，令我折服。当时我们刚从大动乱的噩梦中醒来，思想上、文风上依然存在着相当严重的流毒，而先生重实据的治学态度，无疑是治疗我们浮夸学风的一剂良药。

那时我正参与大型《鲁迅年谱》的编写工作。由于鲁迅是中国文化思想界的一位伟人，所以对他生平事迹的回忆和撰写，到了"文革"时期，已可谓汗牛充栋了。这既是有利的条件，却也存在不少歧说，甚至有不少文字因受社会环境和回忆者、撰写者本人多方面的制约而不可轻信。所以我们每写一个条目，几乎都要进行严格的去伪存真的过程。这是一个科学的工作，容不得半点的虚假和浮躁。林辰的治学态度和方法为我们提供了极好的指导。

综观林先生的学术文章都有着极强的科学性。他对每一个问题都详尽地占有材料，认真对待不同观点的论据，进行细密严谨的考证。而作为考察的资料，均采用第一手材料，即当事者或亲历者的论述，或与其相关的背景材料，进行多方面的旁征博引。他写这些文章时的生活、工作环境极不安定，正如他在《鲁迅事迹考·后记二》中所说，"这些文章都是在抗日战争和国民党黑暗统治时期写的。在那些年代里，我常年流转在一些小县城和偏僻乡镇，生活困苦，书籍缺乏，手边只有鲁迅著作的几种单行本，常常要步行二三十里到附近较大城市去借阅《鲁迅全集》，有些参考资料也不易入手，那时更无从看到像《鲁迅日记》一类的重要资料"，其工作的困难程度可想而知。但由于他工作认真细致，知识广博，方法得当，所以不论是考证《鲁迅曾入光复会之考证》《鲁迅归国的年代问题》《论〈红星佚史〉非鲁迅所译》《鲁迅北京避难考》《鲁迅的婚姻问题》《关于〈古小说钩沉〉的辑录年代》，还是筚路蓝缕辑录《鲁迅与文艺会社》《鲁迅与狂飙社》《鲁迅演讲系年》等开创性的工作，都能被后来出版的鲁迅日记、手稿，及各种回忆录所证实，为我们1980年代编写鲁迅年谱提供了切实可靠的论证。我正是在这些实际体会中加深了对先生的敬仰。

如关于鲁迅留学日本归国的年代，就有周作人的1910年说和许寿裳的1909年说的分歧，而同时许说又有或春或夏的两种回忆。尽管许先生是林先生极为敬仰的一位前辈，但为了搞清这一细小的误差，他仍不惮烦地求教，因此获得许先生更翔实的函复"一九〇

颠 簸

383

九年春，弟先返国，是年夏，鲁迅亦返国"。这一宝贵的回忆，经林先生细析鲁迅在《自叙传略》和《两地书》中的文字，以其在民国前后的经历，断定鲁迅是在1909年夏回国。正如林先生在文中所说："这问题看去似小，但牵一发而动全局，一年之差，可使鲁迅早期事迹都发生错乱。"正是他这一细致的分析和推断，使我在编写鲁迅年谱时，少走弯路，同时通过查阅1909年12月25日—1910年1月4日《申报》有关浙江两级师范学堂教员驱逐夏木瓜（夏震武）的报道，确证一贯以道学自命，尊王尊经的夏震武正是在1909年秋任该校监督，不到一个月，即在进步教员的强烈反对中，浙抚和学司被迫撤销了夏震武的监督一职。因此，鲁迅才会在1910年12月21日致许寿裳信中怀念他们曾共同参加的被他们戏称的"木瓜之役"。这些报载史料进一步证实了林先生30年前的推断是完全准确的。正是林先生的正确论断使鲁迅的早年活动变得清晰了。

又如关于鲁迅是否曾入光复会之说，一直也有许寿裳的"入"与周作人的"没有入"两说。尽管当时胡风也回忆鲁迅曾亲言"我加入的是光复会"，但仍嫌证据不足，对此，林先生却大胆认定可信的。他以鲁迅在日本时期写的文字及后来在《范爱农》《藤野先生》《因太炎先生而想起的二三事》及《华盖集·补白》和《华盖集续编·为半农题记〈何典〉后作》中的回忆内容，又参之以各种回忆鲁迅在日时期的言行，及当时鲁迅周围的朋友不少是光复会会员这一事实，推断了鲁迅在辛亥革命前后的思想行动是与光复会相关的。所以孙伏园在《鲁迅事迹考》的《序言》中说："作者仍以辨别材料、排列材料这两种方法的骨干，再用他那敏锐的思考，勇敢的判断，把这个问题稳稳妥妥地解决了。"在其后的 20 年间，又有沈瓞民、冯雪峰、增田涉等人的回忆，证言鲁迅参加过光复会。这个问题似乎是解决了，但林辰又在 1981 年再版的《鲁迅事迹考·后记二》中提出鲁迅加入光复会的时间尚不能确定，同时对沈瓞民的回忆提出自己的疑惑，可见他在采信上是十分慎重的，即使有的材料有利于说明自己的观点，也不轻信。正如他最初作《鲁迅曾入光复会之考证》时申明的："鲁迅是光复会会员与否，对于他的伟大，绝对无所损益。本文目的，只在探究事实；因为这一事实，对于研究鲁迅早期的思想和生活是很有关系的。"

正是这种审慎负责的态度，所以他也撰写了《论〈红星佚史〉非鲁迅所译》这样的文章，在考察鲁迅的佚文方面提供了良好的典范。这种科学的审慎的治学精神和态度，也表现在他对人事的评价方面。不论是介绍《鲁迅与章太炎及其同门弟子》，还是考察《鲁迅与狂飙社》的文章，其立论都以丰富的材料为根据，而不是一时一地的言行。因此在他论章太炎时，我们不仅能从鲁迅的名文《关于太炎先生二三事》和《华盖集·补白》《且介亭杂文二集·名人与名言》及《鲁迅日记》、相关书信中看到两人的关系，而且也得之于同门弟子钱玄同、许寿裳、周作人的转述中，更有周作人与章脱离师生关系的《谢本师》一文的对比，又有章太炎晚年对鲁迅被人误为"左倾分子"的理解，这些无不有力地支持了作者最后总结的这一对师生在思想、学问和为人方面的传承关系，令人读来，无不为他们醇厚真挚的师弟之道而感动。同样在论及鲁迅与高长虹、向培良、尚钺、朋其等狂飙社人员关系始末时，都是以双方的文字为根据，真实地反映他们近乎师生的关系及曲折纠葛的原因。恰是在充分掌握材料的基础上，林先生首次揭示鲁迅 1927 年 1 月 11 日致许广平信中的内容跟鲁迅在 1926 年 12 月 30 日创作故事新编《奔月》的某些关联，大胆推断小说塑造的逢蒙形象，即含有对因单相思"月亮"（许广平）而攻击鲁迅的高长虹"开了一些小玩笑"；不过，林先生同时也记下了高长虹对于"月亮"的辩解文字。

林辰先生的治学精神和方法，不仅得到深知他的孙伏园等前辈的好评，连已写了《鲁迅评传》，又对撰写鲁迅传人选十分挑剔的曹聚仁也在《与周启明先生书——鲁迅逝世二十年纪念》中说："孙伏园先生推荐林辰先生是一个写《鲁迅传》的适当的人，我虽未识其人，却同意孙先生的说法，因为看了他编的《鲁迅事迹考》，他的剪裁推断都是很审慎的。"确实，如孙伏园在《鲁迅事迹考》的初版序言中所说，该书的 10 篇论文，"都与鲁迅先生整个传记有关，整个传记就是靠数十百篇这样的论文拱卫着"。作者考证的几种方法"既细密又谨严，供给将来的传记作者一个极可宝贵的参考。无论这传记作者是林辰先生自己也好，或是另一位也好，有了这样细密谨严的方法，决不会再写出没有价值的传记的了"。事实上，林辰当时和以后陆续写成的这些考证文字，都是为写《鲁迅传》做准备的，而且已发表了两章，深受学术界的好评。但由于战乱及 1949 年后工作的变动，他放下写作传记的心思，接受冯雪峰的邀请，专心从事鲁迅著作的搜集、整理、注释、编辑工作。他最终未能完成自己的心愿，但他对待传记写作的审慎态度和方法，已成为后来传记写作者学习的典范。

林辰曾在他 1986 年出版的《鲁迅述林》一书的《后记》中感慨自己转入出版界后，"参加鲁迅著作的注释工作，而且从《鲁迅

　　　　　　　　　　　　　　　　　　　　风定落花

全集》十卷本到十六卷本，持续了将近三十年的时间。'《尔雅》注虫鱼，定非磊落人。'从来就有不少人对注释工作不屑一顾，而我却在这一工作中消磨了如许岁月！今已垂垂老矣，我难忘那一段生活和与我共过事的朋友们"。诚然，林辰为鲁迅著作的传播、研究付出了大半生的心血。凡是搞过注释的人，都会体会其中的艰辛（当然不包括当今某些抄袭辞书或别人成果的"快手"）。不少看来只有一二行的注文，其背后却包含着在浩瀚的书海里搜寻、选择、比较、疏证、校勘等旷日持久的极复杂的劳动。林辰和他的同事长年累月地做着这幕后的工作，摆在读者面前的不是他们个人的名字，而是他们默默奉献的注释翔实的十几卷《鲁迅全集》，使鲁迅自言的"未有阅历的人实在不见得看得懂"的鲁迅著作，变得让人看得懂了。林辰深知传播鲁迅思想对建设我们民族文化的重要性，这大概就是他淡泊名利，乐此不疲的原因吧。

从《鲁迅全集》的注释中，从他后来撰写的介绍、研究鲁迅著作的文章中，不仅可见他工作的艰辛，也可深切地感到，若没有广博的杂学，是难以成为《鲁迅全集》注释的领军人物的。仅以他在整理鲁迅辑本《古小说钩沉》上的功力，就非他人所能企及。他不仅早在资料匮乏的1940年代，成功地断言鲁迅辑录该书的年代不是人们以为的1920年代，而是起始于鲁迅早年，在民国之前鲁迅就系统地开始了这项工作，这一推断被后来出版的《鲁迅日记》和发现的手稿等完全证实；他在参与鲁迅全集的注释后，见到了该辑本尚未整理成书的10册无序跋、无目录、无原作者名氏的鲁迅遗稿，便潜心搜集资料，精心研究，终于考证出鲁迅辑《古小说钩沉》的原貌、所收的各书及其作者。他所做的整理、注释工作更不是停留在已辑的文字表面上，而是深入比较了鲁迅所辑的多种文本的异同，又从辑佚的数量、内容和方法上比较了我国自古以来其他辑佚学者的工作。一个个具体而又鲜明的例子，有力地显示鲁迅辑本在学养丰厚、体例完善、方法缜密等方面的优长。呈现在读者面前的古小说不再是支离难懂的文字，而是以完备的文字、细腻的文义为读者所欣赏。可以说，我是读了林辰的文章后才真正认识鲁迅在辑佚领域的开拓性贡献，及其付出的艰辛劳动，才对这部在《鲁迅全集》中较冷僻的作品的重要性有了具体的感受。如林辰所说，该书真可称为汉魏六朝小说的渊薮，是研究中国古典小说的人所必须探检的重要宝库。与此同时，我也更加敬服整理、研究者林辰对中国古典文史著作的博览杂识，深为鲁迅著作的整理、出版事业有这样素养深厚的学术前辈而感到庆幸。

林先生以"《尔雅》注虫鱼，定非磊落人"自嘲，然而他的文字和平常的言行，无不表现出他是一个富有激情，视野开阔，淡泊名利，光明磊落的学者。他论文论人论事，从不隐瞒自己的观点。如他写的《关于〈鲁迅诗集〉》和《略评〈鲁迅旧诗笺注〉》，分别评了两本相似的书，他既充分肯定前者编辑动机真诚，后者功力颇深，同时又指出前者体例、注文的严重失当，后者的某些不足，没有丝毫的虚浮之言，表达了同行间的真诚探讨。而对惯于欺世盗名的史天行则表现了忍无可忍的憎恶，特作《辟史天行关于鲁迅的几篇文章》，以毋庸置疑的史实严厉揭露史天行在鲁迅生前死后的无赖行径。他的鲜明观点也表现在对周作人的评价中。1986 年在文坛掀起一股为周作人汉奸罪责翻案的风浪，鲁迅研究室特此召开"敌伪时期周作人思想、创作研讨会"。这个会议筹办的时间很仓促，与会的林辰也坦言："对于周作人，我没有什么研究。但年轻时喜欢看他的文章，对他有相当的兴趣。"他正是以年轻时比较注意到的周作人的言行、诗文与同时代不少爱国作家相比较，反证了周作人附逆的政治立场，对当时的翻案说提出了种种怀疑，因此极有说服力。同时也反映了他求实的立场，既不否定、抹杀自己早年对周作人文学创作的欣赏，也不因此袒护其人堕落的政治立场。

凡与先生相交的人，都会感受到他的坦诚与热情，然而这又不是见于他侃侃而谈的言行中，对此我也有切身的感受。尽管林先生是我们研究室的顾问，我对他的学问也心仪已久，但在一般场合，他说话不多，我也因拙于言，仅执弟子礼，而未真正交谈过。然而，先生对我这个初涉鲁迅和现代文学研究领域的学徒却给予了很大的关注。1986年他看了我撰写的纪念聂绀弩先生的文章后，在一次开会时见了我就说，聂绀弩值得研究，应该抓紧时间搜集其佚文出版，并详告20世纪三四十年代南京、桂林、重庆等处期刊上载有聂绀弩的文字。后来，他又跟我说1950年代初，他和聂绀弩同在人民文学出版社工作，虽不在一个编辑部，但对聂绀弩领导的古典部热烈议论的话题很感兴趣，常被吸引了去。我曾暗自惊异，聂绀弩宽松自由的才子式领导作风曾被批判过，至今还耳闻两种完全不同的评价，而以审慎著称的林辰竟对这种被批为"闲谈走题"的讨论感兴趣？后来在与林先生进一步交往中，才体会到先生深爱杂学，涉猎各种书籍、逸事、掌故，而他的审慎正是建立在长期积累的杂识基础上。只是林先生从来不自炫，包括他给自己文集的定名，也只是"考"和"述"而已，决不冠之以大名，而这几乎是我见到的真正大学问家所共有的特点。

正是这种真诚，使我不由得接近他，每年都要去他那里坐几回，不为什么功利，就是想在他那十分简朴的环境里随意而谈，亲承謦欬，感受朴素的思想，朴素的学问。后来，他身体越来越差，每次去看他，常见他独坐于亡妻的相片前，我很为他的健康担忧。不料在我去南方的时候，先生悄然而逝，未能向他致最后的敬意。但是，先生的道德学问，将永远垂范于世。面对浮华的世界，我更加怀念林辰这样朴实真诚的学问家。

（写于 2003 年平安夜）

风定落花

王瑶先生教我学术之道

在纪念王瑶先生百年诞辰的日子里，我的脑海里不时浮起先生的音容笑貌。我不是王瑶先生的入门弟子，几乎没有私交，唯有幸多次亲聆先生教导。

记得最初见到先生并聆听演讲，是在 1958 年 1 月 19 日。我是1956 年秋进入天津南开大学中文系学习的，不久，我们的系主任李何林就陆续请来各地学术名家开设专题讲座，后因反右运动而停顿。北京大学教授王瑶是在运动稍呈间歇时前来作学术演讲的第一人，可惜也是最后一个人。当时他的《中国新文学史稿》（上下册）已是中文系学生的重要参考书，不过他的演讲只着重讲了"大众化文学""民族化问题""现实主义问题"，并简略地谈了"1942 年来文学上的成就和评价"，因其时还弥漫着反右斗争的硝烟，所以内容也局限于对"右派"言论的批判。即使这样，李何林倾情开设的"名家讲座"仍无奈黯然告终。很快，李、王二位先生都在"拔白旗"运动中被列为重点批判对象，没完没了地由上而下的批判和被迫自我批判，几乎占据了他们的大部分时间。

然而，两位先生在逆境中都没有一蹶不振，倒是先后开设了

"鲁迅研究"专题课。我想，他们正是从鲁迅思想中汲取了生存的力量。他们还不约而同地专注于《野草》和《故事新编》等的研究，尽管在课题的研究上有所碰撞，但两人均未有同行避嫌或相轻之陋风恶习，而是互相尊重，共同讨论，喜见对方的成果。这是我所见到的最美好的友谊之一，二老为我们树立了光明磊落的学人胸怀。

我真正得以亲近先生，直面听取指导，则是在20年后的1976年，我踏进了何林师所领导的鲁迅博物馆鲁迅研究室，受命编写《鲁迅年谱》早期部分，而指导年谱工作并审查早期部分的，恰恰是何林师敦请来担任研究室副主任的王瑶。当时我的学业早已荒废多年，面对中外古今不同体例的年谱，竟不知如何下笔。在年谱组的会上，王瑶用极其精简的语言强调：年谱编写成功的关键，在于占有第一手资料；同时要对纷纭的众家之说，仔细推敲、辨识、考证，绝不能有闻必录；更切忌主观论断。此言犹如醍醐灌顶，让我们茅塞顿开，明确了方向。我因此在搜集众多史料时，重点寻找鲁迅生活事件的原发处。除了认真研读鲁迅作品，从中提取本人的叙述，又要求阅读馆藏的周作人日记。正是在李、王两位师长的支持下，得以在文物库房内匆匆拜读这些秘不示人的宝贵手迹（后又经领导批准复制，供更多人借出细读）。诸如此类的开放，不仅改变了鲁博历来重收藏少研究的局面，也大大推动了20世纪八九十年代鲁迅及中国现代文学研究的深化。我也因为获得重要的线索，终于在绍兴、杭州、上海、北京各图书馆，乃至故宫博物院档案馆找到了最原始的更详明的文字记载，使我们的年谱内容较前有多处突破，形成新编年谱的特色：简明的谱文、图片，附有翔实的出处和考证。

不过，我写的条目有的也颇受争议，如开谱第一条就罗列了周氏始祖到十四世由兴到衰的变化概况，有的同人就觉得如此记述祖先的官衔，太烦琐，更有未摆脱旧时代家族封建意识之嫌。幸而王瑶看后，认为可保留，因为本条目是说"鲁迅生在一个聚族而居的逐渐破落的封建士大夫家庭"。师长的一言，破除了1949年以后，特别是"文革"十年来所造成的否定族谱的"左"的思维模式。

在我的眼中，开会时王先生的发言十分轻松，在"嗯嗯""哈哈"语气中，说出不少拨动人心的奇思，更有引发笑声的幽默。但他大多时间是口衔烟斗默坐，听别人讲或沉思，颇为严肃。加上我听先生的山西乡音懵里懵懂，自己又拙于交往，所以先生的办公室虽近在咫尺，却不敢贸然去打扰他。平时见到先生时，唯行弟子礼而已。现在想起来，丢失了许多请教的机会，令我抱憾。我心里认为先生对我也是陌生的，不料有一天在院子里偶遇为李何林和王瑶两位先生开车的马师傅，他竟特意走到我面前认真地说："在车上王先生向李先生夸赞你呢！"我一愣，闻所未闻啊！至今我也不知表扬什么，但那时似乎给了我某一自信，也在我心中留下了一丝温暖和鼓励。

严肃的先生也在不经意间让我看到了他灵动的身躯和活泼的心绪。一次是我和几位同事去他家拜访，未料在北大的校园里，迎面见先生口衔烟斗，单手骑着自行车疾驶，一见我们竟飞快地下车招呼。这太令我惊讶了，他那时已六十有五，在我所认识的生于1920年代的老先生，少有如此矫健者。我恨自己没有妙笔画下先生衔烟单手骑车的潇洒形象。另一次是博物馆发票看越剧电影《红楼梦》，让我把票子送到先生的办公室。我敲门进入，正在埋头写作的先生见我这个不速之客，倒有了几分惊诧。由于先生是北方人，所以在送票时不免主观地说："您不爱看越剧吧？"不料先生迅速站起身，径直拿走我手中的票，连声说："我看！我看！"见此急切的模样，我心中不由笑先生对艺术的渴求之情，这或许是因为"文革"造成艺术枯竭后的急需解渴，或许更因为是太爱《红楼梦》，才有此一睹为快之兴致吧。

正是在这些细小的接触中，我稍稍感觉到了先生丰富的内心世界，而这些又是如何形成的呢？我从未专心去了解先生的过去，却因为有一次查找某问题，我到北大图书馆翻阅1930年代的《清华周刊》，意外发现当年的学生成绩表，王瑶的各科均名列前茅，比我认识的同届前辈要高许多。由此我才明白，为什么先生在进入清华大学中国文学研究部后，即成为朱自清的助教，毕业后即开设"中古文学史专题研究（汉魏六朝）"等课程，并出版了相关的多种著作。1949年后，他又根据需要，转入现代文学的讲授，无论在中古文学史和现代文学史方面，他都成为第一流的专家。这些成就都源于他有着丰富而坚实的学养。或许正因为如此，据说他总是自豪地称："我是清华人！"

可惜，我受教于王瑶的时间才1年左右，他因忙于招考硕士研究生而不能来鲁研室工作了。但他留下的学术之道，却让我终身受益！

（在2014年5月7日"精神的魅力——王瑶与20世纪中国学术"研讨会上的发言）

严谨而又深情的领路人王士菁

在我退休后，一直想写写王士菁先生在学术研究方面对我的指引，但因耳疾、眼花自陷慵散而未了心愿，常为此自责遗憾。

我一直把王先生视为我的学术研究领路人之一，因为他写的《鲁迅传》和《瞿秋白传》是引领我进入鲁迅、瞿秋白两大领域的重要书籍之一。记得在我读大学期间，李何林老师开"鲁迅专题课"，指导的必读参考书中就有中国青年出版社1959年出版的王士菁写的《鲁迅传》。其实，这一传记早在1948年即由新知出版社初版，是我国最早一部较全面记录鲁迅一生的传记，许广平、周建人特为书作序和后记。这也是冯雪峰在上海和他第一次见面时就建议他搞鲁迅著作注释工作的原因。为了让更多的人读懂鲁迅作品，他成为冯雪峰组织的"鲁迅著作编刊社"的最早成员。在冯雪峰奉调北京任人民文学出版社社长后，作为编刊社主任的他又和同人一起调入北京，出任人民文学出版社鲁迅著作编辑室副主任、主任，此后他似乎为收集、编校、注释鲁迅著作殚精竭虑一生。1958年10卷本《鲁迅全集》出版后不久，他即以丰富的新材料增补《鲁迅传》再版，因其文字朴素清新，语言生动活泼，内容丰富可靠，受到人民群众和研究者的欢迎，因此再三重版；1981年后又被译成英语等外国文字，流传于国外。可以说，它的重要价值就在于对鲁迅生平、著作、思想、精神的极大普及，其广泛深入，几乎未被后来者突破，乃适应了那一时代的需要，人民的需要！

王士菁的《鲁迅传》使我这个初学者对鲁迅生平和创作有了较系统的认识，如我对鲁迅早年留学日本时期的作品，不仅得知有旧体诗的抒发，文学、小说的译述，政治和科学的论文，还了解到他是中国矿产最早的介绍者之一，他发表的《中国地质略论》，和顾琅合编的《中国矿产志》，无不显现青年鲁迅的爱国热情和敏锐的防外来侵略的警惕性；也使我懂得了如何从他的经历中探得他后来创作的深意。王先生的《鲁迅传》还教会了我如何避免分析的主观随意性和片面性。如谈到《狂人日记》《孔乙己》《阿Q正传》等小说时，他也根据某些人的回忆，并用鲁迅的遗物，充分印证小说主人公的原型，但更重在介绍鲁迅本人所说的，他的人物模特儿，是"不用一个一定的人"的，而是"杂取种种人"，"凑合起来的"；而目的是从此人此事"生发开去"，把"旧社会的病根暴露出来"，"催人留心"，并且"设法加以疗治"。同样，在谈到俄国作家果戈理、契诃夫、安特莱夫对鲁迅的影响时，也是通过对作品的内容、思想和创作方法的分析，有力地指明鲁迅在创作中形成的自身艺术风格。鉴于人们对鲁迅创作目的有各种说法，他更不是随便采信，而是以作品本身的影响力，证实鲁迅所说的："谈到'为什么'做小说罢，我仍抱着十多年前的'启蒙主义'，以为必须'为人生'，而且要改良人生。我深恶先前的称小说为'闲书'，而且将'为艺术的艺术'，看作不过是'消闲'的新式的别号。所以我的取材，

风定落花

多采自病态社会的不幸的人们中，意思是在揭出病苦，引起疗救的注意。"这些记述和分析在50多年后的今天，似乎早已为鲁迅研究者和鲁迷们烂熟于心，然而这又与当年筚路蓝缕书写《鲁迅传》予以普及不无关系。况且在今天，仍有不少误解、污蔑、诋毁鲁迅的言论存在，像王士菁这样的有理有据、朴实生动的《鲁迅传》普及读物仍是十分需要的。

说到让我读懂鲁迅早期著作，明白影响鲁迅一生的文学、艺术、科学、哲学源头，理清鲁迅早期思想脉络的著作，当推王士菁的力作《鲁迅早期五篇论文注译》及其《译后记》。由于本人的学识局限，每次阅读鲁迅写于留学日本时期的《说镭》《人之历史》《科学史教篇》《文化偏至论》《摩罗诗力说》等重要作品时，对其文言表达、译文出处，多难以化解，唯叹心有余而力不足！幸而在我进入鲁迅研究领域2年后的1978年，购读到天津人民出版社出版的先生系地详注细释五篇论文的大著，顿时为我释疑解惑，更为我研究鲁迅早期的学习生涯、思想形成及其藏书价值提供了诸多的思考方向。后来我才知先生写作这部难度极大的著作，是在他被扣上"黑线人物""走资派""反动学术权威"及有"政治历史问题"等可怕罪名下放广西之时。他克服了精神上、资料上的诸多困难，继续进行鲁迅研究，尤其是重新拿起始于1955年但中断很久的对鲁迅早年文言论文的翻译注释工作，其难度是很大的，不仅要有深厚的古文涵养，更要有广泛的外文及古典文学、艺术、科学、哲学知识，而解决其中大难点的，正是依靠了先生早年积累的广博学养。他在1939年中学毕业后即考入西南联合大学外文系，旋又转入中文系，学习、研究中国古典文学。先生的知识结构也有着重要的启示，鼓励我努力学习中外古今知识，拓宽眼界，以便深入研究鲁迅及其同时代的中外人事。尽管先生的研究取得了重大成就，但他从不自夸，倒是绝不忘同事的贡献，如在《鲁迅早期五篇论文注译·译后记》中，他深情地记下了孙用、杨霁云两位先生在翻译和注释方面的最早工作成绩，也记下了自己所参考的刘再复、赵瑞蕻等学者的著作，这种绝不掠人之美，实事求是的优良学风尤须我们及以后的学子学习。

1982年出版的《瞿秋白传》，也是先生在"文革"后率先出版的一部为先烈瞿秋白平反的力作。据先生在该书的《后记》中说：早在1951—1953年，他就在冯雪峰的领导下参加了《瞿秋白文集》的收集和部分编注工作，从老一代许广平、冯雪峰、谢澹如等的言谈、研究中，从传主的亲笔手稿中，就想写下这位光辉的战斗不疲倦的共产党人形象，但因从事别的具体工作而未了心愿。直到1980年起，组织上又让他参加重新编辑出版《瞿秋白文集》的工作，因而他可以更系统地研究已收集到的烈士文章、手稿、遗物及其主编和参与编辑的报刊，乃至30年来的诸人调查研究成果，包括那些否定、歪曲传主的材料。经他细致的梳理校勘，批驳求证，完成了一部材料翔实、描述简明的普及性传记——旨在帮助青年进一步深入学习和正确理解瞿秋白的生平事迹和主要的文艺著作，同时也不讳言传主的不足和局限。我正是在读了先生所创作的传记，以及陈铁建1979年和1986年分别发表、出版的《重评〈多余的话〉》《瞿秋白传》等，启发我在1989年怀着敬意探求鲁迅和瞿秋白的"超人"意识之异同，撰写了《鲁迅读〈多余的话〉之后》，参加了当年的"纪念瞿秋白诞辰九十周年学术讨论会"，有幸获得温济泽、

风定落花

丁景唐等前辈专家、学者的鼓励。

我早就知晓王先生博闻通学，既是出版、研究中国现代文学的专家，也是研究、出版众多中国古典文学、诗歌的方家，但当我手捧2009年先生结集出版的4卷本《王士菁文集》时，还是大大吃了一惊。我曾耳闻先生在退休后仍不知疲倦地写作，文集第4卷所收的《中国文学史》和《中国字体变迁史简编》即是他晚年的丰硕成果。编写这两类大著乃先生旨在承续鲁迅、闻一多等先生的遗志，而完成此事，绝非一朝一夕之功，是长期全面多方学习、积累的结果。在书中他广泛吸收了前人的研究成就，又有自己独特的心得，《中国文学史》为初学者提供了准确的历史知识，并探讨中国文学的主流发展规律和作家创作经验。《中国字体变迁史简编》则在说史时附上大量有史以来不同字体的刻石、碑帖、铭鼎、诗文等，让国人，特别是年轻人欣赏、了解、继承祖国悠久、丰富的各种形体的汉字，以便在世界上宣传汉字文化，乃至将中华民族特有的书法艺术瑰宝发扬光大。

我更惊异于先生不仅是一个大出版家、大学者，他还是一位充满激情的诗和小说的创作家。他早年出版过新诗集，而在晚年工作之余，竟完成了2本小说《雨霖铃》和《小天堂的毁灭》，促使他创作的原动力，也是来自鲁迅曾有的愿望和冯雪峰未竟的遗志。鲁迅1924年夏去西安讲学时，确是抱着一个写剧本或小说《杨贵妃》的计划，希望以发达的唐代文化为背景衬托一个可歌可泣的故事，可惜看了古都颓唐、零乱的景象，写作的兴趣索然了。而王先生有幸在1958年后因各项工作去了西安4次，顺道看古迹，访专家学者，特别是当代考古学者、建筑学家、历史学家所发掘、描绘、考证1 200多年前唐代长安风貌的成果，开启了他的创作热情，勾起了他对自唐代以来众多描写唐明皇和杨贵妃"爱情故事"的诗歌、小说、戏剧的回忆、追索和总结，而3种不落俗套、各有特色的历史小说——日本作家井上靖的《杨贵妃传》、港台作家南宫搏的《杨贵妃》，以及我国青年作家吴因易以开元、天宝时期历史为背景写下的4部长篇历史巨著，更引起了他对"政治婚姻""性爱"和"爱情"一系列问题的思考，最终在1987—1989年间完成了"一个没有爱情的爱情故事"《雨霖铃》。先生自称这部小说是"拟"鲁迅的《故事新编》，乃因鲁迅曾自谓有点"油滑"之处，而他在《自序》中谈自己的创作"力求叙事'能有旧书上的一点根据'，不太'信口开河'，尽量避免'油滑'之处，也不要'将古人写得更死'"，诚可谓实言也。在这部小说中，可以看到浓浓的历史重影而又不失人物形象之生动。

对历史真实的追求，在他的另一部历史小说《小天堂的毁灭》中更为突出。小说写太平天国的兴起和覆灭，比《杨贵妃》中的人、事更具争议性。先生为什么要去碰这么复杂的历史问题，还要把它做成小说？最重要的原因莫过于对前辈冯雪峰的哀思和纪念。一生忠于革命的冯雪峰，在1957年被打成"右派"后，因不被准许他继续创作长征题材的小说，只能悲愤地把倾注了巨大心血的文稿付之一炬，继而又坚韧地拿起笔创作另一部描写太平天国农民革命运动的长篇历史小说。可惜大动乱的到来，他又被迫停笔，直至1976年溘然长逝，连文稿也不知去向。同样经历了这场巨大灾难的王士菁恐怕比任何时候都理解老革命雪峰同志坚持写太平天国的内心痛楚——总结历史上大大小小农民革命失败的原因，这大概也是他决意接过前辈的笔，继续写这一难点重重的题材，并取名更明确——《小天堂的毁灭》。不过，他对广大太平天国军民是同情、赞颂的。因为在1960年代末、1970年代初，他曾被分配到广西大学任教，接触到有着太平天国、百色起义革命传统的广西壮族自治区的各族人民，感受到他们的淳朴、真挚、勤劳、勇敢、热情的品德，认真、负责、务实、求真的精神，也近距离地观察、理解他们饱受苦难，奋起反抗，又屡遭失败的历史悲剧。这些无疑也是促使他着力于历史地、纪实地去反映、描写他们英勇不屈的祖辈，而且有意模仿古典小说《三国演义》"七实三虚"的写法，少考虑久已流行、颇为动人的如洪宣娇这样的传说故事，多吸收历史学家以严谨的调查研究取得的第一手材料和科学的结论。由此可想象，他创作前的搜集、考证、体会是十分艰巨的，写后又反复修改，历时8年完成了这部历史真实和艺术真实完美结合的历史小说。

综观先生一生辛勤的出版、研究、编写、创作，无不浸透着对前辈真诚的崇敬和自觉的追随。从他收集在文集中的20多篇深切怀念师友的文字，可见先生是一位执着理想、情谊和写作的学者。他不仅关注前辈，对后辈学子也充满了关爱之情。他在《悼念马蹄疾同志》一文中如实记述他所见到的马蹄疾、徐斯年和颜雄为了早日完成《鲁迅大辞典》繁杂庞大的工作，每日泡着方便面，汗流浃背地坚持统稿，先生想方设法改善他们的生活和工作条件，却因几年前申请的1万元津贴早已用完而无法实现。后来这部书稿完成上交了，马蹄疾不久也轰然倒下。当先生得知逝者在绝症重病之下还在为大辞典的出版做最后的加工，其痛惜、遗憾之情无以复加。先生对后辈的关注和爱护是一贯的，当他看了赵英把多年来辛勤研究、探索鲁迅整理古代文化遗产的成果汇为系统的专著《籍海探珍》，慨然为之作序推荐。像这样的肯定、推荐后辈之作，我在《鲁迅研究月刊》中时有所见，可惜大都未收入文集中。

尤为惊异的是先生对我的关怀。我与先生直接相交不多，1983—1984年先生任鲁迅博物馆馆长时，因不在同一楼工作，他又忙于在人文社领导编辑《瞿秋白文集》等事宜，见面机会很少。后来他作为我馆顾问，虽然每次重要会议他都会出席，我们都会聆听到他对诸多问题独到的见解，但先生并不是一位善于说笑的长者，而我也是一个怯于联系领导或长辈者，所以交流甚少。没想到在一次新春联谊会开始前，当我向先生问候时，先生竟对我说，你写鲁迅藏书的大小文章我都看了，不错！鲁迅藏书很有价值，要好好研究。先生对我的鼓励，至今犹在耳，可惜我退休后就未再继续这项工作。看到现今又有比我学识高明的同志在从事中外文鲁迅藏书的研究，我想先生定会很高兴的。记得先生也曾直言对我的不满，同样是在一次馆内聚会时，他见了我说，你写的聂绀弩，我跟他同事过，他在工作和生活上有不少问题。这些我何尝不清楚，但正是聂老的"怪"和"鬼"吸引了我。诚然，聂的放浪不羁与先生的严谨内敛的气质很不同，所以他们俩对当时人文社社长王任叔（巴人）就有很不同的看法。作为后辈，我尽量去理解在那样的政治、社会、工作生态下可怕的人际关系，以及有矛盾的双方何以有极相似的悲惨命运，这也是我既为绀弩不平又同情巴人的原因，也很感谢先生对我的提醒。

更有一件出乎我意料，令我对先生感激不尽的事。大约是在1993年际，我和赵英突然被通知退休。我们俩深为不解，因为我

风定落花

们以往研究室的女研究员都是按大学和研究单位的规定，60岁后才退休，何以我们要提至55岁呢？何况我们可以大言不惭地说，当时研究室的主要研究工作是我们两个女子承担着，然而上下男领导无视我们的疑问。幸而有位女同胞指点我们去找娘家人，并说王士菁的女儿就在妇联工作。刚好先生来馆参加一次聚会，我们俩大着胆向先生倾诉了我们的困惑，未想先生当即表示理解并支持，让我们去找他的大女儿王晓明。于是，我们第一次走进娘家门，取得了妇联为我们这类职业妇女争取合法退休年龄的文件并得到国家认可的报道。因此，我得以延至60岁生日的前几日，去馆人事处办理退休手续。对先生和晓明女士乃至妇联的帮助，笨拙的我从未致谢，但永远印刻在我的心中。

（完稿于2017年6月28日）

醉心于现代文学的建筑学家钟朋教授

提起钟朋教授的名字，文坛上知之者恐怕不多，但说起梁永，人们便会记得这位 20 世纪八九十年代在全国大小报刊上不断钩沉文坛隐逸的多产作家。他的遗著《雍庐书话》和《咏苏斋书话》，不仅在问世时，好评如潮，即便在时隔 20 多年的今天，仍不断被人推举、追寻，在孔夫子旧书网上，其拍卖价之高，令人惊叹。其因主要在于书中所收的作家及作品多而广，不仅注重已被广传的新文学著名大家，更有不少因各种原因久被人忽视，乃至被贬损、歪曲的名家文人，或有一时影响却已少为人知者。还有个重要因素，如舒芜在《雍庐书话·代序》中所说，他的书话"是地地道道的读书人的读书之话，一切都密切结合自己读书、求书、访书、得书、失书、爱书、忆书之事来谈"，尤其是那缜密的稽考本领，堪称研究中国现代文学的行家里手。谁料想，他的本职是建筑学教授。

我初识这位身体瘦弱、温文尔雅的老教授时，曾唐突地问他何以如此热衷于客串中国现代文学的研究？他淡然一笑道："向我提这个疑问的人不少，其实我早在 1930 年代读中学时，即对新文学有兴趣，并写过一些短文在报刊上发表。但在旧社会，学文科是有可能失业的，我不得不放弃自己的爱好。考大学时选了工科，毕业后又考上了公费到美国留学。新中国成立后，我回国在大学里任教，也很少看专业以外的书。直到'文化大革命'中，才又捡起文学书来消磨时间。十年动乱后，我退休了，也想通了，不再只搞专业，写了些短文，也结交了一些1930年代的老作家。"

我从他的话音里仿佛听到了文学对人生的呼唤。是文学勾起了他少年时的梦，以致当他晚年初抵安徽屯溪，竟似旧地重游一般，原来是少时读的郁达夫散文《屯溪夜泊记》，给他留下了深刻的印象。尤其篇末那首风韵艳清的七绝诗，令他老而不忘，乃尽兴与故友唱和，并为今人写下《郁达夫吟咏过的地方》，动情地描述昔日浪漫作家郁达夫笔下的古城新貌。读钟老的短文，很轻松，在点点滴滴的细说漫思中，却又使人懂得了知人论世之道。如发表于《文艺报》的《叶灵凤及其读书随笔》，也以自己所见的叶灵凤早年小说、散文和众多的读书笔记、文艺随笔，以及各家评论，证实这位中国现代文坛上难得的新感觉派小说家，不仅在创作、介绍国内外文学史料及藏书诸方面有突出的贡献，而且还是长期默默地为祖国人民献身的爱国者，有力地推翻了不少著作中指叶灵凤为色情作家、汉奸文人的错误论断。他在《鲁迅研究月刊》发表的《陈代其人》，则反映了化名陈代骂鲁迅的林微音不太光彩的一面，同时又指出这个吊儿郎当的海派文人，虽然在抗战时期跟落水文人有来往，本人却穷困一生而终未落水。

这些旁征博引的文章，看似信手拈来，实际得之非易，钟老却乐此不疲。他充分利用建筑专业南下北上的各种机会，每到一地，必走访文学师友，探寻作家遗迹，搜求新旧书籍。各地的旧书店，更令他流连忘返。他在《逛旧书店的乐趣》一文中，曾引老作家施蛰存语云："逛书店是爱好书籍的知识分子的'癖好'，有意想不到的收获。"在浩瀚的书海中，他悉心探寻各种新文学史料，尤致力于挖掘那些长期来为人忽视，却颇具特色的作家及其作品，如师陀、穆时英、罗黑芷，以及女作家凌叔华、沈从文夫人张兆和等等，并写了一本关于穆时英的书。作为一个高层结构力学专家，他深知中国文学事业也必须更深更广地开掘各种流派特色，才能枝繁叶茂，获得高度的发展。所以，他面对众多现代文学书籍近乎湮没的现状，高屋建瓴地呼吁尽快影印旧书，嘉惠士林；又建议开发旧书业，发挥了解旧书情况的退休老职工的余热，做好旧书的回收、调剂工作。他强调当今的旧书业，不是患其多，而是愁其少。

钟老本人就常常为人牵线搭桥。当他在旧书店里购得黄源早年的译本《世界童话集》后，得知译者本人已无此书，便欣然割爱。我和不少文友也曾多次意外地得到钟老的赠书和各种无私的帮助。一次，我偶然谈及对鲁迅所译的苏联讽刺小品《亚克与人性》很感兴趣，但苦于对原作者左祝黎的生平，尤其是后来的境况缺乏了解。不久，钟老便给我寄来了各种有关的介绍文字，他本人还写了一篇文章，比较鲁迅和姚蓬子翻译这篇小说的不同译本。我在感谢之余，更惊异于他对史料之熟透，竟能"招之即来"。

钟老是一位处世、治学都很严谨的学者，也是一位博洽多闻，善于对待不同意见，乐意提携后辈的蔼然仁者。当他得悉我正在重新评价美国女作家赛珍珠，便坦率地讲他本人早年对赛氏描写中国生活的作品很不以为然，但他仍十分积极地向我提供种种赛珍珠的信息。在看了我发表的论文后，又给予极大的支持和鼓励。他这种

风定落花

不蔽于私见的学风，已成为我心中的楷模。据我所知，凡认识钟老的人，无不赞美他至诚待人的长者风范。他从不以权位论厚薄，不以亲疏忘公平，而是深情地沉醉于以文会友之中，也使我们亲切地感受到融融的师友之情。

1999年10月，听说他要来京开会，我们翘首以待相聚。不料传来噩耗：钟老积劳成疾，29日匆匆谢世。我一时竟不能相信自己失去了一位良师，失去了一位真诚的忘年交。由于他很少谈及自己，我又疏于问询，直到看了西安冶金建筑学院发表的悼词，方知这位文思敏捷、写作勤快的多产作家，已有74岁高龄；才得悉他那不平凡的经历。钟老一生以祖国利益为重，1950年他放弃在美国任桥梁设计工程师的优越条件，冲破重重阻碍回归祖国。6年后又为支援大西北，从内地迁至边远古城。他是西安冶金建筑学院的开创者之一，在学术上有多方面的探索和建树，是我国力学界具有重要影响的著名结构力学专家，是中国建筑学会高层建筑结构学组委员和中国土木工程学会高耸结构专业委员会委员。但他从不居功自傲，始终尽心尽力地培养青年教师和研究生。他的为人和治学精神，深得同事们的赞赏。他1965年主编的《结构力学习题集》和1987年主编的《结构力学解题指导及习题集》在21世纪仍不断再版，是高等工业学校土建、水利、道桥等专业本科生、函授生及专科生学习结构力学的辅助教材，也可供有关专业师生及工程技术人员参考。

是的，钟老性情恬淡平和，以读书治学为最大的快乐。记得前几年他兴奋地告诉读书界，他终于有了一间可以称为自己书斋的小屋了。望着从四处聚拢来的七八个满满的书架，他禁不住取了两个斋名，一为"咏苏斋"，以示自己独喜东坡，尤好苏词；一为"雍庐"，以慰有一个和谐的家庭。可惜，当他收到南京大学程千帆教授应其请题写的斋名时，已病倒在床。而他在弥留之际，仍念念不忘于他主编的《师陀文集》的编纂工作。

1993年末南京大学出版社出版了由他妻女编辑的《雍庐书话》。当我翻读这本得来不易的书话时，惊喜地发现我遍寻不得的有关周文、杜衡两位作家的某些小节，竟在钟老的书中看到了。在富有责任感的"护花使者"徐雁的策划编辑下，1998年陕西师范大学出版社出版了钟老的《咏苏斋书话》，殊令人欣慰！

客居台北的台静农曾书赠钟老一条幅，内容是苏东坡赠刘景文的诗："荷尽已无擎雨盖，菊残犹有傲霜枝。一年好景君须记，正是橙黄橘绿时。"恰巧，钟老和刘景文都是河南开封人，又都是景仰东坡人品诗文的博学之士，而钟老晚年另辟学问，潜心写下的近百篇数十万文字，不正是橙黄橘绿时的果实吗？建筑学家钟朋教授为中国新文学事业做出的特殊贡献，将永垂文坛！

（1994年初刊，2017年修订）

风定落花

难忘尹桂芳

1999 年元旦不久的一个冬夜，我接到在上海任记者的二姐来的长途电话，说上海电视台马上要播放尹桂芳的近况。我急忙打开上海卫视，果真听到了那气韵醇厚、沁人心脾的尹派唱腔，但始终未见到我所思念的越剧表演艺术家尹桂芳的身影。唯听见画外一个陌生的充满苍老深情的声音在诉说她对舞台的怀念，对万千观众的怀念：她多么想和爱她的观众见面，但是已难如愿。大动乱摧残了她的身躯，病魔又夺去了她的声音，她又怎能让观众再见那令人伤心的病容。唉——不见也罢！因此，这个名为《艺术人生》的节目，只能让广大观众看到她晚年留下的少量录像，听她的弟子茅威涛配像的录音。这些更激起我对尹桂芳的无限挂念。

她依然有一双传神的眼睛

早春时节，我终于来到了上海，偕同二姐匆匆来到尹桂芳的家。一进门，我们欣慰地看到一个充满鲜花的家，客厅中挂着著名丹青家徐希泉画的尹桂芳饰演的屈原像和书题的对联："桂子香飘怡红院，芳名永映汨罗江。"这对书画一直伴随着尹桂芳的晚年生活，因为其中有她最钟爱的艺术形象——宝玉和屈原。沙发两角的小桌旁放满了她的舞台姐妹、学生、观众寄来的贺卡，为独身的尹桂芳，为这间小小的客厅增添了温馨的家庭欢乐。墙上挂着的一帧镶着镜框的外文证书吸引了我们的目光，细看才知是1998年美国纽约林肯艺术中心的美华艺术协会授予尹桂芳的"第十七届亚洲最杰出艺人金奖"。邻墙挂的福建省越剧之友联谊会"敬祝桂芳大师八十大寿"的画幅，使我们恍然大悟，在越剧界德高望重的尹大姐，我们所崇敬的艺术家在去年已入耄耋之年了。

正当我们感喟唏嘘时，尹桂芳在照料她生活的外甥女范益美的搀扶下走出内室。我们赶紧迎上前去，一股泪泉却模糊了我的双眼。我万万没想到，尹桂芳竟会变得如此消瘦！记得粉碎"四人帮"后的1978年，我们初次去拜访来北京参加第四次全国文代会的尹桂芳时，泪水也曾模糊了我的双眼：向以稳健潇洒的风格、快慢有致的唱腔倾倒无数观众的尹桂芳，竟因身心受到迫害，以致半身瘫痪，难以行走，连说话也不利落了。伤心更令我们为尹桂芳不平：这样一位以"越剧皇帝"著称、成就卓著的越剧表演艺术家，竟连一部传真的录像资料都未留下来，这是为什么？对此，尹桂芳本人倒只是宽厚地说，1947年已准备拍摄电影《王孙公子》，后来因为要参加越剧十姐妹的联合义演《山河恋》，时间上有冲突，只好放弃了；1960年代也曾动议和袁雪芬、傅全香合拍《西厢记》，又因"文化大革命"搁浅了。机遇对尹桂芳竟是如此乖戾，无穷的遗憾笼罩在我们的心头。那天当我们告辞时，她非要送我们下楼，行走时还坚决拒绝任何人的搀扶，腰板依然挺拔着。不久，我们奇迹般的听到了她在万人的上海文化广场召开的"尹桂芳越剧流派演唱会"上的演唱，尽管运腔已难以完全自如，但依然保持着她那以情带声的风格，台下经久不息的暴风雨般的掌声，令人永难忘怀。后来又看到了电视艺术纪录片《尹桂芳和她的舞台艺术》，更听到她带病传艺的事迹，及亲自率领她创建、耕耘了半个世纪的芳华越剧团北上南下，两度去香港演出的盛况。人们纷相传诵：残了尹桂芳，自有后来人。据专家统计：在当今越剧界的小生中，学尹派的约占半数左右。1940年代前她创建的芳华剧团，几经风雨，至今仍屹立在越坛上，这在越剧史上是绝无仅有的，在中国戏剧界也是少有的奇迹，显示了尹派艺术经久不衰的魅力，评论界称之为发人深思的"尹桂芳现象"。我们为此感到无比欣慰，更钦佩她顽强的生命力和敬业精神。然而，眼前她竟……

小范告诉我们，1995年以来，尹桂芳曾两次病危住院，但她最后都顽强地抗过去了。她的生命就像她的艺术那样，虽经无数次的摧残，但如清泉汩汩，长流不息。现在我们面前的尹桂芳，因声带麻痹，已发不出声音，然而，一双眼睛依然像从前那样从容亲切地看着她的观众，我们禁不住握着她的手，庆幸地说："眼睛，眼睛没变！还是那么有神！"小范也笑道："是啊，大家都说，看见这一双眼睛，就知道她是尹桂芳，病魔夺不走的！"尹桂芳听着，眼神中又流露出我们在舞台上熟见的洒脱的笑容，但瞬间又多了几分无奈。她用这一双明亮的、传神的眼睛，深情地催我们吃点心、吃水果，专注地听我们的倾诉。正是这双眼睛，仿佛又使我们看到了活跃在红氍毹上的尹桂芳……

来之不易的《尹桂芳舞台生活写照》

小范仿佛知道我们心意似的，她拿出了去年上海人民美术出版社出版的《尹桂芳舞台生活写照》。打开这本印刷精美的影集，惊喜地看到了众多深深留在我们心中的形象。

这些珍贵的照片实在来之不易。记得 1978 年我们见到尹桂芳时，就曾建议她出版一本舞台影集，认为这是一件易办的事，她却苦笑着说："想是早就想了，可是十年动乱后，我哪里还有照片、资料？"原来就连她 1947 年苦心总结出版的《芳华剧刊》都被烧毁了。后来，我的两位姐姐把自己劫后尚存的剧刊和她扮演的贾宝玉、梁山伯、张生、屈原等剧照和生活照提供给她。不料，这本影集历经 20 年才得以出版，好在内容已十分丰富。听说不少照片仍是广大尹迷提供的，而编辑者是真诚关心尹桂芳的艺坛姐妹戚雅仙的丈夫、著名导演傅骏，小范和她的女儿范冬冬及赵志刚等参与了策划、收集、整理的工作，贡献经费的则有香港票友协会会长刘孔爱菊、顾水文梅和孙周月琴女士等，令人感慨不已。

影集的扉页是以著名画家程十发在 1982 年为她描绘的一株枝叶繁茂的桂树为背景，印有著名导演谢晋书录的尹桂芳自勉铭：

> 我爱桂花，
> 我要像桂花一样，
> 保持自身纯洁，
> 在秋风中傲然开放，

风定落花

用清新的芳香给人们以愉快。

深知她的谢晋在给她的题诗中有这样一段文字：

尹桂芳同志从旧社会到新社会：

"清清白白做人，认认真真唱戏。"

她是我创作、拍摄《舞台姐妹》时，

记忆中留下最美好的生活原型之一。

她为越剧献出了毕生的青春年华，

她贡献了很多，很多……

她获得的却是很少，很少……

这是她作为一个人民喜爱的艺术家真正的价值。

向尹大姐学习！

这不也是我们所欣赏的尹桂芳的人品、艺品吗？她的70年从艺生涯，纵贯了一个"真"字：认真、纯真、率真。恰如她的许多舞台姐妹和老编导所说的，她的演技全面，唱念做打在越剧界乃至整个戏剧界都是第一流的；思想也很进步，只不过很少发言，很少抛头露面；她对同行的关怀和真诚，更有许多令人感动的事例。她恰似一株挺拔的桂树，在繁茂的绿叶中不断吐露芬芳的清香。

执着认真的艺术追求

《尹桂芳舞台生活写照》所反映的是她1938年第二次挺进上海后的艺术生活。

从她早期所扮演的吕布、陈琳和《天雨花》中左维明的剧照中，已可以看到她那两道令观众难忘的英气逼人的剑眉。这是她自己勾画的，既有中国戏剧的夸张，又独具她个人的艺术情思。眉下的眼神却各有不同，或英武枭雄，或忠诚刚烈，或温文儒雅，显示了每一个角色特有的光彩和魅力。据尹桂芳的第一个徒弟筱桂芳说，当时尹老师演《文武香球》，能双手抓枪从高台上一跃而下，非常轻盈。演《七星庙》中的杨继业招亲，开打时的扎枪、扔枪、接枪，令人看得眼花缭乱。文戏也演得漂亮，筱桂芳的母亲就是因为看她演的《何文秀》《沉香扇》《盘妻索妻》等戏入迷，非要年仅21岁的尹桂芳收下自己的13岁女儿做徒弟。然而谁又知晓，这不凡的武功，乃至被她唱红的《何文秀》，是她在经受屈辱后用眼泪和心血铸成的艺术结晶。

尹桂芳本名喜花，1919年12月1日诞生于群山环抱的浙江省新昌县西门外坎下村小龙潭。她的父亲是个种田好手，还能在各种节日的文艺活动中扮演俊旦，可惜在她9岁时故世。为了闯出一条活路，母亲只得把长女喜花送到一个小歌班学艺。班主见她生得端庄秀丽，让她学旦角。但小歌班不久就无力办下去了。已抱定学艺宗旨的她，便独自去投考一个水平高的科班——嵊县城里的"大华舞台"小徽班。这是一个绍剧和京剧两下锅的科班，文戏以绍兴大班为主，武戏以京剧为主，因当时武戏能叫座，所以班里着重武戏，十分规范。她考取后被派学绍兴大班的旦角，可是教文戏的师傅见她不会巴结人，长得又是一副营养不良的样子，认定她不会有出息，因此很少给她说戏。幸好一位教武戏的杨师傅见此颇不平，主动开导她说："你不妨多练练武功，武戏学得多，演得多，对将来演文戏，也会大有好处的。"果真，艰苦的练功，使尹桂芳日后以潇洒的台风和不凡的身手，享誉越坛，甚至令功底深厚的京昆界人士也大为惊叹。

那时小徽班经常外出跑码头演出，在临时搭起来的草台子上充当龙套的她，抓住机会看大师姐们的演出，暗暗揣摩她们的身段、唱腔，不久她就成了一个生旦净末丑都能演的"百搭"。那时她演得最精彩的是《三阳园》里的一个叫"牛皮阿毛"的丑角，她以利落的手脚、轻巧的跟头、发噱的语言，把这个杭州城内的青皮光棍，演得入木三分，一时间，"牛皮阿毛"竟成了观众对她的爱称。

14岁她开始搭班演出，坐着乌篷船，穿梭在家乡的山水间。她承受着各种风浪，其中莫过于令她难堪的"立台板"，即一些有势力的人，故意派她演她不会的戏，让她当众出丑。但这些却成了她学更多戏的动力。有一次她临时顶替一个头牌小生演一场戏，竟演得不洒汤不漏水，事后一位打鼓师傅认真地对她说："你以后还是改行演小生吧！这一行当有得学啦。看来你有这个底子和天分。"平时就有一股男儿气的她听了正中下怀，于是更加注意小生的表演。后来，沈家门的一个剧团缺头牌小生便来约请她，从此她正式由花旦改演小生，剧团还给她取了一个艺名——尹云峰，第一次亮堂堂地挂在剧场门口。

随着这个团，她在 1936 年第一次进入浙江省省会杭州演出。在歇夏期间，她又搭班来到了中国最大的都市——上海。演出在永乐茶园，日夜 2 场，十分火红。有一个角儿见她有了起色，竟使出恶招，硬派她出演她不会的《何文秀》中的一折《算命》，还故意不教她。尽管有琴师和好心的大师姐为她提词，但《算命》的唱词和唱法另有一功，结果这个平时演得有声有色的小生尹云峰，竟成了一尊木偶呆坐在台上，令观众大为惊讶。这再一次的"立台板"，又鞭策她认真学习更多的小生戏。后来，《何文秀》成了她久演不衰的经典剧目，《算命》这一唱段更被她磨炼为最具尹派艺术特色的唱腔，至今仍脍炙人口。

在上海的演出虽只有 2 个月，但大大开阔了她的视野。她有机会观摩到一些京剧名小生和剧团请来的男性客师独特的演技以及他们在台上所显现的阳刚之气，这些使她悟到艺术必须创新，女小生更应努力扫除脂粉气。

可惜这次在上海的演出只有 2 个月，因日本侵略中国的局势越来越严重，她又随着剧团回到家乡浙江，应邀到海门等地演出。此时的尹云峰已很为观众欢迎。一天，她闻到缕缕桂花的清香，不禁想起故乡小龙潭家门前盛开的老桂花树，她怀念家乡和亲人，可是何时才能全家团聚呢？作为家中的长女，她多么希望自己能像桂花那样在秋风中傲然开放。她改掉了别人随便给她取的艺名，从此，在越坛上出现了一个名叫尹桂芳的小生。

当她再次来到上海时，很快引起了圈内外人士的注意。连 1940 年来到上海后迅速走红的小生马樟花在看了她的戏后，也不禁对她的搭档袁雪芬说："尹桂芳的功夫相当好。"曾在尹桂芳所属的剧团里做二肩小生的范瑞娟曾回忆说，那时候马樟花和尹桂芳是越剧的"双星"。马樟花在闪电般地红了两三年后，尚未形成个人流派特色，便因社会的诱惑和摧残而早早夭逝。而尹桂芳却以对艺术执着认真的追求，成为越坛的常青藤。

矢志不移的革新精神

在影集中也有我们初识的尹桂芳艺术形象——《云破月圆》中的孔英平。那是在1944年的上海龙门大戏院。我们四姐妹在越剧迷三舅妈的带领下，第一次去看名角尹桂芳和竺水招演出的新越剧。虽已时隔半个多世纪，但那时的新鲜感犹在心间。大幕一拉开，观众就被一个有山有水有树有草的小村子吸引住了，我们幼小的心灵很快被男女主角俊美的扮相、优雅的动作和委婉的唱腔所打动。后来我们看了《芳华剧刊》，才知道这是继袁雪芬之后尹桂芳率领她的剧团进行改革的初次实践。她那时已感到越剧若不改成完美的戏剧，将来也会衰落。她写道："那时大来剧场正在尝试新越剧的演出，我于是更感觉到我也应该负起这个使命，为自己计，为整个越剧的前途计。"

然而，她们当时发展新越剧的实践受到越剧界恶势力的阻挠，剧场老板也总喜欢演出有现成服装、布景道具简单，又能保证上座率的传统戏，他们辞退了新进的编导。面对旧势力的摧残，尹桂芳自责自己太软弱，她说："我既抱着改革的意志，为什么没有和恶势力斗争的毅力呢？"她虚怀若谷，毅然向袁雪芬学习，也聘请了来自电影、话剧界的专业人员和业余爱好者，组成了一个编、导、演、音、美密切配合的剧务部。后来还不惜代价请来2位搞西洋音乐的人才参加乐队，发展、丰富了越剧的音乐和唱腔。

由于尹桂芳领导的剧团演出认真、讲究，剧目文艺性强，吸引了不少像我们这样的不爱看旧剧的女学生。那时她们几乎每月推出一部新戏，在题材和形式上都力求突破。如1945年创演的14个剧目中，表现南宋、明末两代人民反抗入侵者的就有《渔村侠侣》《血洒孤城》《春闺梦里人》等。尤为突出的是她们演出的据古典名著改编的《红楼梦》，和以往戏剧舞台上偏重林黛玉的演出不同，尹桂芳较完整地塑造了贾宝玉从不事功名、追求真爱到最后出走的叛逆性格，她演唱的《宝玉哭灵》，凄凉幽婉，红遍电台，深入人心。同年尹桂芳在主演《石达开》时，又根据剧情需要，突破行当，挂上髯口，在越剧界开小生演老生之先河。

1946年新年，她们成立芳华越剧团后，更尝试演出风格不一的新戏。打炮戏就是别开生面、风光旖旎的少数民族戏《沙漠王子》，演员情感细腻的表演，更是引人入胜，一演再演，盛况空前。

然而，当剧团决定演出富有现实教育意义的时装戏时，却遭到了老板的拒绝，以不置办时装戏的服装为要挟，对此，尹桂芳毅然回答："情愿不拿包银，行头自己做。"结果，3部时装戏《回头想》《秋海棠》《浪荡子》场场爆满，都连演了1个多月。她们以逼真的表演，无可辩驳地证明了贴近现代生活的时装戏强大的社会效应。特别是尹桂芳扮演的堕落青年，有极大的震撼力，"浪荡子"最后徘徊在黄浦江边，耳听海关钟声，追悔莫及地"叹钟点"，长达116句，竟成为当时观众学唱的热点。当时我们觉得尹桂芳扮演的现代男性，从形象到气质都十分真实可信，不浮躁，不虚假，不但扫除了传统戏的痕迹,而且没有丝毫脂粉气。因此在当年的越剧舞台上,尹桂芳演的时装戏堪称独树一帜,反响热烈。

尹桂芳率领芳华剧团积极地投入"新越剧"的行列,并以令人瞩目的成就和影响,使"新越剧"更加蓬勃兴旺,终于汇成上海越剧界的大潮流。作为急起直追的越剧改革先行者之一,尹桂芳的特殊作用和巨大影响,已越来越为人们认识和重视。

尹桂芳在小生这一领域内的不断进取和开拓,大大发展了越剧女小生的演技和剧目,打破了当时越剧界大都以旦角挑班演出的格局,开创了以小生挑大梁,红透半边天的新局面。后来名小生范瑞娟、徐玉兰等纷纷各自挑班演出,连竺水招也在尹桂芳骑马摔伤休养期间,以"芳华"原班人马重组云华剧团(竺水招原名云华),不久她也改行为小生演出。及至今日,这种以小生领衔演出的格局仍起着主导作用,促进了越剧表演题材的进一步扩大。所以戏剧评论家高义龙认为:"尹桂芳对小生艺术的发展、提高,也就是对整个剧种系统优化的重大贡献。"

在这种小生群雄并起纷争越坛的逼人形势下,尹桂芳并未气馁。她养好伤后另组芳华剧团,先后与旦角王文娟、傅全香等合作演出大型宫廷历史剧《浪淘沙》,文武兼备的《双枪陆文龙》,根据曾朴名著改编的《鲁男子》等。据傅全香回忆,那时的"卖座之盛况,我从来也没有见过,许多热心的观众都带了铺盖,隔夜排队买票"。影集所展现的6张《鲁男子》的剧照,充分可见她的眼神的魅力和功力。当时某报正在选举"越剧皇帝",尹桂芳一举当选,正如王文娟所言:"那时大家推选'越剧皇帝'是不组织的,完全是观众自觉自愿投票的。"

1949年后，尹桂芳进一步重振芳华剧团，努力开拓演出领域，更不把自己拘于单一的形象中。1954年她力排众议，在越剧舞台上演出了根据郭沫若的话剧本改编的《屈原》。为了突出屈原沉着、老练、极具胆识的风貌和神韵，她又一次挂上髯口，并以衰派老生的风格、精湛高超的技艺塑造了我国伟大的爱国诗人屈原，把诗人豪放的才情、爱国的抱负、忠贞和孤愤的内心表演得淋漓尽致。

　　我对屈原其人其诗的认识，最初就是从尹桂芳的表演中体悟到的，原文深奥的《橘颂》，改编后经她声情并茂的吟诵，竟成为我们同学最爱背诵的屈原"作品"。据说主演话剧《屈原》的赵丹，对她的表演也大加赞赏，深感戏曲演员的表演手段比话剧宽广，散场后禁不住跑到后台把她高高抱起祝贺。戏剧家田汉、陈鲤庭则坦言，她的演出不亚于赵丹。最后一折《天问》，她独自一人，手戴镣铐站在平台上，满腔悲愤地仰首诘问上天，以绍兴大班苍劲悲凉的曲调高唱《雷电颂》，其声其情久久地回荡于剧场的穹顶，观众大为动容。著名京剧小生黄正勤发文说："此时此刻的尹桂芳，特别是她的眼神，是我生平所仅见。"他形容这眼神犹如书法家笔锋中的"八面锋"。向以"做功"而著称的京剧表演艺术家周信芳也为这种高难度的表演所折服，惊叹地对身旁的傅全香说："想不到尹桂芳竟有这一招。"她主演的《屈原》已成为越剧界难以逾越的高峰，人们为这一杰出的表演未能留下影像资料而深为遗憾。唯有《尹桂芳舞台生活写照》中留下的两张屈原剧照，尚可一睹她演屈原的丰采。一张是身为三闾大夫的屈原，丰神俊朗，器宇轩昂，眼光锐敏，潇洒脱俗；另一张是她在1980年代录制的《天问》一场的剧照，尽管已是病残之身，但一双眼睛依然呈现出悲怆的"八面锋"的威慑力量。

由于成功地表演了我国伟大的爱国诗人屈原，尹桂芳荣获当年华东会演的一等奖。她同时主演的《宝玉与黛玉》等戏，也是大受欢迎，在上海出现了万人空巷看"芳华"的热烈场面。北上演出时，北京长安剧场也隔夜排起了长蛇阵，半天卖完了3天的票，只得迁至有4 000个座位的露天劳动剧场加演。

尹桂芳对演艺的认真劲，并没有因为人到中年和极大的成就而稍有懈怠，她的开拓、进取精神随着时代的要求而更强烈。1959年率团支援福建后，更是不论行当和角色大小，需要演什么就演什么。在现代戏《抢伞》中扮演白髯老爷爷，在现代小戏《风雪摆渡》中又令人惊叹地塑造了一个幼稚无知、调皮捣蛋的小三子，还着意反串主演了《江姐》《武则天》。为了创造人物的需要，她一反自己记腔跟唱的习惯，改用定谱定腔。在设计"武则天"的唱腔时，还力图创造从小生腔发展而来的旦腔，加强了尹派艺术柔中寓刚的风格。

众多反差极大的角色，集于尹桂芳一身，而且是演一个像一个，个个光彩夺目。她成功的秘诀何在？除了她的创造天才和精湛演技之外，莫过于这种面对任何困难，矢志不移的革新精神，这是造成清醇隽永的尹派艺术的强大源泉。

清新纯真的艺术个性

著名剧作家、戏剧理论家顾锡东曾撰文说："创造越剧流派名小生们一个个出类拔萃，都称得上'赋性聪明，色艺俱绝'，但还得数尹桂芳第一。"此言已为人们所公认。她以清纯英俊、凝重朴实、高雅舒展而又蕴涵激情的形象突兀于越剧舞台上。这从现存的剧照中即可得到充分的印证。

她扮演的角色是多样的，或潇洒豪放，或风流倜傥，或温文含涩，或真诚木讷，或心窍迷途，有狂者，痴者，酸者，谑者，但她演得不妄，不惘，不俗，不脏，这是她深得观众喜爱的重要原因。戏曲中有不少角色是代代承传，许多演员都演，但尹桂芳能演得独具特色，令人难以忘怀。如她饰演的梁山伯，憨厚却不失聪慧、幽默，不故作呆板相；她演的张君瑞，痴情却多有才气、灵气，还有几分深沉，无丝毫轻佻相；她演的贾宝玉更令人觉得清秀温存，纯洁可爱，无矫揉的浊酸相。她的气质、台风和靴子功、扇子功、水袖功乃至唱腔，深得观众和行家的赞赏。不少人回忆她演梁山伯《回十八》时所走的圆场，轻捷得似水上漂，又似云中飞，手上的扇子则随情起合扇拂，犹如彩蝶；边走边唱的那段快板，也唱得出神入化，把梁山伯的性情心态表演得活灵活现。1940 年代就在"雪声"和"芳华"从事越剧改革的韩义（又名洪钧）曾深感遗憾地说："这已成为尹大姐的一大绝唱！可惜现在这样的快板听不到了，那样的《回十八》也见不到了。"然而，又何止一个《回十八》呢？在 1995 年出版的众多舞台姐妹、老编导、老观众回忆的《一代风流尹桂芳》一书中，出现频率最高的一个词，便是遗憾！遗憾！遗憾！

人们深情地回忆她精湛的演技，有的把她比作江南吴门画派的淡墨山水；有的激赏她的唱功，人们把尹桂芳和京剧界的马连良相比，认为两者在唱腔艺术的特征上，在潇洒出尘的风度和意境上都

风定落花

有某些共同点。她创造的旋律丰富多变的叫板，如"娘子啊！""妹妹啊！""妈妈听道！"等，更是一起腔便会获得观众热烈的掌声。倾倒中外听众的小提琴协奏曲《梁祝》的作者之一何占豪曾介绍说，《梁祝》开始的那一小节旋律，即从尹派叫板中演化而来的，尹派唱腔的优美及其影响，由此可见一斑。

　　人们奇怪，像尹桂芳这样一个没有进过学校的越剧演员，为什么她从扮相、台风到唱腔、演技都能如此潇洒脱俗，塑造出千姿百态的人物，倾倒无数观众？

　　天赋加勤奋，这是人们对尹桂芳的一致认识。她的天才突出地表现在她善于根据自己的嗓音条件，创造出在中低音区迂回曲折、平淡而富韵味、柔中带刚的演唱风格和相应的朴素深沉、刚柔结合的演技，而不是较为单一地追求男性的阳刚之气或外在的亮丽华美。她在塑造人物时，力求表现人物独有的内在气质，努力从"这一个"人物出发，体验生活的逻辑，以自己独到的艺术见地和深厚的戏曲功底，生动地展示出一个个不同性格的有血有肉的形象，令观众难以忘却。

　　即以脍炙人口的两段《算命》来说，同是主人公乔装"算命人"算本人命运的形式，但在曲调的设计上却各具匠心。《沙漠王子》以凄清雅丽又起伏跌宕的曲调，确切地体现了双眼失明的罗兰王子的教养和坎坷的境遇，既有边陲民族的乐感，又增强了传奇色彩，引人入胜。而《何文秀》中的主人公是一位民间的大难不死、得中高官的江南书生，他乔装算命人是去宽慰误以为自己已死的妻子，所以心情坦然潇洒，语言诙谐幽默；演唱的曲调借鉴了江南的评弹和武林调，采用悠然的说唱结合的表演方法，使整个唱段有着强烈的泥土气息，随着剧情时徐时疾，时紧时松，妙趣横生。这两段唱腔极具地方人物风情，而尹桂芳细腻流畅、清新醇厚的表演，使它们成为韵味十足的尹派艺术的代表作品，代代相传，魅力依旧。

不少传统戏，一经尹桂芳炉火纯青的表演，便焕发了新的生命，成为尹派名剧；而同台的演员也因她的感染，有了最佳的发挥。如当时的青年演员李金凤曾回忆演出《盘妻索妻》时，尹桂芳扮演的名门公子梁玉书，台风既洒脱又儒雅，尤其是她的目光充溢着挚爱和真诚，具有强烈的感化对方的魅力。尹派的唱腔更是发挥到了极致，声声珠，字字玉，委婉抒情，拨人心弦，使演妻子的她如身临其境，不由几次产生了与这位仇家的儿子和解的想法，演出了人物的复杂感情，使这出老戏演得更加有滋有味。演艺颇佳的旦角演员张云霞也谈到自己与尹桂芳搭档演《玉蜻蜓》中申贵升的原配夫人的感受，尹桂芳把申贵升外恋的形态演得出神入化，使她这个妻子由衷地生出既痛苦又妒忌的思想感情，表演时的内心动作就十分丰富，外形动作也格外自然，而和别人合作演这出骨子老戏时，从未达到这样的艺术效果。

据秦瘦鸥著名小说《秋海棠》改编的越剧，是一部使尹桂芳的演技得到极大发挥的好戏，也是一部充分体现尹派艺术特色的代表作。她不仅把戏中戏京剧《苏三起解》和《罗成叫关》演唱得有滋有味，眼神中很自然地流露出角儿的光彩，而且恰如其分地演出了秋海棠这一个京剧男旦名角的教养和风度，把他和军阀姨太太罗湘绮由同情渐至关怀，及最终迸发出的爱情，演得十分朴实纯洁。秋海棠在脸被军阀划了十字的 18 年后的复杂心理，尹桂芳表演得更为细致：秋海棠为了不让女儿梅宝再唱戏，为了生活，忍辱进入剧团充当武行，带病连翻跟头，终于摔倒，口吐鲜血。当他被人扶着踉踉跄跄走进后台，气喘不止时，猛见有人给他端来一碗水，他慢慢地伸出颤抖的双手接过碗，双膝跪下，泣不成声。角色没有一言一腔，却演出了秋海棠贫、病、老、丑的外形，惨痛的内心，以及善良的本质，同时准确地把握住了沦为班底的名角身上固有的功夫和气质。此剧连续爆满，连演红了话剧《秋海棠》，号称"话剧皇帝"的石挥，在看了她的演出后，也兴奋地到后台来祝贺她把"秋海棠"演活了，后来还在报上撰文赞赏。

尹桂芳自 1940 年代起到 1960 年代，曾四度改编演出《红楼梦》，贾宝玉是她倾注心血最多的一个人物，也是她塑造的一个光彩夺目的形象。直至今日，我们都难以忘却她演的贾宝玉的点点真情，不论是初见黛玉时的稚气，读《西厢》时的热情，忽听到黛玉要走时的痴呆，向黛玉吐露心迹时的真切，哭灵时欲哭无泪的悲恸，无不产生强烈的共鸣。她的表演朴素无华，突出一个"真"字，毫无矫揉造作之感。如《哭灵》一场，开始宝玉不是尖利地哭叫着来到黛玉的灵前，而是不顾一切地寻叫着"妹妹！""妹妹！"，既痛又悔又盼地冲到潇湘馆门前，及至看到黛玉的灵位，倏然止步，才知黛玉果真死了，不由心如刀绞，颤抖地呼喊"林妹妹"，撕心裂胆地叫道："宝……宝玉来了！"语气咽塞，泣不成声地扑向灵桌，默然跪下，无言叩首。此时无声胜有声，每演至此，全场观众无不为之泪下。整个唱段非但没有花腔，中间 18 句抚今追昔的回顾，用的是慢清板，更是在低音区徘徊。行腔的气息、力度、徐疾控制得当，吐字清晰亲切，柔肠悱恻，唱出了宝玉对黛玉的一往情深。这一段独唱，在更为静寂的氛围中流淌，令观者感到眼前的人物确是不事雕琢，天然成真的宝玉，确是深知黛玉脾性，率直纯真的宝玉。

1950年代昆曲大师俞振飞初看尹桂芳演出的贾宝玉，即大为倾倒，说："不想越剧娘行中有此等人物。"他赞不绝口地说："我从来没有看到过这么好的贾宝玉。"又撰文评价说："尹桂芳同志饰贾宝玉，稚气、秀气、才气、憨气萃于一身，相看俨然，晶莹透彻。至情至性，发扬于歌唱，渗透于手足，洋溢于眉目，直似曹雪芹笔下'泥涅儿'，诚令人叹为观止。"后来他又在《赠尹桂芳同志》中赋诗一首，云："红楼昔见哭潇湘，平淡天然最擅长。正是丰神称独绝，于无泪处断人肠。"诗后写道："桂芳同志所演《宝玉哭灵》，不用花腔，而人物感情曲曲传出，熨帖精当，其悱恻动人之意，深蕴饱含于平淡中，足见其真实功夫，近世所绝少也。"俞振飞对尹桂芳演的《屈原》也推崇备至，作诗赞叹，并发表了对戏曲表演和尹派艺术的真知灼见，他说："戏曲表演之身段动作，宁炼毋冗，宁洁毋滥，宁自然毋矫饰，宁朴实毋华靡。凡为高手，必于繁简浓淡间，斟酌审慎，以传神为指归；否则浓盐赤酱，难免书家所谓墨猪之诮。尹派表演含而不露，动而不烦，斯乃深得剧艺真谛。愿以此旨，告之后学，俾芳华薪传，绳绳相继。"

正是这种精炼、简约、自然、朴实的纯真艺术，使一代又一代观众痴迷尹桂芳的表演，尹调也被广泛传唱。尹桂芳富有魅力的艺术个性，饱含了她对生活的认识，她的审美观点，她的艺术见地和娴熟的演技，而这一切又出自她个人真诚、良善且富有幽默的天性。

侠义率真的人格魅力

在越剧界，尹桂芳是被人们所公认的大姐，这不仅因为她年龄大，从艺早，更由于她德艺双馨，尤其是帮助别人，无私忘我；提挈后辈，不遗余力，在越剧界是很少见的，因此最受大家的尊重。

当年袁雪芬为了进一步推动越剧改革，摆脱剧场老板的干预，建造越剧同人的剧场和办学馆，筹划舞台姐妹义演时，首先找的就是尹桂芳。因为她较早进行改革，艺术上独树一帜，影响极大；而她的为人热情、诚恳，不计个人得失，有种侠义血性，在越剧界有口皆碑。

凡是看过电影《舞台姐妹》的，都忘不了一对越坛姐妹在患难中结拜为金兰姐妹的动人场景，而这素材即来自尹桂芳和竺水招的实际生活。1936年底，长得极为清丽娟秀的竺水招开始与比她大2岁的尹桂芳搭档，她们在舞台上扮的是情侣，在台下尹桂芳则像大姐姐那样照顾竺水招。一次，去黄岩演出，由于她们俩没有应召赴警察局长的夜宵，第二天便被警察局的便衣抓到监狱里关了52天。多亏水招娘赶到黄岩，多方疏通、求情，才把两人救了出来。水招娘见尹桂芳忠厚重情义，便在城隍庙里让她们俩拜了菩萨，结成生死与共的金兰姐妹。水招娘一手拉一个说："桂芳啊，侬为人有德，今后要多多照顾水招，就像自己的亲妹子一样……"桂芳当即起誓说："娘，你放心，青天在上，一定照你说的办。"这段姐妹遭难的旧事，这句情深意浓的誓言，即融入电影《舞台姐妹》中，感人至深。后来，她们俩先后来到上海，尹桂芳坚邀竺水招和自己合作，又热诚地帮助擅长青衣的竺水招和另一个只演小花旦的傅全香两人不断互换角色，终于使她们俩都有了较全面的发展。尹、竺二位又联手搞革新，创建了风靡大上海的芳华剧团。

尹桂芳的侠义精神，在"十姐妹"的演义中，表现尤为突出。她当时真是全力以赴，不仅自己放弃了准备拍摄电影《王孙公子》的计划，同时还努力说服别的姐妹。当时正外游台湾的范瑞娟因情深的大姐尹桂芳的一声召令，提前赶回；连受挟于流氓张春帆的名伶筱丹桂，也出于对尹桂芳的信任而同意了。然而，在义演公布后，筱丹桂却又反悔，尹桂芳再与袁雪芬一起约她谈话时，率直地叫着她的本名说："春凤，我要么不答应人家，答应了不管吃亏不吃亏，一定要信守诺言，决不反悔的，你究竟为啥不演？"见她不吭声，尹桂芳干脆点穿了她的幕后破坏者，才使她大胆应承。

由于在"十姐妹"义演期间，尹桂芳始终与袁雪芬一起站在最前列与国民党政府的社会局、警察局交涉、抗争，当局的头子们极为恼火，便制造了一个十分恶毒的离间计。1948年3月，上海警察总局侦缉科和虹口分局放风说，已抓到前两年向袁雪芬抛粪的人，并已供出是"越剧职工会"理事长尹桂芳指使的。事实上，1946年8月成立的"越剧职工会"，是某些与当局有关的人一手操纵的。当尹桂芳被告知选为理事长时，她当场就拒绝了，继又在当月25日的报上公开发表《尹桂芳辞去上海市越剧职业工会理事长的启事》。尽管那伙人又在隔天的报上发表反对尹桂芳辞职的启事，但她仍以行动坚决不与他们来往。拒职在先，扔粪包事在后，何能指使？尽管袁雪芬也坚信"大姐不是这种人"，并表示，如果有人利用这件事离间我们姐妹，我愿意撤销对抛粪事件的起诉。可是警察

风定落花

局竟扣押尹桂芳，还百般引诱她在他们写好的供词上按手印。她坚持不按，要求与罪犯对质，搞清事实真相。在强大的舆论压力下，法院只得开庭审判，结果两个强盗却在对质时自己供认：从来没说过抛粪与尹桂芳有什么关系，真相终于大白于天下。但是上海"地检处"又以"盗匪嫌疑"为案由，传她过堂听审。实际上，制造这些罪名，无非是因为尹桂芳没有听从他们的摆布，于是要中伤她的人格，同时借此敲诈她的钱财。然而，尹桂芳从不屈服，对那些劝说她用钱财化灾的"调解人"，她每次都斩钉截铁地说："要钱没有，要命一条。"因此，这事也只得"不了了之"。

尹桂芳天性率真，当时她并不是一个政治思想十分鲜明的人，只是生活经验，使她能十分清楚地分辨是非黑白。她只是一心想"保持自身纯洁"，"用清新的芳香给人们以愉快"。虽然污秽的浊水难以损毁她的形象，但她的身心确已受到极大的损害，1948年她只得离开舞台，远去香港。然而，她难以忘怀令她梦魂萦绕的红氍毹。1951年，她和心爱的意中人商定，由她先回已解放的上海，重登舞台，并迎接爱人的到来。不料，特殊的政治环境，断绝了港沪两地的交通，苦苦的等待，迎来的却是劳燕分飞。此时，她在舞台上也失去了相配的好搭档，孤独更激发了她对新人的培养。不久，经她调教出来的旦角新秀李金凤、戴忠桂等，很快为观众所喜爱，芳华剧团的卖座始终以骄人的成绩，令人瞩目。当时华东戏曲研究院实验越剧团（上海越剧院前身）也曾邀请她个人参加，这对她本人来说，也许会有拍电影、出国等待遇，但其他"芳华"成员怎么办？为了解决团员们的生存问题，她又一次放弃了个人的利益。所以，当她后来响应号召，接受领导安排，率团离开上海，去

颠 簸

福建安家落户时，全团36人，连同大批家属，毫无怨言，在10天内，登上南去的列车。

但是，广大观众想不通，为什么要让一个最受上海观众欢迎的剧团去语言有隔阂的东南边陲落户？她们离去的那一天，我和同学闻讯也赶到火车站，想再看一眼我们心爱的演员。未料那天火车站人山人海，大家争先恐后地挤进月台，含着热泪呼叫着尹桂芳的名字。突然听到有人卧轨了，我们纷纷往火车头方向跑，都想尽力留住我们最最喜爱的人，可是——那时的领导又怎能理会我们小小老百姓的大大心愿。

到达福建的尹桂芳果真遇到了新问题，大年初一第一天公演，竟没有客满。团员们发出了怨言。在困难面前从不低头的她，做出了决策，把戏送到基层去，上山区，下连队，让福建的观众认识"芳华"，选择"芳华"，"芳华"也要培养出懂得越剧、热爱越剧的福建观众。她虽已年过半百，仍以身作则参与搬动布景、打扫卫生，为战士洗衣、补衣，乃至各种田间的劳动。艰辛终于赢来了欢乐，在福州的剧场里，即使日夜两场，观众也不少。尹桂芳和她的"芳华"剧团以精湛的演技，不断创新的剧目，使不少福建观众迷上了越剧，迷上了"芳华"，他们也像上海观众那样痴迷尹桂芳。

然而，要在语言不通的地区发展越剧，毕竟是十分困难的，甚至连生存也需有政府的经济支持。当时，周恩来总理就指示已落户于北京的范瑞娟、傅全香领衔的越剧团迁回上海。这也引起了尹桂芳和"芳华"同人的思考，当她们正在向上级领导磋商去向时，却被一些极左人物视为"逆流"，到了"文革"时，更被打为"反革命"。她一贯急公好义，济难扶困，曾多次被评为"标兵""先进工

风定落花

作者""雷锋式团长",至此也被诬为"狡猾的狐狸"。对此,她的同伴们难以理解,不能接受,她本人更因为受到这莫大的人格侮辱和打击,悲愤和痛苦天天折磨着她。当她听说她结拜的义妹、舞台情侣竺水招在南京面对不白之冤和非人的折磨,以死抗争,她再也无法控制自己的悲愤,决然走上自杀之路。虽然她被救活了,但巨大的悲恸依然压在她的心头,在神志恍惚中,严重的脑溢血,使她成了残疾人。

"四人帮"倒台后,她回到上海养病。尽管她已是残疾之身,但依然像过去那样关怀每一个人。当她得知范瑞娟和她的丈夫未及平反,仍拿着极低的生活费艰难度日,便暗自把一叠钱放在前来探望的范瑞娟的手提包里。她对学生更有着严父慈母般的心怀,平时她在每个细小的环节上,都要求学生严格遵守练功要求,刻苦锻炼。尤其在他们获得荣誉时,总要提醒他们的不足,强调"艺贵精妙"。当看到赵志刚练功辛苦,工资低,她便经常给他送去菜肴和营养品。一次,茅威涛在演出时情绪受到刺激,她没有半句安慰和批评,而是约学生去吃西餐,聊家常,说笑话。她的第五代弟子王君安在排练时因与她的唱腔处理有点不同而显得拘谨时,她就勉励年轻的弟子说:"你的唱法在保留尹派唱腔的风格方面,应当有新的发展,不必什么都要像我。君安,你要大胆些,放开来再排一遍。"为了传艺,她的腿不行了,就用较能听使唤的手和眼睛表演。为了满足观众的要求,她以残疾之身登台站着演唱,她把舞台上压景片用的沉重的铁砣绑在自己的脚上支撑身子。正是在她的言传身教下,她的不少学生获取了大奖,成为活跃在越坛上的精英。由她担任艺术指导的"芳华剧团"也在废墟上重新焕发新的生命,为八闽大地添彩，为越坛增光。已成"越迷"的福州市林觉民纪念馆负责人李厚威曾在一篇文章中深情地说："我建议，应在芳华越剧团驻地，为尹桂芳大师树立一尊塑像，以表彰她对越剧艺术的杰出贡献。"这也是广大爱好越剧、爱好尹桂芳艺术的观众的心声。（后记：不久即立了塑像，并把通向芳华越剧团的白马河上的小桥命名为"桂芳桥"，这是福州市唯一的一座为文化事业而建并以文化名人命名的桥梁。）

出自观众的祝福

10多年前，当川剧名小生罗玉中来我家，听说我是"尹迷"时，大为激动地说："我也非常喜欢她的艺术，她的为人也出奇地好，你一定要写写她。"他告诉我一件发生在他身上的故事：三年困难期间，他患了肺病，全身浮肿，家中生活又十分困难。正在这最困苦的时候，他收到了尹桂芳托香港友人购来的进口特效药，还按月收到她汇寄的钱款，直至他病好为止。其实尹桂芳仅在观摩川剧时见过他，便产生了要挽救这位颇有才华的戏曲小生的强烈愿望。罗玉中嘱咐我一定要把这段事代他写出来。

可是我一直无暇顾及，直至今日我退休后，最想写的第一篇与我专业无关的文章，就是要表达我和我的姐妹们对心仪已久的艺术大师尹桂芳的无限敬意。我们有幸在55年前作为她的新越剧的首批小观众，感受到她的艺术魅力，也启示了我们最初的欣赏情趣和审美倾向。尽管后来我们接受了高等教育和多种艺术的熏陶，从事不同的专业，但我们对尹派艺术的热爱程度，始终不减。小妹锡娟还因此走上了戏剧道路，成为一名人们喜爱的话剧演员。

作为普通的观众，我们和尹桂芳相见的机会很少，但每当在广播中听到她那富有韵味的曲调，我们亦不由脱口而唱，她那洒脱的形象就会在我们心中油然而生，这也是我们最为潇洒的时候。我们衷心地感谢尹桂芳用她那清新的芳香滋润了我们的心田，纯化了我们的情操。她被众多的圈内外人称为一个令人难忘的了不起的艺术家，今年恰是这位80岁高龄的艺术大师从艺70周年，我们诚挚地敬祝她晚年愉快，敬祝她辛勤培育的"芳华"后继有人，敬祝尹派艺术流芳久长！（后记：2000年3月1日，正当我欣闻著名越剧男小生赵志刚创演新版越剧《红楼梦》成功的消息，却传来了他的恩师——越剧艺术大师尹桂芳仙逝的讣闻。3月10日追悼会时，有5 000余众自发为她送行，天公也流下了倾盆泪。伊人虽随黄鹤去，德艺永存天地间。）

（1999 年酷暑于北京）

探究

他在人间留下了温情
——悼学兄王保林

今春从上海回到京城，原单位给我转来不少书信，其中有一封发自通辽市内蒙古民族大学，我很高兴久不通音讯的学兄王保林给我来信了，大概他在研究鲁迅和现代文学方面又有了新发现。我急急地拆开信，刹那间惊呆了：这是一封打印件，署名胡英淑，她是保林兄的妻子。她告诉我："2001年元月9日8时30分，在海口，保林——你的挚友因心脏病突发，经抢救无效，竟匆匆地告别了人世。"怎么会这样呢？在我印象里，从没听他说过有什么吓人的病痛，然而走得竟如此出人意料。就像前不久突然离世的马蹄疾、孙瑛、李伟江同志一样，他们都是不爱言语，勤勤恳恳地埋头学问，属于我所尊敬的那种特别能吃苦耐劳的学者。他们的猝死，更令我感到有一种别样的悲哀，在心中深深地悼念他们。

可是在我的记忆里，却只有保林兄写的几本书和大量的文章，有关他的生平只是隐约得知一二，连不成线。记得1956年秋我们一起考进南开大学中文系时，并不在一个班，整个大学期间，几乎没说过一句话。但因为他是全年级的党支部委员，常常出头露面，所以是年级比较知名的人物。不过他似乎不是锋芒毕露的那种，说话时白皙的脸上泛露红潮，语言很谨慎，很有条理。那时担当年级、班干部的大都是调干生。这一年考上大学的调干生特别多，有的已当了爹妈，不少人阅历还非常丰富，同学间常怀着崇仰的语气传播某调干生原是延安的红小鬼，早已是 14 级干部了。调干生们也爱称我们这帮刚跨出中学校门的同学为"小鬼"。我也确实有"小巫见大巫"的感觉。大概因为我在中学时曾担任团支书和班长，竟然一进大学门便被钦定为班团支部宣传委员。可是我过去所做的工作，最大的不过是组织夏令营、文艺会演之类的欢乐蹦蹦跳，哪见过这么多一开会就能大讲马列主义和阶级斗争的大同学，我压根儿就搭不上话，勉强说几句，还南腔北调地惹人耻笑。自知上不了台面，便坚决要求下台。好在半年多后便改选掉了我这个爱闹情绪的"小鬼"。不过，时遇 1957 年春天的政治大风暴，我因任着性子说什么"我爱看《文汇报》，报刊本就应该百家争鸣"之类不知轻重的话，便成了 1958 年该拔的"白旗"，更因病被稀里糊涂地扣上"谎报班领导同意我回家养病"的"罪行"，整得不计后果地"潜逃"回家，还写信告到校党委，要求澄清是非，否则退学。但最终仍被"哄"回校，变换为让我承认有"对抗组织"之罪，给予团内警告的处分。这时，我也听到了许多比自己处境更惨的新闻。原来在我离校期间，不少原先我认为很革命、很有马克思主义理论水平的调干生竟成了"反党"的"大鬼"，其中就有平时党性强、很守党纪国法的王保林。据说他是因为和同班干部郝世峰一起去天津市委反映南开园内大鸣大放乱糟糟的情况，但为什么成了"反党"，而且王保林最终以"阶级异己分子"之罪被开除党籍，我一直不解其中的缘故。当时自顾不暇，无心探究，只是庆幸"领导们"只把我看做一个成不了气候的有资产阶级思想的自由散漫的"小鬼"，没有给我戴"帽"。5年大学生活是在一个接一个运动中度过，同学中很少有没被"整"过的，毕业则如鸟兽散。时值国家困难期间，大部分同学被分配到边远贫困地区。

1976年，我有幸来到李何林领导的鲁迅研究室工作。后来我常在一些中国现代文学的学术讨论会上邂逅王保林学兄，才知道他毕业后即被分配到内蒙古通辽师院中文系任教。后来得知他和我一样都得到了南开大学发给的"平反"通知书。我也曾问他当年的冤案，他似乎不愿再重提旧事，倒是十分积极地寻访失散多年的同学，并编了通讯录发给各地校友，报告已有13位同窗离开了尘世，最后促成了1986年在世校友的相聚。他给我的感觉，仍像当年那个务实的年级干部。大概正是这种务实的作风，他在党的三中全会后不久，便被提拔为内蒙古民族师范学院副院长。

由于是同行，保林兄每逢来京时，也会来看我，还不时地赠送他新发表、出版的论文和书籍，除了与人合编的教学成果《现代散文选讲》《古代杂文选粹》《现代散文名篇欣赏》《现代杂文名篇欣赏》等外，他用力最多的是课余对瞿秋白的研究，尤侧重于对鲁迅和瞿秋白的比较研究，着力于解剖两者合作的杂文。这一工作得到了研究鲁迅和瞿秋白的老专家丁景唐的全力支持，在1980年代初，两人联名发表了15篇文章，后结集出版《鲁迅和瞿秋白合作的杂文及其它》。我在比较鲁迅和瞿秋白不同的"超人"意识时，也曾得益于他们的研究成果。1990年代初，他又编辑出版了《怀霜诗钞》，其中搜集了32位作家70余首纪念秋白先烈的诗词，及先烈在世时他的朋友如耿济之、郑振铎、瞿世英、郭绍虞、蒋光慈、鲁迅等感怀秋白的佳作，他对每首诗的注解，从版本到诗的本事、人物、典故，都力求翔实，予人启迪。诚如他在1984年江苏省第二届瞿秋白研究学术讨论会上公开宣称的："我是瞿秋白的崇拜者，我崇拜他。"确实，他把自己"平反"后的主要精力，都献给了敢于解剖自己却曾含冤九泉的先烈瞿秋白。他崇拜那些舍弃自己的一切，为中国人民的解放事业做出巨大贡献的英烈，因此，他积极宣传在抗日战争中谱写著名的《大刀进行曲》，在解放战争中牺牲于内蒙古的革命音乐家麦新。民族伟人鲁迅也是他孜孜不倦研究的对象，不时在《鲁迅研究》和《鲁迅研究月刊》及地方报刊上发表他的研究成果。他根据自己所了解的高校师生对鲁迅的书读之不多的状况，提出当前鲁迅研究存在的最主要的问题，是普及工作做得不够。对此我深有同感，从我所接触的一些对鲁迅持有非议的人士来看，大部分（包括不少教师、学者、作家）只看过鲁迅的几篇小说、杂文，而更多的是接受了某些道听途说的传闻，所以普及鲁迅作品及介绍其背景，对了解鲁迅的思想是至关重要的。正是出于这一考虑，他建议编辑一种意向性的、面宽的《鲁迅研究》课程教学大纲，供教师选择。保林兄正是站在普及鲁迅作品的第一线，默默地做着传播鲁迅先进思想的工作。

他退休后，依然笔耕不止，更多的是以杂文形式写出对生活的哲学思考，诸如《"假做真时真亦假"》《崇祯和斯大林》《闲话古诗中的"时"和"运"》等。直至前两年，才听不到他的音讯，春节给他发去贺卡，从回信中方知他的妻子病了，为此他多次南下求治爱妻的病。他此时的心情当可理解，因为他不仅是一位勤于职守的好干部，而且也是一位爱家庭的好丈夫和好父亲。可是，我万万没想到他自己竟走得如此急促……不禁为他不平坦的大半生而叹息不止。

在他逝世后，我才从学兄郝世峰处得悉保林兄当年被打成"阶级异己分子"的真相，令我吃惊不已。原来，1957年他们俩去天津市委反映学校大鸣大放情况的主要原因，是对当时的形势感到郁闷，认为落后群众闹事，党委官僚主义，领导无力，要求党委出面领导鸣放，组织党员反击。岂知那时党委正在执行一个"阳谋"——"引蛇出洞"！其结果更是滑天下之大稽，他们这种在"左"倾情绪支配下的幼稚懵懂的可笑行为，到了1958年，竟被视为与"右派"分子相呼应，定性为反党，硬把"左"说成了"右"。显然，因为他们在不经意间也批评了校党委，也说了响应毛主席号召要鸣放之类的话，于是恰好成了被"引"出来的"蛇"。据世峰兄回忆，在那说理之荒谬、情势之横暴的批判会上，"保林做检查时，大约事先准备好的内容刚讲了一半，他便喟然叹息，无可奈何地草草结束，对于公正二字，已不抱希望"。当年南开中文系整党整风运动的重大成果之一，便是把王保林定为反党的阶级异己分子，其依据还因为他出身于地主阶级，对其父的问题最初曾想不通；在"三反运动"中还曾同情某个人。他的知友郝世峰根据当时批判的内容推测，他的想法其实并未构成言行，只是因他自己某次无可汇报而强言之的"思想汇报"进入了个人档案，便成了他的自供状，为后来的批判者提供了材料。不过，我想，保林兄平时为人温良恭俭让，且爱思考，在至亲至友遭恶诛时，不可能无动于衷。心有疑窦而生温情，本是人之常情，然而在一个缺少法制的时代里，便成了不可饶恕的罪行。最近我才知晓他当时还因此不得不与正在恋爱中的女友斩断了情丝。可叹保林兄又是一个颇有理智的革命者，上大学前长期担任华东盐务局和轻工业部领导的秘书，已养成了压制自己对家庭感情的习惯。据他的爱妻说，他对亲人也只能以一个"恨"字简言他对父亲的感情，乃至和老家很少来往，唯对他的哥哥倾注了他全部的家族感情。1947年，15岁的他即离开老家江苏盐城前往上海，投奔已参加革命的哥哥。1949年入党后又随兄抵京。长兄如父，他那认真做人做事的作风极像任《新体育》副主编的老哥，以至去年他老哥病逝时，他悲痛欲绝，据说其后精神恍惚如出世一般，终于随兄离开了这个给予他太多遗恨的人间。我想，这就是心理学家所谓的难以排解的"情结"所致吧。

但保林兄有幸是在到海口探望儿子时闲庭信步中猝然倒下的，他更有幸留下了近50万文字，已由他的爱妻在悲痛中整理成集。从文集中可见他早在1950年代初即以多篇杂文翱翔于文坛，尽管这位有才华的青年被突如其来的政治风暴折断了翅膀，被弃于远离京都和大城市的地方，然而他仍锲而不舍地带伤漫行，尝试以多样的散文抒发幽幽情思。"文革"后更是历经磨难出版了10本书，有的虽是与人合作，但他总是主要执笔者。他的精神虽因累累伤痕难以高飞远翔，但他充分地表达了他对祖国文化事业，对可歌可泣的革命者、学人的真挚感情，也表达了他对人类崇高友谊的深沉向往。联想他在改革开放后为促使充满怨气的同窗重聚而做出的努力，我真切地感受到他给人间留下的极可宝贵的丝丝温情。

（写于21世纪第一个儿童节）

风定落花

追念诤友尹慧珉

2010年4月，我闲居沪上时，突然接到胡甫臣发来的电子邮件，他的86岁老伴尹慧珉因心脏突然发病而谢世。我呆呆地看着这封邮件，头脑迟钝，渐至大姐形象重现：那是她前年在三亚海边，和女儿一起嬉浪时的健康、幸福的俏模样。

说起和慧珉大姐的初次结交，至今还历历在目。1991年我参加在长春召开的海外鲁迅研究学术讨论会，刚刚入住，就闻敲门声，开门却见我从未打过招呼的中国社会科学院文学研究所所长马良春，他身后还有一位梳着灰白短发的极其白净清秀的女学者。他见了我就说："你好！我给你带来了我们所的尹慧珉同志，你们住一个房。"他接着又说："锡佩同志，我对你写的东西很感兴趣，有时间一起谈谈好吗？"我也不知道他对我哪篇文章有感觉，心想这只是客套话罢了。他是个忙人，很快就被门外的人叫走了（此后，我好像再也没见过他，不久惊闻他早早地驾鹤仙逝了）。我见留下的尹慧珉还在好奇地打量我，便赶紧自我介绍，并说："我早就知道您的大名了，您翻译的李欧梵《铁屋中的呐喊》（译自美国东方文学研究专家李欧梵1987年出版的英文版，香港三联书店1991年版），是我近年翻得最多的书。"确实，那本书对鲁迅的心理透析有不少别开生面之处，对我颇多启发。我们很快就像老朋友那样聊了起来，而且好像有说不完的话。我很羡慕她有这么好的外语水平，叹自己虽然从小学三年级就开始学英语，到大学却按规定改学了俄语，搞鲁迅研究后又自学日语和德语，可是哪一门都只能借助于字典马马虎虎地阅读，重要的翻译只能请人帮忙了，会话更是不行。我感慨地说，这可能是我这一代知识分子外语学习上共有的毛病。不料比我年长10多岁的慧珉大姐说："我也是一个不能说的翻译。"当时我很奇怪，后来看她晚年所写的回忆录《交代一生》，才知她虽然早在1943年就进入重庆中央大学外语系学习，1947年又随校迁回南京，但一直处于战乱之中。她亦因积极投入各种力争抗战和民主的斗争，再也不能像过去那样埋头读书，也就不能在教授提问时像苦读的同学那样用英文对答如流了。甚至因为上了国民党逮捕的黑名单，只得未待毕业便离开了学校。以后她的工作主要是报刊编辑，很少用外文，直到改革开放后，她调到中国社会科学院文学研究所，年近60岁的她才学有所用，努力把国外的中国文学研究，包括鲁迅研究介绍到国内来，在我长期订阅的《中国文学参考》中就有不少她未署名或化名的文字。她除了译著，还主编了评论集《国外中国文学研究论丛》，为中国了解世界、世界了解中国做出了积极的贡献。在同住的那些日子里，我才知她在多年前就因肠癌切除了重要的肠道，在体外安装了一个排便的口袋，这对生活和出行带来了诸多的不便，然而，她依然乐观地工作着。这些无不使我更加钦佩她的坚持和毅力。

但在那次学术讨论会后，我们就一直没有晤面的机会。转眼我也退休了。没想到 2004 年 2 月，我收到了从鲁迅博物馆转来的慧珉姐的信。原来她在网上看到一篇没有署名的《为周颖辩证》的文章，猜测作者是我；而她也写了一篇与我旨意相同的难以发表的文章。

自此，我们俩虽然仍始终没有见面，却以电脑为媒介，不断将各自的新作或对时政、社会、文坛的想法由"伊妹儿"传递，让我这个有点自闭症的"寡人"有了一个呼吸之处，也加深了对慧珉姐的了解。我看到了不少她在退休后写的文章，大都发于她开的"博客"上（她取名为"破壳"），不仅数量让我吃惊，而且写的内容比在职时更加开阔，思想更加忧深。如写于 2006 年 12 月 13 日的读书偶得《智识即罪恶》，是因为现在常听到对鲁迅的骂声，"便想再读一读原著，寻找一下他到底有什么毛病值得这么骂，甚至还想找出他的罪恶来"。结果倒看到了鲁迅谈的别一种"罪恶"，即 1921 年在这一篇像"滑稽小小说"的杂文中对朱某人虚无观点的讽刺。她初读时还觉得鲁迅"何必为这样无聊的对手浪费时间来写反驳文章呢。但是过后仔细捉摸，自己这看法也未必对，这朱某其实并非仅仅是无聊，相反，他倒是个有思想有理论且有代表性的人物，甚至还可以说是某种思想的一位'先行者'呢！"。而且他那"取消知识"的行动方案，在半世纪后的"文革"中付诸实行了，由此可见鲁迅对谬论的立地讽刺，绝非多事，倒是显现了一个思想家难能可贵的敏锐性和预见性。慧珉姐就是通过认真的再读原著，结合历史事实和切身感受来定位鲁迅的价值，颇具说服力。正是鉴于这一认识，所以在 2007 年 8 月当她听说中学语文教材删除了鲁迅多篇作品，禁不住立即在网上发文质疑：《〈阿 Q 正传〉和〈记念刘和珍君〉就那么难理解吗?》,她以鲁迅作品的写作背景和当代社会存在的问题相对照,揭示所谓教材"换血"的思想内因。其实当我听到教材"换血"消息时,初以为适时更变教材并不为过,后听到有些理由颇感牵强,特别是说学生"怕周树人",太不像出于天真的学生之口了,只因不在其位,少调查,故不议。读了慧珉姐的文章后,我又更多地回想起当年自己教中学语文时,学生还是很喜欢这两篇文章的,曾饶有兴趣地自查有无"阿Q"的精神胜利法;而刘和珍则成为学生们尊敬的前辈,更记住了1926年的3月18日,为什么是"民国以来最黑暗的一天"。我在教育界时从没听到教员说鲁迅的作品难教啊,莫非当今的教员和学生都比过去理解能力衰退了吗? 幸而,一经慧珉姐这样的有识之士的及时呼吁,某些省市的语文教材中至今还保留了这两篇呼唤民族觉醒的经典作品。

　　慧珉姐在晚年依然坚持不断地思索,以求真理,用功之猛,几近自虐。如她在《再读顾准》一文中所说:"1995年,我读了《顾准文集》,钦佩之至。当时在电脑上做了大量摘录,又写了一篇笔记,自以为对顾准的思想已经有相当的了解,而且觉得解决了思想上的许多问题。""转眼六年过去了。这期间,在报刊上不断读到一些纪念和学习顾准的文字,近时又读到一本汇集这些文字的《顾准寻思录》。认真再读一次以后,回头再看自己原先那些文字,不禁愕然,发现自己当时那么感动的,自以为铭刻于心的,实际上还只是些比较表层的东西,而顾准思想中那些深层的东西,自己理解得并不清楚,需要再好好想一想。"她又一次写了篇1万余字的大文,其中涉及西方革命史、民主政治的走向、马克思主义的理论、无产阶级革命及理想主义、经验主义等一大堆吾辈过去虽啃读过却至今难解的史证。我边拜读，边在心中叹服：这是真正的老革命啊，而且还是善于反思的学者型老革命，在这个趋于物质化的社会中，依旧痴心不改地孜孜以求"娜拉走后怎样"的革命终极目的。

慧珉姐不仅反思社会政治的大问题，也善于在家史和生平中反思、总结，以小见大。她写的《久已逝去的一代人》是一篇让我心动不已的佳作。文中所说的是她的祖母、外祖母以及姑祖母、舅祖母等女人的那一段生气勃勃、极有意义的青壮年时代。据她母亲说，前一代人比她这一代人更先进、更勇敢。确实，这些已婚妇女竟敢摆脱家庭的束缚和社会的歧视、打击，迈着刚解放的"改组派"小脚，乘维新之风，团结在官太太祖母周围，外出演讲求捐，凭稍许家学文化，办起了江西省第一所女子学校——南昌正蒙女校。更可贵的是她们互帮互助，其寡居的外祖母正是在祖母的鼓励和帮助下脱离了欺凌她的夫家，自力更生扶养子女。然而令人扼腕的是，当年的这两位好友在晚年竟势不两立，原因是祖母觉得寄居在女婿家的外祖母篡夺了她正宗"老太太"的地位，残忍地赶走了她的亲家母；而母亲也未能传承外祖母当年那种反对家庭压迫的坚定决心。过去意气风发的新女性都已成为只关心日常生活琐事的家庭妇女。作者由此联想到鲁迅曾慨叹他所敬佩的革命家章太炎终于退居书斋成为宁静的学者而与时代隔绝，联想到国家政治风云中一些自己曾经极为崇拜的人青年时和晚年时行为的对比，再联想到自己这数十年的小小人生经历，不由感慨许多人不能抗拒时间的侵蚀，因此更珍惜那些永葆其思想青春者。这大概也是她在晚年，不顾多病之身，不愿像一般老人那样在麻将声中度光阴，而要将余热发挥于对人生、对国家民族和党史的艰巨的反思和总结中的原因吧。

　　不过，慧珉姐也因有幸从小就生活在外祖母和母亲这样的曾经的新女性身边，谈诗说词，深受熏陶。外祖母曾写诗嘲笑小外孙女"拥炉抱膝读新词，家事纷纭总不知"。慧珉写的《聂绀弩和他的诗》《谈今人写旧体诗》，都可见她有着坚实的古典诗词功底，对当前颇热的旧体诗都能给予十分独到、中肯的批评。在慧珉姐的文字中总可以看到她那可贵的率直的诗人般的真性情，即使在回顾"文革"时期可怕的经历时，都不乏诙谐幽默，如《一场莫须有的大运动——记在干校时的清查"五一六"》，写的是"文革"曲终前的一场闹剧，其残酷诡奇无比。作者正是透过形形色色人群的百般丑态，显现人性中善的无奈而油滑，恶的奸险凶狠，乃至可笑、可悲、可叹、可恨的下场。其中有群众即时即地发明的活灵活现的外号，也有她自己面对一切"泡沫"时忍俊不禁写下的"黑诗"，使人不禁又想起了那场曾发生在全国各地的斗人运动，对"莫须有"的政治闹剧有了更清醒的认识。

　　慧珉姐对世事力求清醒，所以她对我去年写的《往事问天都冥漠——悼舒芜先生》颇不满，直率地批评我对一些有"冥漠"之感的人的同情心实在太深了。"不仅舒芜，你写的其他一些也相当类似。"这太让我感到意外了，因为她过去对我写的文字都比较感兴趣，给予不少鼓励。我也从未意识到自己一直在同情有"冥漠"之感的人。她的批评不由促我反省。我想我与慧珉姐最大的不同点，即在于她在不断思索中越来越清醒地为她理想的社会而奋斗；而我则因经历了各种翻来覆去的"革命"后，深感吾辈小民实难了解政治之复杂，世事多冥漠，权且退避三舍冷观，唯对历来政治斗争中

　　　　　　　　　　　　　　　　风定落花

的各种牺牲者多了几个观察角度。本以为如此亦可以让自己和国人逐渐走出"冥漠",回归一个清朗的社会。为什么竟有"同情"之嫌呢?也许,正是我的消极人生带来的观感吧。慧珉姐直言相告,一如她的社会批评,乃真净友也,令我三思,感念难忘!

(写于庚寅年秋色中)

鲁迅研究室的"虎"姐妹
——江小蕙和赵英

最近不知为何，白天黑夜经常会想起我在鲁迅博物馆鲁迅研究室的已逝"虎"姐妹——江小蕙和赵英的点点滴滴。

一

记得1976年初春，我有幸进入刚由李何林先生领导组建的鲁迅研究室。最早见到的研究者是王得后兄，接着陆续来了七八位，其中只有赵淑英（后来我们都传叫她的笔名赵英）和我同性别。让我高兴的还因赵英和我是南开大学中文系校友，不过她比我低4届，但比我大半岁，同属虎。1990年我们俩在从新疆开会回京的火车上，才听她细述坎坷的童年往事（曾被编成剧在南开校内演出）。由于从小父母双亡，被卖给养父母抚育，所以她说近年才从亲大哥处得知自己的真实年龄，于是她比我小了半岁。我们最初都参与编辑《鲁迅研究资料》，后来根据鲁迅研究室工作任务，分别成立"期刊编辑组""鲁迅日记注释组""鲁迅手稿编辑组""鲁迅年谱编写组"，我随最后来研究室的陈鸣树学长编《鲁迅年谱》，她随吕福堂与负责鲁迅博物馆文物库的叶淑穗一起整理出版《鲁迅手稿全集》。所以此后的10余年里，我和赵英并不在一起工作，相知尚不深。

真没想到，不久"年谱组"借调来的4位北京师范学院教师中，竟有一位"虎"姐姐，她就是江小蕙，比我整整大一轮。她那典雅的容态，温婉的谈吐，还存留着当今已少见的民国女子风韵，令人心仪。更巧的是我们俩祖上都在皖南（她祖籍旌德，我老家歙县），自然又添了一份亲切感和合作的欲望，发表于1979年1月28日《人民日报》的《鲁迅与日本歌舞伎》，就是我们俩最初的联名文章。后来她和潘德延正式调入鲁迅博物馆，我们俩同处一个办公室，相互切磋，直至她退休。

我和小蕙姐承担的是鲁迅1912年5月来北京前的早期年谱编写工作，她负责撰写鲁迅的日本时期。在我们这一拨人中，她似乎是写这一段最合适的人选。因为她早在1946年就进入中法大学文史系学习，后转入北京大学历史系，有英、日文基础，她的丈夫刘光斗又是中国广播事业局的日文专家。只是那时她毕竟年已半百，过去又长期在华北和北京政府部门工作，所以要重拾日文，并转入学术研究，自有不少困难。但她并不畏惧，努力自修日文。当时有关鲁迅在日本的原始资料甚少，她除了在国内图书馆中搜求各种书刊和众家回忆，还把眼光投向日本国，千方百计挖掘日方各种和鲁迅相关的记载。当她得知日本平凡社1978年出版了《鲁迅在仙台的记录》，未待国家引进翻译，便自费从日本购得，自行翻译采用。其中丰富、翔实的记载，乃至绝版的照片，无不增加了"年谱"的新亮点，填补了空白，开拓了"鲁迅在日本"的诸多新的课题。这种力求在丰富、翔实、可靠的材料上记录真实鲁迅的学风，也成了我学习的榜样，使我们编撰的《鲁迅年谱》第一部在1981年如期出版时，获得了学术界的好评。

继而，她又不遗余力地投入《鲁迅大辞典》的编写工作中。那时正值她的两位至爱亲人——丈夫和老父先后重病离世。她在日夜护理、心力交瘁、万般痛苦中默默地工作着，精细地编写和鲁迅有关的日本人、事、书、刊等"辞典"条目，其间还不断地发表翻译文字，除了《鲁迅在仙台》外，又力传日本研究鲁迅的最新信息，如《丸山昇评我国1981版〈鲁迅全集〉》《日本书讯》《日本高中生的中国观与鲁迅观》《日本福山市鲁迅文学研究会》《日本三省堂举办"鲁迅展"》《深入现实，见微知著——日本纪念鲁迅逝世五十周年活动点滴》等，加强了鲁迅博物馆的对外联系。更有多篇论文，深入探讨鲁迅与日本的关系及对其思想、人格形成的影响，如《鲁迅与柔道》《鲁迅与中日文化交流》《也谈"为了心灵深处的交流"》《内山嘉吉与鲁迅》《鲁迅与辛岛骁》及《鲁迅与日本浮世绘》等，有的纠正了以往我国鲁迅出版物中的某些错误，有的提供了鲜为人知的鲁迅所收藏的日本书刊、美术作品，这些都大大促进了国际文化交流。

1988年小蕙姐退休了，我们难得见面，但是我常在报刊上见到她的文章，不少颇有影响，如《八道湾11号和周作人的晚年》这一篇，她以自己和父母一家人曾长期借住在八道湾周作人宅院的经历，真切地记录了该院房舍的变迁，房主周作人在日伪时期的奢华家庭生活，晚年孤寂而又执着地写作、翻译生涯，"文革"中被斗

风定落花

及至死的惨烈人生，被不少人在研究中采用。她还为保护北京文化遗产而呼吁，早在 1986 年她就发表了《从"漱石之家"被拆除想到的》，提醒国人和有关部门要保护诸如八道湾 11 号这样的值得纪念的文物、遗迹。在 1997 年 1 月号《北京政协》上又发表《拆与留——关于北京八道湾的鲁迅故家》，获得众人的响应，也激起了我对此问题的更多的思考。

小蕙姐在退休后的主要精力是放在整理、出版其父——著名宗教学、民俗学家江绍原的遗著、遗物上。她先后与人合作出版《江绍原民俗学论集》《周作人早年佚简笺注》《江绍原藏近代名人手札》。这些著作和佚简都引起学术界的极大重视，一些学者据此对某些历史事件做出新的判断。尽管江绍原的遗物收藏价值极高，但小蕙姐和她的兄妹却未被金钱诱惑，2008 年 5 月，82 岁高龄的她代表全家将其父遗留的珍贵书籍、信件（其中有 3 封鲁迅书信），共计 639 件捐赠鲁迅博物馆。她荣获国家文物局颁发的"全国文物保护工作先进个人"称号。几乎在同时，她听到了汶川大地震的消息，又立即在家人陪同下向灾区捐款 2 万元人民币。她不愧于文化部的表彰，不愧于被文物局评为优秀共产党员。

二

小蕙姐退休后，进入我办公室的便是赵英。那时她已在 10 年内完成了三大任务。她参与编辑的《鲁迅手稿全集》多卷影印本，1986 年由文物出版社全部出齐。全书分为文稿 2 函 16 册（收文稿 301 篇），书信 2 函 20 册（收书信 1 388 封），日记 2 函 24 册。其中包括编辑过程中新征集的鲁迅书信59封,新发现的鲁迅手稿18篇。这是中国出版的第一部作家手稿全集。从它的收录保存之完整、考证校订之细致、编辑体例之合理中,均可见赵英和她的合作者的心血。同时她参与整理、编辑的《鲁迅辑校石刻手稿》3函18册,1987年由上海书画出版社出版。另一种《鲁迅辑校古籍手稿》6函49册,则在1993年由上海古籍出版社出齐。

赵英并不停留于编辑校订出版鲁迅手稿,她更深入思考总结新的学术成果,及时撰文向读者介绍,如《关于〈会稽郡故书杂集〉序言的署名》《近十年来新发现的鲁迅佚文浏览》《有关〈铸剑〉出典的再讨论》,还有综述性的《从〈会稽郡故书杂集〉手稿看鲁迅的治学精神》《鲁迅在整理祖国文化遗产中的非凡贡献》等,大量文章则集中于《籍海探珍》这一本书中,系统而全面地介绍和评论了鲁迅辑录、整理古籍,搜集、整理、研究金石碑帖,搜求、研究佛经等方面的成就,还附录了一份较详尽的鲁迅整理祖国文化遗产的年编,旨在开拓对鲁迅的认识和研究。正如她在后记中所言:"作为有机会接触这批手稿的研究者来说,宣传、介绍一些尚未被大多数人所知晓的鲁迅这方面的情况和成果,是自己不可能推卸的责任。"但是像这样冷僻的不赚钱的学术著作,哪个出版社能接受呢?在多次碰壁后,并不富裕的她决定自掏腰包出书。当我拿到这本简朴却包了作者无数个日日夜夜呕心沥血的书,在惊叹钦佩之余,深感沉重。正如同样在古籍这块冷清寂寞的土地上默默耕耘的顾农评价说,读了此书,"深受教益"。

赵英与我同一办公室时,她依然专注于古籍研究,不过目标已转至鲁迅的藏书。研究馆藏物,乃博物馆研究人员的责任,所以研究室在 20 世纪末迎接 21 世纪的时刻，决定整合研究力量，继 1991年出版的《鲁迅藏书研究》后，再出一本更为系统的鲁迅藏书研究，这就是由湖南文艺出版社 1995 年出版的《世纪之交的文化选择——鲁迅藏书研究》。赵英承担了书中"东方篇"的大部分，计有《从藏书看鲁迅对中国小说史的杰出贡献》《鲁迅所藏丛书概述》和《鲁迅所藏类书概述》。集齐文稿后，室主任陈漱渝大概因为研究和公务均忙，所以嘱我协助他统稿。我自知才疏学浅，却又有骨鲠在喉一吐为快的臭脾气，所以就把一些自以为是的问题，告诸同人。赵英爽快地接受了某些意见，有的仍坚持不改，当然有她的道理。这种学术坚持，不正是我们所需要的吗？

此时，她又接受编辑《鲁迅研究资料》的重任，不仅要审阅内容纷杂的来稿，还要亲自去开发尚未公开的资料。她自己还不断有佳作问世，如《鲁迅手稿书法艺术雏议》这一篇，就很让我吃了一惊。她十几年来不断揣摩鲁迅手稿，似乎已能透过手迹感受到鲁迅的心灵。该文以充分的列举，阐述鲁迅书写整体的和谐美，深邃的内蕴美，诗书融合的意境美，及鲁迅书法形成的原因，乃至"融治篆隶于一炉，质而不拘挛，洒脱而有法度，远逾宋唐，通攀魏晋"。她更言之凿凿地指证 1930 年代初鲁迅的笔路极似书法大家谭延闿行轴的笔姿。这要有多大的书法知识和感悟，才能写出如此洋洋万言！

她的韧性总让我吃惊。突然她决定学日语，约我同去报一个晚上的学习班。我是最怕上课考试的，结果她结业拿了证书，还发表了翻译作品。而自学的我，在几种外语方面始终是个半吊子。

赵英绝不是那种只埋头于古书堆中的"学究"，而是有着幽幽的浪漫情怀。她爱好唱歌，打得一手好乒乓球，还与在社科院文学所工作的丈夫朱兵一起学交谊舞（曾表演给我们看），夫妇俩有时还骑着自行车去远郊旅游。记得我们俩去新疆开会时，也顺道观光了西域风情，她回来后就写了游记，夫妇合出了一本游记散文集，让我这个游兴浓浓、笔下空空的人愧煞！

作为贤妻良母，赵英更是不逊色。她的丈夫和两个女儿是她的心头肉，为了让他们吃好，她每天都要花不少时间采购和烹饪。特别是到了冬日周末，更要变换着做一道既好吃又有营养的火锅供全家享用。每次听她的采购计划，都让我口馋，更佩服她竟能在这样忙碌琐碎的生活中出色地完成工作任务，写出高质量的文章。女学者的不易，在赵英身上充分体现。

三

每每想起我在鲁迅博物馆研究室 20 年间，在同一个办公室内前后各相处了 10 年的两位搭档，心中就会生出很多感慨。她们俩的生活都经历了不少坎坷。

最让我感慨的是小蕙姐的婚姻生活。她出身于书香之家，又是家中的长女，出落不凡，据说在大学时，她是学校篮球队队员，追求者不少。可是谁承想她最初竟会以逃和死来抗拒紧缠的追求者，无奈陷落人情构筑成的围城内，最终仍因脾性难以磨合而离异。

后来的刘光斗则是我多次相交过的，修长的身材，轻声的言谈，广博的见识，都与小蕙姐相匹配。然而好景不长，生死分离了一对佳偶。她极为痛苦，幸而有她小妹的女儿陪她居住，缓解了她难解的孤寂。在小蕙姐退休多年后，她约我们几个同事去她家玩，见到了一位她的新伴侣，据说是某德高望重的长者介绍的，不过，两人家居双城，我不免有点担心。后来见他俩合作整理江绍原的遗物，写了文章，出了书，大家为他们高兴。不料有一天，小蕙姐悄悄地告诉我，她已与某先生分开了，主要原因正是出在二人对先辈遗物的不同收藏观上。追求之不同，终将分离。

后来听说小蕙姐迁入她大妹妹的同一幢楼内，我去看她，精神虽好，生活也有亲人照顾，但外甥们都各自成家了，言谈间透出些许老人的寂寞和无奈。不久，我得知她病了，即去她小妹所在的健宫医院探视，真没想到人消瘦极了，腿摔坏了，不能行走。她连说话的力气都没有，据说几项生命体征极弱，幸好有她小妹和亲人照料，我只能默默祈盼她早日康复。终于，我又在博物馆的聚会上见到了她，尽管已持拐杖行路，但比在医院里强多了。我感叹她生命的顽强。又听鲁博资料部的人说她被一位老同事接到一个环境很好的小区内生活，她的老伴非常照顾她，经常来馆里为她借还书。我们偶尔在春节的聚会上相见，她总要拉着我的手，说："小姚，我有很多话要跟你说。"可是我不知她家的新址，我在退休后又经常离京，所以一直未能单独畅聊。2010年春节，我跟曾协助她工作的刘思源说，希望能去她新家探望。不料被告知她已住院，且病重不能探视。盛夏时传来了她病逝的噩耗，8月4日，我与馆内同人一起前往健宫医院悼唁，最后见到了小蕙姐那消瘦但极为安详的脸。我为她晚年有安定的生活、亲人们的关爱和同事的尊敬而感到欣慰！

小蕙姐享年84岁，可谓寿终，令人没想到的是赵英竟早于她7

年就魂归道山了，时年才65岁。更令人难以接受的是，很少去医院看病的她，竟是在从泰国归来后不久谢世的！2003年10月某天，我偶遇研究室的张杰，他悄悄告诉我，赵英病了，还挺重的，但家属不让去探视。我即向各位领导打听她所住医院，大家都说不知道。我想不通，打了无数电话，终于辗转找到了她小女儿，便赶紧转告她在天津的好友张菊香，当晚，我俩终于在医院看到了赵英——她已奄奄一息！朱兵告诉我们，她在泰国教中文时，就经常腹痛，也无法看医生，便吃点止痛药；后来越来越严重，可是为了对学生负责，她硬撑到结业才回国。一经检查竟是晚期胰腺癌，没救了！天哪，老天何以如此不公？那年北京10月末的夜晚出奇的冷。28日，她的老同学、老同事，还有不少与她一起练功的朋友聚集八宝山公墓，向这位极富责任心、同情心的善者告别。同时看到了她在泰国出版的另一部书：《腹有诗书气自华——鲁迅的书缘》。

记得我们刚到鲁迅博物馆工作时，赵英就显露了她特有的气功潜质。那时上午工间休息时，她在院内教我们一种名为"鹤翔庄"的气功，大家跟着她转啊转啊，果真有点飘飘然的感觉。不过像我这样的功能低下者，一边转一边暗自好笑，似乎可以随时停下转动。赵英则不然，据她说晚上在家练，能达到无意识地在床上地下间跳动，甚至哭笑。啊，这是多好的宣泄呀！可惜我不能。10年后我们同在一个办公室，才知她的功力更长进了，而且知道她为什么要练功，这源于她从小生活艰苦，长期胃不舒服，练了功就好多了。以至她不仅会给自己治病，还会给别人治病。中午休息时，她热情地要为我和陈漱渝治近视眼。我将信将疑地闭上眼，任她在我面前发功；当我睁眼时，顿觉眼前一亮，却见赵英在冒汗，不由得

风定落花

赶紧对她说："你千万别给我们治了，你这样是要伤着自己身体的。"她似乎也有点感到累，但又颇有成就感地说她家小区有一个老太太经她发功后，病好多了，晚上常到家里去找她治病，每次给她发完功，自己确实感到有点发软。我劝告她，长此下去，会伤你本人元气的。但是她似乎仍乐此不疲，每天一大早就会拿着放录机到广场跟大家一起练功。她曾高兴地跟我说，她和女儿间有了身体的感应，有一天她感觉身体某部位非常不舒服，后来才知道此时恰是小女儿病了，其痛点正是她的不舒服处。我十分感叹她的慈母心怀，而且认为在这无奇不有的大千世界中，确实也存在着某些"特异功能"，"人体科学"是值得研究的，但绝不能过分轻信某些夸大的传说。以她的体质，更不宜用自己的身体去实践人体发功治病。然而，她的大公无私岂能接受我的自私说。

赵英的单纯、善良、无私，在我与她的接触中也有着切身的感受。大约是1984年，当时馆内领导大换班，《鲁迅大辞典》的编纂工作竟然采取了当时流行的"承包制"，被分散到全国各地。上层领导省心了：大伙儿去外地开了几次会，游览了好景，享用了美餐，然而，非但没有如下层编者所要求的那样制定一个合乎常识的、严谨统一的体例，反倒要求编者们自行制定。我觉得这种放羊式的编辞书，结果肯定是一堆烂污泥，提了几次意见都无人应答，一气之下决定不参加辞典编纂工作了。领导批评我忒任性，九条牛都拉不回来。年事已高的李何林找我谈心，我也不理会，老先生一生气就发话："不给她评职称！"传说当时有人认为我是因为没有当领导才赌气的，倒是少有功利心的赵英、叶淑穗等姐妹懂我，否定了这种说法。结果据说我的职称是全票通过的。而《鲁迅大辞典》

的统稿工作之难，有目共睹，换了几拨人，历经 25 年才勉强面世；其中的教训，就如当今的种种"烂污泥""豆腐渣"工程一样无人总结。

说起担任领导职务，赵英的大度更令人刮目相看。原本安排她出任某部正主任，但因为有人不知何因不愿任某室的副主任，要求跟她换。她同意了，却未料非党人士的室主任怀疑上级安排一个党员副主任来监视他。后来赵英感到有隔膜，干脆辞去了官职。她本无仕途之心，更不愿陷在无谓的矛盾之中。我也为自己有这样一位真诚、正直的同事而欣慰。

回顾我与这两位"虎"姐妹相处，是十分融洽的，但并未亲密到结成帮派，也许这跟"虎"的"不成群"习性有关。据传有的"虎"还是仁义的，我庆幸在我的人生旅途上有这样两位外柔内刚的"虎"姐妹。

（写于 2013 年夏中伏夜晚）

浅识刘再复的四海追求

　　《鲁迅研究月刊》2009年第3期登载了年轻的研究员姜异新《看得见与看不见的中国——刘再复访谈录》，我当时读了，觉得十分酣畅，不啻思想上多有合拍，还激起了我以往某些思绪的情怀，并给予了不少的启示。如有关西方宗教理念的认识，他引述了我国哲学家、西方哲学翻译家贺麟在《西方哲学的绍述与融会》中对蔡元培和吴宓的比较，非常触发我的神经。在过去，我们何尝没有看到鲁迅在《破恶声论》中对宗教的肯定，认为"此乃向上之民，欲离是有限相对之现世，以趣无限绝对之至上者也。人心必有所冯依，非信无以立，宗教之作，不可已矣"。也曾重视蔡元培的"美育代宗教"的主张，我还曾想研究这一题目，那时虽略识蔡先生这一主张"已揭示了西洋近代宗教艺术化的趋势"，但最终仍因思想纠结在肤浅的唯物、唯心的概念中而不了了之。对吴宓的认识，则盲目地长期陷在批判"学衡派"的泥淖中，只会拾取鲁迅批判他们的片言只语，不可能有对吴宓一生学术思想的学习和研究。贺麟的著作自然也不会引人关注，他所提出的"吴先生对于宗教价值之尊崇，认艺术为方法，宗教为目的之说，便超出了蔡先生所处的启蒙时代的思想了。至于吴先生认为政治实业等皆须有宗教精神充盈贯注于其中的说法，尤值得注意，盖依吴先生之说，则宗教精神不一定是中古出世的了，而是政治实业，换言之，近代的民主政治，工业化的社会所不可少的精神基础了"。此见是多么重要，但在那个时代只会遭来更大的批判。现在虽有对"学衡派"的翻案之势，但对这一派学人的真正研究仍缺乏，倒是在一些文章中又出现了另一类空泛的"趋时"之风。

我很高兴在《鲁迅研究月刊》上看到刘再复在国外20年的潜心研究，较之他早年的思考，无论在深度和广度上都有极大的突破。他归结其在学术上的收获之一，即得之于西方优秀的学统——学术精神、学术态度和学术方法。我特别有感于他所总结的学术态度：面对问题（不是面对人身）、进入问题、讨论问题的态度；尊重对手、尊重事实，把对手设想为深思好学者的态度；"你可能对，我可能错"的自由主义态度；崇尚真理胜过崇尚老师的态度等。而这正是我国学术界长期缺失的，亟待以此克服泛滥的"趋时""功利"的浮躁风气。于是信笔给月刊写了一篇读后感。

说起我对刘再复先生的认识，恍然是很久的1980年代初的事了。那时聂绀弩家已从北京东北角新源里迁至东南角新区劲松，我经常去看望他和周颖阿姨，多次听到二老愉快地说起刘再复来家聊天事。我知道刘再复是中国社会科学院文学研究所颇有作为的年轻主任，社科院新分的住房也在劲松。他自己也曾在《最后一缕丝》中回忆说：

> 我和聂老真是有缘。他出狱后不久，我们便成了近邻，同住在北京市的劲松区。十年间，我们成了忘年交。我数不清到

过他家多少回，不过，每一次见到的几乎都是同一种情景：他靠在小床背上，手里拿着夹纸板和笔，想着写着。我一到那里，就悄悄地坐在他的小床对面的另一张小床上，呆呆地看着他想着写着，等着他放下笔转过头来和我说话。听他说话的时刻，是我最快乐的时刻。

老少两代人说了些什么，毋庸细说，也难以细说。按我每次探望的经验看，老人兴致一来，会很动情地从过去说到现在。刘再复又是一位多产的才子，两人的思想交流肯定是他们最快乐的时候。1985年出版的《散宜生诗》（增订、注释本）中增收的就有躺在病床上的老人为刘再复1983年、1984年连续出版的2本散文诗集题写的诗句。

题刘再复《深海的追寻》

春愁隐隐走龙蛇，每一沉思一朵花。
天地古今失绵邈，雷霆风雨悔喧哗。
我诗长恨无佳句，君卷何言不作家。
深海定知深莫测，惟逢野草却新芽。

读刘再复《太阳·土地·人》漫为三绝句

一

一部太阳土地人，三头八臂风火轮。
不知前辈周君子，知否莲花有化身。

二

日月山川何代无，风流人物古今殊。

因人俯仰终奴仆，家数自成始丈夫。

三

月落乌啼霜满天，一诗张继已千年。

彩云易散琉璃脆，只有文章最久坚。

从诗中可见老人对这位生于1941年的福建后生多思敢想、独立创作的赞赏，鼓励他发扬鲁迅的野草精神，深入探索，在知识的海洋里，写自然写大地写人间，坚韧地自成一家。绀弩还应这位仕途、学业大有希望的青年学者之请，书写条幅："文章信口雌黄易，思想锥心坦白难。"这是绀弩历尽坎坷的刻骨铭心诗句，曾多次以此写自己或挽同样耿直的冯雪峰诸友。"讲真话"难，也要讲。自此刘再复一直把此条幅带在身边，作为"座右铭"，自言："像一盏灯火，时刻在我身边发着光明。"

那时的刘再复也正在一条深不可测的道路上思考着。他的学术从传统的探讨《鲁迅传》《鲁迅美学思想论稿》走向更现实的思考，《性格组合论》和《文学的反思》等都在文学批评界引起了震动和争议。不过，在我的眼里，刘再复不是一个致力赶新潮的学人。记得在纪念鲁迅100周年诞辰的学术讨论会上，我提交了一篇《鲁迅眼中的高尔基》，有的新潮者见了高尔基名就不屑一顾地说："现在还写他！"倒是会议主持者刘再复给予我不少鼓励，因为当时的鲁迅不仅看了高尔基的名著，还读了列宁致高尔基的信，从中看到高尔基所经历的痛苦思想过程，以及迷失方向的根源。他对鲁迅究竟有何影响，对当今我们的文化人恐怕依然有着深刻的教训。没想到这位宽容的学者，在3年后竟走上了一条漂泊之路。

聂绀弩离世后，周颖出于信任，把曾陪伴老人度过晚年的书籍交与时任文学研究所主任的刘再复保存，我担心他出国后书咋办？没想到就在我发表了对他的"访谈录"的感想后不久，收到了他写于 2009 年 6 月 27 日的来信，主要是"商讨聂老文物事"。信中说：

聂老对我的厚爱与信赖也是特别的。临终前几个月，他就把监牢里写的字和细读四遍的《资本论》交给我，连床头的一些手稿也"抓"了一叠让我存念，之后，周颖大姐又把他一生累积的七箱线装书送给我，两老对我的情谊如山高海深。

又说离京前，

匆匆带了一袋书稿，其中也有聂老的笔迹文章。这里面最难得的是他在牢里阅读《资本论》时贴在书页上数以千计的"批语"（字迹已有点模糊），这是他穿越苦难时留下的生命不可征服的见证，真是精神奇观。对这些批语和这一奇观，需要研究与说明，需要开拓其宝藏。但我一直没有时间，所以也一直期待您完成。

天哪，我哪有学力、心力、眼力完成这高难度的整理工作！更没想到，很快，两本沉甸甸的巨著《资本论》从大洋彼岸飞到我的书桌上。这是 1963 年人民出版社的版本，但我拿到的只有第一卷和第三卷；封面的书名下有聂老的字迹"马克思著作的"，旁写"聂绀弩 一九七三·一一·三〇"；扉页上也写有"聂绀弩读"；书内几乎每一页正文都有聂老用红色圆珠笔画的线道和旁注的内容提炼。书中更有刘再复所说的"贴在书页上数以千计的'批语'（字迹已有点模糊）"，薄薄的纸条已破旧到经不起人去捏拿，这倒跟这部已陈旧不堪的"精装"书相匹配，都经历了牢狱岁月和海外漂泊的考验。在第一卷的扉页上盖有"刘再复印"，还有他的题款："聂老重要遗物 请姚锡佩兄保存 刘再复郑重委托 二〇〇九年六月二十六日 美国"。看到这里，我的心不由沉重难言。我试着拿起笔整理，刚完一章，心智、眼睛已大呼吃不消！谁能来助我一臂之力？对绀弩事最热心的智者舒芜已躺在医院的病床上处于弥留之间，其他文化前辈或作古或行动不便，岂能再麻烦老人；我的同辈正处于退而未休的再努力阶段；年轻的有智者我倒拜托了一位，可是后生们有自己的担当和兴趣。幸好邵荃麟的女婿王存诚兄告诉我，聂老的外孙方瞳处还有一卷。于是心想可以完璧归赵捐赠现代文学馆了，然而总不能让它悄然无声地放之自然消解吧，应向读书界有一个较完整的介绍，以便有志者进一步的研究。我想与存诚兄共同完成介绍，可是身处北京东西两端的我们，因身体和工作等原因，很难会合。于是，又一个 10 年过去了，两卷《资本论》依然静静地立在我的书柜里，每看到它们就惭愧难当。

我理解刘再复郑重委托的心情和处境，这些也反映在他送我的 10 多本书中。那时，他为了思索和生存，已经有 30 多部著作问世。

最触动我灵魂的是他的《逃避自由》篇，没想到"到国外之后，却发现自己还有另一面，就是害怕自由，时时想逃避自由"。究其因，竟是国外生活太自由了，没有"可依赖"的党和组织的"安排"，一切全靠自己来安排，自己做主、选择，最后还得自己去

风定落花

做。西方社会的自由带给人类许多困境。"由于选择的艰难和独立承受生活重担的艰难，反而感到在国内事事有人管真好，真舒服。"善于反思的他惊觉到"逃避自由"的自己荒谬的一面：太缺少个人承担力。再三思考后他给自己和处在同样困惑中的人们提出警告："个体承担力还继续娇嫩下去，那么，我们的社会也就很成问题了。"他得出的结论："企图'逃离自由'，最好还是先怪自己。"

作为一个有社会责任感的良知者，他选择了"先怪自己"，努力提升自己的生活机能、选择能力和个人承受能力。这反映在他众多的著作中。就我所见，他的思考是双向多维化，摆脱了非黑即白的思维模式，形式也就更为活跃，如《思想者十八题——海外探访录》，在对话中融形象抽象思维于一体，集中外古今话题成新意；《人性诸相》60余篇，承续鲁迅杂感风，或寄沉痛于幽默，或化悲剧于喜剧，剖世间人性百态，揭人兽病症根源，思人思己又思我思，纪实荒诞形似小说，别开生面自成一家；《双典批判——对〈水浒传〉和〈三国演义〉的文化批判》，首次引进德国现代哲学家、文学家斯宾格勒《西方的没落》讲述的文化的变形"伪形文化"，直面国人喜爱的影视热播、媒体追捧的通俗小说经典《水浒传》《三国演义》，揭示前者是"暴力崇拜"，后者是"权术崇拜"，潜移默化地影响一代又一代中国人的国民性，甚至以它的文化价值统治着中国的统治者和民众。这是对鲁迅曾言中国"社会还有三国气和水浒气"的进一步更深入全面的论证。

给我印象很深的是写了30多位人物的《师友纪事》，倒不是因为写的都是名宿大家，又曾接受亲炙，而是感叹他不为时俗左右。他说："在人间，最好还是不要苛求人的完美，一苛求就会有所排斥。禅者早已悟到，人的性情如双掌合一，一掌为正为阳，一掌为负为阴，两掌合一才是正常的。"所以他对集中的人物都有感性的记述，理性的感悟。

他本人最为看重的应该是他一系列的《红楼梦》研究。他有一篇文章题名就是《背着曹雪芹与聂绀弩浪迹天涯》，因为"《红楼梦》中的那一群天真而干净的少男少女是我朝夕相处的朋友"，而聂绀弩留给他的最后一缕丝，是至死都放不下对正在写的《贾宝玉论》的牵挂。刘再复的红楼情结，似乎和聂绀弩一样，"他的红楼思考凝聚着他对宇宙人生和文学艺术的全部见解"，是"最让他痴迷眷恋的精神故乡"。在我的手头就有刘再复的"红楼四书"：《红楼梦悟》《红楼人三十种解读》《红楼哲学笔记》《共悟红楼》。他说："读《红楼梦》完全是出自心灵生活的需要，我把《红楼梦》作为审美对象，特别是作为生命感悟和精神开掘的对象。"他对红楼"梦中人""富贵闲人""槛外人""卤人""可人""冷人"乃至"尴尬人""势利人""小人""废人"和"浊人"等 30 种人错综复杂的解读，也别有一番新意，是"更具体地面对生命个案，更明白每一种生命都是丰富复杂的"。从哲学的制高点把握《红楼梦》形象性心学等特色，充满实情实景的表述生动而又明快。而与女儿剑梅合作的《共悟红楼》，反映了老少两代人不尽相同的审美理想，既有挑战，又有融合。

最令我惊喜的是上述大部分书都是生活·读书·新知三联书店筹划编辑出版的，它似乎给了我和大多数读书人希望。

（写于 2018 年 3 月）

风定落花

有声的香港
——记罗孚、罗海雷、周蜜蜜、许礼平等

　　本文定名为《有声的香港》，显然源于鲁迅 1927 年 2 月 18 日在香港基督教青年会的著名演讲《无声的中国》。那是鲁迅接受一位基督徒的诚邀，生平唯有的一次登上香港岛，次日又演讲《老调子已经唱完》。两次演讲主旨都是针对当时内地和香港有不少遗老遗少竭力反对白话文，主张写文言、读古书。鲁迅指出，文言使中国的文字、文学与大众不相干，听不到大家都能明白的真声音，造成一个"无声的中国"；又强调"中国的文化都是侍奉主子的文化"，以前外国人多是嘲骂中国的腐败，现在的外国统治者都在刻意提倡尊孔，崇尚"国粹"，这是"利用了我们的腐败文化，来治理我们这腐败民族"，是"叫我们用自己的老调子唱完我们自己"。港英当局不准报纸刊登后一篇。所以鲁迅对香港的印象是，听讲者踊跃而当局密控。他后来对许寿裳说："香港这殖民地是极不自由的。"

　　香港，也曾被鲁迅视为"畏途"。这来自当时的传言和自身的亲历。

他进入香港前船上就有人警告他上岸后要小心避免种种危险，原以为这是神经过敏之说。及至看了香港中文《循环日报》登载的两条"琐事"，才知"中国人在那里被抽藤条"，时有碰到英警无理可说的"搜身""严厉的训斥"和"上警署"。后来又在报上看到了被译为"金制军"的港督金文泰大力推崇"国粹"的演说，还有奇怪的旅店发售莫名旧诗词的广告，不由得写下了他写香港的第一篇文章《略谈香港》。

让鲁迅真正尝到香港"畏途"滋味的，是同年9月27日他乘海轮从广州迁居上海时。那次夜半停泊香港，直至29日午才离开，其间他切身感受到了传说中的"英国雇用的中国同胞上船'查关'的威武"。当晚，鲁迅在船上写了《再谈香港》一文，记述他和他携带的10多只书箱、衣箱遭到洋人和奴性同胞"查关"的乱翻乱捅乱疑，还被敲诈的遭遇。更令他不解的是船上的茶房将这事归咎于他本人，说："你生得太瘦了，他疑心你是贩鸦片的。"文章结尾鲁迅发出了对香港统治当局的强烈愤慨："香港虽只一岛，却活画着中国许多地方现在和将来的小照：中央几位洋主子，手下是若干颂德的'高等华人'和一伙作伥的奴气同胞。此外即全是默默吃苦的'土人'，能耐的死在洋场上，耐不住的逃入深山中，苗瑶是我们的前辈。"到上海后，他又在不少文章中谈到香港，如《谈"激烈"》《三闲集·序言》《匪笔三篇》《述香港恭祝圣诞》《〈"行路难"〉按语》等。

这些文章曾激起不少曾有同样经历的同胞共鸣。不料，在当今高度讲文明的社会里，我竟看到有的"愤鲁"也发出了如同那位船上茶房一般的责难，如2006年10月12日一位署名"南宫世家"

的在互联网上发文，除了极度不满鲁迅称港人为"土人"外，还强调香港自1909年就严厉禁烟，"香港海关查关主要是缉拿走私鸦片，以至对先生造成不便，先生文中高度赞扬内地关员'粗略查关'，而对香港关员在收了贿款仍'细致翻查'大为光火，这也说明了为何内地禁烟近一个世纪（1840—1927年），也不及香港禁烟20年（1909—1927）的功效，这也可能是国人比较热衷'精神改造'，而殖民地则重视法制的建设有关吧"。寡闻的我方知英皇治下的香港曾有幸与输出大宗鸦片的英国、日本等一样成为净土，未因鸦片家破人亡的某些港人至今更认同做一个英属法治下的良民，也就可以理解一二了。不过我仍有疑惑，不讲道理的乱翻乱查乱收费，难道就是好的"法制"吗？

大概"土人"一词本无贬义，所以未见有多少争议。倒是有关"尊孔""国粹"等观点，现今海内外不少人和鲁迅的看法大相径庭。难道鲁迅的观点果真有偏颇，过时了？

余生亦晚，迟于鲁迅70年后才到港旅游，或探亲，或路过，确实从未有"畏途"的感觉，只是酒吧街上拉客的陪酒女郎却总让我有点害怕地想起年少时所见的夜上海。香港的过去和现在究竟是怎样的呢？最近一次的走访，有幸接触到了来自思想界、文化界的一些声音和场景，不由想写一下对今日"有声的香港"的粗浅感想。

公道自在人心的罗孚

2012年1月2日，香港《大公报》旧部为他们的原副总编、

《新晚报》总编罗承勋（罗孚）先生九二寿诞举行庆生会。来者整整坐了22桌，这不是公家或某人宴请，全是AA制。会场气氛热烈，醇酒热语浓浓，洋溢着对一个被吞噬的革命之子的敬意。

我有幸躬逢盛会，真切感受到这位老报人深受同时代人和后辈的尊敬。坐在寿星身旁的是比其小3岁的老同事金庸，当年他应罗孚要求写武侠小说，至今已是名闻遐迩的大家；而他常常对人说的是，自己后来创办《明报》，跟左派报纸笔战时，《大公报》很多人都不理他了，只有罗孚跟他有来往。在会上我也得识心仪已久的鲍耀明老先生和他的妻、妹，他在1960年代跟晚年周作人的745通来往信件，与当时《新晚报》连载的《药堂谈往》（即《知堂回想录》）一样，都是我后来评识周作人这位中国文坛大作家的重要依据。罗总编爱才惜才，团结了上下左右不同人士，是他至今仍让人称颂不已的原因。尽管他离开《大公报》《新晚报》已三十载，且至今还蒙受着"莫须有"的吓人罪名，但他那些活着的或已谢世的老上级、老同事、老朋友，有的拄着拐杖，有的坐着轮椅前来庆生，有的则请子女代贺。在这前一晚，我还看到了现任的香港特区政府某高官送给罗孚一个大果篮，原来当年这一位在《新晚报》时曾对受冤的罗总编有过不明事实的"反戈一击"。这次庆生活动可谓名副其实的"公道自在人心"的聚会。

罗孚向以编副刊闻名。他于1941年在桂林加入《大公报》，因才思敏捷，很快就被提拔，负责编辑《大公晚报》副刊《小公园》，由此，他结识了众多云集在大后方的文化人。副刊办得很有特色，并延续到重庆，发表了不少名文，如柳亚子的诗《为鲁迅先生逝世九周年纪念前七日，〈大公晚报〉罗承勋'索诗有作'》和回忆鲁迅抒写"横眉冷对千夫指，俯首甘为孺子牛"诗句缘由的文章《鲁迅先生逝世九周年忌》，早已载入史册。1948年他被首批抽调到香港，参与《大公报》的复刊工作。1950年他又受命开辟以知识性、趣味性吸引读者的《新晚报》，组织了强大的编辑和作者阵容，有我们所熟知的写《金陵春梦》的唐人（严庆澍），新派武侠小说家金庸和梁羽生，更有叶灵凤等寓居香港的老作家。人称罗孚是一位新闻"策划"高手，经他手连载的溥仪《我的前半生》，写张作霖的《绿林元帅外传》和周作人《药堂谈往》，都开启了后来的热门。他办的《文汇报·文艺周刊》和《海光文艺》月刊等，都以别开生面的形式，罗致了很多不同派别的老中青作家。1981年他首先自费以香港野草出版社名刊印的《三草——聂绀弩旧诗集》，后来被再三增版，成了一代人的心灵史。

罗孚本人也用"封建余"、丝韦等笔名写了不少杂文、小品，在各种报刊上开辟《立此存照》《无花的蔷薇》《夕夕谈》等专栏，以犀利生动、幽默机智、简练含蓄的文风为人所称道。诚如聂绀弩在赠他的诗中所言："惜墨如金金似水，我行我素我罗孚。"在他莫名含冤羁留北京10年间，他也没放下笔，依然"我行我素"，品诗、解诗、作诗，以柳苏、史复等笔名在内地和香港两地写他的各色文章，在《读书》杂志上介绍香港作家的文字尤引人注目，被称为是"董桥风靡大陆的推手"。他回香港后，又写了大量的散文和随笔。2010年北京的中央编译出版社陆续出版的7册《罗孚文集》（包括《香港人和事》《南斗文星高》《香港·香港……》《文苑缤纷》《西窗小品》《燕山诗话》《北京十年》）及待出版的《罗孚诗集》，深受读书界关注，前者入选"2010年10月新浪中国好书榜"。

刘登翰主编的《香港文学史》评价罗孚的散文"以史料的丰富和准确，见识的精当和新颖，叙述的晓畅和有趣为特点，在可读性和知识性相结合的路数上进行了尝试"。

罗孚引人关注还因为他的人生出现了国际性的谜团。记得1983年5月15日《人民日报》刊登了一则令国内外吃惊的标题——"充当外国间谍的罗承勋被判处十年徒刑"。我不禁前往聂绀弩家问道："您送我的那本《三草》，不就是罗承勋给出版的吗？他怎么突然变成国际间谍了？怎么回事啊？"不料，聂翁和周婆都不以为意地回答："鬼才知道！"更令我吃惊的是没隔多久，我竟在聂家见到了这位"间谍"，是一位戴着四方眼镜，微微笑着，轻言细语的谦谦君子。他走后，聂老对我说："他被假释了，还派给他一套房子。"周婆更是得意地说："还有保姆做饭。"咦——哪来这般好事？1986年聂翁作古，周婆让我编纪念集，结交广的"闲人"罗孚先生成了我们的顾问。隔了1年，鲁迅研究室让我筹备召开鲁迅、周作人比较研究学术讨论会，我便请曾与周作人有交往的他出席。他说："能参加吗？"不识风云的我不解："为什么不能？你当然是我们要请的对象。"他说："那就用我现在的名字——史林安。"我好奇地问："你怎么又姓史了？"他笑答："不是，是他们给的名字。"突然，我开窍似的说："对了，你的房门号是402。对吗？"他却笑而不答。但我以为史林安这个名字无人知晓，解释太费事，还不如通常用的笔名"罗孚"，未经他同意，就报予上级。他在大会上发言，并在《鲁迅研究动态》上以"罗孚"名发表《〈知堂回想录〉琐忆》，这些都未遇哪一级领导的阻碍。北京鲁迅博物馆的领导和编辑们都自觉地坚守了学术研究的基本原则，让我很感欣慰。那时

风定落花

他虽然不能回香港，但可以与妻儿一起在全国各地自由行走，发表、出版的文章图书很受欢迎。这些都让我对他所谓的"国际间谍罪"产生了深深的怀疑。我又听一些与安全部有间接联系的前辈说，这是一起公安部门搞错的案件，由于他的两位直接联系人已故，又恰遇上级领导廖承志在1983年也病逝，无人为统战工作的特殊情况做出解释，为了避免部门间的矛盾，只得以"假释"了事。他本人也对此从不置一词。我心中不由纳闷："好端端的人，干吗去搞情报工作？"1992年，他10年刑满，即返回香港，仍笔耕不辍，唯没了公职、退休金，留给人们不少难解的谜团。

直到去年，看了他的小儿子罗海雷写的书《我的父亲罗孚——一个报人、"间谍"和作家的故事》（香港天地图书有限公司2011年版），才对他参与统战工作的原因与获罪经过有了稍多的了解。

原来中华人民共和国成立后，1948年加入中国共产党的罗孚便作为当时《大公报》唯一的党员继续留在香港从事宣传和统战工作。廖承志很赏识这位外表沉静、言谈诚恳、办事认真、足智多谋的部属，爱称他为"罗秀才"，还经常交代罗孚，做对外的统战工作，不要怕关系复杂，而是怕关系不复杂，没有工作可做。周恩来总理也强调，要通过做朋友，通过往来谈话做工作。"党性"很强的罗孚正是本着这些原则，在不到5年的时间里，就安排了北美和香港的40多名学者、文化人回来参观，不少人回去后对新中国的成就大加赞扬。同时，他通过曹聚仁结识了从台湾来港定居的学者徐复观，也引起了中调部驻港负责人的重视；第一次约他谈话，传达该部的指示，期望徐复观能为中共打开另一个通往台湾高层的管道。于是，罗孚的统战工作从1960年代保持与各派作者联系，变成经常与北美华裔学者、香港学者、台湾人士，乃至美国政府人士打交道，因为双方都有需要提出问题，了解对方的观点，避免误解。为此他受到新华社统战部部长表扬，要他介绍经验。他在京时中调部部长罗青常请他吃饭，在座的有直接与他联系的 3 个人，还有驻美大使章文晋。所以后来罗海雷追问其父："你跟美国人接触，组织不是允许吗？"老父纠正说："不对啊，不是组织允许的，是组织要求的，每次都提交报告。不然就是吃了豹子胆，也不敢高调地与美国人长期来往。"可是没料想他转眼间就被秘密逮捕了。

究竟是哪个部门，哪样的人在侦查、报告、行动？《我的父亲罗孚》一书用不少事实和有关人的回忆，特别是《文汇报》原总编、罗孚搞统战工作的领导金尧如，以他亲耳听到的廖承志对罗案的解释，以及他耳闻目睹某告发者的言行和自己的调查，已无可怀疑地证实是一个"左王"所为。其人曾因在香港新闻界制造极左的诬告而被廖承志调离香港却又跻身公安高位，成了"罗承勋专案组"主要成员。诬陷所以能得逞，正因为我国包括香港新闻界长期存在宁"左"勿右的思想，又有内部的派系斗争诱发所致。

令人高兴的是，罗海雷这本《我的父亲罗孚》，荣获"《亚洲周刊》2011 年十大非小说类好书"。这正是应了"公道自在人心"这句万古不变的格言，这不也是鲁迅当年希冀中国有的真声音吗？

汇集不同声音的罗海雷

《我的父亲罗孚》给我最大的感动，是毫无隐晦地坦露一切，包括其父曾有的盲目"忠"和"左"的言行。即使在剖析其父"间谍案"时，作者也尽量搜集来自不同派系、地区的各种声音，也有恶骂声，均由人自辨。我还听到了他在中国香港、中国内地及英国成长过程中内心不同体验的心声，这些都让我较为真实地了解了为什么过去鲁迅曾把香港视为"畏途"，而如今像他这样一本集不同声音的书却能在香港公开出版。

1958 年在香港出生的罗海雷自然不知过去香港的社会生活，但爱好历史的他从书刊资料和母亲等前辈的回忆中，认识了香港这个"远东最大和最重要的殖民地"华人的生活状态。他的父母是 1948 年来到香港的，所看到的"那时港英政府在统治上还是老式殖民地思维。华人在政府里只能做基层工作，没有任何发言权。民意只能透过港英委任的少数太平绅士反映，法律和政府档案都只有英文本。一般华人是既不理解，也无法争取任何权利的。但日常生活很多地方还是需要用中文，那时的文字则是千奇百怪……执法高层都是英国人或其他英国殖民地招来的白人，大部分有很重的歧视华人心态，对待华人（诉求）自然是不闻不问。除了种族隔离式的统治手法外，港英还沿用以华制华模式，放任黑社会力量和政府严重的贪污腐化现象"。

可见 1920 年代末鲁迅所反映的港英政府歧视华人、奴化华人的现象，并非生造，而是那时真实的社会状况。

港英政府及警察的暴力行动和粗暴行为也给了少年罗海雷深刻的印象。第一次是在 1967 年左派领导下的"反英抗暴"中，他在家附近的香港政府裁判司署，目睹港英警方以警棍、橡胶子弹、催泪弹驱散左派示威群众。后来还听说英方调动了海陆空部队，还用了手枪及冲锋枪，甚至出动了机关枪和小钢炮。在这次"暴动"和镇压中，死了50多人，伤者有800多人，约5000人被捕。在后来实施的"紧急法"中，连放传单都可被判刑1至2年，未成年的少年也会受藤打屁股的刑罚和拘留。第二次则是他随着两个哥哥参加1971年7月7日香港学联发动的和平集会"保卫钓鱼岛七七大示威"，亲身体验到英籍警司带队镇压——把组织者打得头破血流，同时发射催泪弹驱散集会群众，最后21人被捕。

因此，罗海雷在反对殖民主义的同时，也从历史和自己的切身体会中得出了一个无可争辩的结论："说香港人不爱国，那都是对历史的无知。"

同时他也反思了在"反英抗暴"中左派过激的恶行所造成的危害。如放置真假"菠萝"（炸弹），在炸死炸伤几个警方人员的同时，也误炸了无辜的小孩，引起了民愤；而假新闻和散发假"银钱"，更使左派和他们的报纸丧失了可信度，不仅失去了大批中间群众的支持，左派队伍本身也严重分裂。整个社会经济陷入低潮。

受害最大的是那些罢工的左派工人和被捕者，都被开除职务，在以后也很难找到工作。连左派的下一代也被香港社会边缘化。凡是左派学校的毕业生都无机会升入本地高等院校，也不可投考政府或相关单位，连一般公司都害怕接受他们。罗家兄妹都毕业于左派的培侨学校，因此他们的母亲想尽方法寻找孩子们去国外升学省钱的窍门。那时恰遇英国工党执政，大力推广社会主义概念和福利，香港人作为它的子民，也可以享受他们相关的福利。因此罗孚陆续卖掉了早年廉价搜购的心爱书画，供4个子女出国留学——先进入英国免费的专科学校，然后依靠勤工助学和争取助学金或奖学金完成学业。

风定落花

而香港也因工党的执政，在 1971—1982 年主政的港督麦理浩的"善治"下，调整了过去港督政府对辖区内中国人的问题和需求不理不睬的歧视态度，致力改善民生，如在公屋、公共医疗、公费教育和工人保护领域，积极推动社会福利的提供。特别是成立了廉政公署，为香港搭建了一套走向现代化的制度。这也是对 1966 年、1977 年香港暴乱所展示的社会不满的回应。经济的起飞，人民生活的富足安定，加强了这个移民社会的身份认同。

写南迁文化人的周蜜蜜

那么，到了香港是否就幸福了呢？我又听到了几种声音。那是来自罗孚的长媳、著名香港女作家周蜜蜜的一本小说《文曲谱：香港的离散与追忆》（香港牛津大学出版社 2010 年版），给我提供了不同人物的不同声响。

与作者经历相似，现居美国的作家孔捷生评说道：

> 《文曲谱》写的是一群移民香港的大陆文艺界人士，在都市欲海之中浮沉和挣扎的故事。熟知香港文化圈的人，对书中出没其间的一众人物，或许大都能找到对应的生活原型。而我则另有感触，因为《文曲谱》中的原大陆画家、诗人、导演、演员、编辑……我都很熟悉，其中多位原型都是我和周蜜蜜的共同朋友，他们的名字几乎就在嘴边。"人情看冷暖，世面逐高低"，他们曾是文化精英，堪称文曲星下凡，但移民南迁之后，画家变换角色为小舞台布景师；电影导演去拍电视广告；

流浪诗人继续流浪……我不但了解他们过去的经历，也能体味他们的情感起伏和人性的挣扎——这也是我自己的心路历程。

　　是啊，这里有我深深同情的白巧儿——一个从内地贫困小城镇前来香港接受遗产的文艺女青年，因遗产有名无实，结果做了陪酒女郎，又被一个有黑社会背景的男人包养。后经人帮助赎身，并以其才华走上文坛而小有名气。但因始终摆脱不了黑社会、舆论和自己身世的纠缠，最终精神分裂，由当地的"文协"帮她回内地"检查身体"。

　　我也十分厌恶那个以画攀附大款而获拍卖天价的伪画家宇澄埃，还有那个倚仗有钱丈夫的多产"富贵女作家"金碧倩。令人惊悚的是小说结尾一幕：主人公邢盈在香港火车站竟看到了伪画家找来内地同事替他在拍卖场上举手抬价，交换条件是帮其在香港定居。而一心追逐诺贝尔文学奖的"富贵女作家"，正挟带她的有钱丈夫北上内地，参加一个专为给她颁发大奖而召开的对她的作品的"研讨会"。

　　奇怪的是，在香港只能当布景师的优秀画家程阳，回到深圳才重拾画笔，事业起飞。但他最后选择的依然是回到香港，那里有他所爱的人——一个曾从香港到内地读艺校，在"文革"遭罪后又重回香港，历经婚变、流产、沉寂的挣扎，终成了颇有名气的演"妈咪"的专业户。

　　主人公邢盈也在选择走什么路。她毅然脱离已委身于商业社会有财有势一派的丈夫宇澄埃，她也忍受不了电视台导演粗制滥造的无理要求，但她也不想如程阳那样回内地发展，也不想如浪漫诗人石岩那样去国外流浪，更不想依靠一个有钱的洋权威霎时成功。她希望，而且必须在香港走出一条自己的路。在观察中，在体验中，在实践中，她发现不少人正和她一样不气馁地脚踏实地奋斗着，还找到了志同道合者——一个与她一样从内地来的电影导演，他们策划拍一部反映内地文化人在香港的故事片。更有一个来香港寻根的英籍华人，要在香港回归祖国前，拍一部香港过去和现在的纪录片，邢盈也成了这镜头中的香港人。

同在这镜头中的有从内地来探访她的父母——抗日战争时期逃难到香港的文化人，他们是香港过去和现在的见证人，其原型也有作者母亲的身影。周蜜蜜的母亲黄庆云可谓是地道的香港人。早在1920年代她就随破落的家庭从广州迁居香港，曾在香港、广州两地上学，并成为香港女性儿童文学的先驱者。太平洋战争爆发时她逃到了大后方，是香港、东南亚和两广儿童所熟知的"云姐姐"。中华人民共和国成立后她在广东与作家周钢鸣结婚生女，并创作了著名的长篇传记文学《刑场上的婚礼》和众多儿童文学作品。1980年代末，这位享誉文坛的女作家，体味了不少像亲家和长婿那样因"忠""义"二字而不幸获罪的悲剧，决定摆脱广东省作家协会副主席等杂务，选择回到香港，专心从事她矢志不渝的儿童文学创作。（后记：2015年12月7日，黄庆云获第二届广东文艺终身成就奖。）

《文曲谱》篇首摘录的一段话，大概就是历经艰难的作者和作品人物要发出的心声：

> 英国式殖民主义并不打算同化当地人，也不觉得有责任把殖民地居民接纳为英国公民。故此殖民者没有必要去改造当地

社会肌理和居民行为，结果当地社会文化因为受忽略反而得以延续，并因为是自由港，遂出现多元文化并存及国际化，即今人所说的多文化主义局面。

　　……

　　香港是当代中国思想在某时期的孵化器，在另一些时刻的推动器，甚至在万马齐喑的日子成为海内外孤存的一盏明灯。

这是香港作家陈冠中《下一个十年——香港的光荣年代?》中的一段话。香港的"多文化主义局面"，正是人们选择香港的重要原因吧。

　　陈冠中是1950年代随父母从上海来到香港的难民，他不像罗海雷、周蜜蜜那样的香港左派后代，从小就接受了父辈反殖民地的爱国教育，后来又因家庭痛苦的教训，背负着重新认知的矛盾情结。相反，他倒是因畏惧内地动乱而在"反英风暴"中坚决站在港英政府一边。像他这样家庭出身的香港青年，无忧地享受着所谓"善治"带来的多元化生活，和经济繁荣促使的个人成就。他凭着从小接受的"赚钱快"的理念，1990年代就游弋于海峡两岸暨香港，从事媒体、文化、娱乐等事业的策划和经营，甚至选择更能包容多种族群、多种文化的北京长期居住，以便于他观察、体验、思考、写作。他写的《我这一代香港人》可谓认识香港的入门书，也可以听到他对香港之未来的宏观大论：

　　　　从外部来说，大陆的改革开放，初则对香港有利，再下来既一定有互补互利的双赢情况，甚至是大陆领着香港雁飞的共荣，但也会让香港体验到"让你的邻居做乞丐"这句话，地区与地区间的激烈竞争是必然的，究竟，香港以前的独占性的地缘优势是没有了。所以说外部的情况是喜忧掺杂的。

从内部来说，香港很殊胜，税低，效率高，法治尚存，廉政未泯，言论还自由。我自己去了大陆台湾后也有这个感觉：在香港办事多方便！我们没有别的社会的城乡、族群、宗教等重大冲突。当然，这些内部的优势也是1997年以前就已经有的，甚至可说是我这代出道前已铺垫的——其中廉政是成就在我这代的。我一代人的问题是太自满于自己的优点却看不到内部的盲点，更落后于急剧变化的外部形势。

在今天，我们看到听到不少香港人对内地游客的不满乃至愤怒，原因是多方面的，情绪也是可以理解的，陈冠中的剖析值得我们（包括港人）三思。同时，我也看到了更多的香港人（严格说，大多数都是各个时期的内地移民），不管他们抱有何种意识形态，实际上跟内地的关系更紧密了。我新结识的许礼平就是这样一位从澳门移居香港，又经常往返内地的书画收藏家。他告诉我移居香港的原因是："澳门太小了。"现今，他的收藏事业已越做越大。我参观了他苦心经营的翰墨轩，获益匪浅。

汇翰墨于中华情的许礼平

翰墨轩并不大，但收藏颇丰，在享受书画艺术盛餐的同时，也领略了主人收藏的真知灼见和深切情感。后来我又从他处得知这位精气神颇似年轻人的收藏大家，早在10多岁时就爱上了收藏，20

多岁即在日本出版了《货币书目知见录》《中国语文索引》，还参与了日本著名汉字学家白川静《金文通释》的翻译，这在当代收藏家中实在难得。他生于澳门，1960年代移居香港，历经艰辛，甚至卖掉家产，终于在1987年创立翰墨轩。现在他经常飞梭于海峡两岸暨香港、澳门，除了参与拍卖、鉴赏，还搞展览和出版，是一位集搜、藏、研、编、写作、出版、展览乃至营销于一身的通人。

翰墨轩和他的主人一样，外观精约典雅，内藏丰富多彩，编辑出版的书画名品就有200余种。1990年开创的杂志《名家翰墨》，多为兼具观赏研究的名家名画专集，以中英两种文字，源源不断地呈现国际艺坛。

如以香江博物馆名义与广东省博物馆合作编辑的《气吞河岳：辛亥风云人物墨迹展图录》（岭南美术出版社2011年版），别开生面，动人心魄。这本书共收录辛亥革命时期历史人物书翰墨迹190件（套），这些具有很高历史与艺术价值的藏品，主要来自许礼平的收藏。他在该书《后记》中说自己当初收藏民国时贤遗迹的动机，"是有见'王孙泣路隅'的恻隐，也有'狂胪文献耗中年'的狂热"，让他从丙辰（1976年）始，35年间"节衣缩食，殚精竭虑，孜孜以赴，至今蓦然回首"，所搜藏的"辛亥"有关之墨迹、照片，数已逾千，竟成专题。恰逢辛亥百年纪念，应广东省博物馆馆长之嘱，合办展览，进而又有省博同好的积极推动、费心编图录、撰小传，作释文，终成就了这一本珍贵的墨迹图录。其作者不仅有孙中山、黄兴等革命先驱和先烈，也有康梁立宪派，慈禧为首的皇室权贵，各派系政客、军阀、买办，更有不少书生、艺术家、实业家，他们都透过真草隶篆挥就的书法和画作，透露真心情；亦可一窥其时的政、经、军、文和外交的风云；更有家庭训治、人际交往的传统和社会变迁。许礼平收藏的书画及历史文献近1万件，其中不乏被国家文物局鉴定为一级的藏品。更令人可敬的是，他还无私地向内地博物馆捐赠宝贵藏品，提供藏品展览，形成"国家收藏与民间收藏之间的良好互动"。

许礼平有独特的出版眼光，他编辑的《黄公望富春山居图》（翰墨轩出版有限公司2011年版），堪称精细绝妙。这不仅是因为该画集将浙江省博物馆所藏的《剩山图》和台北故宫的《无用师卷》合璧，而且将整体《无用师卷》与曾迷惑乾隆皇帝及诸大家的该图临摹本《子明卷》、明沈周的仿图在同一页展出，更有1990年王伯敏监制的《富春山实景》相比较，令观者得以体会黄公望原作之心灵与自然的契合。画集还一一展现长卷图的细部，展示《剩山图》遭火劫的痕迹，各图本上的"款识"、各家"题跋""鉴赏印章"及黄公望的《写山水诀》，并配"释文"，此外，又有专家李志纲撰写的《黄公望的富春山水传奇》。编者竭尽功力的辑录，留下了代代文人相传的书画情，也满足了世人对欣赏和研究的渴求。

倾情展现是许礼平编辑收藏品的一大特色。如为了纪念台静农诞生100周年，他在2001年编辑出版了台静农多种诗、书、画集。2002年重版1990年出版的《名家翰墨》第11期"台静农、启功特集号"，更是表达了他对两位长者的深深情意。将海峡两岸两位国宝级书法大家合集出版，皆因编者在与他们11年的交往中深感两位长者有不少共同点，如他们都备受敬重，更因待人和蔼可亲，对后学、晚辈谆谆教导，甚得学生爱戴；两人均长于书法，在当地公认第一，招牌、出版物上题签最多；均善绘事，作品流传不多，也不轻易示人；又都曾受业于北平辅仁大学校长陈援庵（垣），并一度共事于该校。所以这一"特集号"既呈现了两位大家高超的书画艺术，还传达了他们超越时空的深厚情谊。台静农比启功年长 10岁，却是能同饮酒共谈笑互通学艺的师友。可惜台静农因 1948 年赴台湾大学执教后不久，即因海峡两岸的政治阻隔而不能回故乡，而启功亦因有政协委员的头衔而不能获准访台。许礼平深悉这两位老友相隔 40 多年后，相叙心切，于是乘 1990 年 6 月启功莅临香港之时机，真诚地让他在自己家中给远在台北的台静农打电话。那时已重病卧床的台静农禁不住大声说："你快来看我吧，再不来，就看不到了！"启功强自安慰说："台湾不让我来，我相信我们一定有机会见面的。"可惜，台静农于 11 月 9 日撒手人寰。幸而许礼平编辑的"台静农、启功特集号"留下了启功先生撰写的《平生风义兼师友——怀龙坡翁》，还有他打电话给静农时兴奋、激动地诉衷情的 2 张照片。

许礼平正是以自己广博的收藏、缜密的研究编辑、生动的画面和行文，冲破中华民族各个时期的政治隔离和生死两界，汇前辈深湛的书画，连结千年文化；透过或浓或淡的翰墨，流传万般中华情，使之生生不息。

他知道我是搞鲁迅、周作人研究的，慷慨送我台静农所收藏的鲁迅《娜拉走后怎样》手稿长卷的影印件，和他本人收藏的周作人于1941 年 10 月 1 日购得八道湾 15 号院的"买契"复印件。前者填补了现存的鲁迅手稿的重要阙逸；后者我虽在以前述周作人出任伪职的文章中简说过其购房事，"买契"则有助于我们更加明白周作人那次购房时的经济状况。这两件重要复印件都已交鲁迅博物馆珍藏。

礼平先生对鲁迅与许广平之事也十分关心。原来他与许广平的祖先同源于从福建迁至潮州的宋朝驸马许珏一族之后。只是许广平的远祖许拜庭在广州高第街经商起家，形成赫赫有名的许氏家族。而许礼平的祖先一支迁至揭阳，后人又移至澳门。正因为有这样的血缘联结，所以他热情地带我们北京一行人到香港大学参观许氏宗亲会和香港大学美术博物馆联合主办的"高风世承·广州许氏家族"文物展。

不忘悠悠历史的文化胜地

走进香港大学美术博物馆，迎面就是1932年兴建这座楼的香港慈善家冯平山的雕像。楼馆不算大，但收藏极为丰富，上至新石器时代，下迄清代的青铜器、陶瓷、书画等艺术品。也展出对香港和该校有特殊贡献的杰出历史人物，如有孙中山就读该校前期的西医书院的文物等。馆内也不断举办各种类型的展览，介绍中国和西方的现代和传统艺术、香港早期历史，并举行研讨会、讲座，以及演视艺活动。我们在观看广州许氏家族展的同时，也看到其他好几个展览，是一个让人不忘中国内地和香港历史的文化胜地。

近年来，媒体对广州高第街许氏家族多有报道，所以我对许广平家族杰出人物略有了解，如孙中山重要的军事助手、粤军总司令许崇智，辛亥革命时期南京临时卫戍司令许崇灏，勇救孙中山的铁血将军许崇济，近代著名的教育家许崇清，领导百色起义、任红七军政委的许卓，还有在解放战争的秘密战线为共产党做出重要贡献的许锡瓒。香港大学之所以有这一展览，也因为该校不少名人，如许秉璋等都是许氏后代。在这展览中最吸引我的是2位身着清朝高官朝服的画像，一位是鲁迅在《朝花夕拾·琐记》中提及的"参康有为变法"的许应骙，时任礼部尚书，顽固反对维新变法。许广平在她的《鲁迅回忆录·"五四"前后》篇末提到，鲁迅曾问许广平，许应骙是你什么人？许广平答道"是叔祖"。礼平先生好奇地问我，许广平的父亲是谁？对此，我从未探究过。我的注意力已被另一位许氏先人——许应鑅所吸引，并赶紧抄下画像的说明："光绪十六年（1890）许应鑅担任护理浙江巡抚兼布政使期间，不忍心压迫受水灾蹂躏的浙江人民而拖欠朝廷赋税，因而被朝廷处分，由降一级调用改降二级留任，指定在期限内将欠款解清。"因为他有所不为，翌年光绪降旨把他开缺，71岁的他在应召返京途中客死异乡。23年后，浙江人民为表彰他的功德及廉明，在杭州立"番禺许公纪念碑"。

我心想，这位先人应让许广平自豪，家乡离杭州不远的鲁迅，也会有所了解吧。后来我回北京，经研究许广平的于静女士指点，原来家藏的《上海鲁迅研究》2004年第15期就有广州鲁迅纪念馆馆长张竞撰写的《广州许氏家族的历史风云人物》，附有1902年俞樾撰的《许公墓碣铭》全文，其中记许应鑅"谓子孙曰：读书将以立身，不徒为科举也"。许广平正是许应鑅的亲孙女，她的父亲名许炳橒，系许应鑅第六子。

展出的器物中，除了清代一品大员许应骙的朝服、朝珠、玉如意外，清帝赏赐给许应鑅的6件景德镇瓷器格外引人注目。这些瓷器原先已流失，直到1990年代开始现身于拍卖行，才被许家的后人和香港中文大学斥资买回来。

从香港大学对许氏家族的积极宣传中，可见香港文化学术界对民族历史的重视。由此我想起在互联网上看到的报道，早在2004年香港电台教育电视部组织《中国历史人物（一）》的播出，作为小学二年级常识科的专题，讲述4位中国历史人物——项羽、唐太宗、林则徐及鲁迅的生平事迹，特请著名香港演员马浚伟扮演鲁迅。为此，演员十分高兴，说："鲁迅是中国近代爱国文学伟人，可以扮演他，本已开心，再加上是教育电视节目，是小学教科书的课题，非常有意义，不能用金钱去衡量。"同一时期，《亚洲周刊》评选"二十世纪一百强"文学作品时，《呐喊》被列百强之首，《彷徨》列第12名，都被视为不朽的经典。香港研究鲁迅专家孙立川也立意出版新编绘图注本《呐喊》，配有已故著名画家丰子恺为《呐喊》绘制的漫画，并加以注释、导读，由天地图书公司精美排印出版。2008年为纪念《狂人日记》发表90周年，香港、上海、台北及东京的戏剧人互相合作，在香港文化中心剧场演出3场，以鲁迅文本为引子，展现一出充满隐喻意象及批判现实的形体戏剧。这些报道和文物展览，令我对香港的文化环境有了一种新认识，看到了浓浓的中华情。

历史的回声和香港的智慧

参观结束后，我们又和香港大学美术博物馆总监杨春棠座谈。我们一行的翻译家张玲不禁问，过去有人说香港是"文化沙漠"，我看现在不仅未沙漠化，还很活跃啊。这是为什么？杨总监简单地介绍了香港文化的发展过程，他说，过去也不是没有文化，只是过去的港英政府只重视经济，对发展文化不关心。不过也不能一概而言，如香港大学后来也开设了中文科目，请人开讲国学，提倡国粹。后来各个时期从内地南迁不少文化人，促进了香港文化的飞速发展。

对他所说的南迁文化人，都是我们非常熟悉的。《亚洲周刊》评出的华人"二十世纪一百强"文学作品的作者，就有不少曾来到香港避难，开创新文化事业；有的还长期居住在香港，成为真正的香港人。

而杨总监所说的香港大学提倡国学的历史，不正是鲁迅在《无声的中国》和《老调子已经唱完》中批评的以"国学"反对"白话文"那个时期吗？怎么如今倒被视为香港文化发展的"国学"根底？

我想起在香港大学美术博物馆的长期展览中，看到有几位港督像和对他们业绩的介绍。其中就有1910年动议建立香港大学的卢吉总督，还有更让香港人感恩的金文泰。据史料记载，金文泰总督为了方便广大民众治病，规划兴建了规模浩大的玛丽医院；成立了消除风土传染病的医务卫生署；为解决食水紧张建成全港第一条海底水管；启德机场也是在他任内接手并健全航运规模化管理；他最为人们赞扬的便是推行中文教育：1926年成立汉文中学，自任校长，1927年又在香港大学增设华文系。

然而，这个金文泰，不就是鲁迅在《略谈香港》中所说的曾误以为是"前清遗老"的金制军吗？该文还"毫不删节"地转载了这位热衷汉学的总督在"督宪府茶会"提倡"整理国故"的华语演讲，以作将来"'中国国学振兴史'的贵重资料"。为什么鲁迅要把它作为重要资料保存？回京后，我又重读《略谈香港》，发现鲁迅的批评

风定落花

不在于他提倡学习中文，而是敏锐地抓住金制军对历史的误读——清末留日学生在杂志封面上印有集"文选"4句古语"摅怀旧之蓄念，法国古之幽情，光祖宗之玄灵，振大汉之天声"。这显然旨在"必须'光复旧物'。说得露骨些，就是'排满'。推而广之，就是'排外'"。然而却被一个侵略中国的殖民地总督卖弄摘引，"变成在香港大学保存国粹，而使'中外感情，自然更加浓洽'的标语了"。这也就不难理解在他的统治和提倡下对"国粹"的一些误读，香港出现了不少以国学反对革命的言论，在民间也产生了千奇百怪的"国学文化"。深通国学之精华，一生未断国学整理、研究的鲁迅，之所以要把这些一一揭露在他的文章中，难道不值得今人，包括香港同胞深思吗？试想，若没有香港人和全国人民在一起艰难困苦地进行文字、思想、文化诸方面的改革乃至革命，没有对历史文化的反复考量，我们大概仍然讲着、写着难懂的"之乎者也"的言语、文字，这将是一种什么景象啊！我们的社会、家庭、伦理还将受制于封建宗法等级观念，现在香港的"新儒家"热，也难以形成吧。

而且香港的史料也说明当时卢吉总督主张在香港办大学，是为了和其他在中国办学的列强竞争，保持大英帝国在香港、华南的绝对优势地位。金文泰在提倡学汉文的同时，也要求英政府永久性占领新界，扩大侵略地盘；在以华制华的殖民政策下，对华人封建的父权制观念及由此产生的蓄婢、妾、童养媳、歌女、妓等妹仔这样的丑陋习俗，也尽力维护、延续，其遗毒仍可见于今日香港的黑暗中。他为了取得香港右翼的支持，更是压制要求改革的声音。当时香港进步青年力邀鲁迅演讲，难道与此不无关系吗？

当然，人们在反顾历史时，也看到了这些比较开明的殖民者，他们没有摧毁当地的文化、风俗习惯，使中国优秀的传统文化和民间文化在香港一直没有断流。而且出于大英帝国的利益，他们竭力保持香港的稳定，能适应时势"善治"香港，对各党派维持时严时松的管制。又恰遇第二次世界大战后，大批难民、移民如潮水般的涌入香港，国民党失利后的上海企业家、文化人纷纷来港，1960年代东南亚排华事件后华侨企业家也将庞大的资金和技术转入香港，甚至连封锁中华人民共和国也凸显了香港口岸优势，凡此等等都促使香港飞跃为经济上的自由港，也成为思想、文化、艺术的自由港，也就成了较适宜人居的自由港。正是在这样的自由环境中，香港人创造出了香港独特的文化。

我很欣赏杨春棠总监在一篇名为《香港的童话》的文章中所说的话：

> 香港人的智慧不只是专业知识，最重要的是创意能力。创意是创出新意，也是创立信心，有信心才能排除困难，就能灵活地适应任何环境，
>
> 香港人过往的生活是辛酸的，当时生计难寻，但他们终可寻。

香港社会各界对香港历史文化多方面的总结和不尽相同的意见，为人们认识香港提供了多种史料和思考。

（写于 2012 年仲春）